21世纪经济与管理应用型本科规划教材
工商管理系列

管理学

Management

李先江 主 编
张家俊 李方晖
杜春丽 乔 辉 副主编

北京大学出版社
PEKING UNIVERSITY PRESS

图书在版编目(CIP)数据

管理学/李先江主编. —北京:北京大学出版社,2012.9
(21世纪经济与管理应用型本科规划教材·工商管理系列)
ISBN 978-7-301-20931-8

Ⅰ. ①管…　Ⅱ. ①李…　Ⅲ. ①管理学—高等学校—教材　Ⅳ. ①C93

中国版本图书馆CIP数据核字(2012)第147737号

书　　名:管理学
著作责任者:李先江　主编
责 任 编 辑:赵学秀　尉小芸
标 准 书 号:ISBN 978-7-301-20931-8/F·3250
出 版 发 行:北京大学出版社
地　　址:北京市海淀区成府路205号　100871
网　　址:http://www.pup.cn
电　　话:邮购部62752015　发行部62750672　编辑部62752926
出版部62754962
电 子 邮 箱:em@pup.cn
印　刷　者:三河市博文印刷厂
经　销　者:新华书店
730毫米×980毫米　16开本　20印张　493千字
2012年9月第1版　2013年11月第2次印刷
印　　数:3001—6000册
定　　价:38.00元

前 言

管理活动伴随着人类社会的出现而出现，在为人类社会发展作出贡献的同时自身也在不断发展、完善和与时俱进。在21世纪的今天，全球经济一体化进一步加快，知识经济、网络经济扑面而来，技术进步日新月异、市场环境动荡复杂、各经济体之间的竞争日趋激烈，组织所面临的外部环境动荡性加剧，在这种新的环境下对组织的各项管理活动也提出了更高的要求。组织的管理活动必须具有全球化的视野，必须提高组织的运营效率，必须进行全方位的创新和有效控制，同时，还应该兼顾环境和道德因素。

管理学是一门实践性很强的科学，为了与新时期组织内外部环境的变化相适应，管理学教科书也应与时俱进。本书在继承管理学基本原理和基本理论的基础上，力求构建一种反映了管理实践活动最新变化的管理学新范式和新体系。本书所构建的管理学新体系主要包括四个方面：管理的内涵与理论发展、领导与计划、组织运营与变革以及控制与创新。管理的内涵与理论发展主要介绍管理学的研究对象及研究方法、管理职能、管理原理、组织与环境的关系等基本概念和基本理论，阐述中国古代的管理思想和西方早期管理思想的形成、古典管理理论、行为科学理论、管理科学理论和现代管理思想的新发展。领导与计划主要介绍愿景和愿景的重要性、战略管理的层次、计划的内涵及类型、计划的编制程序与编制方法、计划的实施、决策的内涵和过程、各种决策方法、领导的含义和实质、各种领导理论、激励和沟通理论。组织运营与变革主要介绍典型的组织结构、组织设计的原则与思想、组织的设计程序及如何进行组织结构的管理、核心能力理论、动态能力理论、常规组织的运营与任务型组织的运营、人力资源规划、工作分析与设计、绩效管理、人本管理、资本运营、知识管理、组织创业管理、组织文化与组织变革。控制与创新主要介绍控制的内涵及原理、控制的类型和各种控制方法、创新的内涵、技术创新的含义及分类、管理创新、制度创新及现代公司整理结构。

相对于同类教科书，本书在以下几个方面进行了创新：

（1）体系新。针对21世纪组织内外部环境的新变化以及管理实践活动的新变化，构建了管理学的新体系，包括管理的内涵与理论发展、领导与计划、组织运营与变革以及控制与创新等四个方面。

（2）观点新颖。本书不仅反映了最新的管理实践活动而且还反映了学者们最新的研究成果，突出了管理学研究的前沿理论和观点。

（3）理论与实践相结合。本书在论述管理学理论时紧密结合组织实际，通俗易懂，力求反映组织管理的运作实际和发展问题。

（4）注重学生研究能力和创新能力的培养。本书在编写过程中，强调创新思维和学科发展的前瞻性，这些都反映在本书的结构体系设计、写作风格、案例分析和作业设计方面，使学生在学习本教材时得到研究能力和创新能力的培养。

本书既适合于作为高等院校经济管理类相关专业的本科生和MBA学生的学习教材，也适合于作为企事业单位管理人员和研究人员学习之用。

本书各章的执笔人分别是：张家俊（第一章、第五章）、李方晖（第二章、第六章、第七章）、杜春丽（第三章、第四章）、乔辉（第八章、第十二章）、李先江（第九章、第十章、第十一章、第十三章、第十四章）。全书由李先江担任主编，负责整体设计、大纲拟定与统稿，文责由各章作者自负。

本书在编写过程中参考和引用了许多相关资料，在此谨向有关作者致以衷心的感谢。由于编者水平有限，书中难免存在不足与错漏之处，敬请广大读者批评指正。

编　者

2012年4月

目　　录

第一篇　管理的内涵与理论发展

第二篇　领导与计划

第三篇　组织运营与变革

第四篇　控制与创新

第一篇

管理的内涵与理论发展

第一章

管理的内涵

知识目标

了解:管理学的学科特点

理解和掌握:管理学的研究对象及研究方法;管理、管理者、管理职能、管理原理、组织与环境等基本概念和基本理论

技能目标

掌握:管理学的研究对象及研究方法;管理、管理者、管理职能、管理原理、组织与环境的关系等基本概念和基本理论;能够用所学管理原理解释周围各种组织的各种管理

引导案例

蓝辛公司的出口部经理

蓝辛公司的出口部经理退休后,老板蓝辛将年轻的贝克从其他部门调来做新的经理,出口部经理助理约翰则仍保留原职不变。但上任后不久,贝克就与部门内外的同事之间出现了一系列的摩擦。老约翰是一位既精通业务又有工作能力,且为人谦和、工作勤恳的老员工,对出口部的工作了如指掌。贝克上任后,几乎把所有的具体事务工作都交由老约翰打理,就连老板蓝辛找他要出口部的资料,他也要先询问老约翰才能答复。在同事眼中,贝克是个坐着经理位置不干活的家伙。公司研究与质量管理总监比尔找贝克谈话,也因贝克不精通业务术语不欢而散。渐渐地,老板蓝辛也认为自己提拔错了人,觉得当初应该提拔老约翰。公司的咨询顾问彼得·德鲁克受蓝辛委托,找贝克了解情况。深谈中才得知,贝克上任以来,一直忙于为公司的进出口业务做细致的市场分析,并提出了一套很有见地的调整方案。但这些想法,贝克从未与任何人沟通过。

彼得·德鲁克的看法是:蓝辛提拔贝克的做法是正确的。贝克考虑的问题非常有前瞻性,与老约翰相比,这个年轻人更善于思考和创新。虽未做具体的事务性工作,但他做的事情着眼

于公司的长远规划；约翰是一名熟悉业务、工作勤恳的老员工，而且与上司以及同事之间的沟通都非常好，出口部在他的主持下，被打理得井井有条。从老板的角度来看，贝克是一名管理者，而约翰则只是一名优秀的执行者。而且，相比之下，贝克的缺点（如沟通问题），是可以弥补和改进的。市场是瞬息万变的，作为一个管理者，如果他拒绝思考，不能与市场和经济发展状况相适应，这是很难改进的，所带来的损失也是无法弥补的。所以，作为一名优秀的管理者，贝克需要克服其沟通问题，而老约翰则需要打破陈规、改变整个思维方式。后者比前者要难得多。

第一节 管理与管理者

一、管理的含义

（一）管理的概念

人类懂得管理的作用，掌握管理的本领，享受管理的好处，可以说由来已久。人类社会自从开始群居群猎时起，就知道"合群"抵御危险，征服自然。"合群"实际上就是人类社会中普遍存在的"组织"现象。可以说，有人类就有组织。所谓组织，是由两个或两个以上的个人为了实现共同的目标组合而成的有机整体。组织需要合作、协作或协调，这样，管理就应运而生。管理是伴随着组织的出现而产生的，是协作劳动的必然产物。只要人们需要通过集体的努力去实现个人无法达到的目标，管理就成为必要。

管理的实践和人类的历史一样悠久，然而，对管理进行系统的研究，却是19世纪末20世纪初的事情。随着更多的人对管理科学的研究，人们对管理的认识也更加全面。下边部分中外学者对管理的认识，可以帮助我们对管理的内涵有个大致的了解。

科学管理理论的创始人弗雷德里克·泰勒（Frederick Taylor）认为，管理就是"确切了解你希望工人干些什么，然后设法使他们用最好、最节约的方法去完成它"。这一观点强调了管理对效率的意义和管理的目的性。

法国著名管理学家亨利·法约尔（Henri Fayol）最早在一般意义上概括了管理的含义。他指出管理是经营活动中的一种，它包括计划、组织、指挥、协调和控制五个职能。这是从管理的基本职能出发，说明什么是管理，同时也表明了"管理是一个过程"。

美国当代管理学家赫伯特·西蒙（Herbert Simon）认为，"管理就是决策"。这一定义突出了决策在管理中的主导地位，说明了决策与管理的内在联系。

普通管理学的创始人哈罗德·孔茨（Harold Koontz）认为，"管理就是设计和维护一种环境，使身处其中的人们能在集体内一道工作，以完成预定的目标和使命"。这里意在说明管理也是一种服务，主要服务于组织成员。

我国管理学家周三多先生将管理概括为："管理是社会组织中，为了实现预期的目标，以人为中心进行的协调活动。"这种理解强调了管理的根本工作是协调，管理必须以人为中心。

以上的不同见解为我们全面了解管理提供了有益的帮助，综合现代管理发展的趋势，就一般意义而论，我们认为：管理是指组织在特定环境下，对拥有的各种资源进行有效的计划、组织、领导、控制和创新，以实现组织既定目标的过程。这一定义包含以下几个方面：

（1）管理是依托于组织的目的性很强的活动。管理的目的是有效地实现组织的目标，管理存在于组织之中，是为实现组织目标而服务的。管理的载体是组织，管理产生于组织的集体活动，没有组织，管理就失去了存在的依托，因为由个体独立完成的活动是用不着指挥和协调的。

（2）管理的基本对象是人。尽管管理涉及人、财、物、信息等诸多方面，但这些无不是由人来控制的，也就是说，组织中人和物的关系最终表现为人与人的关系。决策的制定、计划的执行、组织的建立、控制的实施等管理活动也都是人在做，因此，影响和管理人的行为、处理人与人之间的关系才是管理的核心所在。

（3）管理的本质是协调。管理就是要解决如何整合资源（包括内部资源和外部资源），以及如何实现组织与特定环境的有效对接等问题。成功地解决这一系列问题，实际上就是在做方方面面的协调，即在沟通的基础上不断调整参与组织运营的各要素在时空衔接、技术吻合，尤其是人与人之间等方面的协作配合，从而实现组织的和谐运转。和谐即秩序，它是一个集体达成共同目标的基础和前提。而协调产生秩序。

（4）管理是包括计划、组织、领导、控制和创新等在内的一系列具体活动的总称。这些活动按照一定的顺序发生，构成了"管理的过程"。

（二）管理的性质

1. 管理的二重性

管理的二重性是指管理被生产力和生产关系所作用，并施加影响于生产力和生产关系的特征。管理的二重性是马克思主义关于管理问题的基本观点。马克思在《资本论》中指出："一切规模较大的直接社会劳动或共同劳动，都或多或少地需要指挥，以协调个人的活动，并执行生产总体的运动——不同于这一总体的独立器官的运动——所产生的各种一般职能。一个单独的提琴手是自己指挥自己，一个乐队就需要乐队指挥了。""凡是直接生产过程具有社会结合过程的形态，而不是表现为独立生产者孤立劳动的地方，都必然会产生监督劳动和指挥劳动。"①这就是说，一方面管理是由于有许多人进行协作劳动而产生的，是由生产社会化引起的，是有效地组织共同劳动所必需的，因此它具有同生产力、社会化大生产相联系的自然属性；另一方面，管理总是服务于一定社会制度下的组织，其基本对象是一定社会制度和社会意识形态下的人，它不仅要解决生产力的合理组织，还要解决生产关系的维护和完善。因此管理又具有同生产关系、社会制度相联系的社会属性。

管理的自然属性和社会属性就是管理的二重性。

认识和掌握管理的二重性，对我们学习和理解管理、正确看待和解决我国管理中存在的问题、探索管理活动的规律，以及运用管理原理来指导管理实践均具有非常重要的意义。

2. 管理的科学性和艺术性

（1）管理是一门科学，它是以反映管理客观规律的管理理论和方法为指导，有一套分析问题、解决问题的科学的方法论。

管理作为一个活动过程，在各种组织当中是纷繁复杂，别具特色的，但其中仍存在共同之处和规律性。大量学者和实业家经过无数次的失败和成功，从实践中收集、归纳、检测数据，提出假设，验证假设，抽象总结出一系列反映管理活动过程中客观规律的管理理论和一般方法，以让其他人在面对同样问题的时候，有矩可循，有据可依，提高成功率和可行性，不至于盲目和被动。人们利用这些理论和方法来指导自己的管理实践，又以管理活动的结果来衡量管理过程中所使用的理论和方法是否正确，是否行之有效，从而使管理的科学理论和方法在实践中不断地得到验证、丰富和发展。因此说，管理学是科学的，具备科学的特征。

---

① 《马克思恩格斯全集》第25卷第431页，人民出版社1972。

(2) 管理是一门艺术,它是指利用系统化的知识和技术并根据实际情况激发灵感、发挥创造性的技巧和诀窍。

艺术,就其本义而言,是指用形象反映现实并比现实典型的社会意识形态。一般意义上的艺术,是指那些富有创造性的方式、方法。管理艺术,则表现为灵活高超的管理才能和艺术化的管理方法,是打开管理活动奥妙的钥匙。

由于管理对象分别处于不同环境、不同行业、不同的产出要求、不同的资源供给条件等状况下,这就导致了对每一具体管理对象的管理没有一种唯一的完全有章可循的模式,特别对那些非程序性的、全新的管理对象,更是如此,从而造成了管理活动的成效与管理者对管理技巧的发挥具有很大的相关性。事实上管理者对这种管理技巧的运用与发挥,体现了管理者设计和操作管理活动的艺术性。另外,由于在达成资源有效配置的目标的过程中可供选择的管理方式、手段多种多样,因此在众多可选择的管理方式中选择一种合适的用于现实的管理之中,这也是管理者进行管理的一种艺术性技能。

管理不仅是一门科学,更是一门艺术。管理工作就像其他各种技艺一样,都要利用经过整理的基本知识,并根据实际情况加以创造性、灵活性地运用,这样才能取得预期的成效。

3. 管理的普遍性

由于不同的层次,不同的机构,甚至不同的国家中,管理者所从事的活动存在着高度的一致性,因此管理具有普遍性。

首先,组织中不同层次上的管理活动在本质上是相同或类似的。无论是基层管理者还是高层管理者,他同样都在履行着计划、组织、领导和控制的职能,只不过从事各项职能的程度和重点有所区别而已。

其次,不同类型的组织中的管理活动也基本上是一样的。不管是营利性组织还是非营利性组织,是大型组织还是小型组织,尽管差异确实存在,但两者之间的共性远远超过差异。

再者,管理在不同的国家和地区之间也是可以相互学习,相互参照的。改革开放以来,我国不仅从国外引进和吸收了大量的科学技术方面的先进成就,同时也学到了大量管理方面的好经验,好办法。

正是由于管理的这种普遍性,我们才有可能把握管理活动的普遍规律,才有必要学习管理,从事管理活动才越来越成为一种专门的职业,不同组织间成功的经验和失败的教训才有可能进行交流。

二、管理者

管理者,简单而言就是组织中那些指挥和协调他人活动的人。他们不同于组织中那些直接从事某些具体工作或任务、没有责任去督导他人劳动的作业人员,他们负有监督和指挥劳动的责任。当然,多数管理者除了督导任务,也要承担具体的作业工作。对于组织来讲,管理者承担着更多的责任,也发挥着更重要的作用。管理者工作绩效的好坏,直接关系着组织的兴衰成败。美国管理大师德鲁克曾说:"如果一个企业运转不动了,我们当然是要去找一个新的总经理,而不是另雇一批工人。"

(一) 管理者的角色

管理者每天到底都在做些什么?20 世纪 60 年代末,加拿大管理学家亨利 · 明茨伯格(Henry Mintzberg)对此做了仔细的研究,结果他发现管理者们所从事的都是大量变动的短期工作。归纳起来,管理者在实际工作中通常要担当三大类10种内容不同却密切相关的角色。明茨伯格的“管理者角色”的归类让我们可以较为清晰地了解管理者的现实工作(见表1-1)。

表1-1　管理者的角色

类别	角色	工作内容
人际角色	挂名首脑(Figurehead)	执行仪式或象征性的工作
	领导者(Leader)	指挥协调群体的工作
	联络者(Liaison)	建立内部和外部的信息网络
信息角色	监听者(Monitor)	搜寻、接收和筛选信息
	传播者(Disseminator)	传递信息给他人
	发言人(Spokesperson)	通过演讲、报告、电视、广播等向外部提供信息
决策角色	企业家(Entrepreneur)	制订计划,建立秩序
	危机处理者(Disturbance handler)	解决员工或部门中的各种冲突问题
	资源分配者(Resource allocator)	决定资源分配的对象和数量等
	谈判者(Negotiator)	在谈判中代表部门或公司

1. 人际角色

人际角色主要指管理者在处理与组织成员和其他利益相关者的关系时所扮演的角色。具体有三个角色:(1)挂名首脑。象征性的首脑,担任法定的或者社会性的例行职务。比如,履行礼仪性义务,迎接来访者,签署法律文件等。(2)领导者。由于管理者对所在单位的成败负有重要责任,因此,所有的管理者都具有领导者的角色,该角色包括雇用、培训、激励、惩戒员工。(3)联络者。管理者与那些能为组织提供实惠和信息的外部联络人维持一种网络联系。

2. 信息角色

管理者日常大量的工作都围绕信息的收集、整理和传递展开。管理者是组织的神经中枢,整个组织都依赖于管理机构和管理者来获取或传递必要的信息。管理者具体的角色是:(1)监听者。管理者持续关注组织内外环境的变化以获取对组织有用的信息。管理者通过接触下属来收集信息,并且从个人关系网中获取对方主动提供的信息。根据这种信息,管理者可以识别组织的潜在机会和威胁。(2)传播者。管理者将获取的信息传播给组织成员,信息包括即时资讯以及有价值观倾向的解释和意见综合。(3)发言人。管理者代表组织把信息或观点传递给单位或组织以外的人。

3. 决策角色

决策是管理者非常重要的工作。管理者不仅要负责做出组织的决策,还要让工作小组按照既定的决策行事,并分配资源以保证小组计划的实施。这一过程中他们通常要扮演四种角色:(1)企业家。管理者制定决策时的角色是企业家,主要负责审视组织发展及其环境变化中的机会,制订“改进性方案”。(2)危机处理者。一个组织无论管理得多么好,在运行的过程中都会遇到不可预见的冲突或问题,采取正确的补救行动是管理者的责任。(3)资源分配者。管理者负有分配组织各种资源的责任,并对组织所有重大决定进行判断或评估。(4)谈判者。代表组织与工会、客户、供应商、员工等进行谈判,以疏通各方面的关系。

了解管理者在工作中经常要担任的上述角色,可以促使管理者根据角色对管理的不同要求,主动学习相关的知识和技能,也使管理者能自觉、及时地领悟所任角色的内涵,避免角色延误或错位。

（二）管理者的分类

我们可以从组织的纵横两个方面来分辨各种类型的管理者。纵向是指组织的层次,横向是指管理者所从事的工作内容。

（1）根据管理者在组织中所处的层次不同,有高层管理者、中层管理者和基层管理者之分。

高层管理者(Top Managers)是对整个组织的活动负全面责任的少数几位管理者。他们对外代表组织,对内执掌重大问题的决策。主要负责制定组织的总目标、总战略及方针、政策,并评价整个组织的业绩。中层管理者(Middle Managers)是指处在组织中间层次的管理者。他们的职责是贯彻高层领导的决策,监督和协调基层组织活动。基层管理者(First - line Managers),又称一线管理者,他们面向基层作业人员,负责管理基层组织日常活动,组织、监督和协调作业人员,确保按时、按量、高品质地完成作业任务。

以上三个层次的管理者在数量上呈塔形分布,工作上则各有侧重(图 1 - 1),在多种角色的扮演频度、程度上也有所不同(图 1 - 2),但基于统一的领导,共同服务于组织的目标。

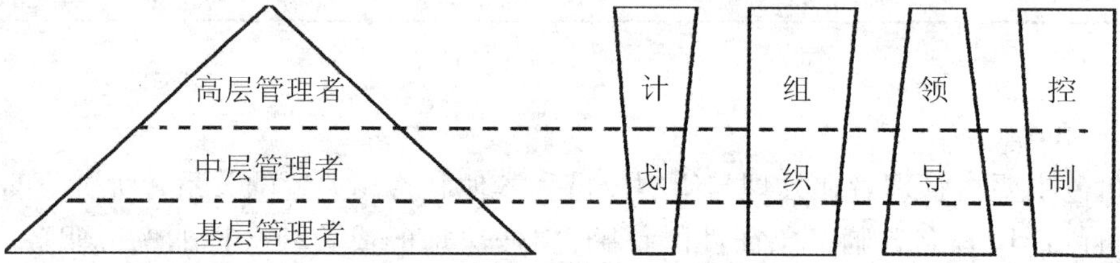

图 1 - 1　不同层次的管理者工作分配

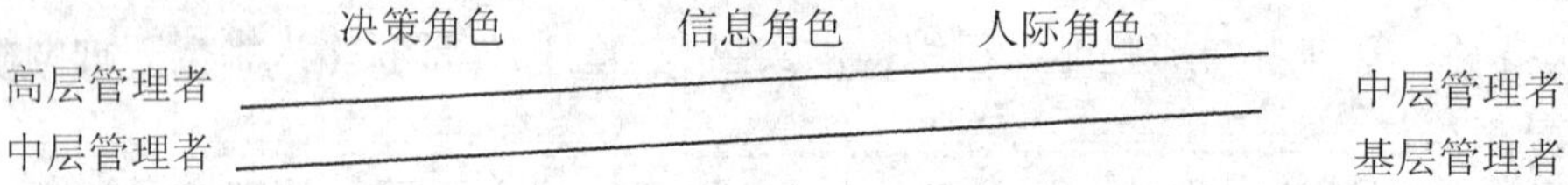

图 1 - 2　不同层次管理者的角色

（2）根据管理者所从事工作内容的不同,管理者可以分为综合管理者和专业管理者两大类(图 1 - 3)。

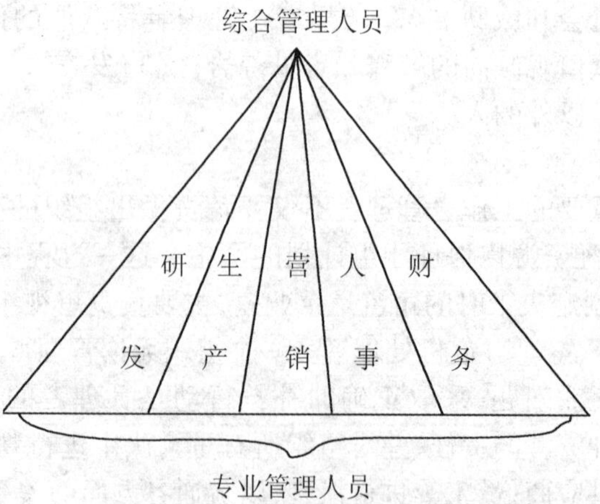

图 1 - 3　管理者的领域分类

综合管理者是负责管理一个组织全部活动的管理者,除了前面提到的高层管理者中的主要领导人,中层甚至基层组织中的直线主管一般都是综合管理者。他们必须有较强的整体意识,同时还要注意抓主要矛盾,以点带面地提高管理效率。

专业管理者负责管理某一方面工作。他们一般有较丰富的专业工作经验。例如企业中的生产管理者——主要负责制造产品、提供服务、维护设备、质量检验等方面活动的管理。每个专业管理者既要搞好本专业活动的管理,又要注意与其他专业部门的配合和协调,防止片面强调本部门的特殊性,影响整体的协调性。

(三) 管理者的技能

不管什么类型的组织中的管理者,也不管其处于哪一管理层次,所有的管理者都需要有一定的管理技能,才能开展行之有效的管理工作。罗伯特·李·卡茨(Robert. L. Katz)列举了管理者所需的三种素质或技能,海因茨·韦里克对此进行了补充。综合来说,管理者需要具备的素质或管理技能主要有三类:技术技能、人际技能和概念技能。

(1) 技术技能。技术技能是指对某一特殊活动特别是包含方法、过程、程序或技术的活动的理解和熟练。它包括专门知识、在专业范围内的分析能力以及灵活地运用该专业的工具和技巧的能力。技术技能主要是涉及"物"(过程或有形的物体)的工作。对于管理者来说,虽然可以依靠有关专业技术人员来解决专门的技术问题,但他们必须了解并初步掌握与其管理的专业领域相关的基本技能,否则就很难与专业技术人员进行有效的沟通,也就无法对他们所管辖的业务范围内的各项工作进行具体的指导。当然,不同层次的管理者,对于技术技能的要求程度是不相同的。相对来讲,基层管理者需要技术技能的程度较深,高层管理者只需要简单的了解。

(2) 人际技能。人际技能是指一个人能够以小组成员的身份有效地工作的行政能力,并能够在他所领导的小组中建立起协作精神和团队精神,创造一种良好的氛围,以使员工能够自由地无所顾忌地表达个人观点的能力。这种人际关系技能类似于我们常提到的"组织协调能力"。既然管理者面对的是一个团队,就要精于组织,善于协调,使组织成员能够为实现组织目标而齐心协力。因此,人际技能对于高、中、低层管理者进行有效的管理都是非常重要的。

(3) 概念技能。概念技能是纵观全局、洞察组织与环境相互影响的能力。它包括理解事物的关联性,进而找出关键因素的能力;确定和协调各方面关系的能力;权衡不同方案优劣和内在风险的能力。任何管理者都会面临一些混乱而又复杂的环境,需要认清各种因素之间的相互联系,以便抓住问题的实质,果断地做出正确的决策。管理者所处的层次越高,对概念技能的要求越高。

上述三种管理技能是各层次管理者都需要掌握的,区别仅在于各层次管理者所需掌握的三种管理技能的比例会有所不同。在基层管理中,技术技能是最重要的并且其重要程度随管理层次的上升而下降;概念技能的重要程度随管理层次的升高而增大;在各个管理层次上,人际技能都是很重要的。

第二节　管理职能

管理是人们进行的一项实践活动,是人们的一项实际工作。人们发现在不同的管理工作中，管理者往往采用程序类似、内容具有某些共性的管理行为，比如计划、组织、控制等，人们对这些管理行为进行系统性归纳，逐渐形成了“管理职能”这一被普遍认同的概念。所谓管理职能（Management Functions），是对管理过程中各项行为内容的概括，是人们对管理工作应有的一般过程和基本内容所做的理论概括。

管理职能一般根据管理过程的内在逻辑，划分为几个相对独立的部分。划分管理的职能，并不意味着这些管理职能是互不相关、截然不同的。划分管理职能，其意义在于：管理职能把管理过程划分为几个相对独立的部分，在理论研究上能更清楚地描述管理活动的整个过程，有助于实际的管理工作以及管理教学工作。划分管理职能，管理者在实践中有助于实现管理活动的专业化，使管理人员更容易从事管理工作。在管理领域中实现专业化，如同在生产中实现专业化一样，能大大提高效率；同时，管理者可以运用职能观点去建立或改革组织机构，根据管理职能规定出组织内部的职责和权力以及它们的内部结构，从而也就可以确定管理人员的人数、素质、学历、知识结构等。

综合当今主流观点和管理实践的特征，本书将管理职能划分为计划（包括决策在内）、组织、领导、控制、创新五项基本职能，并以职能为本书的编写框架。

一、计划职能

大家时常看到，一个旅游者如果头脑中没有任何特定的目的地，那么可以选择任何路线。但是组织不能漫无目的地行动。组织的存在是为了实现某种特定的目的（这个目的一般以一个或一组目标来表示），因此就得有人来规定组织要实现的目标和实现目标的行动方案。这就是管理的计划职能。

计划职能是管理的首要职能，是其他管理活动的基础。计划为组织和领导提供行动方案，为控制提供标准和依据。计划是指导性、预测性、科学性和创造性都很强的管理活动，提高计划工作的科学性是全面提高管理水平的前提和关键。目前，理论界和实践领域已经形成了一整套相对成熟的方法和原则来增强计划的科学性。

二、组织职能

再好的计划方案也只有落到行动中才有意义。组织职能是管理者落实计划的一个重要环节，是建立组织结构和协调组织氛围的工作过程。组织工作具体包括：根据工作的要求和人员的特点，设计岗位，通过分工和授权将合适的人安排在适当的岗位上，规定各成员的职责、权力以及上下左右的相互关系，由此构建一个有机的组织架构，并通过组织文化建设等途径使组织协调地运转，同时根据环境变化与组织发展的需要适时地推进组织的变革。组织职能的目的就是要通过建立一个适于组织成员相互合作、发挥各自才能的良好环境，消除由于工作或职责方面所引起的各种冲突，使组织成员都能在各自的岗位上为组织目标的实现做出应有的贡献。组织职能是管理活动的根本职能，是其他一切管理活动的依托和保证。

三、领导职能

仅仅有了目标和方案，规定了任务和分工，尚不足以使目标有效地实现。每个组织都是由人和其他各种资源有机结合而成的。人是组织活动中唯一具有能动性的因素。为了最大限度地发挥这种能动性的作用，管理者必须运用各种适当的方法，对组织的成员施加影响，努力营造出一种使组织中的成员能够全心全意、士气高昂地为实现组织目标而努力奋斗的气氛或氛围。这便是管理的领导职能所要完成的任务。

四、控制职能

为了确保组织目标及据此制订的行动方案能顺利实现，管理者必须自始至终地根据计划目标派生出来的控制标准，对组织各项活动的进展情况进行检查，发现或预见到偏差后及时采取措施予以纠正，这是管理工作狭义的控制职能。广义的控制职能还包括根据组织内外环境的变化，对计划目标和控制标准进行修改或重新制定。

正如“不受约束的权力必然导致腐败”一样，没有控制就等于没有管理。控制的存在是由于计划本身的不完备性以及内外环境的多变性决定的，与信任并不对立，因为影响计划推进的不确定性因素决不仅限于道德一项。控制工作既是一个管理过程的终结，又是一个新的管理过程的开始。

五、创新职能

创新是指形成一种创造性思想并将其转换为方案、产品、服务或作业方法的过程。创新是企业家精神的体现，富有创新力的组织能够不断地将创造性思想转变为某种有用的结果，并因此获得更强的竞争力。如何建立创新体系、促进组织内部的创新活动是各国管理界都在积极研究和探索的问题。本书也将把国内外关于创新的最新研究成果介绍给大家。

管理的这五项职能是一切管理者都要履行的，即无论何种组织、所处何种层次、属于何种类型，管理者都是在各自的职位上做着这些工作，所不同的仅仅是职能的侧重不同，工作方式不同而已。一般情况下，计划、组织、领导、控制是按顺序履行的，但在实际操作中常常又相互融合、相互交叉，表现出动态性、交互性、复杂性的特征。计划、组织、领导、控制这四项职能都有各自的表现形式，而创新则是通过这四项职能来展示自己的存在，也就是渗透于其他各项职能的具体实施中，即计划创新、组织创新、领导创新和控制创新。

第三节 管理的基本原理

原理是指某种客观事物的实质及其运动的基本规律。管理的基本原理是对管理工作的实质内容进行科学分析总结而形成的真理，它是现实管理现象的抽象，是对各项管理制度和管理方法的高度综合与概括，因而对一切管理活动具有普遍的指导意义。研究管理原理，有助于提高管理工作的科学性、避免盲目性，有助于掌握管理的基本规律，有助于迅速找到解决管理问题的途径和手段。下面介绍几个主要的管理原理。

一、权变原理

权变理论是20世纪70年代在经验主义学说基础上进一步发展起来的管理理论，其代表人物是美国管理学家卢桑斯(Paul R. Lawrence)及英国学者伍德沃德(Joan Woodward)等。权变原理是指在组织管理过程中要根据组织所处的内外条件随机应变，没有什么一成不变、普遍适用的"最好的"管理理论和方法,只有从实际出发的"适合的"。这一原理能够适应现代社会复杂多变的特点,对于管理行为具有普遍的指导意义。

权变原理的核心是通过组织的各子系统内部和各子系统之间的相互联系,以及组织和它所处的环境之间的函数关系,客观地确定各种变数的关系类型和结构类型,从而决定相应的管理模式与管理方式。它强调在管理活动中要根据组织所处的内外部条件相应决策,针对不同的具体条件寻求不同的、适合的模式、方案或方法。

权变理论的基本观点主要有以下几个方面:

(1) 权变原理要求把环境对管理的作用具体化,并使管理理论与管理实践紧密地联系起来。

(2) 环境是自变量,而管理的观念和技术是因变量。这就是说,在特定环境条件下,为了更圆满地达到组织目标,就要采用相应并适合的管理原理、方法和技术。例如,在经济衰退时期,企业在供过于求的市场中经营,采用集权的组织结构,往往更适于达到组织目标;在经济繁荣时期,在供不应求的市场中经营,采用分权的组织结构可能会更好一些。

(3) 权变原理的核心内容是环境变量与管理变量之间的函数关系,亦即权变关系。环境可分为外部环境和内部环境。外部环境又可以分为两个大的方面:一是由社会、技术、经济和政治、法律等组成;二是由相关组织,如供应者、顾客、竞争者、雇员、股东等组成。内部环境基本上是组织系统的各种条件与要素,它的各个变量与外部环境各变量之间是相互关联的。所有这些关系虽然繁多并且相当复杂,但是,只要在管理活动中把握住权变原则,坚持一切从实际出发,具体问题具体分析,就没有解决不了的问题。

根据权变理论,管理人员的任务就是在特定的情境下、特定的环境中以及特定的时间里,确定哪种方法最有助于达到组织的既定目标。换句话说,管理者必须解决一个非常重要的问题:哪种方法或技术最有效?因此,这种方法并不鼓励简单地从其他组织中引入某些技术或方法。管理者必须搞清这种引入的技术和方法在多大程度上能适合自己的组织。

权变理论的出现,对于管理理论有着某些新的发展和补充。主要表现在它比其他一些学派与管理实践的联系更具体一些,与客观的现实更接近一些。但是,权变理论在方法论上也存在着严重的缺陷,主要问题是仅仅限于考察各种具体的条件和情况,而没有用科学研究的一般方法来进行概括;只强调特殊性、否认普遍性;只强调个性,否认共性。这样不可避免地会滑到经验主义的立场上去。

二、系统原理

系统管理学派的代表人物是理查德·约翰逊(Richard A. Johnson)、卡斯特(F. E. Kast)和罗森茨韦克(Jame E. Rosenzweig)。1963 年他们三人合著的《系统理论和管理》以及 1970 年卡斯特和罗森茨韦克两人合写的《组织与管理——一种系统学说》比较全面地论述了系统管理理论。他们继承了贝塔朗菲的一般系统理论的思想及研究结果。

(一) 系统的概念与特征

系统是由若干相互联系、相互作用、相互依赖的要素结合而成的,具有一定的结构和功能,并处在一定环境下的有机整体。其具有以下几方面的主要特征:

（1）整体性与相关性。系统是由若干子系统（要素）构成的统一体。系统不管由多少要素构成，这些要素都是相互联系、相互作用而形成的统一整体，否则系统便失去了全局和根本。系统整体统一的程度，决定着系统的质量；系统整体的结构决定着系统的功能；系统整体对内调控和对外适应的能力，决定着系统的生机和活力。

（2）层次性。构成系统多层次的子系统不但有相互有机联系的一面，亦有各自的地位和作用。整体的统一，靠多层次子系统的分工和协调来达成；整体的效能，靠多层次子系统各自的作用及其综合而发挥；整体各方面的优化，靠多层次子系统的最佳组合而实现。

（3）目的性。每一个系统都具有特定的功能和作用，这是系统存在对自身和外部的价值所在。

（4）动态性与环境适应性。每个系统都处在动态的变化之中，具有适应环境的能力，这是系统能够存在和发展的重要原因之一。适应性愈强，系统的生命力愈强，愈能竞争和发展。

（二）系统管理原理在组织中的运用

在实际工作中运用系统原理研究管理问题，应做到以下四点：

（1）对管理的对象进行系统的分析，包括对系统要素、结构、功能、集合、联系、历史等方面的分析。管理的决策和措施就是建立在系统分析基础之上。

（2）根据系统的目的性特征，要坚持一个系统只有一个目的，其子系统要围绕这个目的形成合力，统筹运动。

（3）根据系统的整体性特征，必须树立全局观点，不要孤立地看问题，局部利益服从整体利益，处理好国家、单位和个人的关系，克服本位主义及自给自足的小生产思想。

（4）根据系统的层次性特征，各个系统都应建立合理的层次结构，上一层次只管下一层次，下一层次只对上一层次负责。要求领导只做本级领导岗位职责的事，各层做好各层的事，职责分明，各司其职，各负其责。

（三）系统原理的原则

（1）动态相关性原则：该原则是指任何企业管理系统的正常运转，不仅要受到系统本身条件的限制和制约，还要受到其他有关系统的影响和制约，并随着时间、地点以及人们的不同努力程度而发生变化。

（2）整分合原则：该原则的基本要求是充分发挥各要素的潜力，提高企业的整体功能，即首先要从整体功能和整体目标出发，对管理对象有一个全面的了解和谋划；其次，要在整体规划下实行明确的、必要的分工或分解；最后，在分工或分解的基础上，建立内部横向联系或协作，使系统协调配合、综合平衡地运行。

（3）反馈原则：它指的是成功的高效的管理，离不开灵敏、准确、迅速的反馈。

（4）封闭原则：该原则是指在任何一个管理系统内部，管理手段、管理过程等必须构成一个个连续封闭的回路，才能形成有效的管理活动。该原则的基本精神是企业系统内各种管理机构之间，各种管理制度、方法之间，必须具有相互制约的管理，管理才能有效。

系统管理理论强调管理的系统观点，要求管理人员树立全局观念、协作观念和动态适应观念，既不能局限于特定领域的专门职能，也不能忽视各自在系统中的地位和作用。

三、人本原理

人是社会的主体，一切社会活动都是通过人来进行的。现代管理的核心是人，人既是管理的主体，又是管理的客体，离开了人，就不存在管理。因此，如何创造良好的社会环境和管理环境，充分发挥人的主观能动性，是一个组织管理的重要任务。

人本原理，就是管理系统要以人为本，其基本含义是说，任何组织和系统的管理，必须以人为中心，注重人的思想、感情和需求，以激发人的主动性和创造性为根本，以调动人的积极性为主要目的。

从人本原理的概念出发，有三个含义：第一，人是组织管理的核心，离开人的管理就谈不上管理；第二，人力资源的开发是无限的，管理活动的任务是调动人的能动性、创造性和积极性；第三，管理的手段是通过对人的思想、感情和需求的了解，做好人的思想工作，尊重人的感情，采取各种激励措施，最大限度地调动人的积极性，挖掘人的潜能。

为什么组织的管理要以人为本呢？可以从两个方面去理解：

第一，从人在管理中的历史地位来看，人的管理越来越重要。传统管理认为人是经济人，是会说话的工具，与其对应的管理是通过责任制、动作原则等进行管理。梅奥通过霍桑试验，推翻了经济人的假说，提出了社会人，人更重要的是社会人，是有血有肉的人，应重视工人这方面的需求。本世纪年代提出的企业文化，其主要核心是企业的价值观，把人当成管理的重中之重。现代市场竞争告诉我们，市场竞争关键是人才的竞争。谁抓住人力资源开发这一要素，谁就获得竞争的主动权。

第二，从管理效果来看，提高组织效率和效益，是组织的目标。而要达到这一目标，主要取决于各部门主动性、创造性和积极性的发挥。组织计划的制订依据制订者的合理安排和优化；计划的执行依据执行者的理解和贯彻；科学决策依据决策者的判断，等等。所有这些管理活动的效果，都依赖于人的积极性和主观能动性的发挥。

人本原理告诉我们：人是管理的主体，是管理系统的动力源泉，同时人的潜力具有开发性、无限性和弹性。只要做好人的思想工作，注重激励，就能极大地调动人的积极性和创造性，这样组织才能得到生存和更大的发展。

四、效益原理

效益是管理的永恒主题。任何组织的管理都是为了获得某种效益。效益的高低直接影响着组织的生存和发展。

（一）效益及效益原理

效益是有效产出与其投入之间的一种比例关系，包括经济效益和社会效益，经济效益是讲求社会效益的基础，而讲求社会效益又是促进经济效益提高的重要条件，管理者应把讲求经济效益和社会效益有机结合起来。效益原理，是指组织的各项管理活动都要以实现有效性、追求高效益作为目标的一项管理原理。它表明现代社会中任何一种有目的的活动，都存在着效益问题，它是组织活动的一个综合体现。影响企业效益的因素是多方面的，如科学技术水平、管理水平、资源消耗和占用的合理性等。从管理的这一具体因素来看，管理的目标就是追求高效益。有效地发挥管理功能，能够使企业的资源得到充分利用，带来企业的高效益。反之，落后的管理就会造成资源的损失和浪费，降低企业活动的效率，影响企业的效益。向管理要效益，管理出效率，已成为人们的共识。

（二）管理者运用效益原理应注意的问题

效益是管理的根本目的，管理就是对效益的不断追求。谋求效益是有规律可循的。主要表现在以下几方面：

（1）在实际工作中，管理效益的直接形态是通过经济效益而得到表现的。这是因为管理系统是一个人造系统，它基本是通过管理主体的劳动所形成的按一定顺序排列的多方面多层次的有机系统。尽管其中有繁复众多的因素相互交织，但每一种因素均通过管理主体的劳动而活化，并对整个管理运动发生着影响。综合评价管理效益，当然必须首先从管理主体的劳动效益及所创造的价值来考虑。

（2）影响管理效益的因素很多，其中管理主体的战略思想正确与否占有相当重要的地位。在现代化管理中，采用先进的科学方法和手段，建立合理的管理机构和规章制度无疑是必要的，但更重要的是一个管理系统中高级主管所采取的战略，这是更加带有全局性的问题。一般来说，管理只解决如何“正确地做事”，战略才告诉我们怎样“做正确的事”。比如一个企业不管有多少好的管理方法，不管基础有多好，如果经营战略错了，局部的东西再好，结果是产品不符合顾客的需要，质量再好，价格再低，也无济于事。实际上，管理效益总是与管理主体的经营战略联系在一起。

（3）追求局部效益必须与追求全局效益协调一致。全局效益是一个比局部效益更为重要的问题。如果全局效益很差，局部效益提高就难以持久。当然，局部效益也是全局效益的基础，没有局部效益的提高，全局效益的提高也难以实现。局部效益与全局效益是统一的，有时又是矛盾的。因此，当局部效益与全局效益发生冲突时，管理者必须把全局效益放在首位，做到局部服从整体。比如，企业不能用随意提高产品价格或降低产品质量等损害消费者利益的办法来牟取高利。

（4）管理应追求长期稳定的高效益。在激烈的竞争中，如果企业只满足于眼前的经济效益水平，而不以新品种、高质量、低成本迎接新的挑战，就会随时有落伍甚至被淘汰的危险。所以，管理者必须有远见卓识和改革创新精神，随时想着明天。不能只追求当前经济效益，不惜竭泽而渔，寅吃卯粮，不保持必要的储备，不及时地维护修理设备，不进行必要的技术改造，不爱护劳动力，不爱护环境，这样的话，必然损害今后的经济效益。只有不断增强企业发展的后劲，积极进行企业的技术改造、技术开发、产品开发和人才开发，减少对环境的破坏，才能保证企业有长期稳定的较高经济效益，才能使企业持久地兴旺发达。

（5）确立管理活动的效益观。管理活动要以提高效益为核心。追求效益的不断提高，应该成为管理活动的中心和一切管理工作的出发点。要克服传统体制下“以生产为中心”的管理思想和管理模式，因为这种管理思想必然导致片面追求产值、盲目增加产量的倾向，从而可能造成产品大量积压、效益普遍低下的状况。

谋求效益要学会自觉地运用客观规律。例如，必须学会运用价值规律，随时掌握市场情况，制定灵活的经营方针，灵敏地适应复杂多变的竞争环境，满足社会需求，只有这样才能够获得好的效益。

第四节　组织与环境

任何组织都不是独立存在、完全封闭的，而是存在于一定的环境中，并且受环境影响，在与环境力量的相互作用中谋求自身目标的实现。要实施有效的管理，就需要了解组织存在的环境及其变动规律。

组织环境是指所有潜在影响组织运行和组织绩效的因素或力量。组织环境调节着组织结构设计与组织绩效的关系，影响组织的有效性。组织环境对组织的生存和发展，起着决定性的作用，是组织管理活动的内在与外在的客观条件。

一、组织环境的类型

一般来说，以组织界线（系统边界）来划分，可以把环境分为内部环境和外部环境，或称为工作（具体）环境和社会（一般）环境；如果根据环境系统的特性来划分，则可将环境划分为简单—静态环境、复杂—静态环境、简单—动态环境和复杂—动态环境四种类型。

（一）组织的内部环境

组织的内部环境是指存在于组织内部的各类资源要素以及特定的文化要素，是决定组织存在与发展的根本性因素。影响管理活动的组织内部环境主要包括物质环境、心理环境和文化环境等。

任何组织的活动都需要有一定的物质条件，一般来说，组织的物质条件主要包括资金、技术、物资、设备、产品、办公场所等。这些物质条件的拥有情况和利用能力，决定着组织活动的效率和规模。而其中办公场所的空气、光线和照明、声音（噪声和杂音）、色彩等，对员工的工作安全、工作心理和行为以及工作效率都有极大的影响。物质环境因素对组织设计提出了人本化的要求，防止物质环境中的消极性和破坏性因素，创造一种适应员工生理和心理要求的工作环境，这是实施有序而高效管理的基本保证。

心理环境指的是组织内部的精神环境，对组织管理有着直接的影响。心理环境制约着组织成员的士气和合作程度，影响着组织成员的积极性和创造性的发挥，进而决定了组织管理的效率和管理目标的达成。心理环境包括组织内部和睦融洽的人际关系、人事关系、组织成员的责任心、归属感、合作精神和奉献精神等。

组织文化环境至少有两个层面的内容，一是组织的制度文化，包括组织的工艺操作规程和工作流程、规章制度、考核奖励制度以及健全的组织结构等；二是组织的精神文化，包括组织的价值观念、组织信念、经营管理哲学以及组织的精神风貌等。组织文化带有所处社会和行业的特征，更具有组织运营和管理的特色，它指引着组织的发展路径和方式，直接作用于组织成员的行为，对外则代表着组织的形象。在一定的物质条件下，文化因素的优劣对组织的发展有着至关重要的作用，一个良好的组织文化是组织生存和发展的基础和动力。

（二）组织的外部环境

广义地理解组织的外部环境，包含一切外部世界的现有存在，但它们对组织的影响程度深浅不一。为了便于研究，这里将影响组织活动的因素分为一般外部环境和特殊外部环境。

1. 一般外部环境

一般外部环境是指在某一特定时空下的宏观环境。主要包括社会环境、政治环境、经济环境、科学技术环境、自然地理环境等。其中社会环境主要包括一个国家或地区的人口数量、年龄结构、受教育水平和职业结构、民族构成和特性等方面的基本情况,同时还包括生活习惯、宗教信仰、道德风尚、价值取向、历史及文化传统等人文因素。经济环境主要包括国家和地区的经济制度、经济结构、经济发展速度和水平、经济法律和经济政策,以及居民消费结构和水平、市场的供求状况、社会基础设施建设等。政治环境是指与政治有关的一切要素的集合。主要涉及国家的政治制度、政权性质、党派关系及政府的路线、方针、政策、法律和规定等。科学技术环境主要包括国家或地区的科学技术发展水平,新技术、新设备、新材料、新工艺的开发和采用,政府的科技政策、科技管理体制和科技人才状况等。自然环境主要包括地理条件、气候条件和矿产、森林、水资源等自然状况。这些环境会作用于组织,但同一个环境对不同的组织影响力会有差别,所以组织应该特别关注对自己影响力大的环境。虽然环境是单个组织无法控制的,但却是可以预见的。

2. 特殊外部环境

组织总是在某个领域内活动,在特定的行业或产业竞争中生存。特殊外部环境就是指对组织活动影响更为直接的行业环境,包括资源供应者(供应商)、服务对象(顾客)、竞争者、监督机构等。一般外部环境的影响多是通过具体的行业环境对组织反映出来的,所以组织对行业环境的关注程度要远高于一般的外部环境。

外部环境从总体上来说是不易控制的,因此它的影响是相当大的,有时甚至能影响到整个组织结构的变动。对外部环境作分析,目的是要寻找出在这个环境中可以把握住哪些机会,必须要回避哪些风险,抓住机遇,健康发展。

二、组织与环境的关系

组织环境对组织的形成、发展和灭亡有着重大的影响。组织环境为某些组织的建立起到了积极的促进作用,例如蒸汽机技术的出现导致了现代工厂组织的诞生。某些环境的变化为组织的发展提供了有利条件。相反,由于某些组织未能适应环境的变化,因而已不复存在。在当代和未来,组织的目标、结构及其管理等只有变得更加灵活,才能适应环境多变的要求。

组织与环境的关系,不是组织对环境做出单方面的适应性反应,组织对环境也具有积极的反作用。主要表现为:组织主动地了解环境状况,获得及时、准确的环境信息;通过调整自己的目标,避开对自己不利的环境,选择适合自己发展的环境;通过自己的力量控制环境的状况和变化,使之适应自己的活动和发展,而无须改变自身的目标和结构;可以通过自己的积极活动创造和开拓新的环境,并主动地改造自身,建立组织与环境新的相互作用关系。另外,组织对环境的反作用也有消极的一面,即对环境的破坏,这种消极的反作用又会影响组织的正常活动和发展。

三、组织环境的特征

一般而言,组织环境具有以下基本特征:

1. 客观性

组织环境是客观存在的,它不随着组织中人们的主观意志为转移,不管你想不想、愿意不愿意,组织环境都是客观存在的,而且它的存在客观地制约着组织的活动。作为组织环境基础的自然的和社会的各种条件的物质实体或物质关系,它们是组织赖以存在的物质条件,对组织来说是一种客观存在的东西。

2. 系统性

组织环境是由与组织相关的各种外部事物和条件相互有机联系所组成的整体,它也是一个系统。我们可以将它称为组织的外部系统。组成这个系统的各种要素,如自然条件、社会条件等相互关联,形成一定的结构,表现出组织环境的整体性。组织所处的社会是一个大系统,组织的外部环境和内部环境构成了不同层次的子系统。任何子系统都要遵循它所处的更大系统的运动规律,并不断进行协调和运转。人们的管理活动就是在这种整体性的环境背景中进行的。

3. 动态性

组织环境的各种因素是不断变化的,各种组织环境因素在不断地重新组合,不断形成新的组织环境。组织系统既要从组织环境中输入物质、能量和信息,也要向组织环境输出各种产品和服务,这种输入和输出的结果必然要使组织环境发生或多或少的变化,使得组织环境本身总是处于不断地运动和变化之中。这种环境自身的运动就是组织环境的动态性。组织环境处于经常的发展变化之中,使组织内部要素与各种环境因素的平衡经常被打破,往往形成了组织结构的变化。因此,组织必须及时修订自己的经营方案,以适应不断变化的环境,通过调整组织系统输入输出的结果,来促使组织环境更加有序化,朝着有利于组织系统生存和发展的方向运动。

组织环境的客观性、系统性、动态性等特征说明了组织环境本身就是一个有着复杂结构的运动着的系统。正确分析组织所面临的环境中的各种组成要素及其状况,这是任何一个管理者进行成功的管理活动所不可缺少的前提条件。

第五节　管理学的学科特点与研究方法

一、管理学的研究对象

明确管理学的研究对象,是学习和研究管理学的基本前提。管理学是一门研究管理活动及其规律的科学,管理学也是一门基础性学科,研究的是各类管理的共同特点。概括起来,管理学的研究对象有以下几个方面:

(1) 管理科学产生、发展的历史及其基本原理与原则。这是管理活动开展的理论依据和前提。

(2) 合理组织生产力。主要研究如何配置组织中的人力、财力、物力等各种资源,使各要素充分发挥作用,以实现组织目标和社会目标的相互统一。因此,怎样计划安排、合理组织以及协调、控制这些资源的使用以促进生产力的发展,是管理学研究的主要问题。

(3) 完善生产关系。主要是研究如何处理组织中人与人之间的相互关系,尤其是管理者与被管理者之间的矛盾关系问题;研究如何建立和完善组织机构设立、人员安排以及各种管理体制问题;研究如何激发组织内部成员的积极性和创造性,为实现组织目标而服务。

(4) 适时调整上层建筑。研究如何使组织的活动与外部环境相适应,如何使组织与整个社会的政治、经济、法律、文化、道德等上层建筑保持协调一致。

二、管理学的学科特点

管理学作为一门独立的学科形成于20世纪50年代的美国，虽然历时不长，但发展相当迅猛，影响也很广泛，是当今世界最受关注的学科。该学科呈现出以下一些特点。

1. 管理学是一门边缘科学

管理学研究对象的多层面性和复杂性，决定了管理学的研究需要运用多学科的知识。包括与管理人有关的学科，如教育学、文化学、社会学、心理学、生理学等；与管理物有关的学科，如物理、生物、化学、会计学、信息科学、工业技术类学科等；与管理的环境有关的学科，如政治学、经济学、伦理学、哲学、贸易学、金融学、保险学等。它与多种学科有着密切的关系，是这些学科交叉渗透的产物。所以，管理学不同于一般文科，也不同于一般理科，而是文理交叉的学科。管理学研究的内容十分广泛，所涉及的学科也非常多，因此管理学是一门综合性的、多学科性的边缘科学。

2. 管理学是一门软科学

人们把具有物质形态的技术称为硬技术或硬科学，把研究具有知识形态的技术称为软技术或软科学。管理学是研究组织资源的合理配置和利用的原理、程序和方法，以期达到组织的目标。所以说管理学是一门软科学。

3. 管理学是一门应用学科

管理学是以管理实践为研究对象，运用自然科学与社会科学中基础学科的知识，研究管理实践的规律，服务于客观世界的改造。它的理论与方法要通过实践来检验其有效性；同时，有效的管理理论与方法只有通过实践，才能带来实效，发挥其指导实际工作的作用，并在不断反复的实践中，完善管理学的理论和方法。

4. 管理学是一门科学，更是一门艺术

管理学是一门科学，是经过整理的系统的科学体系，它所揭示的是管理活动的客观规律；另一方面，管理学又是面向实际、面向管理者的实践性很强的艺术，或者说是一门不精确的科学。艺术的特征是依赖个人经验、技巧及一些非理性的感觉来处理事情，没有普遍适用的规则，是灵活的、因人而异的，其结果是巧妙地解决难题或者给人以美感的印象。管理学的艺术性特征显示了管理并不是简单、僵硬的制度、程序和方法，还是多变的富于美感的技巧。运用管理的艺术性解决和处理问题往往会收到事半功倍的效果。

三、管理学的研究方法

1. 历史研究方法

历史研究方法要求从管理现象产生和变化发展的历史背景和范围中去把握管理的本质和规律。同时，这一方法要求从历史的因果联系中去把握管理的本质和发展规律，注重历史事实的分析和把握，要求分析管理现象与特定历史条件下的各种因素的联系，分析不同历史条件下管理现象之间的因果联系，以此作为探讨管理规律，解释和验证管理现象、理论、原则和方法的依据。

2. 系统分析法

所谓系统是指由相互作用和相互依赖的若干部分结合而构成的，具有特定功能的有机整体。组织本身是一个系统，就管理过程而言其本身也是一个系统，它是由各个管理职能相互联系、相互作用而构成的有机整体。因此，在学习和研究管理活动时，必须要以系统的观点进行指导，以系统的方法开展研究，对影响组织运行及管理过程中的各种要素及其相互之间的关系进行整体的、系统的分析。

3. 比较研究法

比较研究法是把同类管理现象进行比较分析，求其共同性和差异性，以探求管理规律的方法。管理学中的比较研究方法，既包含对管理的总体过程和活动的比较，也包含对管理的各要素、各方法的比较；既包含对管理的纵向历史比较，也包含对管理的横向比较；既包含求异的研究过程，也包含求同的比较过程；既包含对异同的分析，也包含对产生异同的原因、本质以及这些异同对于管理的影响的分析。

4. 定性和定量研究方法

定性研究方法是对管理现象性质的分析，该方法主要运用归纳的思维方法，对客观的管理现象进行抽象，判别管理现象的客观属性和客观联系。定量研究方法是对管理现象中可以量化的部分进行测量和分析，以检验研究者自己关于该现象的某些理论假设的研究方法。定量研究方法有一套完备的操作技术和规范，如抽样方法、资料收集方法、数字统计方法等。

5. 实验法

在管理学的研究中，实验法是重要的研究方法之一，特别是针对微观组织内部的一些管理问题。比如泰勒的动作研究、梅奥的霍桑实验都是典型的实验法。实验法在运用中需要给实验对象创造出一定的条件，然后观察其实验结果，把实验对象的结果与对照组进行比较，找出外加条件与实验结果之间的因果关系，在多次实验的基础上就可以得出比较准确的结论。

6. 跨学科的研究方法

管理现象的复杂性和多样性，决定了对于管理现象的研究必须从多学科、多角度展开，因此，多学科方法的运用，成为管理学研究的重要特点。管理学在研究中大量借鉴社会科学和自然科学等多种学科的研究方法，如经济学的研究方法、社会学的研究方法、心理学的研究方法、自然科学的系统论、信息论、控制论、协同论、运筹学方法等。

本章提要

管理活动伴随人类社会的产生而产生，有人群活动的地方就必然有管理的存在。管理对于当今的世界有着更广泛的影响和意义，因此要重视对管理的研究和学习。

管理是指组织在特定环境下，充分利用各种资源，协调集体活动以达成预定目的的实践过程，是决策、计划、组织、领导、控制和创新在内的一系列具体活动的总和。管理者的本质是协调。

管理的任务是“最优地实现组织目标”，即合理利用组织资源，通过高效率的运作，实现良好的经济效益和社会效益。

管理的二重性是指管理具有与生产力和社会化大生产相联系的自然属性以及与生产关系和社会制度相联系的社会属性。认识和掌握管理的二重性，对我们学习管理学以及建立具有中国特色的管理科学都具有非常重要的意义。

管理者承担着10种内容不同但却密切相关的角色。作为一名管理人员,技术技能、人际技能、概念技能是必要的基本技能。

管理职能是管理系统功能的体现,是管理所应发挥的基本效能。本书将管理职能划分为计划、组织、领导、控制、创新五项职能。

管理的基本原理是对管理的实质进行科学分析总结而形成的基本真理,它是管理现象的抽象,是对各项管理制度和管理方法的高度综合与概括,是大量管理实践经验的升华,对一切管理活动具有普遍的指导意义。研究管理基本原理,完善并掌握管理原理是为了指导管理行为。管理的基本原理主要包括权变原理、系统原理、人本原理、效益原理等。

环境是一切作用于组织的要素的集合,包括外部环境和内部环境。环境影响管理的绩效和方式,管理要善于抓住环境提供的机遇,避开环境构成的威胁,能动地适应环境。

管理学是一门研究管理活动及其基本规律和方法的科学,有着自己特定的研究对象和研究方法。

复习思考题

1. 什么是管理？如何理解协调是管理的本质？
2. 学习和掌握管理二重性的重要意义。
3. 管理者在组织中扮演哪些角色？这些角色与不同层次的管理者有怎样的关系？
4. 管理者胜任管理工作应具备哪些基本技能？
5. 系统原理的内容是什么？管理者可以从系统原理中得到哪些启示？
6. 如何理解人本原理？
7. 管理活动为何要遵循效益原理？
8. 如何理解权变原理？
9. 组织与环境的关系？
10. 了解管理学的学科背景,举例说明管理学与其他相关学科的关系。

案例讨论

联合邮包服务公司的高效管理

联合邮包服务公司(United Parcel Service,UPS)雇佣了15万名员工,平均每天将900万个包裹发送到美国各地和180个国家。为了实现它们的宗旨:"在邮运业中办理最快捷的运送",UPS的管理当局系统地培养员工。使他们以尽可能高效率从事工作。以送货司机的工作为例,介绍其管理风格。

UPS的工业工程师们对每一位司机的行驶路线都进行了时间研究,并对每种送货、暂停和取货活动都设立了标准。这些工程师们记录了红灯、通行、按门铃、穿过院子、上楼梯、中间休息喝咖啡的时间,甚至上厕所的时间,将这些数据输入计算机中,从而给出每位司机每天工作的详细时间标准。

为了完成每天取送130件包裹的目标,司机们必须严格遵循工程师们设定的程序。当他们接近发送站时,他们松开安全带,按喇叭,关发动机,拉起紧急制动,为送货完毕的启动离开做好准备。这一系列动作严丝合缝。然后,司机从驾驶室来到地面上,右臂夹着文件夹,右手拿着车钥匙,左手拿着包裹;他们看一眼包裹上的地址把它记在脑子里,然后以每秒钟3英尺的速度快步走到顾客的门前，先敲一下门，以免浪费时间找门铃。送货完毕后，他们在回到卡车上的路途中完成登录工作。

这种刻板的时间表是不是看起来有点烦琐？也许是，它真能带来高效率吗？毫无疑问！生产效率专家一致公认，UPS是世界上效率最高的公司之一。举例来说吧，联邦快递公司平均每人每天取送80件包裹，而UPS却是130件。在提高效率方面的不懈努力，对UPS的净利润产生了积极的影响，人们普遍认为，它是一家获利丰厚的公司。

讨论题：

这种管理方式在这家企业是很有效的，为什么？

第二章

管理理论的发展

知识目标

了解:中国古代的管理思想和西方早期管理思想的形成

理解和掌握:泰勒的科学管理思想;法约尔的一般管理理论;韦伯的组织管理思想;梅奥的人群关系理论;马斯洛的需求层次理论;赫茨伯格的“双因素”理论;费鲁姆的期望价值理论;麦格雷戈的X理论—Y理论;管理学的主要理论;现代管理思想的新发展

技能目标

掌握:古典管理理论、行为科学理论、管理科学理论和现代管理思想的新发展;能够用所学的各种管理理论解释周围各种组织的各种管理现象

引导案例

纽曼公司面临的问题

纽曼公司的利润在过去的一年里一直在下降,然而在同一时期,同行们的利润却在不断上升。公司总裁杰克先生非常关注这一问题,为了找出利润下降的原因,他花了几周的时间考察公司的各个方面。接着,他决定召开各部门经理人员会议,把他的调查结果和他得出的结论连同一些可能的解决方案告诉他们。

杰克说:“我们的利润一直在下降,我们正在进行的工作大多数看来也都是正确的。比方说,推销策略帮助公司保持住了在同行中应有的份额。我们的产品和竞争对手的一样好,我们的价格也不高,公司的推销工作看来是有成效的,我认为还没必要改进什么。”他继续评论道:“公司有健全的组织结构、良好的产品研究发展规划,公司的生产工艺在同行中也占领先地位。可以说,我们的处境良好。然而,我们的公司却面临这样的严重问题。”

与会的每一个人都有所期待地倾听着。杰克开始讲到了劳工关系:“像你们所知道的那样,几年前,在全国劳工关系局选举中工会没有取得谈判的权利。一个重要的原因是,我们支

付的工资一直至少和工会提出的工资率一样高。从那以后,我们继续给员工提高工资,问题在于,没有维持相应的生产率。车间工人一直没有生产足够的产量,来把利润维持在原有的水平上。”杰克喝了点水,继续说道:“我的意见是要回到第一个原则。我们的公司是为股东创造财富的,不是工人的俱乐部。公司要生存下去,就必须创造利润。我在上大学时,管理学教授们十分注意科学管理先驱们为获得更高的生产率所使用的方法,这就是刺激性工资制度。在我看来,我们可以回到管理学的第一原则去,如果我们的工人工资取决于他们的生产率,那么工人就会生产的更多。管理学先辈们的理论在今天一样地在指导我们。”

资料来源:圣才学习网:www. looxuexi. com,2010/8130.

第一节　中国古代的管理思想

古代东西方的管理思想,都已有几千年的历史。那时管理思想只是星星点点,散见于很多哲学家、政治家、思想家的观点言论中,但它同样对当时的国家管理、社会发展以及经济发展起到了重要的推动作用。中国作为世界伟大的文明古国,有着丰富多彩的管理思想。由于受当时生产力发展水平的限制,这些管理思想零星分散,至今未能形成独立的科学体系,但许多管理思想的精华对今天的管理实践仍然具有借鉴价值。

一、中国古代管理思想的主要流派

统治中国古代几千年历史的主流思想是三大学派:儒家、法家和道家。这三大学派都产生于中国古代思想最活跃的春秋战国时代。其管理思想的基本逻辑结构是:人性假设—管理方式。他们各自提出对人的基本看法,并进而提出自己的管理方式,从而各自形成较为系统的治国治生的管理思想。儒家——王者之道,仁政德治。法家——霸者之道,法制刑治。道家——王霸杂合之道,无为而治。

1. 儒家管理思想

儒家管理思想的基本精神是以“人”为中心,主张“仁政”、“贤能政治”及“重民”、“和为贵”、“仁义”等。

首先,以孔子为代表的儒家学派将人作为管理的载体,把“治人”归结成为管理的本质,并强调要“以德服人”,认为道德感化与一味惩罚相比,会收到更好的效果。

孟子发展了孔子的德、礼为治的政治管理思想,在“性善论”的基础上,更加明确地提出了实施“仁政”的政治主张。其主要内容有:(1)行“王道”,施“仁政”;(2)主张“贤能政治”;(3)“重民”思想;(4)“和为贵”的思想;(5)“仁义”思想。

此外,儒家特别强调个人的道德修养,自身的管理,“君子务本”,“修身,齐家,治国,平天下”,无不体现管理者从自身做起,培养自己德行的观点。

2. 道家管理思想

道家管理哲学的基本思想是以“道”为中心,讲“无为而治”,讲“弱者道之用”,讲“天地相合”。以老子为代表的道家将“道”看做一种客观规律,“人法地,地法天,天法道,道法自然”,因此强调人们必须按照自然规律办事,顺其自然,做到天地相合,充分融汇,实现人和自然的和谐统一。然而“道常无为”,因此要“处无为之事,行不言之教”,实有似无,无为而治,达到一种较高的管理境界。即通过最少的、必要的、有效的法律制度把社会干涉行为减少到最低限度,从而实现组织的自然和谐与个人自由的协调发展。在管理艺术上，道家提出独特的“反者道之动，弱者道之用”的原理，运用辩证法的精湛思想证实了“柔弱胜刚强”的道理。

3. 法家管理思想

法家管理哲学以“法”为中心，韩非提出了法、术、势三者结合的法治理论。韩非所谓的“法”指法律、法治；“术”指办事、用人的方法和艺术，亦即政治手腕；“势”则指权力、权威。在执法方面，法家主张“法治”，反对“人治”，主张“立法为教”。他认为，只要“法”不败，就能保持政治的常规。韩非提出“上法而不上贤”，认为即使由圣贤来管理国家，也不能离开法律制度。在管理技术和艺术方面，韩非认为统治者必须采用“七术”，虽然其中有些管理权术在道德上不可取，但在实际活动中，都为中国的历代君王所采用。不过，“术”必须要以法的有效性为依据，也就是要保证法的效力。有了“法”，有了“术”，但如果缺乏“势”(即某些强制性的物质力量)，即使有法也会因失效而不能依靠，有术也难以保证群臣服从主人的管理。因此，法的执行，光有“术”还不行，还得要靠“势”。韩非认为，帝王之所以为帝王，关键在于有“势”，“势者，胜众之资也”，“势”又分为“自然之势”和“人为之势”，特别强调管理者充分发挥自己的主体能动作用，以保证管理措施积极推行。在法、术、势三者之中，法是中心，术与势是行使法的必要条件。

二、中国古代管理思想的主要内容

1. 古代的对策、决策思想

古代的对策和决策思想中蕴藏的丰富经验和智慧对今天的决策科学化很有参考价值。首先，墨子提出了决策的标准，体现了朴素的唯物主义思想。他认为，判断一件事是否可行时，先考察历史，看是否符合古代圣王的遗训；然后要听取百姓的意见，看是否符合民心；再看是否真正有利于国家民众。其次，战国时孙膑“整体优化”的对策思想在著名的“田忌赛马”的故事中得到生动的反映，《孙子兵法》中提出的系统决策观，重视因地制宜、强调变化创新的管理思想对当今的企业也大有裨益。最后，众所周知的汉高祖刘邦的谋士张良、雄才大略的诸葛亮，也是古代最优决策者的典范，他们的决策思想也指引着后人。

2. 古代经营和财政管理思想

春秋末期的政治家兼巨商范蠡认为：物价贵贱的变化是因为供求关系的有余和不足，建议谷贱时由官府收购，谷贵时平价售出。财政乃国家经济之本。荀子曾提出财政管理的许多原则，如分等征税原则、“上下俱富”以政裕民的原则、“足国之道，节用裕民，而善藏其余”的财政支出总原则等。到秦始皇时期，专门设立治粟内史统管全国财政，为两千多年封建集权统一的财政管理制度奠定了基础。

3. 中国古代用人思想

中国古代很早就提出了选才用人的管理思想，认识到“知人善任，礼贤下士”的重要性。如墨子提出用人的原则是“察其所能而慎予官”，强调确立“唯贤不用亲”的制度；荀子告诫执政者切不可任人唯亲，而主张任人唯贤，唯才是举。晏子则进一步明确指出：人的才能各不同，应让人专司一事，同时要能做到用人所长。

关于择人的原则，《六韬》中有六字标准：仁、义、恕、信、勇、谋；墨子更明确提出“贤人”的三方面标准：一是道德品行的标准；二是交际能力的标准；三是知识标准。

到北宋时期，王安石的人才管理思想更加系统化、理论化。他的用人思想可概括为“教之、养之、取之、任之”。坚持学用一致,造就人才;以“饶之以财”、“约之以礼”、“裁之以法”为方针维持政府官员生活的俸禄报酬;按一定的途径选拔官吏;根据其专长来任用人才。王安石把通过教育培养人才作为人才管理的起点,这比前人进了一大步。

4. 古代行为管理思想

我们的祖先在几千年前,就开始了对人类心理和行为的研究,有许多精辟的学说。比如人的本性问题,孟子认为“人之性善”,荀子认为“人之性恶,其善者伪也”。告子认为人性无善恶,也有人提出性有善有恶论。在激励和奖惩方面,孙子主张“文武兼施”、“恩威并重”。诸葛亮指出:“赏以兴功,罚以禁奸,赏不可不平,罚不可不均。”

5. 古代管理艺术思想

古人极重视管理的艺术性,《论语为政篇》中指出:“君子不器”,即领导者主要从事管理工作,而不应自己一味“冲锋陷阵”。孙子指出:“兵无常势,水无常形,能因之就化而取胜者,谓之神。”并强调战略战术上的“奇正相生”和灵活运用的重要性。《三十六计》旨在应付千差万别、千变万化的复杂局面,要“审时度势”、“时变境迁”、“运用之妙,存乎一心”。诸葛亮东和孙权,北拒曹操,西抚蛮夷,所用战略不同;他三气周瑜、七擒孟获、六出岐山、五路退敌,其战术也不一样。这种根据时间、地点、条件而采取不同方法的做法,是中国古代“权变”思想的萌芽。

三、中国古代管理思想的评价

中国古代管理思想是我们的历史文化遗产和宝贵财富,内容丰富、博大精深。毫无疑问,立足和根植于中国的企业家和管理工作者们,应当深入地研究它,继承和发扬它的精髓,并探索适合自己国情的管理经验。但是也应当看到古代的管理思想由于历史的原因,有其一定的局限性。这是因为:

(1) 中国漫长的封建社会,束缚了科技和生产力的发展,使管理特别是企业管理缺乏大规模社会生产的实践的基础,难以产生类似泰罗制那样体系完整具有科学实验精神的理论体系。

(2) 由于社会历史的局限性,古代的管理思想具有两面性,如儒家的“重农轻商”、“求稳定,不求开拓创新”、“歧视妇女”等观点带有一定落后保守成分,应予以否定。

总之,运用历史唯物主义的态度,一分为二地正确评价和运用中国传统管理文化和管理思想,这对于创造有中国特色的现代管理模式,有着重要的现实意义。

第二节　西方管理思想的形成和发展

一、西方早期管理思想的形成

西方文化起源于希腊、罗马、埃及、巴比伦等文明古国,这些古国在国家管理、生产管理、军事、法律等方面也都曾有过许多光辉的实践,在这些实践中蕴涵着丰富的管理思想,但此时的管理思想由于生产力水平低,往往较直观、零散,缺乏系统性。

从18世纪下半叶开始,伴随着科学技术的发展,英国爆发了工业革命。随着机器化的工厂制度取代手工的工厂制,西欧资本主义制度得以确立。适应资本主义大工业生产而提出的管理理论已经开始自觉地研究管理行为及规律,这是人类管理思想史上质的飞跃。其中,最早对经济管理思想进行系统论述的学者,首推英国经济学家亚当·斯密(Adam Smith,1723—1790),他在代表作《国民财富的性质和原因的研究》一书中,不仅对经济和政治理论做了卓有成效的论述,而且对管理问题进行了探讨。他以当时英国的制针业为例说明了劳动分工给制造业带来的变化。他说,一名没有受过专门训练的工人,恐怕一天也难以制造出一枚针来。如果希望他每天制造二十枚针,那就更不可能了。如果把制针分为若干工作程序,每一程序都成为一项专门工作,一个人抽铁丝,一个人拉直,一个人切截,一个人磨尖铁丝的一端,一个人磨另一端,以便装上圆头,有了分工,相同数量的劳动者就能完成比过去多得多的工作量。劳动分工之所以能提高生产效率,亚当·斯密认为有三个原因:(1)劳动者的技巧因业专而日进;(2)通过分工,免除了由一个工种转到另一工种而损失的时间;(3)许多简化劳动和缩减劳动的机械的发明,使一个人能够做许多人的工作。

在亚当·斯密之后,另一位英国人查理·巴贝奇(Babbage ,1792—1871)发展了亚当·斯密的论点,更全面、更细致地分析了劳动分工能提高生产效率的原因,这就是:(1)节省了学习所需要的时间;(2)节省了学习过程中所耗费的材料;(3)节约了从一道工序转到另一工序所耗费的时间;(4)节省了更换工具所耗费的时间;(5)重复同一操作,技术熟练,工作速率加快;(6)注意力集中于单一作业,便于改进工具和机器;(7)经常作某一项工作,肌肉得到了锻炼,不易疲劳。巴贝奇还特别强调劳资协作,提出了一种固定工资加利润分享制度,以调动劳动者的工作积极性;与此同时,巴贝奇在《论机器和制造业的节约》一书中,以数学家的眼光,对劳动分工的效益和主管人员对设备、物质、人力使用上的具体管理技术进行了较全面的论述。

这一时期的著名管理学者除了亚当·斯密和巴贝奇之外,还有英国的空想社会主义者罗伯特·欧文(Robert Owen,1771—1858),他对管理理论的贡献是首次提出了关心人的哲学,并在他与人合办的新拉纳克工厂进行了全面实验,主要内容有:(1)改善工厂内的工作条件;(2)限制童工的最低年龄;(3)缩短工人的劳动时间;(4)在工厂内为工人提供膳食;(5)设立商店,按成本价向工人出售生活必需品;(6)通过建造房舍、修筑街道等方式切实改善工人居住条件,等等。罗伯特·欧文试图在企业内建立起一种全新的人际关系,因此,他被誉为“人际关系之父”。

二、古典管理理论

古典管理理论形成于19世纪末20世纪初。经过产业革命后,许多新发明开始出现,工厂制度日益普及,生产规模不断扩大,生产专业化程度日益提高,劳资矛盾也随之恶化;但是管理仍处于师傅带徒弟的方式,经验和主观臆断盛行,缺乏科学的依据。随着资本主义生产力和生产关系的迅速发展,传统的经验管理和组织方式越来越成为当时阻碍生产率提高的主要障碍。为了适应生产力发展的需要,改善管理的粗放和低水平,当时在美、法、德等国都产生了科学管理运动,从而形成了各具特点的管理理论。尽管这些管理理论的表现形式各不相同,但其实质都是采用当时所掌握的科学方法和科学手段对管理过程、职能和方法进行探讨和试验,奠定了古典管理理论的基础。

(一) 泰勒的科学管理思想

费雷德里克·泰勒是美国古典管理学家,科学管理的创始人。他18岁因病大学肄业,进入一家工厂,从一名学徒工开始做起,由于聪明能干,先后被提拔为车间管理员、技师、小组长、工长、维修工长、设计室主任和总工程师。在他的管理生涯中,他和他的助手不断在工厂实行进行试验,对工人的操作方法和动作进行系统地研究和分析,逐渐形成了科学管理的理论体系,其主要著作是《科学管理原理》和《科学管理》。

泰勒的科学管理的根本目的是改变当时效率低下的现实问题,谋求提高工作效率,而提高工作效率是雇主和雇员达到共同富裕的基础,能使雇员的较高工资和雇主的较低劳动成本统一起来。提高工作效率的重要手段就是用科学化的、标准化的管理方法代替旧的经验管理。为此泰勒提出了一些基本的管理制度。

(1)对工人提出科学化、标准化的操作方法,并规定完成每一单位操作的标准时间,制定出劳动时间定额。

(2)对工人进行科学的选择、培训和晋升。选择合适的工人安排在合适的岗位上,并培训工人使用标准的操作方法。

(3)制定科学的工艺规程,使得工具、机器、材料标准化。

(4)实行具有激励性的计件工资报酬制度。对完成和超额完成定额的工人以较高的工资率计件支付工资;对完不成定额的工人,则按较低的工资率支付工资。

(5)管理和劳动分离。管理者和劳动者在工作中密切合作,以保证工作按标准的设计程序进行。

科学管理不仅仅是将科学化、标准化引入管理,给管理思想和方法带来了重大的变革,同时也促使企业界生产效率的大幅提升;更重要的是泰勒所倡导的精神革命,这是实施科学管理的核心问题。这种完全的精神革命使双方不再把注意力放在利润如何分配上,而是将注意力放在如何增加利润的数量上,使利润增加到无论如何分配都不会引起双方争论的程度。这时他们将会停止对抗,转为向同一个方向并肩前进;这时他们自然会懂得友谊与合作,用相互帮助来代替相互对抗。

但是,科学管理重视物质技术因素,忽视人及社会因素,最明显的局限性是认为工人是"经济人",他将工人看成机器的附属品,是提高劳动生产宰的工具,因此在生产过程中强调严格的服从,他没有看到工人的主观能动性及心理社会因素在生产中的作用,认为人们只看重经济利益,根本没有责任心和进取心。

科学管理提倡用科学的管理方法代替传统的管理方法。由于科学管理方法的逐步普及和发展,极大地促进了企业生产效率的提高,也促进了当时工厂管理的根本变革,其意义是历史性的。

科学管理的提出不仅是管理方法的革命,也是管理思想的革命,不仅在当时的社会生产中发挥了重要的作用,也对以后的管理理论发展产生了深远的影响。

(二)法约尔和一般管理论

法约尔(Henri Fayol,1841—1925),法国工业家,1860 年从矿业学校毕业,1866 年开始一直担任高级管理职务。根据自己 50 多年的管理实践,法约尔于 1916 年发表了《工业管理和一般管理》一书,建立了一般管理理论体系。

1. 企业经营活动的类别

企业的经营活动包括六大类:

技术活动——指生产、制造、加工等;

商业活动——指购买、销售、交换等;

财务活动——指资金的筹集、运用和控制等；

会计活动——指盘点、制作财务报表、成本核算、统计等；

安全活动——指维护设备和保护职工的安全等；

管理活动——指计划、组织、指挥、协调和控制。

企业内无论是高层领导，还是普通工人，每个人或多或少都要从事这六项活动，只不过因职务的高低和企业的大小不同而各有侧重。高层人员工作中管理活动所占比重较大，直接的生产工作和事务性活动较少。法约尔认为，人的管理能力可以通过教育来获得，所以他很强调管理教育的必要性和可能性。

2. 管理的五个基本职能

法约尔首次把管理活动划分为计划、组织、指挥、协调与控制五项职能，揭示了管理的本质，并对这五大职能进行了详细的分析。计划就是探索未来和制订行动方案；组织就是建立企业的物质和社会双重结构；协调就是连接、联合、调和所有的活动及力量；控制就是注意一切是否按已制定的规章和下达的命令进行。

3. 管理14项原则

管理的14条原则如表2-1所示。

表2-1　法约尔的14条管理原则

1	工作分工	与亚当·斯密的"劳动分工"原则一致
2	职权	管理者必须有命令下级的权力，但责任应当是权力的孪生物，凡行使职权的地方，就应建立责任
3	纪律	雇员必须遵守和尊重统治组织的规则，良好的纪律是有效的领导者造就的
4	统一指挥	每一个雇员应当只接受来自一位上级的命令
5	统一领导	每一组具有同一目标的组织活动，应当在一位管理者和一个计划的指导下进行
6	个人利益服从整体利益	任何雇员个人或雇员群体的利益，不应当置于组织的整体利益之上
7	报酬	对工作人员的服务必须付给公平的工资
8	集中	集中是指下级参与决策的程度
9	等级链	从最高层管理到最低层管理的直线职权代表了一个等级链，信息应当按等级链传递。但是，如果遵循等级链会导致信息传递的延迟，则可以允许横向交流
10	秩序	人员和物料应当在恰当的时候处在恰当的位置上
11	公平	管理者应当和蔼地、公平地对待下级
12	人员的稳定	雇员的高流动率是低效的，管理当局应当提供规则的人事计划并保证有合适的人选接替职务空缺
13	首创精神	允许雇员发起和实施他们的计划将会调动他们的极大热情
14	团结精神	鼓励团队精神将会在组织中建立起和谐和团结

法约尔认为，管理理论是指有关管理的、得到普遍承认的理论，是经过普遍经验检验并得到论证的一套有关原则、标准、方法、程序等内容的完整体系，有关管理的理论和方法不仅适用于企业，也适用于军政机关和社会团体，这些正是其一般管理理论的基石。

4. 对法约尔一般管理理论的评价

(1)虽然法约尔的管理思想与泰勒的管理思想都是古典管理思想的代表，但法约尔管理思想的系统性和理论性更强，为以后理论的发展构筑了一个基本的理论框架。他提出的管理五大职能和14条原则在理论上将管理的要素和原则进行系统的概括，改变了泰勒研究面狭窄的局限，为以后推广管理学教育创造了条件和奠定了基础，使管理具有一般性和科学性。

(2)法约尔提出的管理原则，经过多年的研究和实践证明，总的来说仍然是正确的，这些原则过去曾经给实际管理人员巨大的帮助，现在仍然为许多人所推崇。

(3)法约尔一般管理理论的主要不足之处是他的管理原则缺乏弹性，以至于有时实际管理工作者无法完全遵守。

（三）韦伯的组织管理思想

被称为“组织理论之父”的韦伯与泰勒、法约尔是西方古典管理理论的三位先驱。马克斯·韦伯生于德国，曾担任教授、政府顾问、编辑，对社会学、宗教学、经济学与政治学都有相当的造诣。韦伯的主要著作有《新教伦理与资本主义精神》、《社会和经济组织的理论》等，其中官僚组织模式的理论，即行政组织理论，对后世产生了最为深远的影响。有人甚至将他与杜克海姆、马克思奉为社会学的三位“现世神明”。韦伯认为，任何组织都必须以某种形式的权力作为基础，否则，任何组织都不能达到自己的目标。同时指出，只有法定权力才能作为行政组织体系的基础，并勾画出理想的官僚组织模式，具有以下六项特征。

(1) 明确分工。对每个职位上的组织成员的权力和责任都有明确的规定，并作为正式职责使之合法化。

(2) 权力体系。官员们按职务等级和权力等级进行安排，形成一个自上而下的等级严密的指挥体系，每一职务均有明确的职权范围。

(3) 规范录用。人员的任用完全根据职务的要求，通过正式的考评和教育、训练来实现。每个职位上的人员必须称职。同时，不能随意免职。

(4) 管理职业化。管理人员有固定的薪金和明文规定的晋升制度，是一种职业管理人员，而不是组织的所有者。

(5) 公私有别。管理人员在组织中的职务活动应当与私人事务区别开来，公私事务之间应有明确的界限。管理人员没有组织财产的所有权，并且不能滥用职权。

(6) 遵守规则和纪律。组织中包括管理人员在内的所有成员必须严格遵守组织的规则和纪律，以确保统一性。

韦伯认为，凡具有上述六项特征的组织，可使组织表现出高度的理想化和效率，并能适用于各种管理工作和各种大型组织，如教会、国家机构、军队和各种团体。韦伯的理想行政组织理论，反映了当时德国从封建主义向资本主义过渡的要求，为资本主义的发展提供了一种稳定、严密、高效、合理的管理体系理论，同时也为管理界管理理论的创新做出了贡献。

当然，理想的行政组织理论并不是十全十美的，也不像韦伯所称的那么理想，其中的缺陷还是很突出的。有人对理论中的升迁制度部分提出了疑问；还有人对韦伯的理论提出了批评，认为韦伯只把目光瞄向了正式组织，而忽视了现实中非正式组织的存在及其对管理所起的重大影响。

三、行为科学理论

20世纪初，资本主义世界经济进入了一个新的时期，生产规模扩大，社会化大生产程度提高，新技术成就广泛应用于生产部门，新兴工业不断出现。同时，社会经济中劳资矛盾进一步加剧，工人不满和对抗的情绪日益严重。在这种情况下，古典管理理论重物轻人，强调严格管理的思想，已不能适应新的形势要求。一些管理学者从进一步提高劳动生产率的角度，把人类学、社会学、心理学等运用到企业管理中去，从20世纪20年代开始逐渐形成了行为科学理论。所谓行为科学，就是对工人在生产中的行为及行为产生的动机，进行分析，以便调节人际关系，提高劳动生产率。行为科学理论研究的内容早期被称为人际关系学说，以后发展成行为科学，即组织行为理论。其内容主要包括人的本性和需要、行为动机、生产中的人际关系等。

（一）梅奥的人群关系理论

乔治·埃尔顿·梅奥（George Elton Mayo，1880—1949）被认为是人际关系学说和工业社会学的创始人。他领导的霍桑实验在管理理论中占有十分重要的地位。1924年，美国国家科学院的全国科学研究委员会开始在西方电气公司的霍桑工厂进行研究工作，以确定与工人生产效率有关的各项因素。按照科学管理理论，工作环境与物质条件应该与工人的生产效率成正比，但实验的结果却无法证明这一结论。1927年，梅奥应邀参加并指导霍桑实验。经过数年研究，取得了一系列重要成果。梅奥在这些实验结果的基础上发表了他的代表作《工业文明中人的问题》和《工业文明中的社会问题》，总结出了构成人际关系学说的一系列重要观点。

小资料

霍桑实验简介

霍桑实验是1924—1932年美国哈佛大学教授乔治·埃尔顿·梅奥在美国芝加哥西方电气公司所属的霍桑工厂（Western Electric Company）进行的一系列实验。其中心问题是探求影响劳动生产率的决定因素，分为四个实验。

1. 照明实验

该实验选择一批工人分为两组：一组为实验小组，该组的照明度变化；另一组为控制小组，其照明度始终不变。实验者希望通过试验得出照明度对生产率的影响，但实验的结果发现：照明度的变化不是影响劳动生产率的唯一因素。

2. 继电器装配试验室实验

该实验旨在试验福利条件的变化对小组生产率的影响，故此又称为福利实验。实验的总体思路与照明实验没什么两样，但注意点却从科学管理转向人的心理效应方向。实验的结果发现：福利条件并不是影响生产效率的关键变量，监督方式的变更导致的工人工作态度的改善，才是促使生产效率提高的关键。

3. 访谈实验

在上述试验的基础上，梅奥等开展了遍及全公司范围的访谈活动，旨在了解工人对工作和工作条件、对监工和公司的看法和意见，并研究这些看法和意见如何影响生产率。实验历时2

年，访谈人数达 2.1 万人次。实验结论：每个工人的工作成绩，都受到周围环境的影响，人的士气是影响劳动生产率的决定因素。

4. 绕线室实验

在前述实验中，梅奥等发现似乎有一种无形的组织存在，为了搞清楚这一问题，他设计了第四个绕线室实验。实验的结果发现：非正式组织广泛存在于正式组织，其内部运行着一些特殊的行为规范，可能对正式组织的生产效率产生影响。

人群关系理论的主要内容如下。

(1)工人是“社会人”而不是“经济人”。泰勒的科学管理理论认为工人是“经济人”，只要用金钱加以刺激，工人就有工作的积极性。而梅奥的观点却不同，他认为工人是“社会人”，即影响人们生产积极性的因素，除了物质方面之外，还有社会和心理方面的，他们追求人与人之间的友情、忠诚、关心、理解、爱护、安全感、归宿感、渴望受人尊敬等。

(2) 生产效率主要取决于职工的工作态度以及与周围人的关系。梅奥认为，提高生产效率的主要途径是提高工人的满足程度，即力争使职工在安全方面、归属感方面、友谊方面的需求得到充分的满足，并且要因人而异。注意每一个职工个人情况的特殊性和他与周围人员关系的好坏情况，使得他们最大限度地得到感情上的满足。满足度越高，其士气就越高，生产效率也就越高。管理人员必须深刻地认识到这一点，在工作中不仅要考虑职工的物质需求，还应充分考虑职工在精神方面的需求。

(3) 企业中存在着非正式组织。梅奥通过试验认为一个组织是正式组织和非正式组织的统一。非正式组织是指人们在企业内共同工作过程中，由于情感交流、兴趣爱好相近等原因所组成的一种非正式团体。正式组织以效率逻辑为其行动标准，即为了提高效率，企业各成员之间保持着形式上的协作。非正式组织以感情逻辑为其行动标准，即出于某种感情和爱好而采取一致的行动。非正式组织对企业而言有利有弊。作为管理者，要充分认识到非正式组织的作用，注意在正式组织的效率逻辑与非正式组织的感情逻辑之间搞好平衡，使非正式组织的存在有利于正式组织目标的实现。

(4) 企业管理者应树立新型的领导方式。梅奥认为新型的领导方式在于正确处理人际关系，提高满足员工需求的程度，而不是命令和控制下属的能力。

从管理学的角度看，梅奥的人群关系理论同以前的管理理论的着眼点不同，他抛弃了以物质为中心的管理思想，而以人为中心进行管理理论的研究，并取得了辉煌的成果。他的人群关系理论，为管理的研究开辟了新的领域，使人们开始关注工业生产中的另一个重要因素，即人的因素，为管理方法的变革指明了方向。梅奥的管理思想强调对管理者和监督者的教育和训练，要求管理者改变对工人的态度和监督方式；倡导下级参与企业的决策，允许职工对作业目标、作业标准和作业方法提出意见；强调意见沟通，改善人际关系，对企业中的非正式组织提出了自己独特的看法。

(二) 行为科学理论

行为科学理论是在梅奥的人群关系理论的基础上发展起来的。行为科学理论更多地运用心理学、社会学、人类学等进一步对组织中的人群行为进行科学的分析。其中影响较大的理论观点如下。

1. 马斯洛的需要层次理论

需要层次理论是研究人的需要结构的一种理论，是美国心理学家马斯洛（Abrahamh. Maslow，1908—1970）于20世纪50年代提出的一种理论。他认为泰勒和梅奥关于人的假设，以及相应的激励模式仍然都过于简单，在实践中并不能充分调动人的积极性，以达到提高劳动生产率的目的。马斯洛在梅奥的基础上，又提出要了解职工的态度和情绪，就必须了解其基本需要。人的基本需要按其重要性和由低到高发生的顺序可分为五个等级：即生理需要、安全需要、社交需要、自尊和受人尊重的需要、自我实现的需要、马斯洛认为，从动机的高度来看，需要层次中的每一步必须得到满足，低层次的需要相对满足后，下一层次的需要才会被激活；行为是由没有被满足的需要激发的。此外，马斯洛相信自我实现，即发挥一个人的全部潜能，体现自身的自我价值是人类生存的最高需要。

2. 赫茨伯格的"双因素"理论

赫茨伯格（F. Herzberg）在20世纪60年代根据影响人的行为因素的研究提出了激励的双因素理论，把影响人的行为因素分为两类：一类是工作环境和工作关系方面的因素，称为保健因素，如公司的政策、管理、监督、工资、同事关系、工作条件等；另一类是工作内容本身方面的因素，称为激励因素，如成就、上级赏识、工作责任、个人进步等。他认为保健因素只能消除职工的不满，但不能起到调动积极性的作用，只有激励因素才能使人们感到满意，调动人们的工作积极性。作为组织的管理者，不仅要满足人们的保健因素，更要满足人们的激励因素。

3. 费鲁姆的期望价值理论

美国心理学家费鲁姆（Victor H. Vroom）1964年在其著作《工作与激励》中提出了著名的期望理论。他认为，各种激励因素作用力的大小，取决于职工对他所能得到的全部结果预期价值乘以他认为得到该结果的概率。用公式表示是 $M = V \cdot E$，其中，M（Modvafion）代表激励力量，V（Valence）代表目标价值，E（Expectancy）代表期望概率。他认为，这里必须处理好三个方面的关系：第一，个人努力与绩效的关系；第二，绩效与奖励的关系；第三，奖励与满足个人需要的关系。这一模式说明，管理者必须善于提高目标价值以及实现目标的可能性，才能有效地激发职工的行为积极性。

4. 麦格雷戈的X－Y理论

美国麻省理工学院教授道格拉斯·麦格雷戈（Douglas Mcgregor 1906—1964）在1960年发表的《企业中的人性因素》中提出了关于人性假设的X－Y理论，代表了管理中对人性假设的两种极端的观点。

X理论基本上是一种关于人性的消极观点，它假设人们缺乏雄心壮志，不喜欢工作，总想回避责任，需要在严密的监督下才能有效地工作，并且是动机唯一的"经济人"，只追求生理需要和安全需要的满足。在X理论假设之下，管理者必须以金钱为诱饵，并采取威胁和惩罚的手段进行严格的监督和控制，即"胡萝卜加大棒"理论。

Y理论提出了一种积极观点，它假设人们能够自我管理，愿意承担责任，以及把工作看做像休息和玩儿一样自然。在Y理论的假设下，管理者所采取的主要管理方式就应是正确激励下属。具体地说，就是要协调组织目标与个人目标之间的矛盾。让工作人员参与组织目标的设计，相信下属有良好的工作愿望，让他们自己参与管理，使之承担一定的责任，并注意在组织中创造有利于个人发展的良好环境。

5. 领导行为理论

如领导者情境理论、领导行为连续统一体理论、成熟不成熟理论、管理方格理论等。

四、管理理论论丛

第二次世界大战以后，管理理论发展到现代阶段，形成了许多学派．每一学派都有自己的代表人物。这些理论和学派，在历史渊源和理论内容上互相影响和联系，形成了盘根错节、互相争荣的局面，被形象地称作“管理理论的丛林”。这里着重介绍以下几个学派。

（一）管理科学学派

管理科学学派也被称为管理数理学派或管理计量学派。这一学派的主要代表人物是美国的伯法等人。他们认为“管理”就是用数学模型及其符号来表示计划、组织、控制、决策等合乎逻辑的程序，求出最优解，以达到企业目标。因此，他们认为管理科学就是制定用于管理决策的数学和统计模型，并将这些模型通过电子计算机用于管理实践中。为此，管理科学学派创设了若干管理研究的定量分析方法，如决策树、线性规划、网络技术、动态规则、模拟方法和对策方法等。

（二）决策理论学派

决策理论学派主要代表人物是美国的赫伯特·西蒙（Herbert A. Simon，1916—）和詹姆士·马奇。西蒙倡导的决策理论，是以社会系统理论为基础，吸收古典管理理论、行为科学和计算机科学等内容而发展起来的一门边缘学科。由于在决策理论研究方面的突出贡献，他被授予诺贝尔经济学奖。他们的主要著作有《管理行为——管理组织中决策过程的研究》、《组织》、（管理决策新科学）等。该学派的基本观点是，由于决策是管理者的主要任务，因而应该集中研究决策问题，而管理又是以决策为特征的，所以应该围绕决策这个核心来形成管理理论。支持这个学派的学者多数是经济学家和数学家。

（三）系统管理学派

系统管理理论侧重于用系统的观点来考察组织及管理的基本职能，代表人物为弗里蒙特·卡斯特（F. E. Kast）等。卡斯特的代表作为《系统理论和管理》。系统管理理论认为组织本身是一个以人为主体的人造系统，由许多相互联系的子系统组成，组织系统中任何子系统的变化都会影响其他子系统的变化，系统的运行效果是通过各子系统相互作用的效果决定的。组织不是一个封闭的人造系统，而是开放的社会技术系统，是更大的社会系统中的一个子系统。因而不可避免地会受到周围环境的影响，但反过来也影响环境，且在环境的相互影响中达到自身的动态平衡。管理要善于将各种资源要素集合起来，在同一目标下形成一个整体。管理人员必须从组织的整体出发，研究组织各部分之间的关系，研究组织与外部环境的关系，以便做出正确的决策和进行组织与协调。

（四）经验管理学派

经验管理学派强调从管理的实际出发，而不是从一般原则出发研究管理活动。因此，在研究方法上，他们主张以典型组织的典型管理案例为基本对象，对这些案例进行分析，概括出理论和方法，并把它们运用于同类管理中。该学派认为管理仅仅是企业管理，因此，管理的经验只限于企业。管理的任务是创造生产统一体，取得经济成就，妥善处理企业对社会的责任和影响。经验学派重视组织结构,认为组织结构必须具备明确、经济、稳定和适应等特性,而组织结构有五种类型,即集权的职能制结构、分权的联邦制结构、矩阵制结构、模拟分权制结构、系统结构。

(五) 权变管理学派

权变管理学派又称情境理论学派。所谓权变,就是权宜应变。这一学派认为,在企业管理中,由于企业内外部环境复杂多变,因此管理者必须根据企业环境的变化而随机应变,没有什么一成不变、普遍适用的"最佳"管理理论和方法。要求管理者根据组织的实际情况来选择最好的管理方式,管理没有一成不变的方法和技术,而必须根据管理的条件和环境随机变化,为此,它主张观察和分析大量的案例,从中分析管理方法技术与条件环境的联系,寻求管理的基本类型和模式。

第三节 现代管理思想的新发展

进入 20 世纪 80 年代以来,世界经济环境的发展变化,科学技术的突破性发展和广泛应用,市场竞争的日益激烈和国际化,促使人们对管理和组织进行了多种角度、多种形式的探索,形成了一些新的管理理论。

一、企业战略理论

20 世纪 70 年代前后,世界进入到科技、信息、经济全面飞速发展时期,同时竞争加剧,风险日增。为了谋求企业的长期生存发展,开始注重构建竞争优势。这样,在经历了长期规划、战略规划等阶段之后,形成了较为系统的战略管理理论。

1965 年安索夫的《公司战略》一书的问世,开创了战略规划的先河。到 1976 年,安索夫的《从战略规则到战略管理》一书出版,标志着现代战略管理理论体系的形成。1980 年波特发表的《竞争战略》把战略管理的理论推向了顶峰。

战略管理的思想集中在三个方面:一是提出对产业结构和竞争对手进行分析的一般模型,即五种竞争力(潜在竞争对手的入侵、替代品的威胁、行业内现有竞争对手之间的竞争、客户和供应商的讨价还价能力)分析模型;二是提出企业构建竞争优势的三种基本战略,即成本领先战略、差异化战略和集中战略;三是关于价值链的分析。

二、全面质量管理

质量管理是现代管理中的一个重要组成部分。从 20 世纪 80 年代和 90 年代初期开始,西方发达国家的企业普遍进行一场质量革命,这场革命被称为"全面质量管理"。

所谓"全面质量管理",是指"一个企业的文化是建立在通过整合了工具、技术和培训体系而不断使顾客更加满意的基础上,这就意味着不断改进组织的运作流程,从而提供高质量的产品和服务"。

人们对质量问题的重视可以追溯到二次大战以后的日本。日本在战后重建工业的过程中,一些美国人去日本帮助日本人建造现代化的生产设备。在这批美国人当中,爱德华·戴明是一位有较突出贡献的质量专家。他在日本大力推广和运用被他发展了的统计过程控制技术，获得了较大的成功。但直到20世纪80年代初，他的理论才得到西方世界的认真对待。

另一位著名的质量管理专家是美国的约瑟夫·朱兰。他所倡导的质量管理理念和方法始终影响着世界企业界以及世界质量管理的发展。他的“质量计划、质量控制和质量改进”被称为“朱兰三部曲”。他的《质量管理手册》被称为当今世界质量控制的名著，为奠定全面质量管理（TQM）的理论基础和基本方法做出了卓越的贡献。

三、企业再造

企业再造的思想是美国人迈克·哈默和詹姆·钱皮在1994年出版的《再造企业》中首先系统表述的。哈默与钱皮认为，自亚当·斯密以来的企业运营，都是建立在分工的基础上的，这种效率低下的、硬性拆分的组织架构已不能适应以顾客为主导、竞争激烈、变化迅速为特征的现代企业经营环境。必须彻底摒弃传统的大工业时代的企业模式，从市场需求出发，通过对企业的运作过程进行根本性的分析，从协作的角度出发，对企业流程的构成要素进行重新组合和设计。它不是简单地破除原有的工作流程以及信息工程技术在管理中的简单应用，而是建立在总结旧的工作流程经验的基础上，应用新技术，建立新的工作流程。

四、学习型组织理论

企业组织的管理模式问题一直是管理理论研究的重点问题之一。20世纪80年代以来，随着信息技术的突破性发展，知识经济时代进程的加快，企业面临着前所未有的竞争环境的变化，传统的企业组织已越来越不适应环境，其突出表现就是许多在历史上曾名噪一时的大公司纷纷退出历史舞台。因此，研究企业组织如何适应新的知识经济环境，增强自身的竞争能力，延长组织寿命，已成为世界企业界和理论界关注的焦点。在这样的大背景下，以美国麻省理工学院教授彼得·圣吉（Peter M. Senge）为代表的西方学者，吸收东西方管理文化的精髓，提出了以“五项修炼”为基础的学习型组织理念。学习型组织的出现奠定了未来的企业模式。

所谓学习型组织，就是通过不断的学习来改革组织本身。善于学习是它的本质特征。彼得·圣洁认为，企业的领导者和全体职工都要进行5项修炼：（1）锻炼系统思考能力；（2）追求自我超越；（3）改善心智模式；（4）建立共同远景目标；（5）开展团队学习。要进行这5项修炼，必须建立学习型组织。彼得·圣洁认为，判断一个组织是否是学习型的组织，有以下4条基本标准：（1）人们能不能不断检验自己的经验；（2）人们有没有生产知识；（3）大家能否分享组织中的知识；（4）组织中的学习是否和组织的目标息息相关。

五、文化管理

20世纪80年代开始，西方企业界兴起了企业文化风潮。其背景是由于80年代以后整个国际经济形势发生了巨大的变化，特别是日本在短短的20多年内，由一个战败国一跃成为世界第二位的发达资本主义国家，成为美国的主要市场竞争对手，使得西方的管理学者对传统的管理理论进行了深入的思考。

1981年威廉·大内发表了轰动美国管理界的名著《Z理论》。威廉·大内系统地比较了美国企业管理同日本企业管理的差别，指出了如何从采用美国式管理的组织向采用日本式管理的组织——Z型组织转变的许多措施，其核心就是要信任和关心职工。

1982 年，汤姆·彼得斯和华特曼合著出版了《成功之路》一书，1984 年他与南希·奥斯汀又出版了《成功之路》的续集《志在成功》。这两本书的出版，将现代管理的再思考运动推向高潮。

经过实地考察和对比研究，美国人得出了一个共同的结论，日本的经济奇迹来自日本式的经营管理，而在日本经营管理最成功的企业里，居第一位的不是严格的规章制度，更不是计算机或任何一种管理技术，而是企业文化。当美国人反过来总结美国杰出企业的成功经验时，他们惊奇地发现，许多一流的日本公司遵循的法则，在美国杰出的企业中也被认真地执行着。所有这些成功的企业，都有一个共同的特点，就是都有一个有力的"企业文化"。企业文化是杰出企业成功的关键。

六、现代管理思想发展趋势

从目前管理发展的趋势来看，当代管理思想和管理理论的发展将会出现以下变化。

（一）更加重视管理方法和手段的科学化、现代化

随着社会的发展、科学技术水平的迅速提高，现代管理理论更加发展了一些现代管理方法，如投资决策、线性规划、排队论、博弈论、统筹法、模拟方法、系统分析等。管理手段的研究和使用也有了突破进展，如办公设备的自动化、信息处理机的发明、电子计算机在市场研究、产品设计、生产组织、质量控制、物资管理、人力资源管理、财务管理等领域的应用。从而促进了管理水平的更大提高。

（二）更加强调不断创新

管理就意味着创新，就要保证在"惯性运行"的状态下，不满足于现状，利用一切可能的机会进行变革，从而使组织更加适应社会条件的变化。包括组织、技术、制度和产品等各方面的创新。

（三）非理论主义和文化管理趋向更加明显

管理的主要内容就是管人，以人为中心的管理是现代管理区别于传统管理的重要方面。现代管理理论越来越重视人的因素，而人不是纯理性的，人是有思想、有感情、并为思想感情所支配的社会人。因此为了求得企业的生存与发展，人的感情不容忽视，要重视对人的需要和"非正式组织"的作用进行研究探索，将科学管理这一理性管理与非理性管理结合起来，并以非理性因素为主，强调人这一因素的重要性，注重人的积极性、主动性和创造性的提高，高度重视人的观念、思想和感情。以人为本，强调灵活多变和创新，要认识到管理不仅是一门科学，更是一门艺术。而文化管理是注重人性化管理，是注重人的积极性、主动性和创造性提高的一种新型的、柔性化的管理方式，未来将扮演越来越重要的角色。

本章提要

1. 古典管理理论形成于 19 世纪末 20 世纪初。其代表有泰勒的科学管理理论、法约尔的一般管理理论、韦伯的行政组织理论。

2. 20 世纪初，资本主义世界经济进入了一个新的时期，古典管理理论重物轻人，强调严格管理的思想，已不能适应新的形势要求。一些管理学者从进一步提高劳动生产率的角

度，把人类学、社会学、心理学等运用到企业管理中去，从20世纪20年代开始逐渐形成了行为科学理论。其代表有梅奥的人群关系理论、麦格雷戈的人性假设理论、马斯洛的需要层次论等。

3. 第二次世界大战以后，管理理论得到了迅速发展，掀起了管理热潮，许多学者和管理学家从不同角度提出了各种理论和新的学说，如管理科学学派、系统学派、数理学派、决策学派、经验学派、权变理论学派、管理过程学派等。

4. 20世纪80年代以后，世界经济环境的发展变化，科学技术的突破性发展和广泛应用，市场竞争的日益激烈和国际化，促使人们对管理和组织进行了多种角度、多种形式的探索，形成了一些新的管理理论，如战略管理、文化管理、学习型组织等管理思想。

复习思考题

1. 科学管理理论的基本要点是什么？你如何评价科学管理理论？
2. 法约尔思想的核心内容是什么？
3. 试对泰勒与法约尔的两大理论作一对比。
4. 人群关系理论有哪些主要观点？

案例讨论

艾珂卡与克莱斯勒

20世纪80年代，李·艾珂卡因拯救濒临破产的美国汽车巨头之一——克莱斯勒公司而声名鹊起。今天，克莱斯勒公司又面临另外一场挑战：在过热的竞争和预测到的世界汽车产业生产能力过剩的环境中求生存。为了渡过这场危机并再次成功地进行竞争，克莱斯勒不得不先解决以下问题。

首先，世界汽车产业的生产能力过剩，意味着所有汽车制造商都将竭尽全力保持或增加它们的市场份额。美国的汽车公司要靠增加投资来提高效率，日本的汽车制造商也不断在美国建厂。欧洲和韩国的厂商也想增加它们在美国的市场份额。艾珂卡承认，需要对某些车型削价，为此，他运用打折扣和其他激励手段来吸引消费者进入克莱斯勒的汽车陈列室。可是，艾珂卡和克莱斯勒也认为，价格是唯一得到更多买主的方法。但从长期性来看，这不是最好方法。克莱斯勒必须解决的第二个问题是改进它所生产汽车的质量和性能。艾珂卡承认，把注意力过分集中在市场营销和财务方面，而把产品开发拱手让给了其他厂家是不好的。还认识到，必须重视向消费者提出的售后服务的高质量。艾珂卡的第三个问题是把美国汽车公司(AMC)和克莱斯勒的动作结合起来。兼并美国汽车公司意味着克莱斯勒要解雇许多员工，这包括蓝领工人和白领阶层。剩余的员工对这种解雇的态度从愤怒到担心，这给克莱斯勒的管理产生巨大的压力：难以和劳工方面密切合作、回避骚乱，确保汽车质量和劳动生产率。

为了生存，克莱斯勒承认，公司各级管理人员和设计、营销、工程和生产方面员工应通力协作，以团队形式开发和制造与消费者的需要相匹配的质量产品。克莱斯勒的未来还要以提高效率为基础。今天，克莱斯勒一直注重降低成本、提高质量并靠团队合作的方式提高产品开发的速度，并发展与供应商、消费者的更好关系。在其他方面，艾珂卡要求供应商提供降低成本的建议——他已收到上千条这样的提议。艾珂卡说，降低成本的关键是“让全部1万名员工都谈降低成本”。

艾珂卡现已从克莱斯勒公司总裁的职位退休。有些分析家开始预见克莱斯勒的艰难时光。但一位现任主管却说,克莱斯勒有一项大优势:它从前有过一次危机,却渡过了危机并生存下来,所以,克莱斯勒能够向过去学到宝贵的东西。

讨论题:

1. 如何用当代管理学方法解决克莱斯勒面临的问题?
2. 如何用权变管理的思想解决克莱斯勒面临的问题?

第二篇

领导与计划

第三章

愿景与战略

知识目标

了解：愿景和愿景的重要性、企业愿景与战略的关系、战略概念的演变

掌握：战略、企业战略、战略管理的概念、战略管理的基本过程、战略管理的层次、不同层次的战略类型

技能目标

掌握：战略管理的基本过程、不同层次的战略类型

引导案例

百年柯达，成也战略，败也战略

1963年，柯达推出“傻瓜机”的当年，营业额即已超过20亿美元。但就在“傻瓜机”大为走俏之际，柯达却做出了惊人之举：公布“傻瓜机”的专利技术。公布的结果使其他公司的独立开发或模仿开发变得一钱不值。与此同时，柯达收缩战线、转变战略方向，开始全力生产高质量的胶卷，最终成功变身为胶卷业的垄断巨头。

然而，柯达在“胶卷时代”走向“数字时代”时陷入了严重的经营危机。究其根源为：投资方向单一，过分依赖传统胶片部门而对数字科技的冲击反应迟钝；公司高层作风保守，迷恋既有优势，忽视对新技术和替代技术的开发；缺乏对市场的前瞻性分析，战略联盟被短期行为左右。

为解决上述问题，2003年，柯达宣布实施战略性转变，即放弃传统的胶卷业务，重心向新兴数字产品转移，“以变应变”，增加非影像业务投资；不再向传统胶片业务进行重大的长期投资；公司重组，机构进行大幅度调整。2007年，柯达又实施第二次战略重组，重组目标是把公司的业务重点从传统的胶片业务转向数码产品。然而2008年的金融危机导致需求减弱，结束

了柯达短暂的复苏势头。自2008年第四季度起，柯达的营业收入开始步入快速下滑的通道，至2009年第三季度，共亏损1.11亿美元。

在传统影像到数码影像的转型战略中，柯达始终犹豫不决而贻误战机，舍不得放弃在传统胶片行业的优势，直到2003年才逐渐加快转型的步伐，但已错过了最好的时机。相比之下，柯达在胶片行业的老对手富士就要激进得多。在他们意识胶片行业已经是末路行业后，迅速关掉了其胶片生产的绝大多数生产线，转向与之前业务毫不相干的医药甚至化妆品行业。

案例来源：刘平．战略管理：流程、方法与工具．北京：清华大学出版社、北京大学出版社，2009.

第一节　愿景与企业愿景

一、愿景的定义与内涵

《现代汉语大词典》（第5版）对愿景的定义为：所向往的前景。通俗来讲，愿景是人们为之奋斗而希望达到的图景，它是一种意愿的表达，概括了未来目标、使命及核心价值，是哲学中最核心的内容。

企业愿景，也译作企业远景，是企业战略家对企业前景和发展方向的一个高度概括性的描述，由企业核心理念和对未来远大的展望两部分构成。

1. 企业核心理念

核心理念由核心价值观和核心目标两部分组成。核心价值观是组织持久、本质的原则，与具体的生产和经营做法不同，不能为了经济利益或短期的好处而放弃。核心目标是企业存在的理由和目的，不是具体的目标或公司战略。有效的核心目标反映了为企业工作的内在动力，描述了企业的产出或目标顾客，表达了企业的灵魂。

2. 企业对未来远大的展望

企业对未来远大的展望由宏伟、大胆、冒险的目标和生动、逼真的描述两部分组成。目光远大的公司经常利用大胆、冒险的目标来促进企业进步，这是一种特别有效的手段，具有强大的吸引力。当我们确立了核心价值观、核心目标以及宏伟、大胆、冒险的远大目标后，必须要用生动、逼真的语言表达出来并描绘出未来的图画。

总之，企业愿景解释了这样一个关键问题：我们想成为什么？例如Sony公司的核心价值观是“作为开拓者，不模仿别人，努力做看似不可能的事情”；Sony公司未来发展目标为“成为改变日本产品质量低劣的世界形象的最著名的公司”，并对之做出了生动逼真的描述：“……我们将生产遍及全球的产品……我们要成为将进入美国市场并在那里直接销售的第一个日本公司……我们要由创新获取成功，比如晶体管收音机……从现在起的50年，我们的品牌要在世界范围内家喻户晓……”

二、企业愿景的重要性

一般而言，企业愿景大都具有前瞻性的计划或开创性的目标，以作为企业发展的指引方针，促使组织的所有部门拥向同一目标并给予鼓励。同时，也是员工日常工作中的价值判断基准。在当今的企业活动中，企业愿景的效用主要体现在以下方面。

1. 提升企业的存在价值

企业愿景的终极目标就是将企业的存在价值提升到极限。企业的存在价值是企业本质的存在理由和信念。传统观念认为,企业的存在价值在于它是实现人类社会幸福的手段与工具,是在促进全社会幸福和寻找新的财富来源的过程中创造出来的。近年来,由于全球化和信息时代的变革,企业愿景的概念范围也随之扩大,增加了与全球自然环境共生和对国际社会的责任和贡献等内容,使企业存在价值这一概念更加完整。

2. 协调利害关系者

弗里曼(Freeman,1984)认为,利害关系者就是指"能够影响组织任务的完成或者受组织任务的实现影响的群体或者个人"。如果组织忽略了能够对组织产生影响的群体或者个人,就有可能导致经营失败。正像利害关系者会受到企业决策、行动的影响一样,这些利害关系者也会影响该企业的决策、行动,两者之间存在着双向的影响和作用力。因此,企业在制定愿景时,必须界定利害关系者的类型、他们的利益诉求以及相应的策略。

3. 整合个人愿景

现代社会的员工,特别是知识员工,非常注重个人的职业生涯规划和描述自己未来的个人愿景。企业在制定愿景的时候,不能仅仅从经济代价或交换的角度去理解个人和企业的关系,应当激发员工的自觉参与意识,理解和尊重员工的个人愿景并将他们恰当地融入到企业共同愿景当中。通过这种方式产生的企业愿景能够获得员工的认同和响应,使他们能在充分发挥个人能力去达成企业共同愿景的同时实现自我。

4. 应对企业危机

明确的企业愿景是动态竞争条件下企业应对危机的必要条件和准则。一方面,企业不能停留于简单的反应模式,以未来的不可预测性或情况紧急为托词而不去明确企业愿景,只是在危机到来时被动应付,那么即使能勉强渡过难关,也会因迷失方向而无所适从。另一方面,企业在制定危机处理方案时,必须努力遵循源于经济理论、社会道德的企业愿景,从企业愿景出发去寻找行动方案。

5. 累积企业的努力

企业的现状是日积月累努力的最终结果,而企业愿景就是有选择地、高效地累积这些努力的关键手段。愿景是企业有能力实现的梦想,也是全体员工共同的梦想,共同愿景能让每个人的努力发生累积的效果。企业因为有愿景,才可以一直朝相同的方向前进,在追求短期目标的同时,也可以为中、长期目标的实现奠定基础。

6. 增强知识竞争力

传统观念的企业竞争力是由产品或服务的生产能力、销售能力、资本的调配和运营能力等与企业利润直接相关的要素决定的。但随着近来企业活动领域的巨大变化,企业开始重新审视竞争力的来源,组织知识和应变能力受到广泛关注。而企业愿景有助于知识和能力的获取及其作用的发挥。科学、明确的愿景决定了企业战略的选择范围,在保证战略方向正确性的同时留有回旋的余地,从而提升企业的应变能力。

三、愿景与战略的关系

企业愿景可以被视为进行企业战略设计时最为基本的概念,是开展战略管理活动的逻辑起点。企业战略的制定、企业战略目标体系的分解、企业经营业务的确定都应当始终不离开企业愿景所指引的努力方向。企业愿景与战略的关系主要存在以下几个方面。

首先，企业愿景是一个定性的对于未来状态的描述。而企业战略目标是对于企业在一定时期内经营业绩，或表征经营业绩的某些指标的定量评估。

其次，企业愿景除了一系列愿望描述外，还包括参与者内心的抱负，它极大地激励人们朝哪个方向努力。企业战略目标并不包含经营者的“情商”这一要素，它的衡量标准是市场化的，是以某些财务指标或相关的技术参数为衡量标准的。简单地说，前者是较为“感性的”，后者则是较为“理性的”。

最后，企业愿景与个人愿景和期望密切相关，代表了企业员工共同的期盼。而企业战略目标则是一个整体的目标，虽然目标的实现需要全体员工的合作，但目标本身并不能代表员工的自身发展目标。

战略是关于企业作为整体应该如何运行的根本指导思想，它是对处于动态变化的内外部环境之中，企业当前及未来将如何行动的一种总体表述。企业战略最重要的是解决方向性问题——企业如何运营才能生存下去，而这个方向从长远的视角看就是愿景，短期看则是战略目标。愿景首先体现于战略，战略围绕愿景制定阶段战略指标体系、年度经营计划以及相辅相成的关键业绩考核系统。

第二节　战略与战略管理

一、战略概念的演变

“战略”一词源于军事作战中所作的谋略，《辞海》对战略的完整诠释为：(1)军事名词，对战争全局的筹划与指导；(2)泛指对全局性、高层次的重大问题的策划与指导。随着企业竞争的激烈，“战略”这一概念被广泛应用到企业管理过程当中来，从而产生了“企业战略”这一概念。在西方战略管理文献中，企业战略的具体内涵没有统一的定义，不同学者和管理者的理解各有不同。

钱德勒(Chandler,1962)将战略定义为确定企业基本长期目标、选择行动途径和为实现这些目标所进行的资源分配。

安索夫(Ansoff,1965)认为企业战略是贯穿于企业经营与产品和市场之间的一条共同经营的主线，决定着企业目前所从事的或计划要从事的经营业务的基本性质。

20 世纪 80 年代后，亨利·明茨伯格(Henry Mintzberg)认为企业战略可由五种规范的定义来阐述，即计划(Plan)、计谋(Ploy)、模式(Pattern)、定位(Position)和观念(Perspective)，这五种定义构成了企业战略的 5P。5P 只是强调可以从不同角度加以理解，但企业战略只有一个。

综上所述，企业战略是指企业为了生存和发展的需要，从内部条件和外部条件出发，对企业的发展方向和发展轨迹提出的具有全局性、长远性指导作用的谋划。一般认为，企业战略具有全局性、长远性、指导性、竞争性、风险性、相对稳定性和适应性等基本特征。

二、战略管理的层次

“战略管理”一词最早由安索夫在 1972 年提出，他认为企业的战略管理是把企业的日常业务决策同长期计划决策相结合而形成的一系列经营管理业务。这是一种崭新的管理思想和管理模式,其实质是动态的管理而不是战略。根据《布莱克韦尔战略管理学百科辞典》对战略管理的定义,认为"战略管理包括制定战略的决策和行动,以及通过战略实施以实现公司目标的过程"。

如果企业只生产单一的产品或提供一种服务,则管理组织只需要开发一种战略计划,就可以解决所有的事情。但是现如今,许多企业都从事多元化业务,拥有一种以上的事业部,这时候管理组织需要明确战略管理层次,即公司层、事业层和职能层战略,三者的关系如图 3-1 所示。

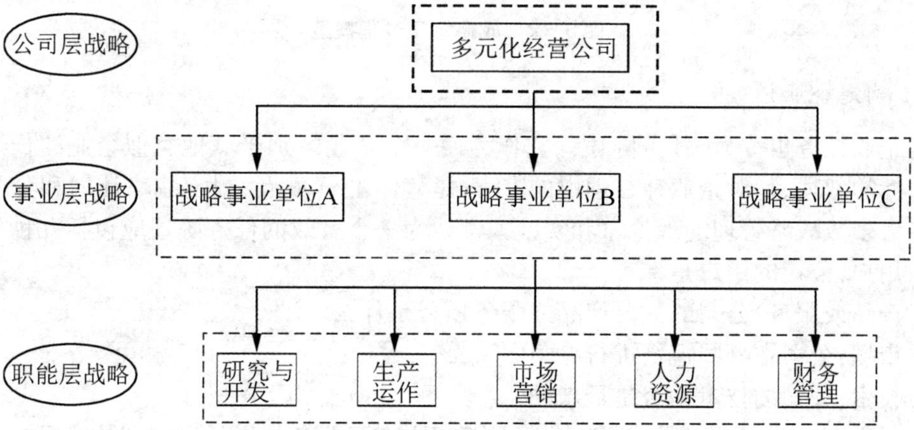

图 3-1 战略管理层次

1. 公司层战略

公司层战略是为管理多项经营业务而作的计划。很多公司,尤其是大公司通常都是由几项业务组成,此时很需要选择一种公司层战略来确保公司整体发展的协调性。这种战略寻求回答这样关键的问题:我们应当拥有什么样的事业组合?每一种事业在公司整体业务当中的地位如何?

2. 事业层战略

事业层战略是为管理某项业务而作的计划,主要是寻求回答这样关键的问题:在我们的每一项事业领域内应当如何进行竞争,并获取竞争优势?对于大多数公司,尤其是小公司只有一项业务,因此他们只需要事业层战略,而不需要公司层战略。

3. 职能层战略

职能层战略主要寻求回答这样关键的问题:我们怎么支持事业层战略?职能部门如研究与开发、生产运作、市场营销、人力资源和财务管理部门,应当与事业层战略保持一致,根据公司层和战略事业单位所制定的要求,将各种活动和能力协调统一起来,以提高经营效益。

以上三个层次的战略在大企业内部构成了一个有机、统一、分层次的战略体系,既相互联系又相互制约。

三、战略管理过程

战略管理是一个对企业的未来发展方向制定决策和实施这些决策的动态管理过程,一个规范、全面的战略管理过程,大体需要经过七个具体的步骤,如图 3-2 所示。

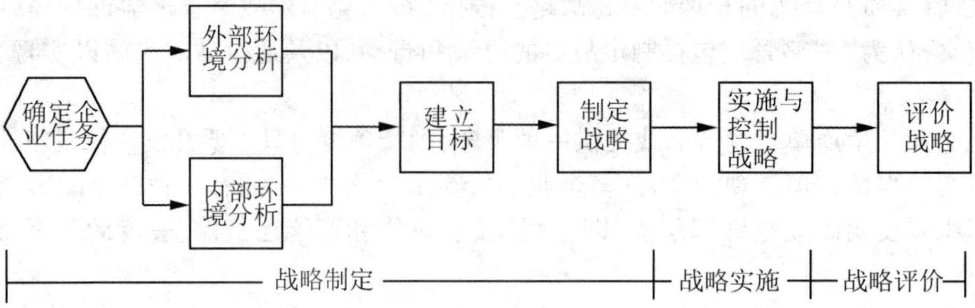

图 3-2　战略管理过程模型

（一）确定企业任务

确定企业任务也称为"任务陈述"，它作为使一个企业区别于其他类似企业的长期适用的对经营目标的叙述，是对企业存在理由的宣言，是确定经营重点、制定战略计划和分配工作的基础。绝大多数战略管理的理论家和实践家都认为一个有效的任务陈述应包括九种要素。

（1）用户：公司的用户是谁？

（2）产品或服务：公司的主要产品或服务项目是什么？

（3）市场：公司在哪些地域进行竞争？

（4）技术：公司的技术是否是最新的？

（5）对生存、增长和盈利的关切：公司是否努力实现业务的增长和盈利的状况？

（6）观念：公司的基本信念、价值观、志向和道德倾向是什么？

（7）自我认知：公司最独特的能力或最主要的竞争优势是什么？

（8）对公众形象的关切：公司是否对社会、社区和环境负责？

（9）对雇员的关心：公司是否视雇员为宝贵的资产？

在过去的 20 年里，对大公司而言，企业任务陈述已经变得相当普通，例如，美国石油公司的任务陈述是："美国石油公司是一家全球范围经营的、综合性的石油化学公司。我们发现、开发石油资源并向用户提供高质量的产品与服务。我们高度负责地从事经营活动，以得到一流的资金回报，同时兼顾长期增长、股东收益和履行社区和环境责任。"

（二）外部环境分析

这是战略过程的第一步。所谓环境，是指对组织绩效起着潜在影响的外部机构或力量，包括内部环境和外部环境两个方面。企业的发展不是处于封闭系统内的，而是不断地与外部环境发生相互作用，并受其影响。因此，环境分析是战略管理过程中不可逾越的重要步骤。在确定企业任务之后，必须对企业所处的外部环境进行分析，考察他们与战略的一致性。一般来说，外部环境主要包括宏观环境、行业环境、竞争对手等。

1. 宏观环境

宏观环境是指对企业发展具有战略性影响的环境因素，主要包括政治法律因素、经济因素、社会文化因素和科学技术因素，即 PEST 分析。通过这些因素的分析可以揭示企业外部环境中的机会和威胁，为战略制定提供基础。

2. 行业环境

行业环境是企业在日常经营中所要关注的外部因素条件，对企业获取竞争力有着更为直接的影响。迈克尔·波特（Michael Poter）教授认为一个行业的竞争存在着五种竞争力量,分别是潜在的行业进入者、替代品的威胁、购买者讨价还价的能力、供应商讨价还价的能力及现有竞争者之间的竞争,即“五种力量”模型,如图 3-3。企业制定战略首先要确认并评价这五种力量。

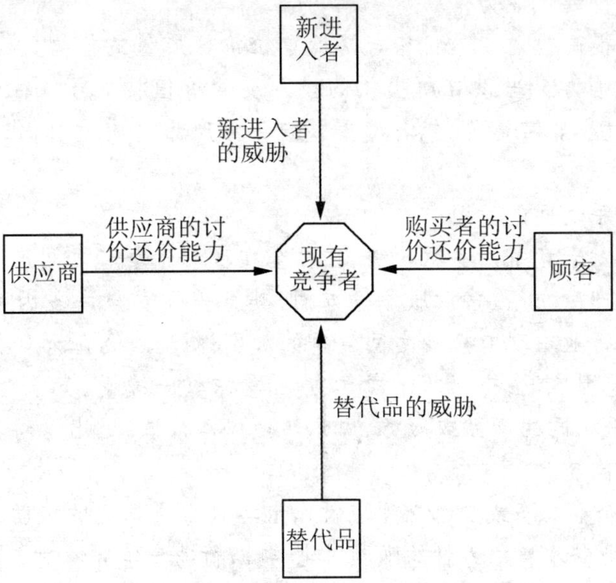

图 3-3 波特的五力模型

小贴士

波特的五力模型

波特五力分析模型(Michael Porter's Five Forces Model),又称波特竞争力模型,是哈佛大学商学院迈克尔·波特(Michael Porter)于 1979 年创立的用于行业分析和商业战略研究的理论模型。迈克尔·波特教授认为一个行业的竞争存在着五种竞争力量,分别是潜在的行业进入者、替代品的威胁、购买者的讨价还价能力、供应商的讨价还价能力以及现有竞争者之间的竞争。

(1) 新进入者的威胁

新进入者在给行业带来新生产能力、新资源的同时,可能会与现有企业发生原材料与市场份额的竞争,最终导致行业中现有企业盈利水平降低,严重的话还有可能危及这些企业的生存。这种威胁的严重程度取决于进入新领域的障碍大小和预期现有企业对进入者的反应情况。

(2) 替代品的威胁

两个处于不同行业中的企业,可能会由于所生产的产品是互为替代品,从而产生相互竞争行为,而这种替代品竞争会以各种形式影响行业中现有企业的竞争战略。第一,现有企业产品售价以及获利潜力的提高,将由于存在着能被用户方便接受的替代品而受到限制;第二,由于替代品生产者的侵入,使得现有企业必须提高产品质量、或者通过降低成本来降低售价、或者使其产品具有特色;第三,源自替代品生产者的竞争强度,受产品买主转换成本高低的影响。

(3) 购买者的讨价还价能力

购买者主要通过其压价与要求提供较高的产品或服务质量的能力,来影响行业中现有企业的盈利能力。一般来说,满足如下条件的购买者可能具有较强的讨价还价力量:购买者的总数较少，而每个购买者的购买量较大，占了卖方销售量的很大比例；卖方行业由大量相对来说规模较小的企业所组成；购买者所购买的基本上是一种标准化产品，同时向多个卖主购买产品在经济上也完全可行；购买者有能力实现后向一体化，而卖主不可能实现前向一体化。

(4) 供应商的讨价还价能力

供方主要通过其提高投入要素价格与降低单位价值质量的能力，来影响行业中现有企业的盈利能力与产品竞争力。当供方所提供的投入要素价值构成了买主产品总成本的较大比例、对买主产品生产过程非常重要、或者严重影响买主产品的质量时，供方对于买主的潜在讨价还价力量就大大增强。

(5) 现有竞争对手之间的竞争

为使企业获得相对于竞争对手的优势，往往会在现有竞争者之间产生冲突与对抗现象，常常表现在价格、广告、产品介绍、售后服务等方面，其竞争强度与许多因素有关。一般来说，出现下述情况将意味着行业中现有企业之间竞争的加剧：行业进入障碍较低，势均力敌的竞争对手较多，竞争参与者范围广泛；市场趋于成熟，产品需求增长缓慢；竞争者企图采用降价等手段促销；竞争者提供几乎相同的产品或服务，用户转换成本很低；退出障碍较高，即退出竞争要比继续参与竞争代价更高。

行业中的每一个企业或多或少都必须应付以上各种力量构成的威胁，利用五种力量模型可以帮助企业了解本行业基本竞争力量的强弱对比，判断行业竞争环境对企业自身是否有利，同时帮助企业通过力量强弱的对比分析发现自身的优势和劣势，指导企业进行战略的设计与选择。

3. 竞争对手

成功的战略家时时刻刻都在监测公司的竞争对手——透视他们的战略，观察他们的行动，评价他们的强处和弱处，并尽量预测他们下一步将要采取的行动。竞争对手采用的战略及下一步最可能采取的行动对本企业如何行动有着直接的影响——是否需要阻挡竞争对手采取的行动，或者竞争对手的行动是否提供了一项新的进攻机会。根据迈克尔·波特对竞争对手的分析模型，对竞争对手的分析主要包括其未来目标、现行战略、对自己和产业的竞争能力。

通过外部环境分析，管理者最终需要识别环境因素会给组织带来哪些机会，又将使企业面临哪些威胁。机会和威胁对每个组织都是相对的，同一个环境对甲组织来说是机会，对乙组织可能是威胁。如 1992 年，长期的经济萧条使美国经济不景气，越来越多的企业面临破产，家具零售业更是受到严重的损害。但是，几家大型、管理能力较好的家具零售连锁公司却把这种危机看成机会。他们以极其便宜的价格大量购买竞争对手的存货，并且有选择地收购竞争对手的经营场所。结果是，这些家具公司通过收购和兼并进一步扩展了自己的规模。

(三) 内部环境分析

通过外部环境分析可以判断企业所处的环境状况及可能遇到的机会和威胁，而通过对内部环境的分析，可以判断企业自身的资源和能力状况，从而引出对组织优势和劣势的明确评价，以推断企业能够做什么。

1. 资源分析

组织的资源按照投入品的形态不同，主要分为两类：一是有形资源，包括财务资源、实物资源、人力资源和组织资源，这些资源不仅容易被识别，也容易估计其价值；二是无形资源，包括技术、声誉和品牌等，是企业长期积累下来的、不容易辨识和被竞争对手模仿的资源。通常，对企业资源进行分析的常用工具是迈克尔·波特教授提出的价值链，如图3－4所示。

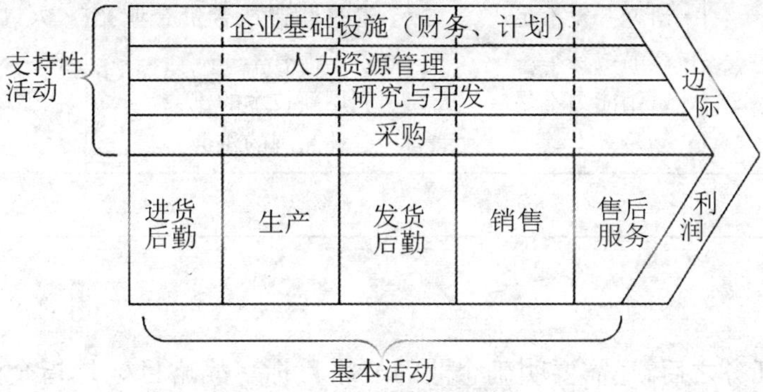

图3－4　价值链分析模型

价值链分析的重点在于价值活动分析，波特将企业价值活动分为基本活动和辅助活动。基本活动是涉及产品的创新及销售、转移给买方和售后服务的各种活动；辅助活动是辅助基本活动，通过提供外购投入、技术、人力资源以及各种企业范围的职能以相互支持。

2. 能力分析

在实际商业运营中，即便一个企业拥有足够的资源，但是如果没有能力，资源就很难发挥作用，也难以增值，因此，内部环境分析中一个重要的环节是判断企业的自身能力。通常我们将能够把企业的资源加以统筹整合以完成预期的任务和目标的技能称为企业的资源转换能力，简称能力。

只有通过企业内外部环境分析，才能对企业的竞争能力和竞争地位有一个初步的判断，从而确定在战略制定中需要解决的战略观点和问题。

小贴士

SWOT分析

SWOT分析法是组织在进行战略选择时经常采用的一种方法，这种方法需要考虑组织的内部环境因素，即组织的优势（Strength）和劣势（Weakness），同时还要考虑组织的外部环境因素，即外部的机会（Opportunity）和威胁（Threat），组织在综合考虑优势、劣势、机会和威胁的基础上进行组织战略的制定和选择。SWOT分析的具体内容如表3－1所示。

表3－1　SWOT分析的主要内容

资源优势	资源劣势	机遇	威胁
·有力的战略 ·雄厚的财务条件 ·良好的品牌形象/商誉 ·市场领导者 ·专有性技术 ·成本优势 ·营销能力强	·战略方向模糊 ·过时的设备或技术 ·财务状况恶化 ·成本过高 ·缺少关键技能或能力 ·利润水平低	·服务于更多的消费群体 ·向新的地理区域扩张 ·拓展产品线 ·向新产品转移技能 ·纵向一体化 ·从对手获得市场份额的机会	·新加入的竞争者威胁 ·替代品抢占市场份额 ·市场增长缓慢 ·汇率或贸易政策不利影响 ·新法规增加了经营成本 ·受经济周期影响 ·顾客或供应商影响力增强

续表

资源优势	资源劣势	机遇	威胁
·产品创新技能 ·良好的顾客服务 ·良好的产品质量 ·联盟或合资企业	·内部经营问题 ·研究开发不足 ·产品线狭窄 ·营销能力不足	·收购对手 ·通过联盟或合资企业拓展市场占有率 ·利用新技术的机会 ·延伸品牌的机会	·买方需求的变化 ·人口统计变化

（四）建立目标

在确定企业任务之后，还需要明确企业的战略目标。战略目标是指企业在战略管理过程中所要达到的管理绩效和市场竞争地位，是企业在实现其使命过程中所追求的长期结果，是对企业使命的进一步具体化。

从横向来看，企业的战略目标由三个部分组成：企业预期实现的目标，企业实现目标的时间表和衡量实现目标的指标。

彼得·德鲁克在《管理实践》一书中提出了8个关键领域的战略目标：

（1）市场方面：应标明本公司希望达到的市场占有率或竞争中占据的地位；

（2）技术改进和发展方面：对改进和发展新产品、提供新服务内容的认知及其措施；

（3）提供生产力方面：有效地衡量原材料的利益，最大限度地提高产品数量和质量；

（4）融资方面：获得金融资源的渠道及其有效的利益；

（5）利润方面：用一个或几个经济指标表明希望达到的利润率；

（6）人力资源方面：人力资源的获得、培训和发展，管理人员的培养及其个人才能的发挥；

（7）员工积极性方面：对职工的激励、报酬等措施；

（8）社会责任方面：注意企业对社会产生的影响。

从纵向来看，企业的战略目标体系可以分解成一个树形图，即由若干子目标组成。从图3-5中可以看出，在企业使命的基础上制定企业的总战略，为了保证总目标的实现，必须将其层层分解，形成职能战略目标。

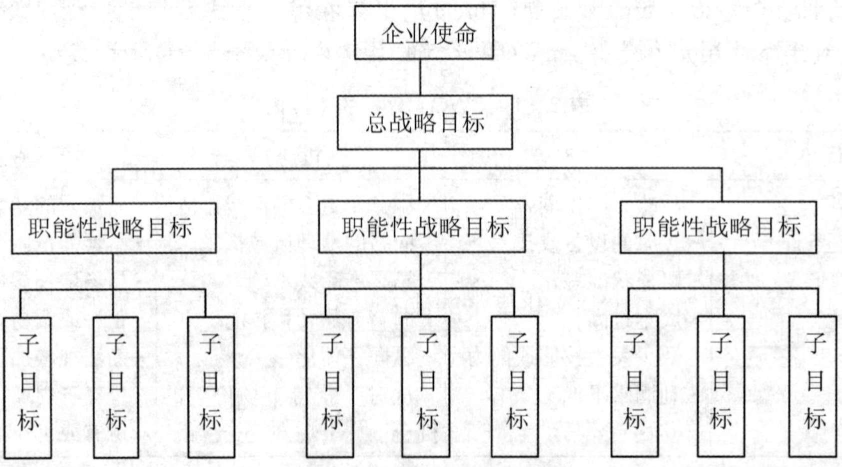

图3-5 战略目标体系

（五）制定战略

战略需要分别在公司层、事业层、职能层建立，制定这些战略可以遵照决策过程进行，通过对拟订的多种战略备选方案的评价，最后选定所需的战略类型。

比较分析各方案优缺点、风险及效果需要经过以下几个阶段：

（1）分析各战略方案是否与国际环境、宏观环境及行业环境未来发展趋势相适应；

（2）各种经营战略方案的有效性如何，是否能达到企业战略的目标，差距在哪里；

（3）各种经营战略方案对企业资源的要求，分析现有企业资源能否满足各种战略方案的需求；

（4）各种经营战略方案对企业组织与管理等方面的要求，分析企业现在的组织效能和管理状况是否满足各种战略方案的要求，应做何调整；

（5）各种经营战略方案内部一致性分析，即每个经营战略方案对企业内部各职能部门的发展要求是否一致；

（6）在每种经营战略方案中各战略阶段划分是否恰当，企业在各阶段中承受能力如何；

（7）比较各种战略方案的优缺点、风险及效果，提出战略性的补充措施；

（8）预估在企业战略实施中将遇到的困难和阻力以及克服困难的可能性。

通常，公司过去的战略、高层管理者对风险的态度、企业内部的人事和权力因素、公司文化、公司对外部环境的依赖程度、时间因素和竞争对手的反应等因素会影响各战略方案的选择。

（六）实施和控制战略

目前，尽管越来越多的企业开始重视战略管理，希望通过制定正确的战略来增强自身的核心竞争力，但是并不一定能收到预期的效果，一个重要原因就是无法有效地实施战略。在企业战略实施过程中，诸多因素影响战略转化为行动，这些因素构成了战略实施的支持系统，包括组织结构、企业文化、资源配置、激励制度、领导者。

1. 战略实施与组织结构

组织的结构要服从于组织的战略，组织的战略选择是在综合考虑了组织内外部环境的基础上进行的，在战略实施的时候，组织的结构必须与战略计划的实施相匹配，有时甚至需要组织结构作出较大调整以适应战略的要求。

吉尔布莱斯和卡赞佳对战略与组织结构的匹配提出了具体的指导原则：(1)单一业务和主导业务的公司，应组织职能式的结构；(2)生产相关产品或服务多样化的公司，应组织事业部的结构；(3)生产非相关产品或服务多样化的公司，应组织复合式的结构。

2. 战略实施与企业文化

大量研究表明，新的经营战略的实施需要有新的企业文化与之相匹配，改变战略以适应组织文化的行为要比改变文化以适应战略的行为效果要差很多。因此，在进行战略实施时相应的调整和改变组织文化是很多企业的现实选择。在进行企业文化培育时，需要把握两个原则：一是承认历史、尊重现实，考虑到文化变革的成本；二是体现良性，逐步使得组织文化朝适应环境变化的方向发展。

3. 战略实施与资源配置

战略管理使资源能够按照年度目标所确定的优先顺利进行配置。企业至少拥有四种可以用于实现战略目标的资源：财务资源、物力资源、人力资源及技术资源，将资源分配到特定部门并不意味着战略可以被成功地实施。一些普遍妨碍资源有效配置的因素包括过度保护资源、过于强调短期财务指标、战略目标不明确等。因此，为支持战略有效实施而进行资源配置的工作包括：对有助于战略实施的资源进行投资；对能够增强企业现有竞争力和各种能力及创造新的能力的活动进行投资；进行资源转移，缩小或增加某些领域的规模，去除不合理的项目。

4. 战略实施与激励制度

战略的有效实施需要员工发挥最大努力，积极参与其中；把个体活动组织成团队工作，形成支持性环境；允许员工参与和工作有关的决策；设计支持战略的激励性方法。在进行激励的过程中，企业需要把激励系统与业绩考核结合起来，把战略业绩指标作为设计激励标准的主要基础，对完成任务的员工进行奖励，对未完成目标的员工予以批评或惩罚。

5. 战略实施与领导者

在战略实施中，领导者承担着重要角色，直接影响战略的实施。领导者能引导建立广泛的正式和非正式的信息渠道，与各层人员进行交谈，定期监控经营结果，获取顾客反映，关注竞争对手的反应；领导者需要协调各方利益，倾听来自顾客、合作方、员工、股东和政府部门的意见和建议，给予积极的反馈；领导者需要创造有利的环境，促进新思想的开放，追求有吸引力的新机会，并对环境变化做出快速应对；领导者需要关注战略实施过程，及时采取措施改善战略业绩。

（七）评价战略

当企业的外部及内部环境发生变化时，制定和实施再好的战略也会过时。因此，对战略的实施进行系统化的检查、评价和控制就成为战略家的一项重要工作。一般来说，战略评价包括以下三项基本活动：

1. 考察企业战略的内在基础

制定修正的内部因素评价矩阵（EFE）和外部因素评价矩阵（IFE）来检查企业战略的潜在基础。修正的 IFE 矩阵应侧重于企业在管理、营销、财务、生产、研究开发及信息系统方面优势和弱点的变化。修正的 EFE 矩阵则应表明企业战略如何对关键机会与威胁做出反应。这一环节主要对以下问题做出分析：

——竞争者曾对我们的战略做出何种反应？

——竞争者的战略发生了什么变化？

——竞争者的优势和弱点是否发生变化？

——竞争者正在做什么战略调整？

——我们的内部优势和弱点是否发生变化？

——我们面临的外部机会和威胁是否发生变化？

2. 将预期结果与实际结果进行比较

这一项活动主要将预期结果与实际结果进行对比，研究实际进程对计划的偏离。在这一环节各种财务比率被广泛地用做战略评价的定量标准，例如，盈利率、投资收益率、销售增长率等指标。

（3）采取纠正措施以保障行动与计划的一致

这一项活动要求通过变革使企业为了未来发展而重新进行更有竞争力的定位。可能采取的变革包括：调整组织结构，对某一或多个关键人员进行调换，剥离企业分部，修改企业任务陈述，建立或修改战略目标，制定新政策，增加销售人员，重新分配资源或采取新的绩效激励措施等。

第三节　公司层战略

根据企业成长与发展方式的不同，企业公司层战略主要分为密集型战略、一体化战略、多元化战略和国际化战略。

一、密集型发展战略

密集型发展战略是指企业在原有业务范围内，充分利用在产品和市场方面的潜力来求得成长的战略。主要包括市场渗透战略、市场开发战略、产品开发战略三种类型。

1. 市场渗透战略

市场渗透战略是指实现市场逐步扩张的拓展战略，其战略核心体现在两个方面：利用现有产品开辟新市场实现渗透，向现有市场提供新产品实现渗透。

2. 市场开发战略

市场开发战略是由现有产品和新市场组合而产生的战略，即企业利用现有的产品开辟新的市场领域的战略。主要途径有：在当地发掘潜在顾客，进入新的细分市场；在当地开辟新的营销渠道；开拓区域外部市场或国外市场。

3. 产品开发战略

产品开发战略是指考虑在现有市场上通过改良现有产品或开发新产品来扩大销售量的战略。这种战略的核心内容是激发顾客新的需求，以高质量的新品种引领消费潮流。

二、一体化战略

一体化战略是指企业充分利用自身在产品（业务）上的生产、技术、市场等方面的优势，沿着其产品（业务）生产经营链条的纵向或水平方向不断扩大其业务的深度和广度，以扩大经营规模、提高收入水平和利润水平。主要包括纵向一体化、横向一体化、混合一体化三种类型。

1. 纵向一体化

纵向一体化也称为垂直一体化，是指生产或经营过程相互衔接、紧密联系的企业之间实现一体化。按物质流动的方向纵向一体化又可以划分为前向一体化和后向一体化：前向一体化是指企业与用户企业之间的联合；后向一体化是指企业与供应企业之间的联合。

2. 横向一体化

横向一体化也称为水平一体化，是指与处于相同行业、生产同类产品或工艺相近的企业实现联合，实质是资本在同一产业和部门内的集中，目的是扩大规模、降低产品成本、巩固市场地位。

3. 混合一体化

混合一体化是指处于不同产业部门、不同市场且相互之间没有特别的生产技术联系的企业之间的联合。

三、多元化战略

多元化战略又称多角化战略，是指企业同时经营两种以上基本经济用途不同的产品或服务的一种发展战略。企业多角化经营主要有以下四种类型：

（1）同心多角化经营战略，指企业利用原有的生产技术条件，制造与原产品用途不同的新产品（产品有较强的技术关联性）。如汽车制造厂生产汽车，同时也生产拖拉机等。

（2）水平多角化经营战略，指企业生产新产品销售给原市场的顾客（市场有密切的销售关联性），以满足他们新的需求。如某食品机器公司，原生产食品机器卖给食品加工厂，后生产收割机卖给农民，以后再生产农用化学品，仍然卖给农民。

（3）垂直多角化经营战略，又分为前向一体化经营战略和后向一体化经营战略。前向一体化多角经营，是指原料工业向加工工业发展，制造工业向流通领域发展，如钢铁厂设金属家具厂和钢窗厂等；后向一体化多角经营，指加工工业向原料工业或零部件、元器件工业扩展，如钢铁厂投资于钢矿采掘业等。

（4）混合式多角化经营战略，指企业向与原产品、技术、市场无关的经营范围扩展。如美国国际电话电报公司的主要业务是电讯，后扩展经营旅馆业。混合式多角化经营需要充足的资金和其他资源，故一般为实力雄厚的大公司所采用。

第四节　事业层战略

迈克尔·波特教授认为企业在市场竞争中获得竞争优势的途径主要分为三种，即行业的三种基本竞争战略：成本领先战略、差异化战略和集中化战略。

一、成本领先战略

成本领先战略也称为低成本战略，是指企业通过有效途径降低成本，使企业的全部成本低于竞争对手的成本，甚至是同行业中最低的成本，从而获取竞争优势的一种战略。

1. 成本领先战略适用的外部条件

（1）同行业企业之间的价格竞争非常激烈；

（2）行业的产品基本上是标准化的产品或者是一种商品化的产品，从而使价格竞争决定着企业的市场地位；

（3）可获得产品的差异化的途径不多，从而使顾客对价格的差异非常敏感，购买者的转移成本很低；

（4）买方具有很强的讨价还价能力。

2. 成本领先战略适用的内部条件

（1）低成本给企业带来高额边际收益；

（2）企业具有先进的生产工艺技术，能够降低制造成本；

（3）降低研发、产品服务、人员推销、广告促销等费用支出，建立严格的、以数量目标为基础的成本控制系统；

（4）企业内部具有结构化的、职责分明的组织结构，便于从上到下实施最有效的控制。

二、差异化战略

差异化战略是指企业向顾客提供的产品和服务在行业范围内独具特色，具体分为产品差异化战略、服务差异化战略、形象差异化战略三种类型。

1. 差异化战略适用的外部条件

(1) 有多种途径创造企业与竞争对手产品之间的差异,并且这种差异被顾客认为是有价值的;

(2) 顾客对产品的需求和使用要求是多种多样的,即顾客需求是有差异的;

(3) 采用类似差异化途径的竞争对手很少,即真正能够保证企业是"差异化"的;

(4) 技术变革很快,市场上的竞争主要集中在不断推出新的产品特色。

2. 差异化战略适用的内部条件

(1) 具有很强的研究与开发能力;

(2) 企业具有以其产品质量或技术领先的声望;

(3) 企业在这一行业有悠久的历史或吸取其他企业的技能并自成一体;

(4) 很强的市场营销能力;

(5) 研究与开发、产品开发以及市场营销等职能部门之间具有很强的协调性;

(6) 企业具备吸引高级研究人员、创造性人才和高技能职员的物质设施;

(7) 与各种销售渠道强有力的合作。

三、集中化战略

集中化战略又叫聚焦型战略,是将目标集中在特定的顾客或地理区域上,即在行业内很小的竞争范围内建立独特的竞争优势。采用集中化战略的逻辑依据是:企业能比竞争对手更有效地为其狭隘的顾客群体服务。

集中化战略的适用条件:

(1) 具有完全不同的用户群,在相同的目标市场群中,其他竞争对手不打算实行重点集中的战略;

(2) 企业的资源不允许其追求广泛的细分市场;

(3) 行业中各细分部分在规模、成长率、获得能力方面存在很大的差异。

第五节 职能层战略

职能层战略是指企业中的各职能部门制定的指导职能活动的战略,一般可分为生产战略、市场营销战略、财务战略、研究与开发战略、人力资源战略等。职能层战略描述了在执行公司战略和经营战略的过程中,企业中的每一职能部门所采用的方法和手段。

1. 生产战略

生产战略就是企业在生产成本、质量流程等方面建立和发展相对竞争优势的基本途径,它规定了企业在生产制造和采购部门的工作方向,为实现企业总体战略服务。企业生产战略不能仅根据企业内部生产条件来确定,还应考虑市场需求和企业整体战略的要求。

2. 市场营销战略

市场营销战略是涉及市场营销活动过程(市场调研、预测、分析市场需求、确定目标市场、制定营销战略、实施和控制具体营销战略)的整体方案或谋划。它决定市场营销的主要活动和主要方向。市场营销战略是一个完整的体系,基本内容包括市场细分战略、市场选择战略、市场进入战略、市场营销竞争战略和市场营销组合战略。

3. 财务战略

财务战略就是根据公司战略、竞争战略和其他职能战略的要求，对企业资金进行筹集、运用、分配以取得最大经济效益的方略。财务战略的基本目的，就是最有效地利用企业各种资金，在企业内部、外部各种条件制约下，确保实现企业战略计划所规定的战略目标。

4. 研究与开发战略

研究与开发战略包括科学技术基础研究和应用研究，以及新产品、新工艺的设计和开发。研究与开发战略的选择常常受企业总体战略和经营战略的影响，处于不同的环境条件下，企业可采取三种不同的研究与开发战略：进攻型策略、防御型策略、技术引进型策略。

5. 人力资源战略

人力资源战略是指根据企业总体战略的要求，为适应企业生存和发展的需要，对企业人力资源进行开发，提高职工队伍的整体素质，从中发现和培养出一大批优秀人才所进行的长远性谋划和方略。为实现人力资源战略的目标，企业人力资源战略可采用人力资源开发战略、人才结构优化战略、人才使用战略。

本章提要

1. 企业愿景，也译作企业远景，是指企业战略家对企业前景和发展方向的一个高度概括的描述，由企业核心理念和对未来远大的展望构成。核心理念由核心价值观和核心目标两部分组成；企业对未来远大的展望由宏伟、大胆、冒险的目标和生动、逼真的描述两部分组成。

2. 在当今的企业活动中，企业愿景的效用主要体现在以下方面：提升企业的存在价值、协调利害关系者、整合个人愿景、应对企业危机、累积企业的努力、增强知识竞争力。

3. 企业愿景可以被视为进行企业战略设计时最为基本的概念，是开展战略管理活动的逻辑起点。企业战略的制定、企业战略目标体系的分解、企业经营业务的确定都应当始终离不开企业愿景所指引的努力方向。

4. 企业战略是指企业为了生存和发展的需要，从内部条件和外部条件出发，对企业的发展方向和发展轨迹提出的具有全局性、长远性指导作用的谋划。一般认为，企业战略具有全局性、长远性、指导性、竞争性、风险性、相对稳定性和适应性等特征。

5. 根据《布莱克韦尔战略管理学百科辞典》对战略管理的定义，认为“战略管理包括制定战略的决策和行动，以及通过战略实施以实现公司目标的过程”。对于从事多元化事业的公司来说，战略管理具有三个层次：公司层战略、事业层战略和职能层战略。

6. 战略管理是对一个企业的未来发展方向制定决策和实施这些决策的动态管理过程，一个规范、全面的战略管理过程大体需要经过 7 个具体的步骤：(1)确定企业任务；(2)外部环境分析；(3)内部环境分析；(4)建立目标；(5)制定战略；(6)实施和控制战略；(7)评价战略。

7. 企业公司层战略主要分为密集型战略、一体化战略、多元化战略和国际化战略；事业层战略主要分为成本领先战略、差异化战略和集中化战略；职能层战略主要分为市场营销战略、人力资源战略、财务战略、生产战略、研究与开发战略等。

复习思考题

1. 企业愿景具有哪些作用？试论述愿景和战略的关系。

2. 战略管理一般具有哪些层次？有何区别和联系？

3. 如何运用战略管理过程的各个步骤？

4. 企业的基本竞争战略有哪些？各自寻求的是什么优势？

5. 论述职能战略如何配合公司层战略和事业层战略。

案例讨论　康佳的低成本战略

价格杠杆驱动市场变化，市场变化又灵敏的反应为价格信号，于是价格竞争也就成为市场竞争最为有效、最直接的“杀伤性武器”，这一法则对于中国的彩电市场也不例外。

中国彩电行业经过近几十年的发展，已由昔日的卖方市场演变为如今的买方市场。特别是20世纪90年代以来，随着彩电市场竞争日趋激烈，价格竞争成为彩电市场的主旋律，彩电行业内开始出现联合并购现象，部分彩电品牌被淘汰出局。面对这种情况，康佳彩电根据市场布局，利用其品牌、融资、管理、营销等方面的优势，与内地彩电企业展开合作，利用其现有的厂房、设备，以达到降低成本费用、扩大经营规模、缩短运输距离、抢占区域市场的战略目的。

SWOT分析法是企业战略管理中较流行的一种系统分析工具，它通过对企业的优势、劣势、机会、威胁进行综合客观分析，以掌握企业的竞争态势，做出合理决策。下面对康佳进行SWOT分析：

（一）优势

康佳彩电的优势主要包括品牌、融资、管理、营销四个方面。

（1）品牌优势。持续的名牌战略，使康佳品牌具有极高的美誉度和知名度。据有关机构评估，康佳品牌价值为78.87亿元，在国内品牌中居于第六位，这一无形资产是康佳对外扩张的有力武器。

（2）融资渠道。康佳资信优良，是各大商业银行的黄金客户和合作对象。加上母公司和各级政府的鼎力扶持，公司实力雄厚，融资渠道广阔。

（3）管理成熟。康佳作为第一批公众股份制公司和中国首家中外合资电子企业，很早就按市场竞争机制和现代企业制度运作，形成了规范、高效的运行机制和管理体系。特别是在生产组织和质量管理方面，康佳是我国彩电行业首家通过ISO14001环境管理体系、IS9001质量管理体系的国际国内双重认证企业。

（4）营销网络。康佳在全国各中心城市设立了60多家销售分公司，与全国95%以上的地市级大商场开展合作，终端销售商达到乡镇一级，建立了300多个特约维修站、3000多家外联维修点，形成了覆盖全国的市场销售网络和售后服务体系。

（二）劣势

彩电行业属于劳动密集型行业，与长虹等内地竞争对手比较，地处深圳特区的康佳彩电的生产成本、管理成本、运输费用相对较高。同时，如果仅立足深圳地区，康佳很难打进一些地方彩电品牌所在的区域市场，其市场辐射半径就难以覆盖全国。

（三）机会

内地一些国有彩电生产企业，拥有优良的厂房、设备，素质较高的干部、工人以及低廉的生产成本，但受市场、机制等方面的制约，无可避免地在愈来愈激烈的市场竞争中败下阵来，导致企业债务积压、工人下岗、设备闲置，企业急于寻找出路。同时，当地政府也欢迎康佳这样的优势企业来兼并收购困难企业，国家也出台了相关优惠政策鼓励东部沿海企业到中西部交流、投资。

（四）威胁

康佳面临的威胁主要包括：长虹等竞争对手依靠其规模和成本优势，不断挑起价格战；东芝、索尼、三星、飞利浦等跨国公司一改单纯进口的方式，纷纷以合资的形式进入中国彩电市场，实现本土生产，本土销售。

通过以上分析，康佳采取与内地彩电企业开展合作的方式，实施其低成本扩张战略。康佳的低成本扩张模式（表3－2），该模式形成的是由深圳康佳控股，内地彩电企业参股的“分康”公司，双方按股权比例推选董事组成董事会，依法享有投资收益、参与重大决策等权益。其中，重庆康佳、牡丹江康佳、陕西康佳、安徽康佳分别是深圳与重庆无线电三厂、牡丹江电视机厂、陕西如意电器总公司、安徽滁州电视机厂的合资企业。

在组织结构上，康佳各分公司的总经理、财务负责人等均由深圳康佳派出，而董事长则由当地的合作方担任，以便协调新公司与老厂、当地政府之间的关系。深圳康佳在各公司推行自己的管理模式和价值观念，分公司在计划、生产、销售等方面接受深圳康佳的指导和服务。

表5－2　康佳低成本扩张情况　　单位：万元

公司	成立时间	康佳投资（股权）	目标市场	员工人数	1999年收入	累计收入	累计利税
牡康	1993.02	3600(60%)	东北	1479	49551.8	330563.70	20927.21
陕康	1995.05	4170(60%)	西北	1221	32544.21	316204.00	12402.30
安康	1997.05	6500(65%)	华东	2056	58074.73	139012.88	8061.11
重康	1999.05	2700(60%)	西南	834	15756.18	15756.00	909.44
总计		16970		5590	155926.92	801536.58	42300.06

资料来源：黄雁芳，宋克勤．管理学教程案例集．上海，上海财经大学出版社，2001.

讨论题：

1. 根据彩电行业的情况，你认为康佳做的SWOT分析是否准确？
2. 康佳低成本战略是属于哪一层次的战略？你的根据是什么？
3. 康佳是如何制定低成本的战略的？请你分析成功的可能性。

第四章

计　　划

知识目标

了解:计划的重要性、计划作用、计划维度

理解和掌握:计划的内涵、计划的内容与输出形式、不同分类标准下的计划类型、计划的编制程序与编制方法、计划的实施

技能目标

掌握:计划的内容与输出形式、不同分类标准下的计划类型、计划的编制程序与编制方法、计划的实施

引导案例

西门子公司(SIEMENS)

德国的西门子公司始终致力于让那些杰出的工程师们生产高质量的产品。但是近些年来,它的管理层认识到,它们与美国的通用电气公司、瑞典的诺基亚公司的竞争,已经不仅是在质量方面,还必须在产品推出市场的速度、持续的创新,以及无情的压缩成本等问题上开展竞争。1996—1998 年期间,公司的利润减少了 2/3,公司的市场份额则下降得更快。公司的 CEO 海因利西·冯·皮埃尔(Heinrich von Pierer)制订了一个旨在使西门子公司复兴的计划,具体目标是:3 年内,强化公司的整体财务业绩,使公司能在美国的股票交易所挂牌上市。

管理层制订的行动计划包括:(1)缩短开发和生产新产品的时间;(2)出售或关闭业绩不良的下属单位,通过并购来强化剩余的企业,使得它们成为世界上的领军企业;(3)为经理们设定很高的利润指标,并且按照业绩支付报酬;(4)按照美国的会计化标准进行财务工作并且报告经营结果。然后,各个企业的经理们也为他们各自单位内的员工制订了行动计划。

每个季度召开一次会议来检查行动计划的执行情况,在会上,来自 14 家企业的经理直接向冯·皮埃尔报告工作进展情况。如果工作没有达到计划的要求,就会要求经理们做出解释,

并且说明将如何克服存在的缺点。每年的年底制订下年计划时,将对每家企业的绩效,以及整个公司的整体绩效进行考评。那些实现了目标的经理将得到奖励,那些始终完不成目标的将下台,而那些绩效最差的经理会首先被解职。

自从该计划实施以来,西门子公司已经大大提高了它的生产速度和全面财务成绩。例如,过去曾经要辛辛苦苦花13个小时来生产一部手机,而现在只要5分钟就可以下线了。西门子下属的许多企业已经从亏损转变为盈利,而股票行情也一路上升。西门子公司已经开始走上按照美国标准报告经营成果的轨道上来,并且在美国股票交易所挂牌上市。目标管理体系激发了管理层的干劲,使得全公司的员工都按高管层所设定的关键目标前进。

资料来源:理查德·L. 达夫特(Richard L. Daft). 管理学. 第7版. 范海滨,王青译. 清华大学出版社,2009.

无论是对于营利性组织还是非营利性组织,管理者都意识到了计划在组织成功中的重要角色。组织要想获得成功,必须回答"我是谁"、"我想做什么"(目标)、"我如何去做"(计划的编制与实施)等问题。和决策类型与程序一样,不同的计划类型有不同的计划编制和实施方案。本章我们将讨论计划的内容和内涵、计划维度以及不同计划的编制与实施。

第一节　计划的内涵、作用与维度

一、计划的定义与内涵

计划是指人们为了达成某种特定的目标,在充分调查市场环境以及相关联的环境的基础上,借助一定的科学方法和信息素材,进行系统、周密、科学的预测,为具体的可操作性行为提供创意、思路、方法与对策,并构思、设计、制订科学的可行性的策划方案,同时在发展中不断地调整以适应环境的变化,从而制订切合实际情况的科学的方案。

在管理学中,计划(Plan)可以从两个方面去理解。一方面,从广义上说,计划是指对企业目标的分析、制定和调整以及对企业实现这些目标的各种可行方案的构思、设计和策划等一系列相关联的行为或活动。这里的计划实际上是指编制和执行计划并实现既定目标的整个过程,也就是所说的计划工作(Planning),它包括制订计划、执行计划、检查计划的执行情况三个相互衔接的工作过程。另一方面,从狭义上说,计划就是指计划活动的结果,是指把计划作为实现既定的目标所制定的具体行动方案,即所谓的计划书。它明确了人们所追求的目标是什么,完成这些目标必须通过什么途径,采取什么方案,并确定了这些方案何时何地将由何人如何去做。计划书指导人们执行计划和有效地开展计划好的工作,使组织能够最终实现既定目标。

二、计划作用

计划职能作为其他管理职能的前提,渗透到其他管理职能之中,是管理过程的中心环节。因此,计划在管理活动中具有特殊的地位和作用。在现代社会里,可以这样说,几乎每项事业、每个组织乃至每个人的活动都不能没有计划蓝图。

1. 计划是管理者进行组织、指挥、协调、控制的前提和依据

计划在管理职能中处于首要地位,组织只有在明确了自己活动的目标及如何实现这些目标的途径之后,才能确定合适的组织结构和适当的人员配备、正确的领导方针、各类工作的安

排以及采取的控制方法等。

计划作为指挥实施的准则,要求管理者依据计划向组织中的部门或人员进行授权和分配职责,并领导人们按计划开展行动。周密的计划有利于使各部门努力协调一致,推动组织中的全体人员互相合作,形成一股指向整体目标的合力。同时,计划作为控制活动的依据,为各种复杂的管理活动确定了数据、尺度和标准,并为控制指明了方向。

2. 计划是应对外部环境变化、减少变化带来的冲击的重要手段

世界的变化是永恒的,社会在变革,技术在进步,观念在更新,一切都处在变化之中。企业要在这种动态变化的环境中生存和发展,就要求企业的管理者能够认识和预见变化,充分考虑各种内外环境因素及其变化可能带来的冲击,制定出适当的对策,从而减少这种冲击。

计划工作可以让组织通过周密细致的预测,尽可能地变"意料之外的变化"为"意料之内的变化",并在需要的时候对计划做必要的修正,变被动为主动,变不利为有利。

3. 计划是提高效率和效益、减少重复和浪费、优化资源配置的重要工具

计划活动旨在根据未来可能的情况,预先进行认真的研究,并采取相对应的措施。这样能消除不必要的重复活动所带来的浪费,避免今后的活动中由于缺乏依据而进行轻率判断所造成的损失,使未来组织活动中的各个部门或个人的工作负荷与资源占用都能够实现均衡发展。

根据计划进行的综合平衡工作还会增进资源有效配置和活动的合理安排,提高组织的工作效率,提高资源的使用效率,降低生产成本提高效益,从而使得企业以及其他各种组织的活动做到经济合理。

三、计划维度

计划维度是指计划的描述方式。计划至少可以用五种维度来表示。

1. 制订计划的管理层次

组织中的管理者,无论职位高低,或多或少地都要进行计划活动,计划活动是各级管理人员的一个共同职能。由于所处的位置和所拥有的职权不同,各级管理人员所从事的计划活动会有不同的特点和范围。一般来说,高层管理者主要致力于战略性的计划,而中层管理者主要致力于战术性的或执行性的计划,低层管理者则主要致力于操作性的计划。

2. 计划的类型

计划的种类很多,可以按不同的标准进行分类,这个问题将放到下一节中进行详细的讨论。

3. 计划覆盖的范围

计划的范围可以很广,例如可以为整个组织或某个事业部制订计划;也可以很窄,例如可以为一个职能部门或者只为某个部门的一部分,甚至只是为某名员工制订计划。

4. 计划的时间

计划按照计划作用的时间长短可以分为短期计划和长期计划。长期计划主要是方向性和长远性的计划;短期计划是根据长期计划制定的更为详细和具体的计划,是指导组织具体活动的行动计划。

5. 计划的重复性

孙子在《孙子兵法》中说:"夫未战先而庙算胜者,得算多也,未战而庙算不胜者,得算少也。多算胜,少算不胜,而况于无算乎。吾以此观之,胜负见矣。"这句话的意思是:计划要反

复多次进行，多次修订计划就能胜利，少了就不能胜利，不计划就根本没有什么胜利可言了。所以必须不断地修订计划，这充分体现了计划重复性的重要意义。

第二节　计划的内容与输出形式

一、计划内容

在计划活动中，最重要的是回答4个基本问题：

1. 我是谁？——组织或部门的基本定位、使命

使命是一个机构的基本定位，一个机构存在的理由，它决定了一个组织做什么、不做什么，是组织中的人们思考、决策和行动的共同依据。明确“我是谁”这一问题，对于一个组织的成功而言，其重要性是不言而喻的。任何一个组织只有明确了自己的使命，才能够着力去做正确的事。没有明确的使命的组织，就好比一个梦游的人，这样的组织往往是混乱或趋于混乱的。

2. 我的处事原则是什么？——组织的核心价值观

组织的核心价值观体现着组织的信念，是一个组织所拥护和信奉的东西，是一个组织最重要和永恒的信条，是一小部分不随时间的变化而改变的原则。核心价值观决定了组织对于好与坏、对与错、赞赏或不屑等问题的判断。它不是一种功利性的选择，而是一个组织的信仰。

3. 我要到哪里去？——目标、愿景

目标是组织活动所要达到的结果。目标不仅是计划工作的终点、构成组织全部计划的基础，也是组织工作、人员配备、领导和控制活动所要达到的结果。对于组织来说，愿景为其提供了一个清晰的图景，描述了它将往何处去以及为何要到那里去。许多企业在提出其愿景时，还会加上生动形象的描述，使之成为人们头脑中的立体图像。

4. 我如何到那里去？——途径、战略、行动方案

回答这个问题，主要是确定由谁来完成目标、在什么时候完成这个目标、具体的手段和措施有哪些。

我们可以举个例子说明计划活动最重要的四个基本问题。比如一个旅行社，它的使命和宗旨就是为现代社会和生活提供丰富多彩的旅游体验；它的目标和愿景就是成为国内最好的、顾客首选的、具有国际水平的综合性旅游企业；它的核心价值观就是以客户为导向，追求卓越的服务与产品品质，超越客户期望；它具体的行动方案就要规定由哪些部门和人员负责实施计划、计划的实施地点、计划中各项工作的起始和完成时间、制定实现计划的手段和措施等。

二、计划的输出形式

1. 使命

使命表明了企业或事业单位或它们中任何部分的基本目的、作用或任务。它指明组织在社会上应起的作用和所处的地位，决定了组织的性质，是组织之间相互区别的标志。例如，一般来说，企业的使命是生产和分销商品或服务；法院的使命是解释法律和执行法律；大学的使命是从事教学和科学研究；医院的使命是治病救人。

2. 愿景

愿景是组织未来期望达到的一种状态，是组织的远大目标或追求，是需要花五年甚至十几

年来实现的目标。愿景给人们一个努力奋斗的方向,让大家知道我们会变成什么,我们要变成什么。好的愿景表述应当充满推动力,且在整个组织中为人们所共有。愿景应当表现出高度的想象力,并能够给人以巨大的鼓舞。

3. 目标

目标不仅是计划工作的终点,也是企业开展经营活动的出发点,它是企业整体计划的基础,是组织工作、领导工作的控制活动所要达到的结果。目标是在充分理解企业使命的条件下建立的,组织的使命支配着组织各个时期的目标和各个部门的目标,反过来组织各个时期的目标和各部门的目标也是围绕组织存在的使命所制定的,并为完成组织使命而努力。

4. 战略

在管理上,战略通常表示一个总的行动方案,作为计划的一种形式,它着重考虑的是更有效地实现组织目标。它通过指明方向,创造基础条件,例如资源条件、技术条件、市场条件、人员条件等,确定重点和安排资源,从而取得更高效益。

5. 政策

政策是组织在决策时或处理问题时用来指导和沟通思想与行动方针的明文规定,是主管人员决策的思想指南,它指明了组织行动的方向和界限,明确了鼓励什么和限制什么,使各级主管人员之间在决策时有一个确定的思考范围,确保决策和目标保持一致,有利于统一和协调主管人员之间的思想和行动,也有助于目标的实现。

6. 程序

程序是为完成某一特定计划而规定的一系列步骤,它详细列出了完成特定计划的切实方式和具体方法,并按时间顺序对该计划进行排列。程序规定了如何采取行动,而不是说明如何思考问题。人们常常将反复出现的业务编制成程序,一旦该项业务再次出现便可依例而行。因此,程序可以看做一种经过优化的计划,它是对大量日常工作过程及工作方法的提炼和规范,是提高管理活动效率和质量的方法。

7. 规则

规则是对具体场合和具体情况下,允许或不允许采取某种特定行动的规定。规则就像其他计划一样是从若干可供选择方案中选出的必要行动。它反映一种必须或无须采取某种行动的管理决策。规则通常是最简单形式的计划。

8. 规划

规划是一个综合性的计划,包括目标、政策、程序、规则、任务分配、要采取的步骤、资源安排以及为完成既定行动方针所需要的其他因素。规划多种多样,有大有小,在实践中既有诸如国家制定五年计划的大型规划,也有诸如某企业的车间主任为了提高工人士气而编制的一般规划。大的规划往往派生出许多小的规划,而每个小的派生规划都会给总规划带来影响,它们相互影响、相互依赖。因此,规划工作的各个部分彼此协调需要有严格和精湛的管理技能,需要严谨地运用系统的思考和行动方法。

9. 预算

预算是用数字来表示预期结果的一种计划。它既可以用货币来表示,也可以用其他任何以数字为表现形式的指标来表示。由于预算总要用数字来表现,所以它能使计划工作更细致。同时,预算也可以帮助管理者从资金和现金收支的角度,全面细致地了解企业经营管理活动的预期成果的完成情况。

第三节　计划的类型

计划是对未来行动的事先安排，是决策实施所需完成的任务在时间和空间上的分解。计划的种类很多，按照一定的分类标志可以将计划类别进行划分。各种类型的计划不是彼此割裂的，而是由分别适用于不同条件下的计划组成的一个计划体系。如表 4－1 所示。

表 4－1　计划类型

分类标志	类型
时间期限	长期计划、中期计划、短期计划
管理层次	战略计划、战术计划、作业计划
组织职能	营运计划、财务计划、人事计划
约束力	指令性计划、指导性计划
内容	综合性计划、专业性计划

1. 按照计划的时间期限分类

按计划时间期限的不同，可以分为短期计划、中期计划和长期计划。通常人们习惯将 1 年及其以内的计划称为短期计划，1 年以上、5 年以内的计划称为中期计划，5 年及其以上的计划称为长期计划。

（1）长期计划往往是战略性计划，它规定在较长的时间内组织以及组织的各部分从事活动应该达到什么样的状态和目标，组织实现目标的总的方法，是企业发展的蓝图。长期计划通常包括经营目标、战略、方针、革新、远期的产品发展计划等。

（2）中期计划来自组织的长期计划，并根据长期计划的执行情况和预测到的具体条件变化进行编制。长期计划以问题为中心，而中期计划以时间为中心，将长期计划的内容细化为每个时段的目标。中期计划既赋予了长期计划的具体内容，又为短期计划指明了方向，具有衔接长期计划和短期计划的作用。

（3）短期计划通常是指年度计划，它比中期计划更为详细具体，是根据中长期计划规定的目标和当前的实际情况，分解而得到的一种可实施计划。短期计划与企业中每个成员密切相关，是对组织成员的具体活动作出的详细说明和规定，是具有较强的可操作性且能够满足具体实施需要的行动计划。短期计划的实施是实现企业整体目标和战略计划的基础。

2. 按照计划的管理层次分类

按制订计划的管理层次不同，可将计划分为战略计划、战术计划和作业计划。

（1）战略计划是确定组织主要目标、采取行动并合理配置实现目标所需资源的一种总体规划。它是一种方向性的决策，是一种受环境约束的决策，决定了在相当长的时期内大量资源的运动方向。战略计划是对组织整体活动所作的战略安排，是用以指导组织的战略发展的大政方针性的计划。它的作用是决定或变动一个组织的基本目的以及基本政策。通常战略计划具有首要性、长远性、前瞻性、粗略性的特点，同时也具有弹性较大、涉及面广、相关因素多的特点。

（2）战术计划是在战略计划的指导下制定的，是为实现战略计划而制订的方案，比战略计划具有更大的灵活性。战术计划是一种局限性的阶段性的计划，它规定了总体目标如何实现的细节，多用于指导组织某个部门的行动和通过完成某些具体的任务去实现某些阶段性的目标。它需要解决的是组织各具体部门在未来各个较短时期内的行动计划，通常是针对某一特定领域,详细规定组织活动的具体细节的计划。

(3) 作业计划是根据战略计划和战术计划而制定的执行性计划,是规定总体目标如何实现的细节计划及具体的行动计划,通常具有具体性、局部性和指令性。它的目的是指导管理者逐步而又系统地实施战略及战术计划规定的任务。战略计划的一个重要任务是设立目标,而作业计划则是在假设目标已经存在的情况下提供一种实现目标的方案。

战略计划对战术计划、战术计划对作业计划都具有直接指导作用,战术计划根据战略计划编制,作业计划根据战术计划制定,同时战略计划又通过具体战术计划的有效实现而实现,所以它们之间必须保持这种传递关系。

3. 按照计划的组织职能分类

按照计划所涉及的职能可以将计划分为营运计划、财务计划、人事计划。

(1) 营运计划是组织或企业在经营活动中相对较长时间内稳定的和重复性的基本计划或主计划,它对组织或企业在计划期内的营运活动予以计划和规定。由于组织或企业的日常运营活动在较长一段时间内相对稳定,所以营运计划的制订工作主要是程序化和结构化的,通常包括生产计划、销售计划、业务计划等。

(2) 财务计划主要是计算组织或企业计划期内所需现金流量,确定借款数额和借款时间,以及编制预期损益表和资产负债表等,是反映组织或企业财务资金运动和经济效益的综合性计划。

(3) 人事计划,又称人力资源计划,是为实现营运计划对所需劳动力及其报酬和人员培训等方面所做的计划和安排,其主要内容有员工人数、人员结构、工资总额和人力资源开发计划等。

这些计划通常就是企业相应职能部门编制和执行的计划,因此,按组织职能进行分类,有利于人们更加精确地确定主要作业领域之间的相互依赖和相互影响关系,有助于估计某个职能计划执行过程中可能出现的变化以及对全部计划的影响,并有助于将有限的资源更合理地在各职能计划之间进行分配。

4. 按照计划的约束力分类

计划按照其对执行者的约束力大小可以分为指令性计划和指导性计划。

(1) 指令性计划一般是由上级主管部门向下级下达的具有严格约束力的计划,这种计划一经下达,执行者就必须遵照计划开展活动,并且要尽一切努力去完成。作业计划具有指令性,一般情况下是必须执行的指令计划。

(2) 指导性计划通常是由上级主管部门下达或同级部门编制的,它确定最终的目标,但不确定具体的目标和具体的活动方案,对计划执行者不具有命令性的约束力,给予了执行者较大的自由处置权,是一种参考性和指导性的计划。指导性计划是规定一般的计划方针和行动原则,计划下达以后计划执行者可以根据实际情况决定执行计划的力度或在必要时对计划进行一定的修改。

5. 按照计划的内容分类

按计划内容的不同,可将计划分为综合性计划和专业性计划。

(1) 综合性计划是对企业生产经营过程中业务经营的各方面所做的全面规划和整体安排,具有多个目标和多方面的内容。其特点是从整体出发,强调综合性,促使各部门、各环节协调发展。

（2）专业性计划是在综合性计划的基础上制定的限于指定范围内的综合性计划的子计划，是对综合性计划中某些项目的特殊安排。它通常是对综合性计划某一方面内容的分解和落实，而且这些计划都只涉及企业活动的某一专业领域，它们与综合性计划构成一种局部与整体的关系。因此，制定专业性计划一方面必须以综合性计划为指导，避免同综合性计划相脱节，另一方面还应注意各个专业性计划相互间的协调。

专业性计划的特点是内容单一、期限不定、比较具体，它包括各种职能部门制定的职能计划，主要是与业务经营活动直接相关的计划以及为业务活动顺利开展服务的计划。与业务经营活动直接相关的计划包括产品研发计划、生产计划、销售计划等。而为业务活动顺利开展服务的计划包括基本建设计划、人力资源计划、产品成本计划、财务计划、物资供应计划、设备维修计划和技术改造计划等。这些计划都有各自的内容，它们之间相互联系，互相影响，互相制约，形成一个有机整体。

第四节　计划的编制

一、编制步骤

计划的编制是一个复杂的过程，为了使计划的编制合理，必须采用科学的方法，无论是较简单的小型计划还是较复杂的大型计划都要遵循一定的程序或步骤。计划制定一般包括八个步骤，如图 4－1 所示。

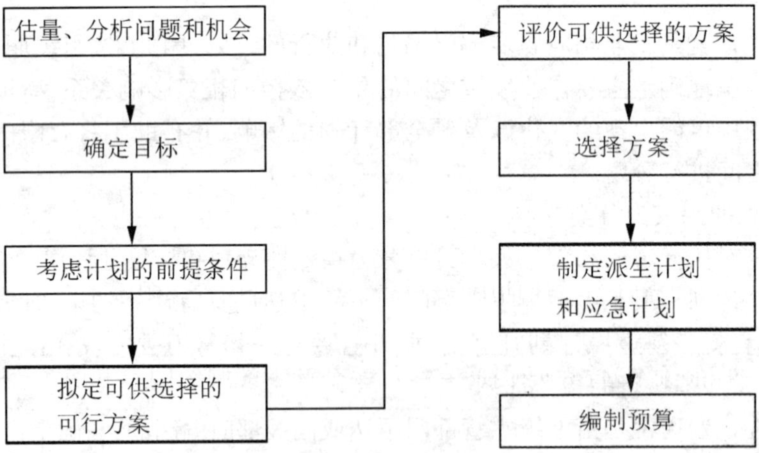

图 4－1　计划的编制步骤

（一）估量、分析问题和机会

对问题和机会的估量与分析是正式的计划活动开始之前所做的准备工作，这一工作是对未来可能出现的问题和机会所进行的分析和判断。只有存在问题需要去解决或者存在机会需要去把握，才需要制订计划。所有的管理人员都应当首先审视将来有可能出现的问题和机会，弄清这些不确定因素对组织可能发生的影响程度，并明确需要去解决什么问题，期望通过解决这些问题得到什么样的结果，清楚且全面地了解机会，知道其有利与不利之处。制定切实可行的目标取决于对这些内容的正确估量和分析。

(二) 确定目标

在分析了组织或企业的问题和机会之后,就需要确定在解决问题或抓住机遇的过程中要实现的目标。目标包括整个企业的目标以及每个下属工作单位的目标。组织的总目标是所有计划的指南,它为组织整体、各部门和各成员指明了方向,并且作为标准可用来衡量实际的绩效。各个部门的目标反映着总目标的要求,并相互支持,形成了一个完整的目标系统。

目标的选择和确定是计划职能最为关键的内容。由于人们对目标的认识和理解可能会存在很大的差异,且计划所依据的环境和条件变化很快,可能会使得计划跟不上变化,所以应根据自身的优势和劣势判断组织的竞争地位,在反复斟酌的基础上确定切合实际的目标。同时,在计划目标制定过程中也要鼓励人们多参与、多沟通、多讨论。

(三) 考虑计划的前提条件

所谓计划工作的前提条件就是关于计划实施环境的假设条件,简言之,即计划实施时的内外部环境条件。由于预期环境是复杂的,影响因素很多。因此,对将来环境的每一个细节都给予预测是不现实的,也是不经济的,应选择那些对计划工作具有关键性的、有战略意义的、对执行计划有重大影响的主要因素进行预测,如宏观的社会经济环境、政府政策、组织面临的市场环境、组织的竞争者、组织的资源等。

(四) 拟定可供选择的可行方案

实现某一目标的方案途径有多种,管理人员应当努力找出实现目标的各种可能途径。如果看起来似乎只有一种行动方案,这一方案很可能就是错误的,因为这容易使人们放弃去探索更好的方案。在实践中,制订计划时比较常见的不是寻找更多的可供选择的方案,而是减少可供选择方案的数量,以便可以分析最有希望的方案。这就要求主管人员通过初步的考察和计算,排除希望不大的那些方案,将备选方案的数目减少为最有希望成功的有限几个方案。

(五) 评价可供选择的方案

在找出了各种可供选择的方案和检查了它们的优缺点后,计划的下一个步骤就是根据前提条件和目标,权衡它们的轻重优劣,对可供选择的各种方案进行评估。由于大多数情况下都存在着许多备选方案,而且方案评估中通常有大量的可变因素和限定条件。因此,评价备选方案的工作往往是非常复杂和困难的。

评估可供选择的方案,首先要认真考察每一个计划的制约因素和隐患,既要考虑到有形的、可以用数量表示出来的因素,又要考虑到无形的、不能用数量表示出来的因素。其次要用总体的效益观点来衡量计划,同时还要动态地考量计划的效果,考量计划执行所带来的利益和可能带来的损失,特别是那些潜在的、间接的损失。

(六) 选择方案

在前五步工作的基础上选定方案,这是计划编制的关键一步,也是采用计划的时刻,是真正意义上的决策。管理人员依据自己的经验对方案进行分析研究,或者通过对备选方案进行实验来做出选择。有时,备选方案的分析和评估结果可能是同时有两个或两个以上的可取方案。这时,管理人员可能会决定遵循几个方案,而不是遵循一个最佳方案,但必须确定首先采取哪个方案,同时将其他方案进行细化和完善,以作为后备方案。

（七）制定派生计划和应急计划

实际上，在根据假设前提条件去制订计划的时候，由于计划的不确定性，有时事情并不是按照假设的前提条件去发展变化的。不管人们计划得多么周密，在计划实施中都可能出现因内外部环境的发展变化而使计划无法顺利实现，甚至可能需要对计划做出调整的情况。因此，在制定供人们实施的计划及派生计划的同时，还需要事先估计在计划实施过程中可能出现的各种情况，并根据这些情况预先制定好应急计划。有时甚至是多个应急计划，这样就可以加大计划工作的弹性，使计划能更好地适应未来情况的发展变化。

（八）编制预算

计划活动的最后一个步骤就是要将计划方案转化为预算，即对计划进行量化。预算是指用数字形式来表示组织在未来某一确定期间内计划的预期结果，这种结果可能是财务方面的，也可能是非财务方面的。定量的计划往往在可比性、可控性和进行奖惩方面具有较硬的约束。编制预算，可以使计划的指标体系更加明确，使企业更易于对计划执行进行控制。如果编制得好，预算就成为汇总各种计划的工具、衡量计划过程的重要标准。因此，预算又常常被看成是一种重要的控制手段。

二、编制方法

（一）目标管理法

目标管理（Management by Objective，简称 MBO）是以目标为导向、以人为中心、以成果为标准，使组织和个人取得最佳业绩的现代管理方法。它强调让组织的各层管理人员和员工都能够亲自参加目标的制定，并围绕既定目标开展计划和计划管理，最终努力完成各自的工作并实现计划目标。目标管理法是许多国家普遍采用的一种系统地制订计划目标并进行计划管理的有效方法。

从根本上讲，目标管理把管理者的工作由控制下属变成与下属一起设定计划目标和考核标准，促使被管理者靠自己的积极性去完成计划工作，用计划目标和自我控制来管理自己，而不是由外人来评估和控制。

1. 目标管理的特点

目标管理法认为在目标明确的条件下，人们能够对自己负责。它与传统管理方式相比有着鲜明的特点，主要表现为：

目标管理能重视人的因素，是“自我控制”的管理。它用“自我控制的管理”代替“压制性的管理”，即管理人员和工人靠目标来管理，由所要达到的目标为依据，进行自我指挥、自我控制，这种自我控制可以成为强烈的动力，推动他们尽自己最大的力量把工作做好。

目标管理以制定目标为起点，以目标完成情况的考核为终结。它重视目标完成的结果，并针对各单位、各员工的实际工作情况进行人事考核与奖评。

2. 目标管理的程序

目标管理的具体做法分为三个阶段。

第一阶段：目标体系的建立。

由于企业目标体系是目标管理的依据，因而这一阶段是保证目标管理有效实施的前提和基础，是目标管理最重要的阶段。

目标体系的建立首先必须明确企业的使命和宗旨，再结合企业内外部环境确立一定时期工作的具体目标。目标的制定既可以由上级提出，再同下级讨论；也可以由下级提出，上级批准，这两种目标制定方法都需要上下级之间进行若干次的沟通及充分的讨论。在讨论中，上级要尊重下级、平等待人、耐心倾听下级意见，帮助下级发展一致性和支持性目标。同时，目标管理要求每一个子目标都有确定的责任主体。因此，上级和下级应就实现各项目标所需的条件以及实现目标后的奖惩事宜达成协议，尽量做到每个目标和子目标都是部门或某个人的明确责任。

第二阶段：实现目标过程的管理。

在目标实施的过程中，首先，下级要做到自觉、自治和自主；其次，领导要进行定期或不定期检查，以督促下级目标的完成；最后，领导要经常与下级沟通，对于下级遇到的困难，领导要帮助解决。

第三阶段：总结和评估所取得的成果。

在目标的计划期限结束时，下级要进行自我总结，领导要进行考评，共同总结和评估所取得的成果，找出差距和不足，根据目标的完成情况制定下一时期目标。

2. 滚动计划法

滚动计划法是一种动态编制计划的方法，是按照“近细远粗”的原则制定一定时期内的计划，然后按照计划的执行情况和环境变化，调整和修订未来的计划，并逐期向后移动，把短期计划和中期计划结合起来的一种计划方法。滚动计划法，既可用于编制长期计划，也可用于编制年度、季度生产计划和月度生产作业计划。不同计划的滚动期不一样，一般长期计划按年滚动；年度计划按季滚动；月度计划按旬滚动，等等。

在计划编制过程中尤其是编制长期计划时，为了能准确地预测影响计划执行的各种因素，可以采取近细远粗的办法，近期计划订得较细、较具体，远期计划订得较粗、较概略。每经过一段固定的时期（例如一年或一个季度，这段固定的时期被称为滚动期）便根据变化了的环境条件和计划的实际执行情况，从确保实现计划目标出发对原计划进行调整，将计划期顺序向前推进一期，如此不断滚动、不断延伸。滚动计划法的编制如图 4-2 所示。

3. 网络计划技术

网络计划技术是利用网络理论来制订计划，对计划进行评价、审定，求得最优的计划方案，并用来组织和控制计划的执行，以达到预期目标的科学管理方法。它是 20 世纪 50 年代末为了适应科学研究和新的生产组织管理的需要发展起来的，依其起源有关键路径法（CPM）与计划评审法（PERT）之分。1956 年，美国杜邦公司研究创立了网络计划技术的关键线路方法（CPM），并试用于一个化学工程上，取得了良好的经济效果。1958 年美国海军武器部在研制“北极星”导弹计划时，应用了计划评审方法（PEPT）进行项目的计划安排、评价、审查和控制，获得了巨大成功。随着现代科学技术的迅猛发展、管理水平的不断提高，网络计划技术也在不断发展和完善。

网络计划技术的应用过程如下。

（1）确定达到目标所需进行的活动

确定目标，是指决定将网络计划技术应用于哪一个工程项目，并提出对工程项目和有关技术经济指标的具体要求。如在工期方面，成本费用方面要达到什么要求。

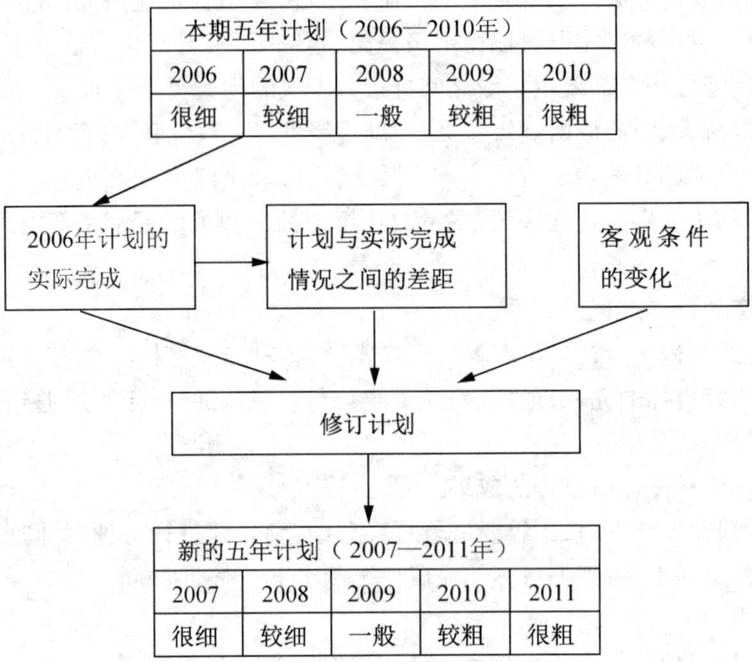

图 4－2　滚动计划法

（2）分解工程项目，列出作业明细表

一个工程项目是由许多作业组成的，在绘制网络图前就要将工程项目分解成各项作业。在此基础上，还要进行作业分析，确定各作业的先后顺序、各自耗费的时间及其中各项作业之间的相互关系，以便明确紧前作业和紧后作业。如表 4－2 所示，表中紧前作业是指在该作业开始前，必须先期完成的相邻作业；紧后作业是指在该作业完成后，应该后期完成的相邻作业；若紧前作业或紧后作业里包含两项及两项以上的作业，则表示在其中一项作业进行的过程中，其他作业可以与之平行交叉地进行。

表 4－2　作业时间明细表

作业名称	紧前作业	紧后作业	作业时间(天)
A	—	B、C	4
B	A	D、E	8
C	A	F、G	2
D	B	I	3
E	B	H	5
F	C	H	6
G	C	J	8
H	E、F	—	15
I	D	—	4
J	G	—	6

（3）根据作业时间明细表，绘制网络图

任何一项任务都可以分解成许多步骤的工作，根据这些工作在时间上的衔接关系，用箭线表示它们的先后顺序，箭线上的字母代表作业名称，下面的数字代表所耗费的时间，圆圈代表某项活动的结束和另一项活动的开始，画出一个表示各项相互联系并注明所需时间的箭线图，这个箭线图就称作网络图。

网络图的绘制方法有顺推法和逆推法。顺推法是指从始点时间开始根据每项作业的直接紧后作业，顺序依次绘出各项作业的箭线，直至终点事件为止。逆推法是指从终点事件开始，根据每项作业的紧前作业逆箭头前进方向逐一绘出各项作业的箭线，直至始点事件为止。同一项任务，用上述两种方法画出的网络图是相同的。一般习惯于按反工艺顺序安排计划的企业，如机器制造企业，采用逆推法较方便；而建筑安装等企业，则大多采用顺推法。

运用网络图的形式来表达一项计划中各项工作的先后顺序、各自耗费的时间及其中各项工作之间的相互关系，可以形象地反映出整个工程或任务的全貌。因而，编制网络图是网络计划技术的图解模型和基础。

有了表 4－2 的数据，可以根据顺推法绘制网络图，如图 4－3 所示。

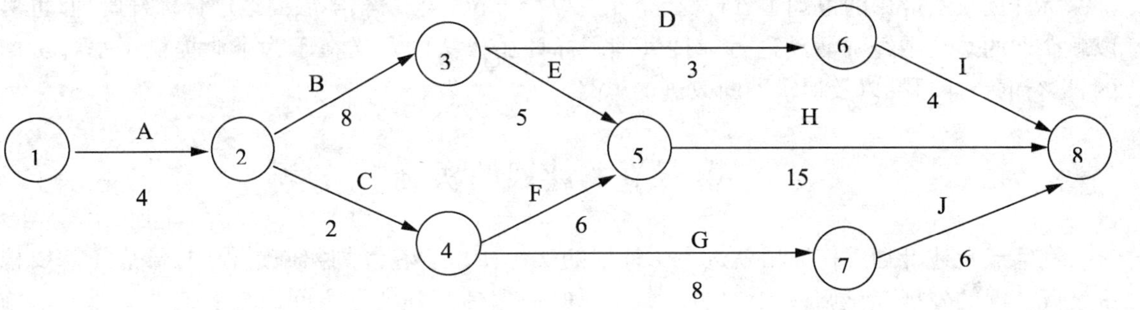

图 4－3　网络图

（4）确定关键路线，进行网络计划方案的优化

关键路线是指作业时间之和最长的那条路线。根据网络图和各项活动的作业时间，可以计算出全部网络时间和时差，并确定关键路线。在关键路线上的作业称为关键作业，这些作业完成的快慢直接影响着整个计划的工期。

找出了关键路线，也就初步确定了完成整个计划任务所需要的工期。这个总工期是否符合合同或计划规定的时间要求，是否与计划期的劳动力、物资供应、成本费用等计划指标相适应，这些问题都需要进行进一步的综合平衡。

网络优化是指根据关键路线法，利用时差，不断改善网络计划的初始方案，在满足一定的约束条件下，寻求管理目标达到最优化的计划方案。并在计划执行中通过信息反馈进行有效的控制和监督，以保证达到预定的计划目标。网络优化是网络计划技术的主要内容之一，也是较其他计划方法优越的主要方面。

网络计划技术是充分合理地利用资源，通过协调达到提高效率和经济效益的一种科学的计划管理方法。在实际工作中影响计划的因素很多，要耗费很多的人力和时间。而采用电子计算机可以对计划进行局部或全部调整，这也为推广应用网络计划技术提出了新内容和新要求。目前，网络计划技术已广泛地应用于世界各国的工业、国防、建筑、运输和科研等领域，成为发达国家盛行的一种现代生产管理的科学方法。

4. 标杆比较法

标杆比较法是自20世纪80年代以来，被西方发达国家理论界以及实践部门日益重视的一种新的计划法。标杆比较法是指通过寻求那些行业中的领先企业在经营管理中所推行的最有效的措施和方法，然后进行分析和复制来改进绩效的一种方法。

标杆比较过程一般有四个步骤。

（1）成立标杆比较计划团队。这主要是确定标杆比较的对象、可以比较的组织、数据收集的方法等。标杆比较通常是以最强的竞争企业或同行业中领先的、最有名望的企业为基准。

（2）收集内部和外部数据。即收集能真实、客观地反映管理绩效的一套指标体系以及与之相应的作为标杆用的一套基准数据，如顾客满意度、单位成本、周转时间及资产计量指标等。

（3）分析数据以识别绩效差距。即将本企业产品、服务和管理措施等方面的实际状况与基准进行定量评价和比较，分析基准企业的绩效达到优秀水平的原因以及本企业与基准企业之间的差距。

（4）准备和实施行动计划。在以上步骤的基础上选择改进的最优策略，制定企业计划，以改进和提高企业的绩效。

标杆比较法应用的范围十分广泛，企业可以全方位、全过程、多层面地进行标杆管理，也可以就企业的某一项经济活动进行标杆管理。标杆比较法的意义在于为企业提供了一种可信的、可行的奋斗目标以及追求不断改进的思路。

第五节　计划的实施

在完成上述计划工作以后就进入了计划的实施阶段。在计划实施过程中，可能还需要根据实际情况的发展变化调整和变更计划。比如，根据计划和实际之间出现的偏差去改善实施活动从而消除已经出现的偏差，当无法通过改善自己的计划实施活动去纠正偏差时，即做出对计划进行变更的决策。

在计划的实施完成之后，或者实现了既定的计划目标，或者实现了修订后的计划目标。不管是哪种情况，只要组织没有解散，就需要再次进行计划和安排工作。尤其对于组织或企业的永续经营而言，任何计划都应该是在前一次计划的基础上做出的，所以前一计划的完成情况和经验教训都是后一计划的出发点和基础。这是一次新的计划工作，从长远计划来说，这也是在前一所完成计划的基础上所做的一种计划修订或调整。因此，必须清楚地认识到这种前后计划之间的关系，从而形成一种计划工作的学习曲线。

一个组织或企业的计划部门不但应该参与计划制定和实施的全过程，而且要检查和记录计划实施中的各种经验教训，以便在计划实现的时候能够发现新的问题和机会，从而制定新的计划和计划目标并顺利地实施新的计划。

本章提要

1. 计划是指人们为了达成某种特定的目标，在充分调查市场环境的基础之上，借助一定的科学方法进行系统周密的科学预测，为具体的可操作性行为提供方法与对策，并制定科学的、可行性的策划方案以实现目标的过程，其输出形式有使命、愿景、目标、战略、政策、程序、规则、规划、预算。计划是管理者进行组织、指挥、协调、控制的前提和依据，是应对外部环境变化、减少变化带来的冲击的重要手段，是提高效率和效益、减少重复和浪费、优化资源配置的重要工具。

2. 计划的分类有很多种，按时间期限划分，计划可以分为短期计划、中期计划、长期计划；按管理层次划分，计划可以分为战略计划、战术计划、作业计划；按组织职能划分，计划可以分为营运计划、财务计划和人事计划；按计划对执行者的约束力划分，计划可以分为指令性计划和指导性计划；按内容划分，计划可以分为综合性计划和专业性计划。

3. 计划编制的步骤主要是：估量、分析问题和机会、确定目标、考虑计划的前提条件、拟定可行方案、评价可行方案、选择方案、制定衍生计划和应急计划、编制预算等。

4. 计划的实施过程中应不断地调整修订计划以适应环境的变化，从而更好地实现目标。在计划的实施完成之后，或者实现了既定的计划目标，或者实现了修订后的计划目标，需要再次进行计划和安排工作，同时还必须清楚地认识到计划之间的关系，通过不断地完善计划来实现既定目标。

复习思考题

1. 为什么说计划是管理的首要职能？
2. 简述计划的分类。
3. 结合当地企业，说明计划中最重要的四个问题。
4. 阐述预算对计划工作的意义。
5. 如何选择合适的方案来实现既定目标？
6. 说明计划对管理者进行管理活动的作用。
7. 什么是目标管理？目标管理的程序是什么？
8. 你知道所在学校的年度目标吗？用滚动计划法说明学校的五年计划。

案例讨论

Google 的未来发展规划

Google 网站的极端实用主义风格给人印象深刻：首页上只有一个搜索框，别无他物。据互联网市场调查公司 Jupiter Media Metrix 的报告称，自 2003 年 4 月起，Google 就已经坐上了互联网搜索引擎的头把交椅。这意味着，Google 面对的挑战会更严峻，这种备受用户欢迎的简约风格在不久的将来也许会发生变化。Google 该如何保持搜索服务优势而力保江山不失呢？

在 Google 的创始人佩奇和布林看来，要保住已有的江山，应该采取以攻为守的策略，通过自己的技术优势加强扩张。首先，Google 现在正在完善其语言翻译功能，图片搜索功能以及原有的目录、电话号簿、地图查询等服务功能。其次，除了搜索服务，Google 还积极参与了掌上电脑默认搜索引擎、汽车语音搜索系统等无线应用新技术的开发。如果说以上发展计划都还停留在技术层面上的话，那么 Google 的海外扩张策略就超出了这一意义。Google 在英国、法国、德国、意大利、瑞士、加拿大、日本和韩国的站点已经不事声张地悄悄开通，布林希望它们能打破 Google 仅局限在美国的弊端，更好地实现公司的收益平衡。然而，对于一个到目前为止还只有技术优势的公司，要想控制好 Google 帝国的扩张远非技术所能解决。

为了支持进攻与扩张，Google 的首要目标理所当然地就成了最大限度地获取收入。2004 年 1 月 17 日，Google 公司向外界宣布，它将在不久的将来开通自有品牌的 E－mail 服务，借此打造自己的固定用户群，以吸引更多的广告客户。另外，Google 已经制定了在 2004 年 4 月上市的计划，保守估计融资额为 120 亿美元。这使我们有理由相信，Google 网页内见不到广告横幅、没有动画图片、所有广告都是文字格式的广告风格将会改变。

就现阶段 Google 的形象而言，很少有人注意到 Google 上面越来越多的广告，这或许是最令 Google 得意的事。但随着 Google 不可避免地显现出越来越浓厚的商业气息，Google 将不得不面对一系列新的问题。由于互联网广告市场不景气，争取广告收入的战斗必将愈演愈烈。而如果 Google 成功上市，来自投资者要求收入最大化的压力也必将越来越大。

除了这些来自外围的威胁，Google 还将面临来自企业内部的压力，这将使 Google 保持搜索服务优势而力保江山不失更为困难。凭借 Google 第一大投资人的地位，施密特于 2001 年 3 月入主 Google 成为 CEO。施密特一上任就说在这个"毫无结构可言"的公司，他迫在眉睫的任务是规范公司的收入预期、培养公司的管理层，以及建立更完整的管理信息体系。佩奇和布林的精明曾使 Google 受益匪浅，而目前，如何将 Google 辉煌的过去与其商业未来有机地结合起来，是 Google 能否顺利前进的关键。从这个意义上说，Google 网站是否能够保持一贯的简约风格已经不重要了，重要的是 Google 能否避免重蹈此前已夭折的网络先辈的覆辙，正确抉择以实现进攻与扩张。

资料来源：安世民．管理学案例与习题集．北京，北京交通大学出版社，2008.

讨论题：

结合本章有关知识分析 Google 如何保持领先优势？

第五章

决　　策

知识目标

了解:决策的重要性

理解:决策的内涵、决策的过程、不同分类标准下的决策类型划分、决策的原则与影响因素、各种定性决策方法、各种定量决策方法

技能目标

掌握:决策的过程、决策的原则与影响因素分析、德尔斐法、头脑风暴法、电子会议、波士顿矩阵法、政策指导矩阵、盈亏平衡分析;不确定型决策方法和风险型决策方法

引导案例

肯德基公司首次进入香港

1973 年,赫赫有名的肯德基公司踌躇满志,大摇大摆地踏上了香港这个弹丸小岛。在一次记者招待会上,肯德基公司主席夸下海口,要在香港开设 50—60 家分店。这并非是信口雌黄。这种由贺兰迪斯上校在 1939 年以含有 11 种草本植物和香料的秘方首次制成的肯德基家乡鸡,由于工艺独特,香酥爽口,备受世界各地消费者的喜爱。到 70 年代,肯德基在世界各地有快餐店数千家,形成了一个庞大的快餐店连锁网。于是,它又把目光瞄准了香港这颗“东方之珠”。

1973 年 6 月,第一家家乡鸡在美孚新村开业,其他分店亦接连开业。到 1974 年,数目已达到 11 家。

肯德基家乡鸡首次在香港推出时,配合了声势浩大的宣传攻势。电视广告迅速引起了消费者的注意。电视和报刊、印刷品的主题,都采用了家乡鸡世界性的宣传口号:“好味到舔手指。”声势浩大的宣传攻势,加上独特的烹调方法和配方,使得顾客们都乐于一尝,而且在家乡鸡进入香港以前,香港人很少品尝过所谓的美式快餐,看来肯德基在香港前景光明。

然而肯德基在香港并没有风光多久。1974 年 9 月,肯德基公司突然宣布多家餐店停业,只剩 4 家坚持营业。到 1975 年 2 月,首批进入香港的肯德基全部关门停业。

当时的香港评论家曾大肆讨论此事,最后认为导致肯德基全盘停业的原因,是鸡的品种和宣传服务上的决策出了问题。

为了适应香港人的口味,家乡鸡快餐店采用了本地产的土鸡品种,但仍采用以前的喂养方式,即用鱼肉饲养。这样,便破坏了中国鸡特有的口味,令香港人甚是失望。

在广告上,家乡鸡采用了"好味到舔手指"的广告词,这在观念上也很难被香港居民接受。我们知道在1842年至1997年6月30日之间,香港是英国的殖民地,所以香港受英国文化影响很深,比较讲究绅士风度,淑女形象,这样舔手指的行为被认为是下等人才有的行为。

在服务上,家乡鸡采用了美国式服务,在欧美的快餐店一般是外店,驾车到快餐店,买了食物回家吃。因此,店内通常不设座位。而香港的情况则不同,人们在买的地方进餐,通常是一群人或三三两两买了食品后坐在店内边吃边聊。家乡鸡不设座位的做法,等于是赶走了一批有机会成为顾客的人。因此,家乡鸡虽然广告规模较大,吸引了许多人前往尝试,但是回头客就不多了。

家乡鸡首次进入香港的失败,败在决策之前未对香港的风土人情、饮食文化、饮食习惯等做深入的了解。

第一节　决策的内涵与过程

决策是管理的核心。可以认为,整个管理过程都是围绕着决策的制定和组织实施而展开的。近年来决策活动引起了管理学家、心理学家、社会学家乃至数学家和计算机科学家们的极大关注,成为一门独立研究领域的决策科学。

从管理学的观点看,决策的最古老和直接的含义就是,在若干可供选择的行动方案中做出抉择。在管理的各项职能中,几乎都会遇到决策问题。

一、决策的含义

时至今日,对决策概念的界定不下上百种,决策的复杂性决定了不可能有统一的看法,诸多界定归纳起来,基本有以下三种理解:一是把决策看做一个包括提出问题、确立目标、设计和选择方案的过程。这是广义的理解。二是把决策看做从几种备选的行动方案中做出最终抉择,是决策者的拍板定案。这是狭义的理解。三是认为决策是对不确定条件下发生的偶发事件所做的处理决定。这类事件既无先例,又没有可遵循的规律,做出选择要冒一定的风险。也就是说,只有冒一定的风险的选择才是决策。这是对决策概念最狭义的理解。以上对决策概念的解释是从不同的角度作出的。

要科学地理解决策概念,有必要考察决策专家西蒙在决策理论中对决策内涵的看法。按照R. A. Howard和H. H. A. Simon的观点,决策是对稀有资源的备选分配方案进行选择排序的过程。

许多管理学家都对决策的概念进行过探讨,尽管众说纷纭,但基本内涵大致相同,区别主要在于对决策概念作狭义的理解还是广义的理解。在这里我们认为,决策就是指组织或个人为了实现某种目标而对未来一定时期内有关活动的方向、内容及方式的选择和调整过程。这个概念表明,决策的主体既可以是组织,也可以是组织中的个人;决策要解决的问题,既可以是组织或个人活动的选择,亦可以是对这种活动的调整;决策选择或调整的对象,既可以是活动的方向和内容,亦可以是在特定方向下从事某种活动的方式;决策涉及的时限,既可以是未来较长的时期,亦可仅仅是某个较短的时段。

诺贝尔经济学奖得主西蒙认为:“为了解决决策的含义,就要将决策一词从广义上予以理解,这样,它和管理一词几乎同义。”由此可见,决策在管理中的地位非常重要。但是,也应当注意,过分地扩展决策的定义,甚至认为管理就是决策,也是不恰当的。如果把管理看做只是做决策,无疑会使管理的定义失之偏颇,既不便于对管理学的理论体系进行科学的分类,也无法将许多实际上属于管理的重要内容包括进去。例如,领导者利用他的个人专长权和个人影响权对下级施加影响使之为组织目标做出积极贡献,就不是一个决策过程。反之,将决策都看做管理,又会使管理的含义过于宽泛。因为任何活动,无论是组织的还是个人的,都有选择和决策的问题。例如,消费者到超市去选购商品的选择,是无论如何也不能与管理者决定公司投资方向的选择相提并论的。正确理解决策的含义,对于改进现实中的决策工作有很大意义。

二、决策的过程

决策是解决问题的过程。管理人员每天要解决的问题很多,问题的难度和特点也会不一样,如果能够找到解决问题的共同思路,将不仅仅有助于问题的解决,还有助于提高管理工作的效率。决策过程的研究就是为了达到这种目的。决策过程并不是一个瞬时的过程,在决策过程中包括一系列的步骤。了解这些步骤可以提高个人的分析能力和决策能力。典型的决策过程包括以下几个阶段。

(一) 识别和定义问题

识别问题是一项决策过程的开始,以后各个阶段的活动都将围绕所识别的问题展开。如果识别问题不当,所做出的决策将无助于解决真正的问题,因而将直接影响决策效果。问题的产生可能是由不良的工作结构或组织结构,缺乏监督,或者是对执行的活动缺乏了解。有时候在问题被他人提出来之前,管理者根据自己的经验可以觉察到问题的存在或者事先对问题有所预知。

当问题得到识别之后,必须根据一定的参量来定义问题。在多数决策情况下,问题被清楚定义后,找到答案不是一件难事。在定义问题的时候,决策者应考虑这样一些问题:我是否有权自行做这件事情?我具备所需的专业知识吗?我是否有时间?假如我不做任何事,结果又会怎么样?调查应进行到何种程度?解决问题将会产生哪些益处?这些益处的重要程度如何?通过定义问题,我们能够确定它的范围,接下来就能将搜寻信息的范围缩小为与之相关的信息内容。

(二) 确定决策目标

在问题被明确和定义之后,是否要采取决策行动及采取何种行动,就取决于决策目标的确定. 决策目标是管理者希望通过决策活动所要取得的成果或所要达到的预期状态。决策目标既是决策方案评价和选择所依据的标准,又是衡量决定要实施的行动是否取得预期结果的尺度。决策目标不正确或不明确,往往会导致决策错误或决策时犹豫不决。

一项决策往往存在多个目标,各个目标间也可能会有互相冲突的情况,为了解决多目标决策的困难,通常的方法是根据目标的相对重要性排出先后顺序,然后通过加权求和的方式将其综合为一个目标;或者将一些次要目标看做决策的限制条件,通过使某个主要目标达到最大(或者最小)来选择方案。

(三) 拟定可供选择的方案

可供选择的行动方案是指用来解决某一问题的两个或两个以上的行动方案。这一阶段的目标是根据所识别的问题，在决策者面临的众多的约束条件的限制下，尽力寻找出多个可行的行动方案，对每个行动方案的潜在结果进行预测。对于程序化决策而言，这个阶段相当简单；而对于非程序化决策而言，情况并非如此。它要求决策者在一定的时间和成本的约束下，对组织的内外环境进行调查，利用顾客、供应商、外部的评论家、工人、管理阶层、报刊、论文及本企业自己积累起来的调研数据等各个来源，收集足够多的、与问题有关的、有助于形成行动方案的信息并进行分析。同时，决策者应当注意避免因主观偏好接受第一个找到的可行方案而中止该阶段的合理进行。

（四）评价备选方案

确定了各种可供选择的方案之后，决策工作的第四步就要根据决策目标和前提来权衡各种因素，比较各个方案的优点和缺点，对各个方案进行评价。比较和评价可供选择方案时，首先要特别注意发现各个方案的制约因素，即那些妨碍实现目标的因素，只有清楚地认识到这些制约因素，才能提高选择方案的效率；其次，将每个方案的预测结果和原有目标进行比较时，既要考虑到那些有形的可以用数量表示的因素，也要考虑到许多无形的不能用数量表示的因素，比如企业的声誉、人际关系等；最后，要用总体的效益观点来衡量方案，因为对某一部门有利的方案不一定对全局有利，对某项目标有利的方案不一定对总体目标有利。在评价方法方面，由于在多数情况下，都有很多可供选择的方案，而且有很多可待考虑的可变因素和限制条件，会给评估带来困难，通常可以采用一些数学方法进行评估，如运筹学中较为成熟的矩阵评价法、层次分析法以及多目标评价方法等。

（五）选择最佳方案

方案选择是决策工作关键的一步，也是其实质性阶段——抉择阶段。决策工作的前几步都是在为方案的选择打基础，都是为这一步服务的。方案选择通常是在经验、实验和研究分析的基础上进行，有时我们经过评估会发现一个最佳方案，但更多的时候可能有两个或更多的方案是合适的，这时主管人员必须确定应优先选择的方案，然后将另外的方案进行细化、完善，以作为备选方案。

作为最后选定的方案，首先，必须能在较大程度上实现预定的决策目标，这是决策的合理性或准确性标准。其次，选择方案时还必须考虑方案实施所需付出的代价与可能带来的效果的比值，也就是成本收益比，决策的原则应该是以尽可能小的代价换取尽可能大的效果，从而实现最好的决策效益。另外，合理的决策还要处理好效益与风险之间的关系。决策制定不能单看收益性目标，还必须同时考虑到风险性因素。在绝大多数情况下，企业经营中的高收益往往会与高风险相伴随。对待风险，决策者是采取逃避的态度还是敢于冒险的态度，就会影响到他对决策方案的选择。面对风险，决策者既要有决断的胆略、魄力和勇气，又不能草率行事。因此，掌握一定的科学决策方法及提高决策者的决策艺术，有助于改进和提高所作出决策的可靠性和质量。

（六）执行方案

决策方案选定以后，就要付诸实施。有些方案的实施非常简单，有些则要困难得多。因此，对于所选定的方案还必须给予适当的辅助计划加以支持。为了保证决策方案的顺利实施，管理者还必须对由于方案的实施而引起的人们的抵制有所准备。这些抵制可能来自人们对变革的不安、变革所引起的不便或利益的受损以及其他一些未知的原因。

（七）检查方案的有效性

这是决策过程的最后一个步骤。通过追踪，检查与评价，可以发现决策执行过程中出现的偏差，以便采取相应的处理措施进行决策控制。具体追踪处理措施有三类：一是保持现状，不采取措施；二是采取措施纠正偏差；三是修正原决策。到底选择哪一种办法，取决于许多条件。具体地，如果出现的偏差较小，不致影响决策的全局效果，或者纠正偏差需要付出较大的代价，或已超出现有的条件，那么往往听任偏差的存在，继续观察。如果对实施结果及偏差原因做出分析后，认为原决策在现有条件下仍然是正确的，或者客观条件的变化还不足以表明具有修正决策的必要，而已经出现的偏差又会影响决策的效果，那么在这种情况下就应采取措施纠正偏差，以保证原决策目标的顺利实现。如果原决策在制定时由于对客观条件估计有误而存在明显缺陷，或者原决策在制定之时是正确的，但由于客观条件出现了巨大变化使原决策变得不正确时，就要对原决策做出修正。

第二节 决策的类型

决策根据它所要决策的问题的性质和内容，可以分成许多不同的类型。管理者在决策前，首先要了解所要解决问题的特征，以便按不同的决策类型，采取不同的决策方法。

一、按照决策目标的影响程度不同，可分为战略性决策、战术性决策、业务性决策

战略性决策是指关系到组织生存发展的全局性、长远性问题的决策。如企业的长远发展规划、生产规模、产品品种结构、新产品开发和市场开拓等发展战略决策都属于此类。这类决策对于组织的发展具有重要的意义，一般涉及的时间较长，范围较宽。由于所要解决的问题大多比较抽象、复杂并且常常是以前没有遇到过的，因此管理者常常要借助于自己的经验、直觉和创造力进行判断。战略决策一般由高层管理者做出。

战术性决策是为了实现战略决策，需要在人才、资源和物力以及组织结构等方面进行的决策。其具体内容有：企业经营系统的组织与设计，组织的财务、物资供应系统，员工及科技力量的组织与管理，企业内部、外部的协调沟通及控制等方面的规划与管理等。这类决策是为了保证战略决策的实现所做的决策，面临的大多是实施方案的选择、资源的分配、实际业绩的评估等方面的问题，比较具体，带有局部性且灵活性较大。这些问题大多可以定量，可以进行系统分析。但当组织处于动态环境中时，由于预测困难，有时也较多地依赖于管理者的经验判断。这类决策大多由中层管理者作出。

业务性决策是指在日常业务活动中为了提高效率所做的决策，属于基层决策。其目的是提高日常工作的效率，如库存管理、营销管理、生产管理和技术管理都属于此类。一般由基层管理者做出。这类决策所要解决的问题常常是明确的，决策者知道要达到的目标、可以利用的资源，知道有哪些途径，也知道可能的结果，一般可以采用分析工具来帮助抉择。

战略决策对未来的情况估计不容易准确，资料难于收集，风险较大，定量分析方法用得少。而战术决策和业务决策已有运筹学、计算机仿真等比较系统的数量分析方法去求最优解，结论的精确度较高。

二、按照决策是否具有重复性，可分为程序性决策和非程序性决策

程序性决策，也称例行决策、常规决策，它是指经常发生的能按规定的程序和标准进行的

决策,多指对例行公事所做的决策。由于这类问题经常重复出现,因而可以把决策过程标准化、程序化,可通过惯例、标准工作程序和业务常规予以解决,如退货的处理、请假的批准等。

非程序性决策是指那些非例行的、很少重复出现的决策。这类决策主要处理的是那些非常规性的问题。例如,重大的投资问题、组织变革问题、开发新产品或打入新市场的问题等。决策时往往缺乏信息资料,无先例可循,无固定模式,常常需要管理人员倾注全部精力,进行创造性思维。一般来说,由组织的最高层所做的决策大多是非程序性的。这类决策依靠决策者的经验、直觉、判断以及将问题分解为若干具体小问题逐一解决。

程序性决策与非程序性决策的划分不是绝对的,两者之间并没有严格的界限,在特定的条件下,两者还可以相互转化。例如,一项关于定价的程序化决策,可能会因为原料与产品供应情况、生产需求情况、竞争对手定价策略等方面的变化而转化为非程序化决策。

随着现代决策技术的发展,很多以前被认为是完全的非程序化决策问题已经具有了程序化决策的因素,程序化决策的领域日益扩大。一方面,运筹学等数学工具被广泛地运用到以前被认为依靠判断力的决策中来;另一方面,计算机的广泛应用,又进一步扩展了程序化决策的范围。

三、按照决策条件(或称自然状态)的可控程度,可分为确定性决策、风险性决策、不确定性决策

所谓自然状态,是指决策面临的未来环境和条件。确定性决策面临的是一种比较确定的自然状态,决策者确切知道自然状态的发生,每个方案只有一个确定的结果,最终选择哪个方案取决于对各个方案结果的直接比较。

风险性决策也称随机决策,它所面临的是多种可能的自然状态,可选方案在不同自然状态下的结果不同,未来会出现哪种自然状态,事前虽难以肯定,但却可以预测其出现的概率。

不确定性决策是指在不稳定条件下进行的决策。在不确定性决策中,决策者可能不知道有多少种自然状态,即便知道,也不能知道每种自然状态发生的概率。它与风险性决策条件基本相似,不同的只是不能预测未来自然状态出现的概率,因而不确定因素更多,决策风险更大。

四、按照决策权限的制度安排,可分为个人决策与组织决策(群体决策)

个人决策是指个人在参与组织活动中的各种决策。也可以说,决策者只有一个人的决策活动称作个人决策。因此,个人决策受决策者个人的经验、知识水平、决策能力、思想观点、欲望、意志等因素的影响,决策具有强烈的个人色彩。在处理同一问题时,不同决策者做出的方案选择可能会有很大的不同。

组织决策是组织整体或组织的某个部分对未来一定时期的活动所做的选择或调整。组织决策又称为群体决策,是为充分发挥集体的智慧,由多人共同参与决策分析并制定决策的整体过程。组织决策的决策者是相互制约、相互补充的人群或人们的共同体。组织决策时,决策主体的决策能力不仅取决于诸如学识、胆略、经验等个人素质,而且还取决于组织中由上述个人素质的组合所形成的整体智能结构和决策方式。

个人决策和组织决策各具优缺点,但两者都不能适用于所有情况。组织决策相对于个人决策来说虽然具有信息更加完整、决策更加科学、可产生更多方案、容易得到普遍的认同、便于决策的顺利实施等优点,但也有消耗时间、速度、效率可能低下、少数人统治、责任不清等缺点。

因此对个人决策与组织决策的优劣要进行客观分析。

五、按照决策需要解决的问题，可将组织决策分成初始决策和追踪决策

初始决策是指组织对从事某种活动或从事活动的方案所进行的初次选择；追踪决策则是在初始决策的基础上对组织活动方向、内容或方式的重新调整。如果说，初始决策是在对内外环境的某种认识的基础上做出的话，追踪决策则是由于这种环境发生了变化，或者是由于组织对环境特点的认识发生了变化而引起的。显然，组织中的大部分决策当属追踪决策。与初始决策相比，追踪决策具有如下特征：

（1）回溯分析。是对初始决策的形成机制与环境进行客观分析，列出需改变决策的原因，以便有针对性地采取调整措施。

（2）非零起点。初始决策是在有关活动尚未进行、对环境尚未产生任何影响的前提下进行的。追踪决策则不然，它所面临的条件与对象，已经不是初始状态，而是初始决策已经实施，因而受到了某种程度的改造、干扰与影响。

（3）双重优化。初始决策是在已知的备选方案中择优，而追踪决策则需双重优化，也就是说，追踪决策所选的方案，不仅要优于初始决策，而且要在能够改善初始决策实施效果的各种可行方案中，选择最优或最满意者。第一重优化是追踪决策的最低要求，后一重优化是追踪决策力求实现的根本目标。

六、按照后来决策与先前决策的一致性程度，可分为激进性决策与保守性决策

激进性决策是对先前决策的目标、手段有突破性改变和创新性作为的决策，它要求决策者敢于变革，勇于进取。保守性决策是对先前决策或保持或进行微调的决策。它要求决策者保持稳定，渐进变革。原则上讲，激进与保守无所谓孰优孰劣，应根据实际情况具体分析。

七、按照决策问题的大小可分为宏观决策和微观决策

涉及国家问题的决策称为宏观决策，而企业的决策问题就称为微观决策。事实上，宏观、微观是相对而言的。例如，某省市范围的决策相对于国家来说是微观决策，但对其下属的企业单位而言，是宏观决策。宏观决策和微观决策是相互依存和制约的。微观决策是宏观决策的具体化和组成部分，宏观决策以微观决策为依据。同时，微观决策又必须服从宏观决策。

八、按照决策者在管理系统中所处的层级不同，可以分为高层决策、中层决策和基层决策

高层决策，是指上层领导者所做的方向目标之类的重大决策，大多数属于非定性的或风险性决策。中层决策，一般是由中级管理人员所做的业务性决策。基层决策，是由基层管理人员所做的执行性决策。

上述三种决策具有交叉效应，但因决策的层次不同，具有不同的职能、作用和比重，其复杂程度、定量化程度都有一定区别。

九、按照问题描述的性质，可将决策分为定量决策和定性决策

用数值模型表示的决策叫做定量决策，不能用数值模型表示的决策叫做定性决策。在实际工作中，往往需要用定性决策与定量决策相结合的方法进行综合决策。

十、按照决策问题的考虑方式分类，可以分为动态决策与静态决策

如果考虑动态时间因素来做决策，称为动态决策，又称为多级（阶段）决策或序贯（列）决策，否则称为静态或单级（阶段）决策。我们目前介绍的各类决策，一般都属于静态决策。

第三节　决策的原则与影响因素

一、决策的原则

决策原则是指决策必须遵循的指导原理和行为准则。它是科学决策指导思想的反映，也是决策实践经验的概括。领导决策过程中所需要遵循的具体原则是多种多样的，但是，就领导决策的基本原则而言，有许多是共同的，这些一般原则主要有经济性、系统性、满意性、预测性、可行性、方向性、信息性、民主性、科学性等。

（一）经济性原则

经济性原则，就是研究经济决策所花的代价和取得收益的关系，研究投入与产出的关系。领导决策必须以经济效益为中心，并且要把经济效益同社会效益结合起来，以较小的劳动消耗和物资消耗取得最大的成果。如果一项决策所花的代价大于所得，那么这项决策是不经济的。

（二）系统性原则

系统性原则，也称为整体性原则，它要求把决策对象视为一个整体，以系统整体目标的优化为准绳，协调系统中各分系统的相互关系，使系统完整、平衡。因此，在决策时，应该将各个分系统的特性放到系统的整体中去权衡，以整体系统的总目标来协调各个分系统的目标。

（三）满意性原则

在选择活动方案的时候应遵循满意原则，而非最优原则。最优原则往往只是理论上的幻想，因为它要求：(1)决策者了解与组织活动有关的全部信息；(2)决策者能正确地辨识全部信息的有用性，了解其价值，并能据此制定出没有疏漏的行动方案；(3)决策者能够准确地计算每个方案在未来的执行结果。

然而，在管理过程中，这些条件是难以具备的：(1)没有人为过去做决策，决策是为了未来而进行的，而未来不可避免地包含着不确定性；(2)人们也很难识别出所有可能实现目标的备选方案，尤其是当决策涉及做某种事情的机会，而这种事情以前从未做过；(3)多数情形下，尽管可以借助最新的分析方法和电子计算机，也不能对所有的备选方案都进行分析，也就是说，尽管管理者热切希望做到最佳，但是信息、时间和不确定性的局限限制了最佳，因此，他们通常采纳一个令人满意的，即在目前环境中是足够好的行动方案；(4)决策者可能很大程度上从个人因素进行考虑，而较少地涉及组织与环境因素；(5)由于各种原因，决策者可能没有继续研究的积极性，而只满足于在现有的可行方案中进行选择。

（四）预测性原则

预测是决策的前提和依据。预测是由过去和现在的已知，运用各种知识和科学手段来推知未来的未知。科学决策，必须用科学的预见来克服没有科学根据的主观臆测，防止盲目决

策。决策的正确与否,取决于对未来后果判断的正确程度,不知道行动后果如何,常常造成决策失误。所以领导决策必须遵循预测性原则。

（五）可行性原则

可行性原则的基本要求是以辩证唯物主义为指导思想,运用自然科学和社会科学的手段,寻找能达到决策目标的一切方案,并分析这些方案的利弊,以便最后抉择。可行性分析是可行性原则的外在表现,是决策活动的重要环节。只有经过可行性分析论证后选定的决策方案,才是有较大把握实现的方案。掌握可行性原则必须认真研究分析制约因素,包括自然条件的制约和决策本身目标系统的制约。

（六）方向性原则

决策必须具有清晰和实际的具体方向目标,并且这个方向目标应该具有相对的稳定性,一经确定下来,不宜轻易改动。

（七）信息性原则

决策是靠信息来制定的,信息是决策的基础,信息的质量决定着决策的质量。科学决策所要求的信息必须是准确、及时、适用的。进行决策必须广泛收集与之有关的全面系统的信息资料,然后进行归纳、整理、分析、加工,从而为正确的决策提供基本的条件。当今社会正向信息社会发展,信息在决策中的地位越来越重要,这就要求决策者在决策时,一定要重视信息性原则。

（八）民主性原则

决策的民主性原则,是指决策者要充分发扬民主作风,调动决策参与者甚至包括决策执行者的积极性和创造性,共同参与决策活动,并善于集中和依靠集体的智慧与力量进行决策。

（九）科学性原则

科学性原则是一系列决策原则的综合体现。现代化大生产和现代化科学技术,特别是信息论、系统论、控制论的兴起,为决策从经验到科学创造了条件,也使得领导者的决策活动产生了质的飞跃。当今领导者必须加强学习现代管理知识,树立科学的决策思想,遵循科学的决策程序,运用科学的决策方法,建立科学的决策体制,整个决策才可能是科学的;否则,就不能称为科学决策。

所有这些原则都是指导决策活动的总和、基本的原则,而不是决策过程中某个环节或个别决策类型的具体原则。领导者只有认真掌握这些原则的基本精神,并紧密联系工作实践,才能不断提高决策水平。

二、决策的影响因素

在组织的一个决策过程中,其影响因素是比较多的,但是最重要的有如下几种。

（一）环境

环境对组织决策的影响是双重的。

首先,环境的特点影响着组织的活动选择。组织决策要面临的环境包括企业经营的微观环境和宏观环境。微观环境是指与企业产、供、销、人、财、物、信息等直接发生关系的客观环境,这是决定企业生存和发展的基本环境。宏观环境是指对企业的生存发展创造机会和产生威胁的各种社会力量,包括人口环境、经济环境、自然环境、技术环境、政治和法律环境以及社会和文化环境。

其次,对环境的习惯反应模式也影响着组织的活动选择。即使在相同的环境背景下,不同的组织也可能做出不同的反应。而这种调整组织与环境之间关系的模式一旦形成,就会趋向固定,限制着人们对行动方案的选择。

每个企业都和总体环境的某个部分相互影响、相互作用,我们将这部分环境称为相关环境。企业的相关环境总是处于不断变化的状态之中。企业得以生存的关键在于它在环境变化时所拥有的自我调节能力。

(二) 过去决策

今天是昨天的继续,明天是今天的延伸。历史总是要以这种或那种方式影响着未来。在大多数情况下,组织决策不是在一张白纸上进行初始决策,而是对初始决策的完善、调整或改革。组织过去的决策是目前决策过程的起点,过去选择方案的实施,不仅伴随着人力、物力、财力等资源的消耗,而且伴随着内部状况的改变,带来了对外部环境的影响。“非零起点”的目前决策不能不受到过去决策的影响。如果过去的决策是由现在的决策者制定的,而决策者通常要对自己的选择及其后果负管理上的责任,因此会不愿意对组织活动进行重大调整,而倾向于仍把大部分资源投入到过去方案的执行中,以证明自己的一贯正确。相反,如果现在的主要决策者与组织过去的重要决策没有很深的渊源关系,则会易于接受重大改变。

(三) 决策者对风险的态度

风险是指失败的可能性。由于决策是人们确定未来活动的方向、内容和目标的行动,而人们对未来的认识能力有限,目前预测的未来状况与未来的实际状况不可能完全相符,因此在决策指导下进行的活动,既有成功的可能,也有失败的危险。任何决策都必须冒一定程度的风险。组织及其决策者对待风险的不同态度会影响决策方案的选择。愿意承担风险的组织,通常会在被迫对环境做出反应以前就已采取进攻性的行动;而不愿承担风险的组织,通常只能对环境做出被动的反应。愿冒风险的组织经常进行新的探索,而不愿承担风险的组织,其活动则受过去决策的严重限制。

(四) 组织文化

文化通常指人民群众在社会历史实践过程中所创造的物质和精神财富的总和。在管理领域里,组织文化主要指组织的指导思想、经营理念和工作作风,包括价值观念、行业标准、道德规范、文化传统、风俗习惯、典礼仪式、管理制度以及企业形象等。它不单包括思想和精神方面的内容,也包括社会心理、技能、方法和组织自我成长的特殊方式等各种因素。

组织文化制约着组织及其成员的行为以及行为方式。在决策层次上,组织文化通过影响人们对变革的态度而发生作用。任何决策的制定,都是对过去在某种程度上的否定,任何决策的实施,都会给组织带来某种程度的变化。组织成员对这种可能产生的变化会怀有抵御或欢迎两种截然不同的态度。在偏向保守、怀旧、维持的组织中,人们总是根据过去的标准来判断现在的决策,总是担心在变化中失去什么,从而对将要发生的变化产生怀疑、害怕和抗御的心理与行为;相反,在具有开拓、创新气氛的组织中,人们总是以发展的眼光来分析决策的合理性,总是希望在可能产生的变化中得到什么,因此渴望变化,欢迎变化,支持变化。显然,欢迎变化的组织文化有利于新决策的实施,而抵御变化的组织文化则可能给任何新决策的实施带来灾难性的影响。在后一种情况下,为了有效实施新的决策,必须首先通过大量工作改变组织成员的态度,建立一种有利于变化的组织文化。因此,决策方案的选择不能不考虑到改变现有组织文化而必须付出的时间和费用的代价。

(五) 时间

决策受时间的制约。决策是在特定的情况下,把组织的当前情况与组织未来可能的行动联系起来,并旨在解决问题或把握机会的管理活动。这就决定了决策必然受时间的制约,一旦超出了时间的限制,情况发生了变化,再好的决策也不可能达到预期目标。寓言“刻舟求剑”的故事就充分地说明了随着时间的改变、条件的改变,决策也必须随之变化的道理。

一个方案可能涉及较长的时间,在这段时间里,形势可能发生变化,而初步分析建立在对问题或机会的初步估计上,因此,管理者要不断对方案进行修改和完善,以适应变化了的形势。同时,连续性活动因涉及多阶段控制而需要定期的分析和控制。

第四节　现代决策方法

一、定性决策法

定性决策法,是指在决策中主要依靠决策者或有关专家的智慧来进行决策的方法,这是一种“软技术”。管理决策者运用社会科学原理并依据个人的经验和判断能力,采取一些有效的组织形式,充分发挥各自丰富的经验、知识和能力,从对决策对象的本质特征研究入手,掌握事物的内在联系及其运行规律,对企业的经营管理决策目标、决策方案的拟订以及方案的选择和实施作出判断。这种方法适用于受社会、经济、政治等非计量因素影响较大、所含因素错综复杂、涉及社会心理因素较多以及难以用准确数量表示的综合性问题。这种“软技术”方法是企业决策采用的主要方法,它弥补了“硬”方法对于人的因素、社会因素等难以奏效的缺陷。“硬”、“软”两类技术相互配合,取长补短,才能使决策更为有效。

定性决策方法有很多种,下面介绍几种常用的方法。

(一) 集体决策方法

1. 德尔斐法

德尔斐法是由美国兰德公司于20世纪50年代初发明的,最早用于预测,后来推广应用到决策中来。德尔斐是古希腊传说中的神谕之地,城中有座阿波罗神殿可以预卜未来,因而借用其名。德尔斐法是一种向专家进行调查研究的专家集体判断法。它是以匿名方式通过几轮函询征求专家们的意见,组织决策小组对每一轮的意见都进行汇总整理,作为参照资料再发给每一个专家,供他们分析判断,提出新的意见。如此反复,专家的意见渐趋一致,最后做出最终结论。

德尔斐法的实施过程大致如下:

(1) 拟定决策提纲。先把决策的项目写成几个提问的问题,问题的含义必须十分明确,不论谁回答,对问题的理解都不应两样,而且最好只能以具体明确的形式回答。

(2) 选定决策专家。所选择的专家一般是有名望的或从事该项工作多年的专家,最好包括多方面的有关专家，选定人数一般以 20—50 人为宜，一些重大问题的决策可选择 100 人以上。

(3) 征询专家意见。向专家邮寄第一次征询表，要求每位专家提出自己决策的意见和依据，并说明是否需要补充资料。

(4) 修改决策意见。决策的组织者将第一次决策的结果及资料进行综合整理、归纳，使其条理化，发出第二次征询表，同时把汇总的情况一同寄去，让每一位专家看到全体专家的意见倾向，据此对所征询的问题提出修改意见或重新做一次评价。

(5) 确定决策结果。征询、修改以及汇总反复进行三四轮，专家的意见就逐步集中和收敛，从而确定出专家们趋于一致的决策结果。

德尔斐法隔绝了群体成员间的相互影响、节省了组织的花费。但德尔斐法的缺点是太耗费时间。由于在时间方面的限制，这种方法一般不用于日常事务的决策，但在许多重大问题的预测和决策中还是被认为有显著效果的一种方法。

2. 头脑风暴法

头脑风暴法又称自由畅谈法、智力激励法，是由美国创造学家 A. F. 奥斯本于 1939 年首次提出、1953 年正式发表的一种激发性思维的方法。这种方法的特点是邀集专家内行，针对一定范围的问题，敞开思想，畅所欲言，不受约束地进行讨论。在讨论中要遵守四项原则：第一，鼓励每个人独立思考，开阔思路，想法越新颖越奇异越好，不要重复别人的意见；第二，意见和建议越多越好，不考虑建议的质量，想到什么就应该说出来；第三，对别人的意见不要反驳，不要批判，也不要作结论；第四，可以补充和完善已有的建议，使它更有说服力。这种方法的主要精神在于鼓励创新并集思广益，类似我们的“诸葛亮会”。这种方法最适合于问题比较单一、明确的情况。如果问题比较复杂，因素众多，牵及面广，则不宜用这种方法来决策。

3. 名义小组法

名义小组法也是一种常用的组织决策方法。与德尔斐法有所不同，名义小组法的成员要求集中在一起工作，但小组成员之间不允许自由讨论，因而被称为名义小组。在集体决策中，如对问题的性质不完全了解且意见分歧严重，则可采用名义小组法。在这种方法下，小组成员互不通气，也不在一起讨论、协商，这种名义上的小组可以有效地激发个人的创造力和想象力。运用这种方法的步骤如下：

(1) 由组织者挑选适当的成员组成小组，再告之大致的问题轮廓，然后请小组成员独立地写出尽可能多的各种方案。

(2) 每个成员将自己的想法提交给群体，然后一个接一个地向大家说明自己的想法，直到每个人的想法都表述完并被记录下来为止(通常记在一张活动挂图或黑板上)。在所有的想法都被记录下来之前不进行讨论。

(3) 然后群体开始讨论，以便把每个想法搞清楚，并做出评价。

(4) 由全体成员对各种方案进行打分表决，得分最高的方案便成为小组决策的结果。

这种方法的主要优点是小组成员正式开会但不限制每个人的独立思考，传统的会议方式往往做不到这一点。

4. 电子会议

最新的组织决策方法是将名义小组法与尖端的计算机技术相结合的电子会议。多达 50 人的群体围坐在一张 U 形的桌子旁，这张桌子上除了一系列的计算机终端外别无他物。将问题显示给决策参与者,他们把自己的回答打在计算机屏幕上。个人评论和票数统计都投影在会议室内的屏幕上。

电子会议的主要优点是匿名、诚实和快速。它使决策参与者能不透露姓名地表达出自己所要表达的任何信息,一敲键盘即刻显示在屏幕上,使所有的人都能看到。它消除了闲聊和讨论跑题,且不必担心打断别人的"讲话"。但电子会议也有缺点,那些打字快的人使得那些口才虽好但打字慢的人相形见绌;再有,这一过程缺乏面对面的口头交流所传递的丰富信息。但可以预计,随着此项技术的发展,未来的组织决策很可能会广泛地使用电子会议技术。

(二)确定活动方向的分析方法

这类方法可以帮助企业根据自己和企业的特点,选择企业或某个部门的活动方向,主要有经营单位组合分析法、政策指导矩阵等。

1. 经营单位组合分析法

在一个纷繁复杂、迅速变化的市场,每一个企业都会面临这样的问题:我们是做什么的?我们将来应该做什么?以及我们怎样做才能做到最好?企业确定自己的经营领域,从而进一步决定自己的市场行为,这就是领域界定。领域界定对于任何企业都是十分必要的,它是企业制定战略决策目标的主要内容之一,也是企业市场定位的前提。只有先弄清楚企业是做什么的,接下来才能进一步细分市场,采用创造性的经营策略,力求在这一细分市场中争得尽量大的一块市场,取得最大的经济绩效。领域界定的主要目的是给企业领导做出哪些业务领域应该建立、哪些应该保留、哪些应该收缩、哪些应该放弃等决策提供依据。高层管理部门要知道哪些领域是"明星",哪些领域是"鸡肋",这不能仅仅只凭主观印象,而应根据其潜在利润进行科学的分析判断。这方面的方法以美国波士顿咨询公司的"市场增长率——相对市场份额矩阵法"最为流行。波士顿咨询公司是一流的管理咨询公司,其制定并推广了如图 5-1 所示的分析方法。

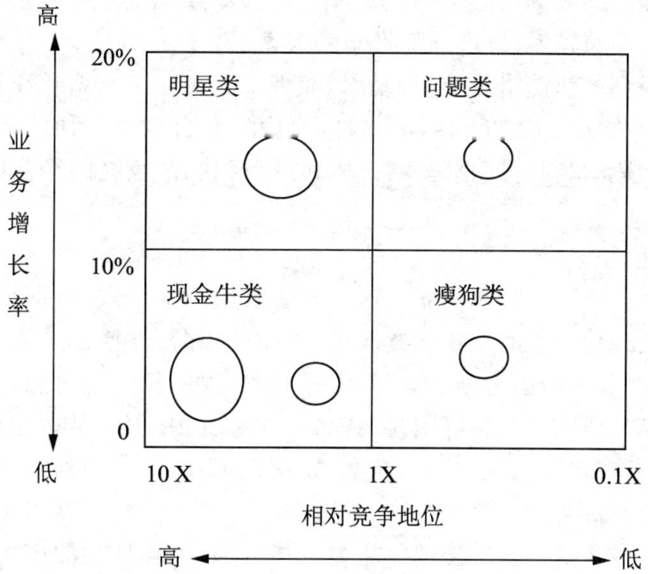

图 5-1 波士顿矩阵法

图 5-1 中,圆圈代表某个公司各项业务领域的目前规模和市场定位,各个领域的规模与

圆圈的面积成正比。横坐标代表该公司相对于最大竞争者的市场份额,10 意味着公司销售额是第二位的 10 倍,0.1 意味着公司销售额是最大竞争者的 10%;纵坐标代表市场年增长率,超过 10% 则属于高速增长。该矩阵分为四个方格,每个方格代表不同类型的业务领域。

(1) 问题业务。问题业务是指高市场成长率、低相对市场份额的业务。这往往是一个公司的新业务,为发展问题业务,公司必须建立工厂,增加设备和人员,以便跟上迅速发展的市场,并超过竞争对手,这些意味着有大量的资金投入。问题非常贴切地描述了公司对待这类业务的态度,因为这时公司必须慎重回答"是否继续投资发展该业务"这个问题。只有那些符合企业发展长远目标,具有资源优势,能够增强企业核心竞争能力的业务才能得到肯定的回答。

(2) 明星业务。明星业务是指高市场成长率、高相对市场份额的业务,这是由问题业务继续投资发展起来的,可以视为高速成长市场中的领导者,它将成为公司未来的现金牛业务。但这并不意味着明星业务一定可以给企业带来滚滚财源,因为市场还在高速成长,企业必须继续投资,以保持与市场同步增长,并击退竞争对手。企业没有明星业务,就失去了希望,但群星闪烁也可能会耀花了企业高层管理者的眼睛,导致做出错误的决策。这时必须具备识别行星和恒星的能力,将企业有限的资源投入在能够发展成为现金牛的恒星上。

(3) 现金牛业务。现金牛业务指低市场成长率、高相对市场份额的业务,是成熟市场中的领导者,是企业现金的来源。由于市场已经成熟,企业不必大量投资来扩展市场规模,同时作为市场中的领导者,该业务享有规模经济和高边际利润的优势,因而给企业带来大量财源。企业往往用现金牛业务来支付账款并支持其他三种需大量现金的业务。

(4) 瘦狗业务。瘦狗业务是指低市场成长率、低相对市场份额的业务。一般情况下,这类业务常常是微利甚至是亏损的。瘦狗业务存在的原因更多是由于感情上的因素,虽然一直微利经营,但就像人对养了多年的狗一样恋恋不舍而不忍放弃。其实,瘦狗业务通常要占用很多资源,如资金、管理部门的时间等,多数时候是得不偿失的。公司必须考虑其存在的必要性。如果公司拥有瘦狗类领域较多,应进一步收缩或淘汰。

利用经营单位组合分析法进行决策,是以"企业的目标是追求增长和利润"这一基本假设为前提的。拥有多个经营单位的企业具有这样的优势:它可以将获利较高而潜在增长率不高的经营业务单位所创造的利润投向那些增长率和潜在利润都较高的经营单位,从而使资金在企业内部得到最有效的利用。

2. 政策指导矩阵

这种方法由荷兰皇家壳牌公司创立。这种方法采用矩阵形式,根据市场前景和相对竞争地位来确定企业不同经营单位的现状和特征。市场前景由盈利能力、市场增长率、市场质量和法规限制等因素决定,分为吸引力强、中等和无吸引力三种;相对竞争能力受到企业在市场上的地位、生产能力、产品研究和开发等因素的影响,分为强、中、弱三类。这两种标准、三个等级的组合,可把企业经营单位分成九种不同类型,如图 5-2 所示。根据经营单位所处的不同位置,应选择不同的活动方向。

处于区域 1 和区域 4 的经营单位竞争能力较强,也有足够理想的市场前景,应优先发展,保证这些经营单位所需的一切资源,以维持它们有利的市场地位。

处于区域 2 的经营单位,虽然市场前景很好,但企业未能充分利用;竞争实力已有一定基础,但还不够充分。因此,应不断强化,努力通过分配更多的资源来加强其竞争能力。

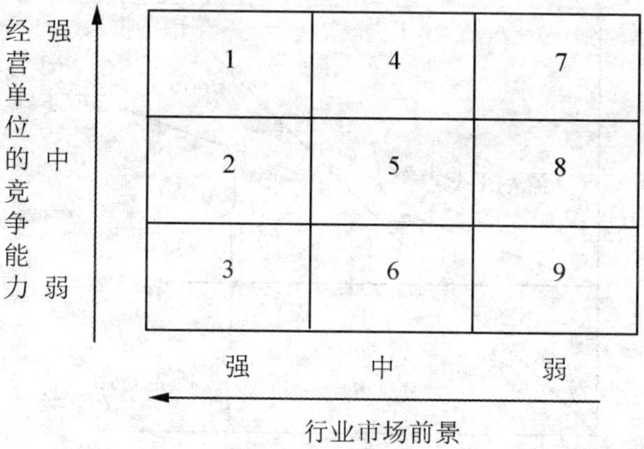

图 5－2　政策指导矩阵

处于区域 3 的经营单位可以采取两种不同的决策。由于企业在一定时期内的资金能力有限,只能选择少数最有前途的产品加速发展,而对其余产品则逐步放弃。

处于区域 5 的经营单位一般在市场上有 2—4 个强有力的竞争对手,因此没有一个公司处于领先地位,可行的决策是分配足够的资源,使之能随着市场的发展而发展。

区域 6 和区域 8 的经营单位,由于市场吸引力不大,且竞争能力较弱,或虽有一定的竞争实力(标志着已为此投资并形成了一定的生产能力),但市场吸引力很小,因此应缓慢地从这些经营领域退出,收回尽可能多的资金,投入到盈利更大的经营部门。

区域 7 的经营单位可利用自己较强的竞争实力,去充分开发有限的市场,为其他快速发展的部门提供资金来源,但该部门本身不能继续发展。

区域 9 的经营单位因市场前景暗淡,企业本身实力又很小,所以应尽快放弃,抽出资金转移到更有利的经营部门。

二、定量决策法

定量决策法是利用比较完备的历史资料,运用数学模型和计量方法,来预测未来的市场需求。具体方法有三大类,分别是确定型决策方法、不确定型决策方法和风险型决策方法。

(一)确定型决策方法

确定型决策方法很多。在此,我们主要探讨盈亏平衡分析的方法。

“我们需要对盈亏平衡做些什么呢?”在商业领域这个问题常常被提到。管理者通常通过盈亏平衡分析(Break－even Analysis)找到答案。盈亏平衡分析是决定不同水平产品和销售活动的总成本与总收益之间关系的一种方法。在增加新产品、新设备或者新的人员之前,管理者都会使用盈亏平衡分析,因为他们希望能明确地知道收益是否会被成本抵消掉。盈亏平衡分析告诉管理者在哪一点上进行一项新的冒险会带来利润,如图 5－3 所示。

1. 盈亏平衡分析的基本公式

$$\pi = R - C = Q \cdot (p - v) - F$$

式中,π 为利润;R 为销售收入;C 为总成本;Q 为总销量;p 为销售单价;v 为单位变动成本;F 为总固定成本。

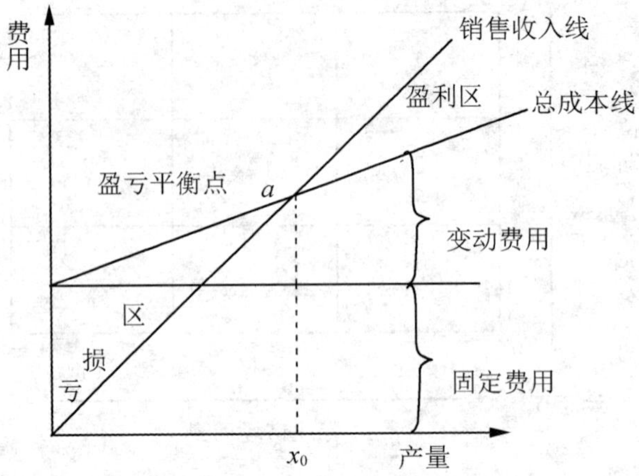

图 5-3　盈亏平衡分析

当 $\pi=0$ 时,企业不亏不赢,则有:

$$Q\cdot(p-v)=F, Q_0=F/(p-v)$$

其中,Q_0为盈亏平衡点时的产量;$p-v$ 称为边际贡献。

经过简单的公式变换,我们还可以利用它来求目标利润的产量、利润以及安全边际和安全边际率等。

2. 盈亏平衡分析的优点和局限

通过盈亏平衡分析,管理者在判断一种新出现的费用时,就可以集中精力考虑所需的活动量。这种方法可以解决很多种运营问题。通过盈亏平衡分析,管理者就能够决定是否放弃生产线上现有的某种产品,是否更换设备,或者购买零件而不是自己制造。

盈亏平衡分析也存在一些缺点:第一,它的有效性并不明显,盈亏平衡分析的有效性仅仅和成本收益分析的有效性差不多;第二,这种分析是静态的,它假定其他变量没有改变,而商业的动态本质使得这个假设令人怀疑;第三,盈亏平衡分析是建立在完全成本法和全产全销的基础上的,且实际过程中固定成本与变动成本的界定也不是一件很容易的事。

(二) 不确定型决策方法

1. 好中求好的决策方法

[**例 5-1**]某企业经营某一种新产品,有三个方案供选择:大批量经营;适量经营;小量试销。市场对该新产品的需求情况有四种可能:需要量很大,畅销;需求或销路较好;需求或销路较差;需求或销路很小,滞销。各个方案在这四种可能需求情况下的结果(利润额),如表 5-1 所示,要求按好中求好的标准做出不确定型决策。

表 5-1　不确定型决策矩阵表　　单位:元

方案	需求或销路			
	畅销	稍好	较差	滞销
大批量经营	800000	400000	-300000	-700000
适量经营	550000	370000	-150000	-400000
小量试销	310000	310000	90000	-10000

解:在本例中,最好的状态是畅销,畅销时大批量经营的第一方案又是利润最高的方案,根据好中求好的标准,选中第一方案。

2. 坏中求好的决策方法

[例]将上例改成按坏中求好的标准做出不确定型决策。

解:坏中求好的"坏",是指最坏的自然状态,即滞销。坏中求好的"好",是从滞销这个最坏自然状态中选择损失最小的方案,即小量试销作为决策方案。

3. 现实主义标准的决策方法

[例]仍将上例按现实主义标准做出不确定型决策。

解:设乐观系数=0.7(取值范围为0—1,如认为结果完全乐观,系数为1,如认为完全悲观,系数为0,如估计情况一般,就取一个0—1的中间数值)。用乐观系数作为权数,求出各个方案中最乐观结果与最悲观结果的加权平均数,即为现实估计数。其计算公式如下:

现实估计数=最乐观结果×乐观系数+最悲观结果×(1-乐观系数)

第一方案的现实估计值 $=800000\times0.7+[-700000\times(1-0.7)]=350000$(元)

第二方案的现实估计值 $=550000\times0.7+[-400000\times(1-0.7)]=265000$(元)

第三方案的现实估计值 $=310000\times0.7+[-10000\times(1-0.7)]=214000$(元)

由于第一方案的现实估计值最大,故选中第一方案。

4. 等概率标准的决策方法

[例]仍以上例三个方案用等概率计算利润期望值,做出不确定型决策。

解:

第一方案期望值 $=\dfrac{1}{4}\times(800000+400000-300000-700000)=50000$(元)

第二方案期望值 $=\dfrac{1}{4}\times(550000+370000-150000-400000)=92500$(元)

第三方案期望值 $=\dfrac{1}{4}\times(310000+310000+90000-10000)=175000$(元)

根据推理标准,应选中第三方案。

5. 最小最大后悔值法

[例]将上例改成按最大后悔值中求最小的标准做出不确定型决策,最大后悔值为最小的方案即为最不后悔的方案。后悔值的计算公式如下:

某一状态下每个方案的后悔值=该状态下各方案的最优结果-本方案的结果

各个方案的后悔值,如表5-2所示。

表5-2 后悔值决策 单位:万元

方案	1	2	3
畅销	80-80=0	80-55=25	80-31=49
稍好	40-40=0	40-37=3	40-31=9
较差	9-(-30)=39	9-(-15)=24	9-9=0
滞销	-1-(-70)=69	-1-(-40)=39	-1-(-1)=0
各方案最大可能后悔值	69	39	49

（三）风险型决策方法

决策过程的流程图表明，通过比较现状与目标间的差距发现问题，根据问题的特征设计出几个可行方案，每个方案都对应一个最终的效果，而方案的实现具有一定的概率，决策者在权衡各方案时，除了考虑到方案实现的平均收益外，有时还加入主观的倾向和偏好，最后的选择是在全面衡量各方案的利弊并参照目标要求的基础上做出的。把这一过程加以抽象，就得到了决策树。

决策树是一种探索式决策过程的模型。实际上它早已存在于人们的思维过程中，一直被决策者有意无意地使用着。下面通过一个简单的例子来说明决策树的原理和应用。

[**例 5-2**]假设，某公司为满足某种新产品的市场需求，拟规划建设新厂。三种可行方案如下：

方案一：新建大厂，需投资 300 万元。据初步设计，销路好时，每年可获利 100 万元；销路不好时亏损 20 万元。服务期限 10 年。

方案二：新建小厂，需投资 140 万元。销路好时，每年可获得 40 万元；销路不好时仍可获利 30 万元。服务期限 10 年。

方案三：先建小厂，三年后销路好时再扩建，追加投资 200 万元，服务期限 7 年，每年估计获利 95 万元。

我们进一步假设，根据市场预测，新产品销路好的概率为 0.7，销路不好的概率为 0.3。现在来看看根据这些情况应如何选择最优方案。该问题的决策树如图 5－4 所示。

图 5－4 中的矩形节点为决策点。从决策点引出的若干条树枝代表若干个方案，称为方案枝。圆形节点称为状态节点。由状态节点引出的若干条树枝表示不同的自然状态，称为状态枝。在我们的问题里有两种自然状态，即销路好和销路差，并且知道其出现的概率。在状态枝的末端，列出了不同状态下各方案的收益值（或损失值）。各方案的期望收益计算如下：

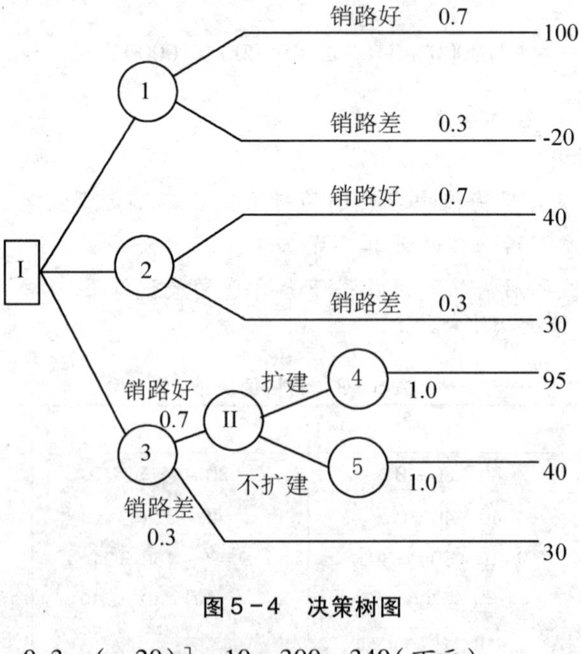

图 5－4　决策树图

点①：$[0.7 \times 100 + 0.3 \times (-20)] \times 10 - 300 = 340$（万元）

点②：$[0.7\times40+0.3\times30]\times10-140=230$（万元）

点④：$95\times1.0\times7-200=465$（万元）

点⑤：$40\times1.0\times7=280$（万元）

由于 $280<465$，故

点③：$[0.7\times40\times3+0.7\times465+0.3\times30\times10]-140=359.5$（万元）

计算结果表明，应选择先建小厂，三年后若销路好再扩建的方案。注意，这里我们为了简化问题，忽略了时间因素对不同时期内的收益和投资的实际价值的影响，也就是说，没有考虑资金的时间价值。但在现实中，这种多阶段决策的时间差别可能对决策结果有重要的影响。

本章提要

决策是从众多的备选方案中选择最优的方案并付诸实施的过程。决策是管理工作的核心内容，它与管理既有区别又有联系。

我们可以把决策的过程分为识别和定义问题、分析问题、拟定可供选择的方案、评价备选方案、选择最佳方案、执行方案、检查方案的有效性等几个阶段。

按照不同的分类标准，我们可以把决策分为战略决策、战术决策与业务决策，程序化决策与非程序化决策，群体决策与个人决策，初始决策与追踪决策，确定性，不确定性和风险性决策，激进性决策与保守性决策，宏观决策与微观决策，定量决策与定性决策，动态决策与静态决策等。

决策原则是指决策必须遵循的指导原理和行为准则。它是科学决策指导思想的反映，也是决策实践经验的概括。决策原则主要有经济性、系统性、满意性、预测性、可行性、灵活性、民主性等原则。

在组织的决策过程中，其影响因素是比较多的，但是最重要的有环境、过去决策、决策者对风险的态度以及组织文化等几种因素。

具体的决策方法我们主要从定性决策方法和定量决策方法两个方面进行展开。

复习思考题

1. 什么是决策？决策的原则是什么？
2. 你如何看待管理与决策的关系？
3. 如何利用经营单位组合法进行决策？
4. 德尔斐法的分析步骤是怎样的？
5. 决策包括哪些阶段？决策过程要受到哪些因素的影响？
6. 确定性、风险性和不确定性决策方法各有哪些？

案例讨论　既要重"名"又要重"实"

争创名牌是我国经济发展的必然趋势，也是社会主义市场经济领域深入发展的必然选择。一个公司、一个企业集团，只有以"一流的技术、一流的管理、一流的产品和一流的服务"为宗旨，才能塑造出一流的企业形象。在这种形象下生产或经营的名牌产品，才是有源之水、有本之木。

据报载：根据独立国际市场调查机构1999年年中对中国城镇零售监测统计，高露洁牙膏的市场销售额已跃居中国第一。这是高露洁继1997、1998连续两年获得国内贸易部商业信息中心日用品千店市场综合占有率监测统计为“中国质量第一”之后，再次取得的又一个“第一”。至此，两大市场调查权威机构同时证明：“高露洁牙膏——中国销售第一”。高露洁进入中国市场短短的几年中，正是实施了名牌战略，在成功之道上才取得了今天的显著成效。

西方经济学中，把消费者购买行为比作消费者的投票行为，货币就是选票。要让消费者手中的“货币选票”心甘情愿地、长期地投放在某一个商品或某一个品牌上来，那绝不是仅靠广告的功能所能做到的。那么，高露洁牙膏的市场销售额跃居中国第一靠的是什么？

一、以一流的质量和服务占领中国市场

随着中国改革开放的不断深入，越来越多的世界名牌产品进入了中国市场，高露洁是其中的佼佼者。近年，这一世界口腔保健品牌在中国可谓家喻户晓，其成功的关键是高露洁一流的质量和服务。

高露洁棕榄公司于1991年首先与广州洁银日用化工厂共同成立了中美合资广州高露洁有限公司，并于次年在广州经济技术开发区共建占地7万平方米建筑面积达3万平方米的新厂房。在中国，累计投资了1亿美元，通过从美国、德国、瑞士等引进先进技术和设备，并采用了先进的OMP模式进行严格的全面质量控制。据了解，OMP为美国最先用于药物生产的质量管理标准，并有认证机构，作为政府对药物质量控制的规范。高露洁棕榄公司是率先将其引入牙膏生产领域的生产企业之一。毫无疑问，经过了OMP认证的产品则意味着其品质达到了较高的水准。

作为一家跨国的消费品生产企业，高露洁棕榄公司十分重视与消费者的沟通，于是，在1998年4月设立了消费者服务部。以专业、关怀的方式为消费者服务，聆听消费者的投诉、答复消费者的咨询、了解消费者的需求，追求最终“令消费者真正满意”的世界名牌战略。据了解，高露洁消费者服务部门是采取集中处理消费者来函的办法分类整理，逐一回复；安装消费者电脑反馈系统（CRS），进行完善的文案管理；开通消费者免费咨询电话，从而改变了以往只能通过信函和亲临公司拜访才能沟通的方式，为消费者节约了时间，提供了便利；并通过高露洁公司的产品包装，使消费者知道服务部的电话号码及联系地址。这一切都使消费者和高露洁公司之间建立一种互惠互利的关系，赢得高露洁公司在中国的信誉以及高露洁产品在中国消费者的信誉。正如高露洁棕榄公司的掌门人鲁本·马可先生在即将出席“99《财富》全球论坛”的前夕，对中国新闻媒体表示：“我们对广州高露洁公司的财务状况非常满意。我们随时准备着进一步加大对中国的投资。”“留在中国市场里谋求发展是绝对的，我想不出理由高露洁会放弃中国市场。”他再次表示：“我们非常高兴将中国总部和生产工厂设在广州，将高露洁的微笑带给了所有中国人。”

二、口腔保健专家的形象定位

1992年9月，当第一支由广州高露洁公司生产的高露洁牙膏投放市场时，似乎是作为特殊高薪阶层的高消费象征。鲜艳亮丽的红白图案和手感轻软的塑料挤压管，都给人以耳目一新的感觉。高露洁用专业医生和对比实验构成的电视科普广告，以其强大的专业说服力深深打动了广大观众。同时，为满足不同消费对象、层次的需求，在短短的三四年时间，高露洁这一世界品牌的牙膏、牙刷，以及护肤护发用品、衣物护理用品，专门营销高露洁品牌的零售商、批发商和分销商已经遍布中国的400多个城市，实现了高露洁在中国的营销战略目标，更重要的是它有强大的技术力量为支撑。仅设在美国新泽西州的高露洁研究和发展部门的总部，就拥有100多位具有博士学位的专家，他们有些是牙医，有些是拥有包括微生物、化学、化工、病理学、药物学及其他专业的科学专家。在中国，高露洁也设有技术部，培养、启用国内人才，进行产品及原材料的研究与发展。由此，不断推出适合中国消费者需求的产品，目的是让人人享有口腔卫生保健，拥有“甜美的微笑”。

高露洁公司在推广过程中，非常重视与中国医学机构进行联系、合作，携手开拓口腔保健产品市场。中国口腔医学会是中国口腔医学科学技术工作者的学术性群众团体。从1996年开始，高露洁公司就积极地和该学会合作，成为该学会1996年成立时的第一个朋友，承诺要为中国口腔医学事业的发展做出贡献，并共同举行了多项活动，从而在实践中改变了许多中国老百姓的牙防观念。每逢每年的全国“爱牙日”活动，高露洁公司作为世界头号的口腔保健用品公司当仁不让，投入相当大的人力、财力。另外还大力在中国的牙科行业推出各式各样的牙防健齿活动和赞助计划。

高露洁的决策者及其员工们深知，树立有高度社会责任感的企业公民形象，赢得消费者乃至社会大众的信任与尊重，对于企业的成功至关重要。每年，高露洁棕榄公司投入数千万元为中国人民谋福利，除了致力于少年儿童的口腔保健的知识教育外，还参加了各项慈善活动，包括捐助贫困母亲、“希望工程”、捐款救灾，资助“国际微笑行动”为患有唇裂、腭裂等畸形残疾儿童和少年，进行免费外科整形修补手术和康复治疗，让“甜美的微笑”重现在他们天真可爱的脸上。

高露洁是世界名牌产品，它一跨入中国的市场就以口腔专家的形象定位。经短短几年的拼搏，如今在中国城镇的零售市场销售额、市场占有率均获得“中国销售第一”。真可谓，高露洁赢得了中国消费者的认可。

三、人才是最重要的资源

高露洁公司十分重视人才，每年从各类优秀大学招聘具有强烈的进取心、创造性、具备领导才能、出色的分析能力、良好的语言交流能力，并具有优秀合作精神的人。公司根据生产经营的实际需要和员工的表现、潜质及接受能力，安排员工接受各种培训、教育。通过独特培训、教育把他们培养成为一流的管理人才。

高露洁关怀员工的承诺就是通过种种计划奖励在工作中有业绩的个人和集体。1995年推行“你可创新”奖励计划就是其中一项，它真诚为每个员工营造施展才华的机会，最有效地挖掘员工的创造力，凝聚每位员工的创新建议。为此，每位员工都可能因个人或团队的创新成功及努力而获得提名及奖励。至1998年年底，短短三四年里，提名人数达到3000人次、1300多项。1996年的“磷钙国产化”、1998年的“牙刷镭射包装”项目，是在强手如林的众多项目中脱颖而出获得年度全球奖，它的成功是团队合作精神的集中体现、智慧的结晶。

四、志在长线、立足基础

高露洁作为全球最大的专业生产口腔保健用品公司，自1990年年初进入中国市场以后，除积极组建合资公司，生产世界品牌产品外，一直注重培养与消费者的感情，产品的推广计划带有浓重的公益色彩，具有相当巨大的企业亲和力。在中国更积极支持国家“到2000年人人享有初级口腔卫生保健”的总体目标，成为第一家在中国推行口腔教育计划的公司，包括：在技术研究和社区教育计划等领域中与国家教育委员会合作，推行社区预防和口腔自我保健宣传教育等计划；尤其是1995年在中国发起的“甜美的微笑，光明的未来”口腔护理教育计划，这是一项取得相当成功的计划。它是由牙科专业人士参与,利用富有趣味的“兔子牙医”作为口腔保健知识传播形象,编写了故事书、教师宣传画、年历等多种形式的培训教材和多种影像资料,对象选择7—9岁的儿童,帮助孩子们建立自我口腔意识,主动地预防口腔疾病,使他们终生拥有“甜美的微笑”。这项口腔保健教育计划,在短短的三四年中,已使22个省250个城市的2500万名1—3年级小学生受惠,普遍受到广大家长、师生及口腔界的欢迎和赞赏。为此,1998年9月中国口腔医学会向高露洁棕榄公司主席兼总裁马可先生颁布了名誉理事证书,以褒奖他及其高露洁棕榄公司为中国口腔保健事业作出的重要贡献。

高露洁在华投资策略:志在长线、立足基础。把今天的对儿童口腔保健教育与明天的中国市场拓展有机地结合,外资企业的这一做法,是否能给我们的企业一些有益的启迪呢?

既要重“名”,又要重“实”,这就是高露洁成功赢得中国市场的诀窍。

讨论题:

1. 高露洁的决策者们根据中国的市场环境特点做出了哪些决策?这些决策取得了怎样的效果?
2. 高露洁是如何一步步取得中国市场的?
3. 高露洁既要重“名”,又要重“实”的策略对我国企业海外投资决策有什么启示?

第六章

领　　导

知识目标

了解:领导者的影响力和领导者的作用

理解和掌握:领导的含义和实质、领导的特质理论、领导行为理论和领导权变理论

技能目标

掌握:领导的含义;领导者与管理者的区别;通过对领导理论发展过程的回顾,使学生理解领导理论和实践的发展历程,掌握一些重要的领导理论的基本观点

引导案例

苏·雷诺兹的职业生涯起点

苏·雷诺兹(Sue Reynolds),今年22岁,即将获得哈佛大学人力资源管理的本科学位。在过去的两年里,她每年暑假都在康涅狄格互助保险公司打工,填补去度假的员工的工作空缺,因此她在这里做过许多不同类型的工作。目前,她已接受该公司的邀请,毕业之后将加入互助保险公司成为保险单更换部的主管。

康涅狄格互助保险公司是一家大型保险公司,仅苏所在的总部就有5000多名员工。公司奉行员工的个人开发,这已成为公司的经营哲学,公司自上而下都对所有员工十分信任。

苏将要承担的工作要求她直接负责25名职员。他们的工作不需要什么培训而且具有高度的程序化,但员工的责任感十分重要,因为更换通知要先送到原保险单所在处,要列表显示保险费用与标准表格中的任何变化;如果某份保险单因无更换通知的答复而被取消,还需要通知销售部。

苏工作的群体成员全部为女性,年龄跨度为19—62岁,平均年龄为25岁。其中大部分人是高中学历,以前没有过工作经验,她们的薪金水平为每月1420—2070美元。苏将接替梅贝尔·芬彻的职位。梅贝尔为互助保险公司工作了37年,并在保险单更换部做了17年的主管

工作,现在她退休了。苏去年夏天曾在梅贝尔的群体里工作过几周,因此比较熟悉她的工作风格,并认识大多数群体成员。她预计除了丽莲·兰兹之外,其他将成为她下属的成员都不会有什么问题。丽莲今年50多岁,在保险单更换部工作了10多年,而且作为一个“老太太”,她在员工群体中很有分量。苏断定,如果她的工作得不到丽莲·兰兹的支持,将会十分困难。

苏决心以正确的步调开始她的职业生涯。因此,她一直在认真思考一名有效的领导者应具备什么样的素质。

第一节　领导和领导者

一、领导的含义和实质

领导是管理工作中的一项重要职能,领导职能贯穿于管理工作的各个方面。目前,各种社会组织之间的竞争日益激烈,领导的作用更加突显。

关于领导的含义,很多学者提出了他们各自的看法。约翰·科特指出,领导一词在日常生活中有着两种截然不同的含义。有时,领导指的是有助于引导和动员人们的行为或思想的过程;有时,它指的是处于正式领导职位的一群人,希望他们起着引导和动员人们行为或思想的作用。实际上,并非处于领导职位的每个人都具有领导才能。

约翰·纽斯特罗姆和基斯·戴维斯指出,领导是影响和支持其他人为了达到目标而富有热情地工作的过程。在帮助个体或群体确认目标以及激励和协助他们达到一定目标的过程中,领导是一个重要的因素。

哈罗德·孔茨和海因茨·韦里克指出,我们把领导定义为影响力,这是影响人们心甘情愿地和满怀热情地为实现群体的目标而努力的艺术或过程。领导者的行动即在于帮助一个群体尽其所能地实现目标。领导者并不是站在群体的后面推动和激励,而是要置身于群体之前,促使群体前进,鼓舞群体为实现组织目标而努力。

斯蒂芬·罗宾斯指出,我们把领导定义为一种影响一个群体实现目标的能力。这种影响的来源可能是正式的,如来自组织中的管理职位。由于管理职位总与一定的正式权威有关,人们可能会认为领导角色仅仅来自组织所赋予的职位。但是,仅仅由于组织提供管理者某些正式权力并不能保证他们实施有效的领导。那些非正式任命的领导,即影响力来自组织的正式结构之外的领导,他们的影响力与正式影响力同等重要,甚至更为重要。也就是说,一个群体的领导者可以通过正式任命的方式产生,也可以从群体中自发产生。

综上可见,领导是引导和影响人们为实现组织和群体目标而作出努力与贡献的过程,是为完成组织目标而影响他人的能力。从本质上而言,领导是一种影响力或者说是对下属施加影响的过程,这种影响力或通过这个影响过程,可以使下属自觉地为实现组织目标而努力。领导的实质是组织成员的追随与服从。正是组织成员的追随与服从,才使领导者在组织中的地位得以确定,并使领导过程成为可能。

二、领导者的影响力

领导者的影响力有两类:第一类是权力影响力,其来源是职权即领导者的地位权力,它是伴随着工作岗位而拥有的正常的权力,是由组织正式授予管理者的权力,与特定的个人没有必然的联系,职权是管理者实施领导行为的基本条件;第二类是非权力影响力,其来源是领导者的威信,是伴随着领导者个人的素质而形成的影响力,它是建立在他人认同的基础之上的,与其在组织中的地位没有必然联系,威信可使他人自觉地服从领导者指挥。

(一) 权力影响力及其组成因素

1. 支配权

支配权即管理者在一定的职责范围内具有确定目标、建立机构、制定规章、开展活动的决策与指挥权,及对下属的人事调配权。这种支配权是管理者的地位或在组织权力阶层中的角色所赋予的。组织正式授予领导者一定的职位,从而使领导者占据权势地位和支配地位,使其有权对下属发号施令。

2. 强制权

强制权是和惩罚权相联系的迫使他人服从的力量。在某些情况下,领导者是依赖于强制的权力与权威施加影响的。对于一些心怀不满的下属来说,他们不会心悦诚服地服从领导者的指示,这时领导者就要运用惩罚权迫使其服从。这种权力的基础是下属的惧怕。这种权力对那些认识到不服从命令就会受到惩罚或承担其他不良后果的下属的影响力是最大的。

3. 奖励权

奖励权采取奖励的方法来引导下属做出所希望的行动。在下属完成一定的任务时给予相应的奖励,以鼓励下属的积极性。这种奖励包括物质的(如奖金等),也包括精神的(如晋职等)。依照交换原则,领导者通过提供心理或经济上的奖酬来换取下属的遵从。

(二) 影响权力影响力的主要因素

1. 传统的观念

几千年的社会生活,使人们对领导者形成了这样一种心理观念,即认为领导者不同于普通人,他们或者有权,或者有才干,总之是比普通人要强。由此产生了对领导者的服从感。由于这种传统观念从小就影响着每一个人的思想,从而增强了领导者言行的影响力。

2. 职位因素

由于领导者凭借组织所授予的指挥他人开展具体活动的权力,可以左右被领导者的行为、处境,甚至前途、命运,从而使被领导者对领导者产生敬畏感。领导者的职位越高,权力越大,下属对他的敬畏感越强,领导者的影响力也越大。

3. 资历的影响

一个人的资历与经历是历史性的东西,反映了一个人过去的情况。一般而言,人们对资历较深的领导者,心目中比较尊敬,因此其言行也容易在人们的心灵中占据一定的位置。

权力是通过正式的渠道发挥作用的。当领导者担任管理职务时,由传统心理、职位、资历构成的权力的影响力会随之产生,当领导者失去管理职位时,这种影响力将大大削弱甚至消失。这种权力之所以被大家所接受,是因为大家了解这种权力是实现组织共同目标所必需的。

(三) 非权力影响力及其组成因素

1. 品格

品格主要包括领导者的道德、品行、人格等。

2. 才能

才能主要反映在工作成果大小上。一个有才干的领导者,会给事业带来成功,从而使下属对他产生敬佩感,吸引下属自觉地接受其影响。

3. 知识

知识丰富的领导者,容易取得人们的信任,并由此产生信赖感和依赖感。

4. 感情

人与人之间建立了良好的感情关系,便能产生亲切感;相互的吸引力越大,彼此的影响力也越大。因此,一个领导者平时待人和蔼可亲,关心体贴下属,与群众的关系融洽,他的影响力就往往较大。

由品格、才干、知识、感情因素构成的非权力影响力,是由领导者自身的素质与行为造就的。在领导者从事管理工作时,它能增强领导者的影响力。在不担任管理职务时,这些因素仍会对人们产生较大的影响。由于这种影响力来自下属服从的意愿,有时会比权力显得更有力量。

三、领导者的作用

在带领和指导群众为实现共同目标而努力的过程中,领导者要发挥指导、协调和激励的作用。

1. 指导作用

领导者通过影响和号召其下属,使组织各部门各个人共同行动,相互协调,共同实现组织目标。领导者只有站在群众的前面,用自己的行动指引和影响人们为实现组织目标而努力。

2. 协调作用

组织是由人、财、物、技术、信息等要素共同构成的,要使组织的一切工作都能配合适当,就需要领导者来协调组织内外各种人际关系和活动;协调部门之间的资金、人力、设备等资源;使其优化组合,发挥最大效能。

3. 激励作用

激励是人的需要和动机得到强化的心理状态,其作用在于激发和调动人的积极性,从而使人们能以最大的努力和主动性投入工作并取得最大成效。领导者利用激励职能激发下属的内在心理需求,调动下属的积极性,使人们充满热情,满怀信心,并通过科学有效的奖惩制度,提高工作绩效。

由此可见,领导的作用是带头、引导、指挥、服务,是帮助下属尽其所能以达到目标。领导不是在群众的后面推动或鞭策,而是在群众的前面促进、鼓励群众达成组织的目标。

第二节 领导理论

从领导理论的变迁历程来看,其研究的焦点在于领导的有效性,主要有三种研究途径,即领导特质的研究、领导行为的研究、领导情境(权变)的研究。它们之间的相互关系如表6-1所示。

表6-1　不同领导理论的比较

领导理论	基本观点	研究基本出发点	研究结果
领导特质理论	领导的有效性取决于领导者的个人特性	好的领导者应具备怎样的素质	各种优秀领导者的图像
领导行为理论	领导的有效性取决于领导行为和风格	怎样的领导行为和风格是最好的	各种最佳的领导行为和风格
领导权变理论	领导的有效性取决于领导者、被领导者和环境的影响	在怎样的情况下，哪一种领导方式是最好的	各种领导行为权变模型

一、领导特质理论

领导的特质理论，又称品质理论。从20世纪30年代至80年代，大量的心理学家、管理学家、社会学家对这一理论进行了大量的研究，以期从一定的个人品质特性预测最佳领导人选，为选拔、培养领导人提供理论依据。

（一）传统领导特质理论

传统领导特质理论认为领导者的特性是天生的，研究重点是发现领导者独具的个人特质。其主要内容有：

（1）身体要素。它包括领导者的年龄、身高、体重、体格、外貌。

（2）能力要素。它包括领导者的一般智力、判断力、创造力、表达能力、机敏性。

（3）业绩要素。它包括领导者的学历、知识、运动技能。

（4）责任要素。它包括领导者的可靠性、主动性、持久性、果敢性、自信心、顽强精神。

（5）参与要素。它包括领导者的能动性、社交性、协调性、适应性、幽默感。

（6）性格要素。它包括领导者的自信、适应、支配性、指向性、保守性。

经过几十年的研究和实践，众多学者发现，领导者与被领导者、成功领导者与不成功领导者的特质之间并无质的差别，许多具有所谓天才领导特性的人并没有当领导。这些问题使研究者们渐渐认识到从先天、遗传角度寻找领导特质是唯心的，应从实践的动态过程中研究。

（二）现代领导特质理论

现代领导特质理论研究表明，领导是一种动态过程，领导特质和品质并非与生俱来，而是在领导实践中形成的，因而也是可以通过训练、培养加以造就的。训练和培养必然涉及标准、培养方向和考核指标的问题，它们仍然可归结为领导者应具备什么品质特性的问题。

比较具有代表性的如1971年心理学家爱德温·吉斯利在《管理才能探索》一书中，指出领导特质可以分成3大类、13个因子：第一类：能力，包括管理能力、智力、创造力；第二类：个性品质，包括自我督导、决策、成熟性、工作理论联系实际的亲和力、男性的刚强或女性的温柔；第三类：激励，包括职业成就需要、自我实现需要、行使权力需要、高度金钱奖励需要、工作安全需要。吉斯利进一步用因素分析法研究，发现13个因子的重要性不同。如果用100来衡量各个因子的重要性,则管理能力为100,职业成就为85,智力、自我实现为75,自我督导、决策为60,创造性为35,高度金钱奖励为20,行使权力需要为10,成熟性为5,男女性别差异为0。

根据前人对领导者特质研究的情况来综合分析,作为一名成功的领导者我们认为应该具有十大特质和九大能力。十大特质:对环境的适应、对社会环境的应变力、雄心和成就动机、决断力和合作精神、自信和对压力的承受力、深思熟虑、依赖性、对他人的影响力、活力、忍耐力和勇于承担责任。九大能力:智力、构思力、创造力、机智老练、语言表达能力、关于任务的知识、组织能力、说服能力、社会活动能力。

(三) 领导集体的构成

作为领导者的个体应具有领导特质,领导效率不仅取决于单个领导的素质,还取决于领导班子的构成是否合理。现代管理十分注重优化领导集体素质结构。领导集体的素质是由集体中领导的个体素质构成的,只有每个领导者都具备了较高的素质,领导集体的素质结构才有坚实的基础。根据系统原理我们知道,系统中每个要素的功能强大并不一定必然导致系统整体功能强大,而只有各构成要素的结构合理时系统的整体功能才强大。领导集体本身就是一个系统,构成其系统要素的成员结构是否合理是影响领导集体效率高低的重要因素。合理的领导班子的构成包括年龄结构、知识结构、能力结构、专业结构。

1. 年龄结构

不同年龄的人既有不同的智力,也有不同的职能,各自所拥有的优势和劣势是很不相同的。领导群体的年龄结构以老中青结合而成的梯形结构为好。其优势在于:

第一,老年人有丰富的阅历和深邃的观察力,可以起舵手的作用;中年人年富力强,是集体的中流砥柱,可以发挥核心作用;青年人思想敏锐,竞争心强,可以发挥先锋作用。这样的结合,彼此取长补短,发挥各自的特长,可以实现群体结构的最优效果。

第二,老中青相结合,可以保持领导的连续性和继承性。

第三,老中青相结合,中青年在领导群体中占优势,领导集体富有生机和活力,能担当艰巨繁重的领导任务。

2. 知识结构

知识结构是指领导班子中不同成员的知识水平构成。知识,既包括书本理论知识,也包括实践经验。领导班子成员都应具有较高的知识水平,没有较高的知识素养就不能胜任现代化的管理工作。在领导集体中,合理的知识结构,必须是立体形式的,由不同的知识水平的人按照一定的比例排列组合而成,并随着经济科技和社会的发展不断地予以调整,使具有不同知识水平的人互相配合,构成一个优化的有机整体。

3. 能力结构

领导的效能不仅与领导者的知识有关,而且与其运用知识的能力有密切的关系。领导者应当具备较强的思维能力、决策能力、组织指挥能力、人际关系能力、用人能力和创新能力。这些能力都是履行领导职能所必需的。但是,每一个人的能力是不相同的。有的人善于思考分析问题,提出好的建议与意见,属于“思想型”领导;有的人工作踏实、遇事果断,属于“实干型”领导;有的人人际沟通能力和用人能力较突出,长于处理人事关系、协调矛盾、保持领导班子团结,属于“组织型”领导。在领导班子中应包括不同能力类型的人才才能形成最优化的能力结构,既要有思想家,又要有实干家,还要有组织家。

4. 专业结构

专业结构是指领导集体中各类专业成员的配合比例,也是领导群体中各类专长的成员的配比组合。领导群体的专业结构,不只是包括自然科学方面各类学科的知识、技能,还包括社会科学方面的各种专业知识。管理科学知识也是其中重要的组成部分。因此在领导集体中各位成员的配备应由各种专门的人才组成,形成一个合理的专业结构。

二、领导行为理论

领导行为理论也称领导方式理论,研究的是领导者与被领导者之间发生影响和作用的方式。有以下代表理论。

(一) 三极端领导方式理论

关于领导方式的研究最早是由心理学家勒温(P. Lewin)进行的,他通过试验研究不同的工作作风对下属群体行为的影响,认为存在着三种极端的领导工作作风,即专制作风、民主作风和放任自流作风。

1. 专制的领导作风

专制的领导作风是指以力服人,靠权力和命令强制人服从的领导作风,它把决策权力定位于领导者个人手中。其具体的行为特点是:

(1) 独断专行,从不考虑别人的意见,所有的决策都由领导者自己决定。领导者亲自设计工作计划,指定工作内容和进行人事安排,从不把任何消息告诉下级,下级没有任何参与决策的机会,只能察言观色,奉命行事。

(2) 主要依靠行政命令、纪律约束、训斥和惩罚来管理,只有偶尔的奖励。有人统计具有专制作风的领导人和别人谈话时,有60%左右采用命令指示的口吻。

(3) 领导者很少参加群体的社会活动,与下级保持一定的心理距离,没有感情交流。

2. 民主的领导作风

民主的领导作风是指以理服人、以身作则的领导作风,它把决策权力定位于群体,使每个人做出自觉的、有计划的努力,各施其长,各尽所能,分工合作。其行为特点为:

(1) 所有的政策都是在领导者的鼓励和引导下由群体讨论而决定的。决策是领导者和下级共同智慧的结晶。

(2) 分配工作时尽量照顾到个人的能力、兴趣和爱好,对下属的工作也不安排得那么具体,下属有较大的工作自由、较多的选择性与灵活性。

(3) 主要运用个人权力和威信,而不是靠职位权力和命令使人服从,谈话时多使用商量、建议和请求的口气,下命令只占5%左右。

(4) 领导者积极参加团体活动,与下属无任何心理上的距离。

3. 放任自流的领导作风

放任自流的领导作风是指工作事先无布置,事后无检查,权力定位于组织中的每一个成员,一切悉听尊便的领导作风。实行的是无政府管理。

勒温认为,这三种不同的领导风格,会造成三种不同的团体氛围和工作效率。专制型的领导者只注重工作的目标,仅仅关心工作的任务和工作的效率。但他们对团队的成员不够关心,被领导者与领导者之间的社会心理距离比较大,领导者对被领导者缺乏敏感性,被领导者对领导者存有戒心和敌意,容易使群体成员产生挫折感和机械化的行为倾向。民主型的领导者注重对团体成员的工作加以鼓励和协助,关心并满足团体成员的需要,营造一种民主与平等的氛围,领导者与被领导者之间的社会心理距离比较近。在民主型的领导风格下,团体成员有较强的工作动机,责任心也比较强,团体成员自己决定工作的方式和进度,工作效率比较高。放任型的领导者采取的是无政府主义的领导方式,对工作和团体成员的需要都不重视无规章、无要求、无评估,工作效率低,人际关系淡薄。

(二) 四分图理论

1945 年美国俄亥俄州立大学商业研究所发起了对领导行为进行研究的热潮。一开始,研究人员设计了一个领导行为描述调查表,列出了 1000 多种刻画领导行为的因素,后来霍尔平(Halpin)、维纳(Winer)将冗长的原始领导行为调查表减少到 130 个项目,并最终将领导行为的内容归纳为两个方面,即以人为重和以工作为重。

以人为重,是指注重建立领导者与被领导者之间的友谊、尊重和信任的关系。包括尊重下属的意见,给下属以较多的工作主动权,体贴他们的思想感情,注意满足下属的需要,平易近人,平等待人,关心群众,作风民主。以工作为重,是指领导者注重规定他与工作群体的关系,建立明确的组织模式、意见交流渠道和工作程序。包括设计组织机构,明确职责、权力、相互关系和沟通办法,确定工作目标和要求,制定工作程序、工作方法和制度。

他们依照这两方面的内容设计了领导行为调查问卷,发给企业,由下属来描述领导人的行为如何。调查结果表明,以人为重和以工作为重并不是一个连续带的两个端点,这两方面常常是同时存在的,只是可能强调的侧重点不同,领导者的行为可以是这两个方面的任意组合,即可以用两个坐标的平面组合来表示,如图 6－1 所示。由这两方面形成四种类型的领导行为,这就是所谓的领导行为四分图。

研究者认为,以人为重和以工作为重,这两种领导方式不应是相互矛盾、相互排斥的,而应是相互联系的。一个领导者只有把这两者相互结合起来,才能进行有效的领导。

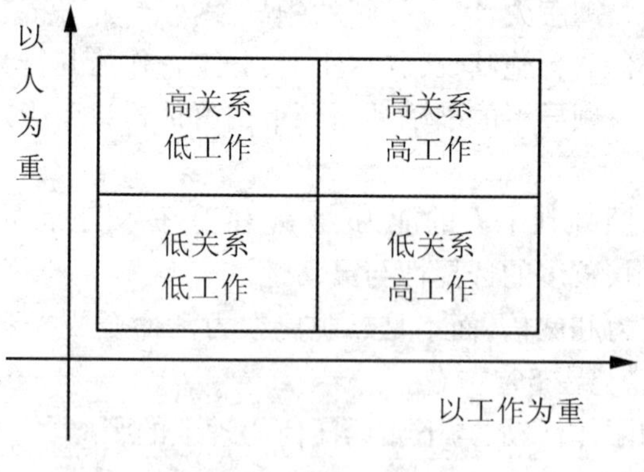

图 6－1 领导行为四分图

(三) 管理方格理论

在俄亥俄州立大学提出的领导行为四分图的基础上,美国著名行为科学家布莱克(Robert R. Blake)和莫顿(Janes S. Moaton)在 1964 年出版的《管理方格》一书中,提出了管理方格图理论,又称管理坐标理论。他们将四分图中的以人为重改为对人的关心度,将以工作为重改为对生产的关心度,将关心度各划分为九个等分,形成 81 个方格,从而将领导者的领导行为划分成许多不同的类型,如图 6-2 所示。在评价管理人员的领导行为时,应按他们这两方面的行为寻找交叉点,这个交叉点就是其领导行为类型。纵轴的积分越高,表示他越重视人的因素,横轴上的积分越高,就表示他越重视生产。

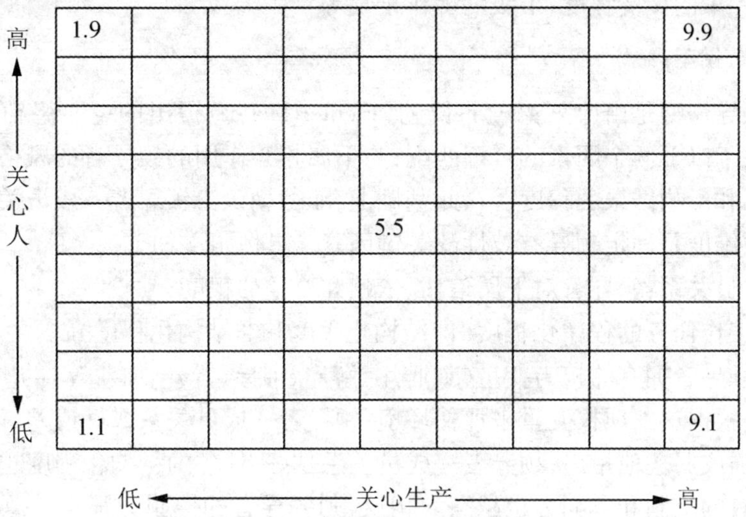

图 6-2　管理方格图

布莱克和莫顿在管理方格中提炼出五种典型的领导风格。

(1.1)为贫乏的管理,这种领导既不关心生产,又不关心人。表现为只做最低限度的努力,以求完成工作,这是一种不称职的管理。

(1.9)为俱乐部式的管理,领导者相当注重对职工的关心、支持和体谅,只注重搞好人际关系,使人感到满意,以造成融洽的气氛,从而影响一定的工作效益。

(9.1)为任务式的管理,这是任务第一的领导者,它非常关心生产,但不关心人。这种领导者能够集中精神去完成任务,却很少注意关心下级,不讲究提高下级的士气。在安排工作时,尽力把人的因素的干扰的减少到最低限度,以求得高效率。

(9.9)为团队式管理。这类领导无论是对于人员还是生产都表现出最大可能的献身精神。他把组织目标的实现与满足职工的需要放在同等重要的地位,既有严格的管理,又有对人高度的关心,因而,职工关系协调,士气旺盛,生产任务完成得出色。努力协调各项活动,使它们一体化,从而提高士气,促进生产。这是一种协调配合的管理方式。

(5.5)为中间式管理,这是一个一般化的领导者,对人和生产者有适度的关心,保持着两者的基本平衡,既有正常的效率完成工作任务,又一定程度上关心下属保持一定的士气,都过得去但又不突出。

到底哪一种领导方式最好呢? 布莱克和莫顿组织了很多研讨会。绝大多数参加者认为(9.9)型最佳,也有不少人认为(9.1)型好,其次是(5.5)型。管理方格图理论,对于培养有效的管理者是有用的工具,它提供了一种衡量管理者所处领导形态的模式,可使管理者比较清楚地认识到自己的领导行为,并指出改进的方向。

三、领导权变理论

所谓权变的含义就是指行为主体根据情境因素的变化而做出适当的调整。领导权变理论就是指领导者应该根据情境因素选择有效的领导方式。对影响领导效果的主要情境因素进行分离的研究很多。在权变理论的发展过程中，人们经常使用的中间变量有：工作的结构化程度；领导者—成员关系的质量；领导者的职位权力；下属角色的清晰度；群体规范；信息的适用性；下属对领导决策的接受程度；下级的工作士气等。

（一）菲德勒模型

这一权变领导模型是由弗莱德·菲德勒（Fiedler Model）提出的。菲德勒模型指出，有效的群体绩效取决于以下两个因素的合理匹配：与下属相互作用的领导者的风格；领导环境给领导者提供的控制和影响结果的程度。在此基础上，菲德勒认为领导者—成员关系、任务结构和职位权力这三项维度是确定领导有效性的关键因素。具体定义如下：

领导者—成员关系：领导者对下属信任、依赖和尊重的程度；

任务结构：工作任务的程序化程度（即结构化程度和非结构化程度）；

职位权力：领导者拥有的权力变量（如聘用、解雇、训导、晋升、加薪等）的影响程度。

菲德勒模型根据这三项权变量来评估环境：领导者—成员关系或好或差，任务结构或高或低，职位权力或强或弱。他指出，领导者—成员关系越好，任务的结构化程度越高，职位权力越强，则领导者拥有的控制和影响力也越高。相反，则领导者的控制力很小。总之，这三项变量综合起来，便得到八种不同的情境或类型，每个领导者都可以从中找到自己的位置。

领导者与情境的匹配可以从下图中得到较为明确的说明。菲德勒研究了1200个工作群体，对八种情境类型的每一种，均对比了关系取向和任务取向这两种领导风格。其结论是：任务取向的领导者在非常有利的情境和非常不利的情境下工作更有利，即当面对Ⅰ、Ⅱ、Ⅲ、Ⅶ、Ⅷ类型的情境时，任务取向的领导者干得更好；而关系取向的领导者则在中等有利的情境，即在Ⅳ、Ⅴ、Ⅵ型的情境中干得更好。如图6－3所示。

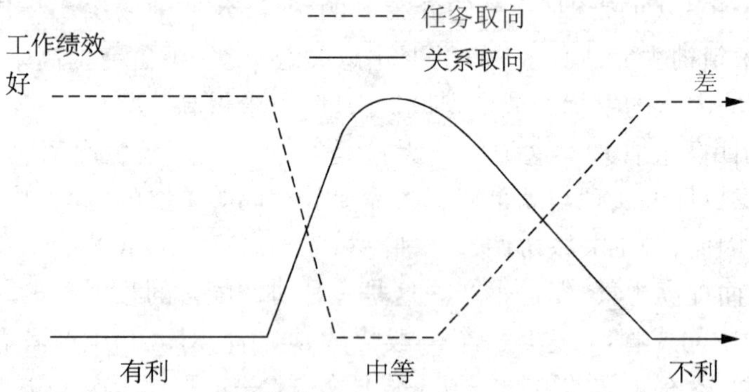

类型	Ⅰ	Ⅱ	Ⅲ	Ⅳ	Ⅴ	Ⅵ	Ⅶ	Ⅷ
领导者—成员关系	好	好	好	好	差	差	差	差
任务结构	高	高	低	低	高	高	低	低
职位权力	强	弱	强	弱	强	弱	强	弱

图6－3　菲德勒模型

（二）领导生命周期理论

赫塞（Paul Hersey）和布兰查德（Kenneth Blanchard）提出的应变领导模式理论把注意力放

在对下属的研究上,认为成功的领导者要根据下属的成熟程度选择合适的领导方式。所谓成熟度,是指人们对自己的行为承担责任的能力和愿望的大小。它取决于两个方面,即任务成熟度和心理成熟度。任务成熟度是相对于一个人的知识和技能而言的,若一个人具有需别人的指点就能完成其工作的知识、能力和经验,那么他的工作成熟度就是高的,反之则低。心理成熟度是指做事的愿望或动机的大小,如果一个人能自觉地去做,而无需外部的激励,则认为他有较高的心理成熟度。

如图 6 - 4 所示,他们也画出一个方格图,横坐标为任务行为,纵坐标为关系行为,在下方再加上一个成熟度坐标,从而把原来由布莱克和莫顿提出的由以人为主和以工作为主构成的二维领导理论,发展成由关系行为、任务行为和成熟度组成的三维领导理论。在这里,任务行为是指领导者和下属为完成任务而形成的交往形式,关系行为是指领导者给下属以帮助和支持的程度。据此提出了四种领导方式:命令式、说服式、参与式、授权式。

根据下属的成熟度和组织所处的环境,赫塞和布兰查德提出了领导生命周期理论,认为随着下属从不成熟走向成熟,领导者不仅要减少对活动的控制,而且也要减少对下属的帮助。当下属成熟度为 M1 时,领导者要给予明确而细致的指导和严格的控制,采用命令式领导方式;当下属的成熟度为 M2 时,领导者既要及时加以具体的指点以帮助其较好地完成任务,又要保护下属的积极性,当其遇到挫折进时行鼓励,采用说服式的领导方式;当下属成熟度处于 M3 时,下属已经有相当的工作能力,领导者不再需要对下属的工作任务做过多关注,主要是解决其动机问题,可通过及时的肯定和表扬树立下属的信心,因此以采用低工作—高关系的参与式为宜;当下属的成熟度为 M4 时,由于下属既有能力又有积极性,因此领导者可只给下属明确目标和工作要求,由下属自我控制和完成,采用高度授权式的领导方式。

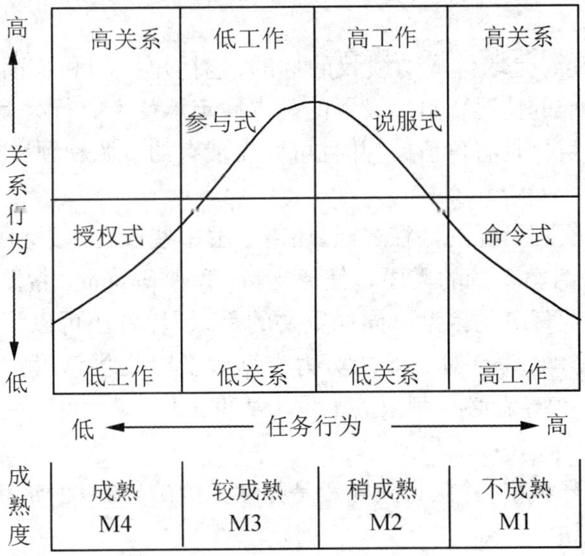

图 6 - 4　生命周期理论

(三) 路径—目标理论

路径—目标理论(Path - Gaol Theory)是在激励的期望理论基础上,由马丁 · G. 埃文斯首先提出,并经罗伯特·豪斯及其他人进一步发展而成的一种领导权变模型。该理论认为有效的领导者通过明确指明实现工作目标的途径来帮助下属,并为下属清理路程中的各种路障和危险。其内容包括以下五个方面。

1. 领导过程

路径—目标的领导过程为:领导者确认员工的需要,提供合适的目标以后,将目标实现与报酬联系起来;消除绩效的障碍,并且给予员工一定的指导。该过程的期望结果包括工作满意、认可领导者和更强的动机。这些将在有效的绩效和目标实现中得以反映。如图 6-5 所示。

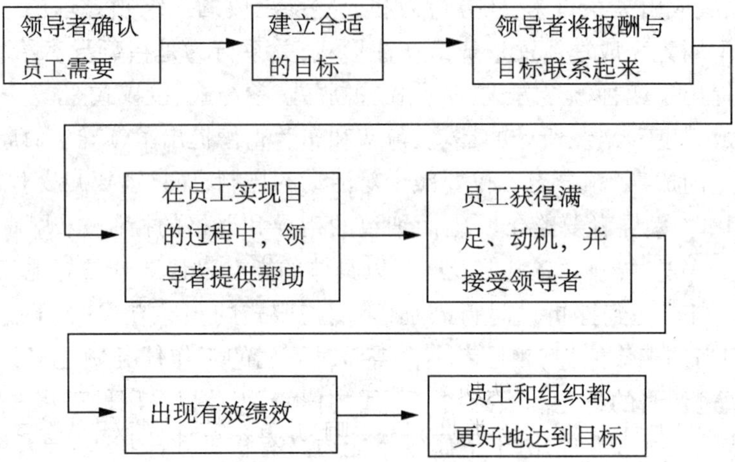

图 6-5　路径—目标理论模型

2. 目标设置

目标设置(goal setting)是取得成功绩效的标的,包括短期的和长期的。它可以用来检测个体和群体完成绩效标准的情况。目标设置的基本假定承认人类行为是有目标导向的。群体成员需要感觉到他们的目标是有价值的,并且可以在现有的资源和领导条件下达到该目标。

3. 路径改善

领导者在决定顺利实现目标的路径之前,还需了解一些权变因素和可供选择的领导方案,特别是必须权衡确定对两类支持的需要。任务支持(Task Support)帮助员工组合资源、预算、权力以及其他有助于完成任务的因素。同样重要的是,领导者还可以消除有碍员工绩效的环境限制,表现出向上的影响,并且对有效的努力和绩效及时提供认可。员工也需要心理支持(Psychological Support),领导者必须刺激员工乐于从事工作。

4. 领导风格

豪斯区分了四种领导风格,并认为领导者是弹性灵活的,同一领导者可以根据不同的情境表现出任何一种领导风格。

指导型领导(Directive Leadership):领导者关注明确的任务安排、成功绩效的标准和工作程序。这种领导类型与俄亥俄州立大学的结构维度十分相似。

支持型领导(Supportive Leader):领导者在努力建立舒适的工作环境的同时,表现出对员工健康和需要的关心。领导者十分友善,并表现出对下属需求的关怀,这种领导类型与俄亥俄州立大学的关怀维度十分相似。

参与型领导(Participative Leadership):领导者与下属共同磋商,并在决策之前充分考虑下属的建议。

成就取向型领导(Achievement - oriented Leadership):即领导者设置有挑战性的目标,并期望下属实现自己的最佳水平。

5. 权变因素

路径—目标理论提出了两类情境或权变变量作为领导行为与结果之间关系的中间变量,它们是下属控制范围之外的环境以及下属个性特点中的一部分。在工作环境中,领导者必须确认员工的任务是否已经结构化了;正式权力系统是否最适合于指挥型或参与型领导,以及现在的工作群体是否满足了员工的社会和尊重需要。同时领导者还必须评估每位员工的三个主要变量:(1)控制点(Locusof Control),是针对员工成就来源的不同观点:员工成就是来自个人努力(内部点,这更适合于参与型风格),还是来自外部力量(外部点,这更适合于指挥型方法)。(2)员工接受他人影响的意愿。如果该变量较高,则指挥型方法更能取得成功;如果较低,则更适合于参与型风格。(3)自我觉察的任务能力。对自身能力更加自信的员工适合于支持型领导;相反,对自身的任务能力缺乏自信的员工更易受到成就取向型领导者的影响。

本章提要

1. 领导是引导和影响人们为实现组织和群体目标而作出努力与贡献的过程,是为完成组织目标而影响他人的能力。领导的实质是组织成员的追随与服从。

2. 领导者的影响力有两类:第一类是权力影响力,其来源是职权即领导者的地位权力;第二类是非权力影响力,其来源是领导者的威信。

3. 从领导理论的变迁历程来看,其研究的焦点在于领导的有效性,主要有三种:领导特质理论、领导行为理论、领导权变理论。

复习思考题

1. 领导的实质是什么?
2. 针对领导者的修养谈谈你自己的看法。
3. 领导行为四分图和管理方格理论的含义是什么?
4. 领导的权变理论的要点是什么?
5. 领导的生命周期理论的含义是什么?

案例讨论　李处长的领导风格

李××是一位在财政局工作了近四十年的老同志。早在1980年他就担任了财政局某处的处长。该处室人员懒散,人心涣散,由于李处长经验丰富,责任心强,很快使该处室的工作走上正轨,年年达到甚至超过预期工作目标。上任以来,他对工作制定了周密的计划,还提出了财政工作的新思路(以后的事实证明了他的提法的超前性和创新性)。他做事很有魄力,事必躬亲,整个处室在他的带领下改变了以往懒散的形象,工作年年上新台阶。

几任局领导对李处长的工作都非常满意,认为这样的中层干部值得放心,但不知为什么一直未对其提拔,直到1993年才提升他为副局长,此时离他退休只有两年时间。渐渐地,群众中对他的评价多了起来。在他担任处长期间,该处室的干部没有一个得到了提拔。是这些干部中没有一个人才吗? 以后的事实表明他们当中有不少人具备非凡的工作能力,绝对能胜任领导岗位。但当时慑于李处长的权力,他的部属只能私下抱怨。据部属们反映,李处长事事过问,从不放手让部属独立做任何事,而且听不进下级的意见,一意孤行。有一次下属张××草拟的文稿不符合他的要求,他就当众大声责骂该下属,令张××很尴尬。面对李处长家长式的工作作风和对下属粗暴的态度,有领导说:这使李处长树立了自己的威信。但自1995年李处长退休后,他的“威信”也随之消失了。“人走茶凉是其因素之一,但最主要的是他在其位时,没有替他的下属做什么好事……”凡在他手下做事的干部们都如是说。

讨论题:

1. 试结合有关的领导理论,评价李处长的领导风格。
2. 结合案例谈谈领导者怎样才能建立持久有效的威信。

第七章

激励与沟通

知识目标

了解:激励的原理、沟通过程所包括的五个要素

理解和掌握:内容型激励理论、过程型激励理论、强化型激励理论、激励的一般方法、组织沟通的类型、组织沟通的网络、沟通障碍及其克服途径

技能目标

通过激励的原理、激励理论和激励的一般方法的介绍,使学生重点掌握内容型、过程型、强化型激励理论的思想,了解激励的一般方法;

通过对沟通的过程、组织沟通的类型、沟通障碍等的介绍,使学生重点掌握沟通的过程、组织沟通的类型和网络,了解改善组织内沟通状况的一般方法。

引导案例

盛世电子公司应如何激励员工

盛世电子科技有限公司是一家以生产电视机、VCD 等电器为主的大型企业,员工以小组为单位进行操作。每一小组负责一种小产品的全部装配线工作,小组负责人有相当大的权限决定每个组员在何时做何事。小组作为一个整体每天负责生产一定数量产品并负责检验工作,以保证工作质量。每个组员都干过和生产特定产品相关的各项工作,必要时可以从一个工作岗位转到另一个工作岗位。每个工作小组生产的产品都集中堆放在工作小组所在地附近,以便每天工作结束时每个小组成员能观察到他们自己的生产率并与其他小组比较产出水平。

由于国际竞争日趋激烈,以及新的生产的发展,管理部门已经认识到采用新技术的紧迫性。这需要新建工厂,包括最新的复杂技术和机器设备,他们相信新的生产方法和技术的应用一定会提高生产率和工作绩效。当新工厂完工、机器设备安装好以后,工人们所从事的工作的特点发生了急剧的变化:取消了以往的四人一组的工作单位,代之以沿着装配线每人在各自的

岗位上干活；工作的自动化程度更高了，相应对工人的技术和能力的要求降低了；此外，新技术把每个工人都限制在特定的岗位上，全天都不允许替换或离开；工人们不再负责检验他们生产出来的产品；还有，工人们不再能衡量每天的生产率如何，因为产成品仅仅从生产线上撤下来，然后就由整理和运输部门统一处理。

新工厂运转几个月后，生产率和产品质量开始下降。管理部门对此极为关心，因为公司在新设备和技术上投资很大。整个来说，并没有像管理部门设想的那样以生产率的提高获取利润，相反从工人那里得到的却是不断地抱怨和旷工率的上升。为了解决这一问题，管理部门决定提高员工的工资，期望以此激励员工更有效地完成工作。实行新的工资方案后，员工的生产率和他们对工作的满意程度并没有发生明显的改变。

第一节　激　　励

一、激励的原理

美国管理学家贝雷尔森（Berelson）和斯坦尼尔（Steiner）认为，“一切内心要争取的条件、希望、愿望、动力等都构成了对人的激励……它是人类活动的一种内心状态”。实际上，我们之所以做某件事情是由于一些激励因素的存在，激励指的是存在于人的内部或外部的，能唤起人们热情和耐力去做某件事的力量。激励的重要性在于它可以使组织有更好业绩。管理者可以运用激励理论来满足员工的需求，同时鼓励员工高质量地完成工作。

从心理学的角度分析，人的行为都是由需要引起的。需要是一种人类心理反应过程，指人对于某种目标的渴求或欲望。当人遇到某种外部或内部的生理和心理刺激时，就会产生某种需求，这是各种刺激作用与人的大脑所引起的个体缺乏某种东西的心理状态。潜在的需要一旦被认识，就会以一定的行为动机的形式表现出来，进而支配人的行为。所以说，需要是人的行动积极产生的根源和原动力。

动机是需要和行为的中介。需要被人所认识到就会产生动机，动机的产生就会激发人的行为。因此，动机是引起行为的原动力，能使个体的行为指向某一目标。

人的行为是在动机支配下产生的自觉的行动。动机产生以后，人们就会寻找、选择能够满足需要的策略和途径，而条件一旦具备，就会进行满足需要的活动，产生一定的行动。如果行动的结果未能使需要得到满足，人们则会采取新的行为，直到需求得到满足。因此，激励的心理机制本质上就是个体需要从不满足到满足的过程。

从管理的角度看，激励工作的实质就是根据人的心理行为规律，利用能够激发、引导、强化人的动机和行为的各种组织力量和方法艺术，对人的行为施加影响的过程。其目的是使个人行为目标和组织发展目标协调一致，同时也更好地满足人的各种需要，促进人的全面发展。

二、激励理论

（一）内容型激励理论

1. 需要层次理论

美国心理学家马斯洛在1943年所著的《人的动机理论》中，提出了需要层次理论。他认为人们的需要是多样的并且是以层次的形式存在，并按等级顺序将人们的需要分为五大类，由低到高依次为生理需要、安全需要、社会需要、尊重需要和自我实现的需要。生理需要是人类最基本的需求,包括食物、水、住所以及其他方面的生理需要。在组织环境中,这一需要体现为对足够的热量、空气以及保障基本生存的工资的需要。安全需要指人们对安全的生理与情感的需要,以及人们不受威胁的需要。在组织环境中,这一需要体现为人们对安全的工作、工作场所的安全保护以及对附加福利的需要。社会需要体现为人们希望被同代人接受,享有友谊,属于某个群体,为人所爱。在组织中,这种需要影响着人们与同事形成良好的关系,参与团队工作,并与上级友好相处。尊重需要指人们需要他人的注意、肯定、欣赏以建立良好的自我形象。在组织中,这一需要体现为希望受到肯定,增加其所承担的职责,地位提高,并对组织有所贡献。自我实现需要是人们需求的最高层次。它关注人们爱心的树立,强化人们的能力,使人们在自我发展的道路上有所提高。在组织内,自我实现的需要可以通过为人们提供成长和富有创造力的机会,以及使人们获得培训的机会以迎接新的工作任务挑战而获得。

根据马斯洛的理论,需要的满足应按顺序进行,低层次的需要应首先得到满足,高层次的需要提上日程。一旦某一层次的需要得到满足,这种需要的重要性就降低了。一般而言,生理需要和安全需要被认为是低级需要,而社会需要、尊重需要和自我实现的需要被认为是高级需要,两级的划分建立在这样一个前提条件下,高级需要是从内部使人得到满足,低级需要主要是从外部使人得到满足。个体的需要是逐层上升的。从激励的角度来看,没有一种需要会得到完全的满足,但只要得到部分满足,个体就会转向其他方面的需要。按照马斯洛的观点,如果希望激励某人,就必须了解此人目前所处的需要层次,然后着重满足这一层次或在此层次之上的需要。

2. 双因素理论

赫次伯格的"双因素理论"认为,激发人的动机的因素有两类:一类为保健因素,与工作环境有关,包括公司的政策与管理方式、上级监督、工资水平、人际关系、工作条件等;另一类为激励因素,即成就、赞赏、工作本身的吸引力、责任和发展等。保健因素又称为维持因素,这些因素不能直接起到激励员工的作用,但却带有保持人的积极性、维持工作现状、预防员工产生不满情绪的作用。也就是说,保健因素搞得再好,员工的积极性也不会因此而大增;但如果保健因素搞得不好,就会使员工产生不满情绪,从而导致员工的工作积极性卜降。激励因素是影响人们工作的内在因素,其本质是注重工作本身的内容,借此可以提高效率,促进人们的进取心,激发人们做出最好的表现。赫茨伯格认为,这些因素具备后,才能激发人们在工作中的积极性、创造性,产生满意的效果,给员工带来极大的满足。

自20世纪60年代以来,双因素理论在实际工作中得到了广泛的应用。因为它指出:采取了某项激励措施以后并不一定就带来满意,更不等于劳动生产率就能够提高。满足各种需要所引起的激励深度和效果是不一样的。物质需求的满足是必要的,没有它会导致不满,但是它的作用往往是很有限的,不能持久的。要调动人的积极性,不仅要注意物质利益和工作条件等外部因素,重要的是要提供使人感到具有价值、现实意义的工作,工作内容具有挑战性,应让人们承担更重要的责任。

3. ERG论

阿尔德弗(Clayton Alderfer)1969年在《人类需要新理论的经验测试》一文中修改和简化了马斯洛理论,并填补了该理论缺乏实证研究的空白。

ERG 理论将人类所有的需求归纳成三种:生存的需要,即人们生理方面的需要;相互关系的需要,指的是与外界发展友好关系的需要;成长的需要,关注对人们潜力的开发以及人们对个人成长和能力增长的需要。

ERG 理论与马斯洛的需要层次理论相似:两者都认为人类的需要是层次化的。然而,阿尔德弗减少了需要层次的数量,并提出沿层次上升的过程是复杂的,表现了一种挫折——退步原则,即未能成功地达成一个高级需要可能会使人重新回到已经达成的低级需要上。ERG 理论比马斯洛的理论更加灵活,表明个体在沿层次上升的同时也有可能下降,这取决于他们满足自己需求的能力。

4. 成就激励理论

美国著名心理学教授戴维·麦克莱兰,在 1995 年对马斯洛理论的普遍性提出了挑战,对该理论的核心概念"自我实现"有无充足的根据也表示怀疑。他经过 20 多年的研究得出结论说,人类的许多需要都不是生理性的,而是社会性的;而且人的社会性需要不是先天的,而是后天的,得自于环境、经历和培养教育等。麦克莱兰通过试验研究,归纳出三大类的社会性需要——成就、权利、人际关系。

(1) 对成就感的需求。追求成就感的人会要求自己不断改进工作表现,希望能够精通一些复杂的技能和可以解决复杂的问题。具有高度成就需求的人有强烈的成功愿望,寻求挑战性的工作,寻求适当难度的目标,敢于承担责任。这类人有一种内在的驱动力量,渴望自己将从事的工作做得更完美,更有成效。他希望能在可以发挥其独立工作能力的环境中完成任务,并且使工作绩效能及时明确地得到反馈,以此证明自己是否有成就。通过对成就需求的研究,麦克莱兰发现高成就需求者与其他人的区别之处在于他们想把事情做得更好。他们寻求的环境具有下列特点:在这样的情境中,各人能够为解决问题的方法承担责任,及时获得对自己绩效的反馈以便于判断自己是否有改进,可以设置有中等挑战性(难度)的目标。

(2) 对人际关系的需求。追求人际关系的人喜欢与人沟通,并希望与别人建立友善的关系;有高度人际关系需求的人通常从受到别人的喜爱中得到乐趣,并往往避免被社会群体所排斥而带来的痛苦,并且乐意同别人友好交往。麦克莱兰认为,研究者对这种人际关系需求的关注最少。具有高人际关系需求的人努力寻求友爱,喜欢合作性的而非竞争性的环境,渴望有高度相互理解的关系。

(3) 对权力的需求。追求权力的人渴望能够影响别人,控制别人的行为,也希望受到别人的赞许。这类人一般总寻求领导职位,要求行使并保持权力去影响他人。他们的特点是坚强、坦率、好争辩、很健谈、头脑冷静、严格要求、乐于竞争、热衷教导别人、喜欢做公开讲演。具有高权利需求的人喜欢承担责任,喜欢处于竞争性和重视地位的环境。

(二) 过程型激励理论

过程型激励理论解释了员工怎样选择其行为以满足他们的需要,从而决定他们的选择是否成功。过程型激励理论有两种基本理论:期望理论和公平理论。

1. 期望理论

美国心理学家弗隆于 1964 年出版了《工作与激励》一书,提出了比较完备的期望理论。弗隆认为,一个人从事某项工作的动力(激励力量)的大小,取决于"该项活动所产生的成果的吸引力的大小",和"获得预期成果的可能性(即概率)的大小"这两个因素。前者称为效价,后者称为期望值。用公式表示为:$M=V\times E$。其中,M 是激励力,指一个人受激励的程度,愿意为达到目标而努力的程度。V 是效价，就是指“某项活动的吸引力”。吸引力不是预期成果本身，而是指一个人对某项活动的结果能够给其带来满足程度的评价，即活动的结果对个人价值的大小。E 是期望值，又称期望概率，是指人们对自己能够顺利完成某项工作可能性的估计，即个人对实现目标可能性的判断。

这个公式揭示了三方面的关系：

（1）努力与绩效的关系。人总是希望通过一定的努力能够达到预期的目标，如果个人主观认为通过自己的努力达到自己预期的目标时，就会有信心，激发出很强的工作力量。反之，如果他认为目标太高，通过努力也不会实现时，就会导致积极性丧失。这种关系可在公式的期望值这个变量中反映出来。

（2）绩效与奖励的关系。人总是希望取得成绩后能够得到奖励。这种奖励是广义的，既包括提高工资、多发奖金等物质方面的奖励，也包括精神方面的奖励。如果他认为取得绩效后能够获得合理的奖励，就有可能产生工作热情，否则就可能没有积极性。

（3）奖励与满足个人需要的关系。人总是希望自己所获得的奖励能满足自己某方面的需要。然而由于人们在年龄、性别、资历、社会地位和经济条件等方面都存在着差异，个体的需要呈现出极大的差异性和复杂性，因而对于不同的人，同一种激励办法激发出来的工作动力也就有所差异。

由此可见，如果一项活动的效价越高，实现的概率越大，所产生的激励力也就越大；反之，如果一项活动对受激励者来说缺乏价值，再加之实现概率小，就不会产生出激励力量。因此，要收到预期的激励效果，不仅要使激励手段的效价足够高，而且要使激励对象有足够的信心去获得这种满足。只要效价和期望概率中有一项的值较低，都难以使激励对象在工作中表现出足够的积极性。效价的高低不是由管理者决定的，而是由被激励者的需要所左右。管理者的重要任务之一就是要准确地把握员工对需要的价值评价，采取合适的激励方式。同时，又要创造出较大的实现期望值的客观条件，使员工充满信心，发挥自己的积极性和创造性。

2. 公平理论

美国心理学家亚当斯于 1963 年发表了他的论文《对于公平的理解》，1965 年又发表了《在社会交换中的不公平》一文，从而提出了公平理论，也称社会比较理论。公平理论认为：当一个人做出了成绩并取得报酬以后，他不仅关心自己所得报酬的绝对量，而且关心自己所得报酬的相对量。亚当斯认为奖励和满足的关系，不仅在于奖励本身，还在于奖励的分配上。也就是说，每个人都会自觉不自觉地把自己所获的报酬与投入之比，同他人的收入与支出之比或本人过去的收支比率相比较，来判断报酬的分配是否公平，从而决定下一步的行为。由此，亚当斯提出了著名的公平关系方程式：$O_A/I_A = O_Y/I_Y$。

式中，O 代表报酬，包括物质和精神两方面所得，如工资、奖金、提升、赏识、受人尊敬等等；I 代表付出和投入，包括个人所受到的教育、工作的数量和质量、技术水平、努力程度、能力、精力、时间等；A 代表当事人，比较者；Y 代表参照物，被比较者。参照对象通常是自己的同事、同行、邻居、亲朋好友等，也可以是自己的过去。与他人相比较称为社会比较或横向比较，结果有三种情况：如果 $O/I_A = O/I_Y$，则说明付出和收入是平衡的，当事人会觉得报酬是公平的，他可能会因此而保持工作的积极性和努力程度；如果 $O/I_A < O/I_Y$，这时当事人会觉得自己报酬低了，对组织的激励措施感到不公平，认为自己的贡献没有得到公平的回报，从而产生不满情绪；如果 $O/I_A > O/I_Y$，则说明当事人得到了过高的报酬或投入较少，在这种情况下，一般来讲他不会要求减少报酬,而有可能会自觉的增加付出,但过一段时间他就会重新过高估计自己的付出而对高报酬心安理得,于是其投入又会恢复到原先的水平,也有人会去努力减少这种不公。

尽管公平理论的基本观点普遍存在,但在实际运用中很难把握,因为个人的主观判断对此有很大的影响。人们总是倾向于过高估计自己的投入,过低估计自己所得的报酬;对别人的投入和报酬的估计则与此相反。公平本身是一个相当复杂的问题,它与个人的主观判断有关。因此,管理者在运用该理论时应当更多地注意实际工作绩效与报酬之间的合理性,同时应帮助当事人正确认识自己与别人的投入和报酬。

(三) 强化型激励理论

强化型激励理论以美国心理学家斯金纳(B. F. Skinner)的强化理论为代表。该理论认为人的行为是对其所获刺激的函数。组织应该着眼于如何引导人的行为,使它朝着组织所希望的方向前进。斯金纳提出了以下几种行为改造策略。

1. 正强化

正强化是指奖励那些符合组织目标的行为,以便使这些行为得到进一步的加强,从而有利于组织目标的实现。正强化的刺激物不仅仅包含奖金等物质奖励,还包含表扬、提升、改善工作关系等精神奖励。在强化方式上,可以采取连续的、固定的正强化,也可以采取间断的、时间和数量都不固定的正强化。

2. 负强化

负强化是指预先告知不符合组织目标的行为可能带来的不良后果,个体回避不良后果而表现出符合组织期待的行为。

3. 自然消退

不强化是指对某种行为不采取任何措施,既不奖励也不惩罚。这是一种消除不合理行为的策略,因为倘若一种行为得不到强化,那么这种行为的重复率就会下降。

4. 惩罚

惩罚就是对不良行为给予批评或处分,它可以减少这种不良行为的重复出现,弱化该行为。但惩罚一方面可能会引起怨恨和敌意,另一方面随着时间的推移,惩罚的效果会减弱。

强化理论是影响和引导员工行为的一种重要方法,在运用强化理论时,要注意管理者应以正强化为主。同时,无论是表扬还是批评都要在调查研究的基础上,实事求是,及时准确;另外,针对不同的人,强化的方式应有所不同。

三、激励的一般方法

在管理实践中,常用的激励方法有如下几种。

(一) 目标激励

所谓目标激励就是通过建立明确的、切实可行的工作目标来调动人们的积极性。把组织的大、中、小和远、中、近期目标结合起来,形成一个目标链。这样,人们在工作中每时每刻都把自己的行动与这些目标联系着。这些目标就是人们行为活动在不同阶段上所要达到的预想结果。人们通过自己的努力,实现了组织的目标,从而产生莫大的成就感和自我价值实现感。因此,在管理过程中,给每一个人确立一个通过努力可以实现的、明确的工作目标,就能够起到调动积极性、发挥创造性的作用。

（二）支持激励

支持激励表现在管理活动中，指管理者通过对下属的尊重、信任和关心来调动他们的积极性、创造性。“我指示你怎样做”和“我支持你怎样做”效果肯定是不同的。一个好的管理者，不在于他个人能力有多高，而在于他是否善于启发下属出主意想办法，千方百计创造条件满足他们的自我尊重、自我成就的需要，从而充分挖掘出下属的聪明才智。

（三）关怀激励

了解是关怀的前提和基础。作为一个管理者应了解下属的姓名、家庭、经历、个性、特长和成就等，做到心中有数。通过关心他们的冷暖和切身利益，帮助他们排忧解难，使其认识到自我存在的价值，从内心深处迸发出工作热情和创造力。

（四）榜样激励

榜样激励就是典型示范。典型是组织公开树立起来的一面旗帜，以他们良好的行为鼓励员工，培养健康、向上的情操。有了榜样，学习有方向，赶超有目标，具有很大的说服力和号召力。

（五）领导行为激励

优秀的管理者，应该通过自己的示范行为和良好素养，去激励职工的积极性。常言说，身教重于言教。通过管理者对事业的忠诚、责任心和进取心等高尚品格的影响和带动，提高职工的素质。

（六）奖罚激励

奖罚激励是指对人们正确的行为、有成绩的工作就要肯定、表扬、奖励，使之得到巩固和坚持下去；对不正确的行为、没有成绩的工作应给予否定、批评和惩罚，使之减弱、消退，变消极因素为积极因素。奖罚一般通过考核进行。通过对职工的思想、业务水平、工作表现和完成任务的情况等方面的考核，对不称职者要换职换岗，必要时还要作降职处理。对工作成绩突出者，应给予奖励。除了提职、升级和表扬等精神奖励外，还有物质奖励。物质奖励包括晋升工资、颁发奖金、职工持股等多种形式。

（七）企业文化激励

企业文化是指一个企业全体成员所共有的信念和期望模式。推行企业文化有助于建立职工共同的价值观和企业精神，树立团队意识，激励集体荣誉感。

（八）危机激励

危机激励就是从反面激励，帮助职工树立忧患意识，做到居安思危，保持高度的危机感，永不放松对竞争对手的警惕，永不满足，积极进取。

第二节　沟　　通

一、沟通及其过程

沟通是指信息从发送者到接受者的传递过程。沟通在管理的各个方面得到了广泛的运用。美国著名未来学家奈斯比特说：“未来竞争是管理的竞争，竞争的焦点在于每个社会组织内部成员之间及其与外部组织的有效沟通。”沟通是管理者开展工作的重要手段,良好的沟通是组织内外部协调一致的重要基础,是组织贯彻、落实、完成其目标的必要条件。

任何一个沟通过程,都存在信息发送者与信息接受者。发送者指某个将其想法传达给另一方以寻找信息或解释某种想法或情绪的人。接受者是指该信息要送往的那一方。发送者将信息通过某种特定信号编码形成一条消息。该消息是将这种想法传送到接受者那里的一种有形方式。消息通过特定的渠道传送,这些渠道即为沟通载体。该载体可以是一种正式的书面报告、一个电话或面谈。接受者将所收到的消息译码以得出该信息的内涵。编码与译码极有可能产生沟通错误,因为知识、态度以及背景就好像过滤层,它们在对信息加工过程中会产生“噪声”。最后,接受者对发送人的信息做出反应即产生了反馈。若无反馈,该沟通就是单向的,有了反馈它才能成为双向式沟通。反馈是增强沟通效果的强有力因素,因为它能使得发送者判断接受者是否正确理解了信息。

一个完整的沟通过程如图 7-1 所示,包括如下五个方面的要素:

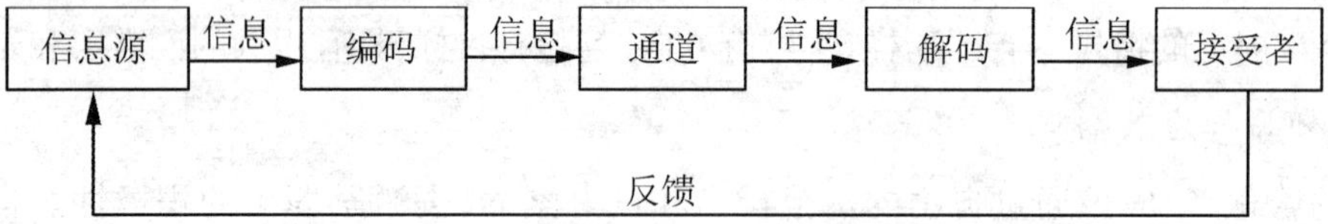

图 7-1　沟通的过程示意图

(1) 信息源,又称为信息沟通主体,在一个沟通过程中,总有一方是信息的主动发送者。

(2) 信息内容,即沟通的内容,组织中沟通的信息内容是多种多样的,它包括正式组织中上级下达的命令、指令、计划以及决策;下级按规定上报的报告,反映的情况,也包括在非正式场合中员工之间的感情交流、谈心。作为沟通内容的信息,既包括书面的,也包括口头的。

(3) 信息的接受者又称为信息沟通客体,即沟通过程中处于被动地接受信息的一方。在沟通的不断循环过程中,信息发送者与信息接受者的身份会不断改变,特别是在双方沟通中,无论哪一方,都既要充当信息发送者,又要充当信息接受者。

(4) 信息的沟通载体,即信息交流的渠道。不同沟通渠道的沟通效率是不一样的。对于一个组织来说,不仅要建立完整的沟通渠道。而且还要使沟通渠道保持畅通无阻的良好状态。

(5) 信息反馈,客体对接收到的信息作出解释、理解和反应,也即体现出的沟通效果。

二、组织沟通的类型和网络

(一) 组织沟通的类型

组织既是一个由各种各样的人所组成的群体,又是一个由充当着不同角色的组织成员所构成的整体。在一个组织中,既有非正式的人际关系,又有正规的权力系统。因此,组织沟通可以分为两大类:正式沟通和非正式沟通。

1. 正式沟通

正式沟通是通过正规的组织程序,按权力等级链进行的沟通,或为完成某项任务所必需的信息交流。如组织与组织之间的公函来往、组织内部的文件传送、召开会议、上下级之间的定期情报交换等。从沟通方向上,可以分为下行沟通、上行沟通、横向沟通和斜向沟通。

下行沟通最常采用的是通过报告、时事通信、电子邮件、信息手册、公告牌、政策规章手册等方式。主要内容一般包括目标和战略的实施、工作命令和理性、程序和实践、业绩反馈等。向下沟通的主要问题是信息离散，即信息内容的失去或扭曲。尽管正式沟通是能够通到所有员工的强有力方式，可许多信息还是丢失了，每一次信息从一个人传到另一个人的时候，要失去25%的内容。另外，如果信息从源头传到最后的接收者要通过较长的一段时间，信息就有可能被扭曲。

上行沟通是指在组织层级中由下而上传递的信息。主要的内容有问题与例外、改良建议、业绩报告、员工纠纷、财务与会计信息等。其采用的机制包括建议箱、员工调查、开放政策、管理信息系统报告、职工与管理层之间的直接交流。这类沟通存在的问题主要是管理层可能拒绝倾听员工的问题，或员工不信任管理层从而不进行向上沟通。

横向沟通是指员工之间的信息沟通，在部门之间或部门之内发生的沟通。其目的不仅是通知还有要求支持或协作的意图。横向沟通的形式主要有三种：一是部门内问题的解决，这类信息主要在同一部门内，它关注的是任务的完成；二是部门间协作，有助于完成合作项目或任务；三是改变和改善，这类信息有助于小组和部门间分享信息以帮助组织改变、成长和改善。横向沟通在学习型组织中特别重要，许多组织是以任务小组、委员会甚至是矩阵结构等方式建立在横向沟通的基础上的。

斜向沟通是指发生在组织中不属于同一部门和等级层次的人员之间的信息沟通。主要目的是为了加快信息的传递，所以它主要用于相互之间的情况通报、协商和支持。为了克服其对等级链的冲击，斜向沟通往往伴随着由上而下的沟通或自下而上的沟通。

2. 非正式沟通

非正式沟通指存在于正式沟通渠道之外的信息沟通。其沟通途径是通过组织内的各种社会关系，与组织等级的权力没有任何关系。非正式沟通是正式沟通不可缺少的补充，也是一个正式组织中不可能消除的沟通方式。非正式沟通能够发挥作用的基础是组织中良好的人际关系，其特点是：传递信息的速度快，形式不拘一格，并能提供一些正式沟通所不能传递的内幕消息；缺点是传递的信息容易失真，传递越广，失真就越多，容易在组织内引起矛盾，它可能导致小集团、小圈子，影响组织的凝聚力和人心稳定，非正式沟通的控制也较困难，管理人员不能阻止它的发生，而只能引导、利用它。

（二）组织沟通的网络

由组织正式沟通的四种沟通形式可组合成组织信息的多种模式，这些模式称为信息沟通网络。它表明了在一个组织中，组织信息是怎样传递或交流的，图7－2是五种典型的信息沟通网络形式。

链型沟通。在一个组织系统中，它相当于一个纵向沟通网络，代表一个五级层次，信息经层层传递、筛选，容易失真，各个信息传递者所接收的信息差异很大，平均满意程度有较大差距。在管理中，如果某一组织系统过于庞大，需要实行分权授权管理，那么，链型沟通网络是一种行之有效的方法。

环型沟通，也称圆式沟通。此形态可以看成5个人之间依次联络和沟通。其中，每个人都可同时与两侧的人沟通信息。在这个网络中，组织的集中化程度较低；组织中成员具有比较一致的满意度，组织士气高昂。如果在组织中需要创造出一种高昂的士气来实现组织目标，环型

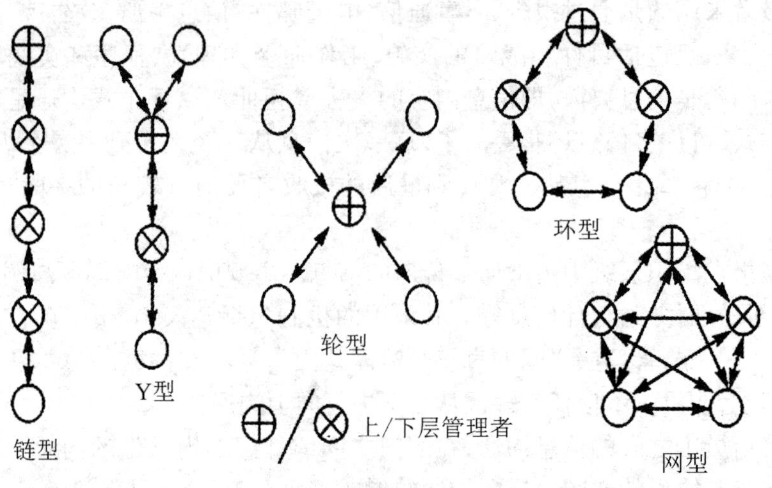

图 7-2 组织沟通的网络

沟通是一种行之有效的措施。

Y 型沟通。这是一个纵向沟通网络,其中只有一个成员位于沟通内的中心,成为沟通的媒介,这种网络集中化程度高,解决问题速度快。除中心人员外,组织成员的平均满意程度较低。此网络用于主管人员的工作任务十分繁重,需要有人选择信息提供决策依据的情形。

轮型沟通。属于控制型网络,其中只有一个成员是各种信息的汇集点与传递中心。在此网络集中化程度高,解决问题的速度快。而沟通的渠道很少,组织成员的满意程度低,士气低落。轮型网络是加强组织控制、争时间、抢速度的有效沟通形式。如果组织接受紧急任务,要求进行严密控制,则可采取这种网络。

网型沟通,也称全通道式沟通。这是一个开放式的网络系统,其中每个成员之间都有一定的联系,彼此了解。此网络中组织的集中化程度及主管人的预测程度均很低。由于沟通渠道很多,组织成员的平均满意程度高,所以士气高昂,合作气氛浓厚。这对于解决复杂问题,增强组织合作精神,提高士气均有很大作用。

上述种种沟通形态和网络,都有其优缺点。作为一名主管人员,在管理工作实践中,要进行有效的沟通,就需发挥其优点,避免其缺点,使组织的管理工作水平逐步提高(表 7-1)。

表 7-1 五种沟通网络的比较

沟通形态 评价标准	链型	轮型	Y 型	环型	网型
集中性	中等	高	高	低	低
速度	中等	快	中等	慢	快
准确性	高	高	高	低	中等
控制可能性	中等	高	中等	低	低
士气	中等	低	中等	高	高

三、沟通障碍及其克服途径

(一) 常见的沟通障碍

在沟通过程中,由于存在外界干扰以及其他种种原因,信息往往被丢失或曲解,使得信息的传递不能发挥正常的作用。沟通障碍存在于个体中,也存在于组织中。

1. 个体障碍

个体障碍包括以下几种:(1)人与人之间的障碍,包括由于员工的情绪和看法而带来的问题。具有不同文化背景和知识的人会以不同的方式进行沟通。(2)选择错误的渠道或媒介发送信息。例如某信息是情感型的,面对面的传递方式比书面传递方式更为有效。(3)语意不清。语意是指词语的意思以及它们被使用的方式。由于很多词语往往有不同的意思,因而沟通者必须仔细选择能够准确传递其信息的词汇。(4)语言和非语言沟通中的不一致使信息接受者感到迷惘。如果某人的面部表情与其词句表达不一致,该沟通就带有噪声和不确定性。声音的语调以及身体语言必须与言辞一致,行动不得与言辞冲突。

2. 组织障碍

组织障碍包括以下几种:(1)地位与权力差异造成的沟通障碍。权力低的人可能不太愿意将坏消息向上一层传递,于是给上一层级带来了错误的印象。权力高的人可能没有注意到或感觉到下面层级的人做出的贡献。(2)部门间需求和目标的差异形成了对沟通的干涉。每一个部门都以自己的观点看待问题。如生产部门关心生产效率,不可能完全理解营销部门要将产品马上推销给消费者的需求。(3)沟通流动也许不适合团队或组织的任务。如果某种集权沟通结构被运用于非日常性任务,就有可能会产生信息不足,难以解决问题。(4)缺乏正式沟通渠道削弱了沟通效率。组织必须以员工调查、开放政策、时事通信、备忘录、任务小组以及人员联络等方式提供充足的向上、向下以及水平沟通渠道。缺乏这些正式渠道,组织就无法进行整体沟通。

(二) 沟通障碍的克服途径

管理者可以从个人技能及组织行动两个方面着手克服以上的沟通障碍,鼓励积极的、有效的沟通。

1. 个人技能

(1) 积极倾听。积极倾听意味着提出问题、表示兴趣以及不时地用自己的话说出对方的想法。积极倾听还意味着向信息发布人反馈已完成的沟通循环。

(2) 个体应选择发送信息的正确渠道。某种复杂信息应通过丰富渠道发送。日常信息以及数据可以通过备忘录、信件或电子邮件等方式发送,因为它们产生误解的概率较小。

(3) 发送者与接受者应共同努力以理解对方的观点或立场。管理者应使自己对信息接受者高度敏感,以使他们能更好地确定信息目标、找出其中的偏见并澄清未能理解之处。通过沟通者理解对方观点的方式,语意可以被澄清,观点可以被理解,由此可以达到沟通的目的。

(4) 通过四处走动可以进行沟通。管理者必须不时走出办公室与他人进行沟通。通过直接观察和面对面的交谈,管理者扩展了对组织的理解并将其重要信息和价值观传送给其他人。

2. 组织行为

(1) 管理者要为组织创造一种信任和公开的组织气氛。它可以鼓励人们开诚布公地与他人沟通。下属可以向上级报告坏消息且不必担心受到责备。员工之间发展人际交流技巧可以培养公开、诚实与信任。

(2) 管理者应开发并使用来自各方的正式信息渠道。如时事通信、公告牌、直接信件、员工调查等,通过这些渠道,管理者可以获得员工的想法和反馈。

(3) 管理者应鼓励使用多种渠道,包括正式和非正式渠道。多种信息渠道有书面指示、面对面讨论以及一些网络式沟通等。通过多种渠道发送信息增加了信息被恰当接受的可能性。

（4）管理者可以根据沟通需要调整组织结构。如通过使用团队、任务小组、项目经理或矩阵结构以帮助信息的水平流动，进行协调和解决问题。

本章提要

1. 激励理论主要有内容型、过程型、强化型三种。内容型激励理论着重探讨人的需要；过程型激励理论着重探讨人从动机产生到采取行动的心理决策过程；强化型激励理论着重探讨以前行为结果对今后的行为可能产生的影响，从而通过控制行为的结果达到改造人的行为的目的。

2. 沟通是指信息从发送者到接受者的传递过程。完整的沟通过程包括五大要素：信息、信息源、信息发送者、信息接受者和反馈。

3. 组织沟通可以分为两大类：正式沟通和非正式沟通。其中正式沟通是通过正规的组织程序，按权力等级链进行的沟通，或完成某项任务所必需的信息交流。按照沟通方向可以分为下行沟通、上行沟通、横向沟通和斜向沟通。

4. 有五种典型的信息沟通网络：链型、环型、Y 型、轮型、网型，作为管理人员，在管理工作实践中，要进行有效的沟通，就需发挥其优点，避免其缺点。

5. 在沟通过程中，由于存在外界干扰以及其他种种原因，信息往往被丢失或曲解，使得信息的传递不能发挥正常的作用。管理者可以从个人技能及组织行动两个方面着手克服以上的沟通障碍，鼓励积极的、有效的沟通。

复习思考题

1. 试述马斯洛需要层次理论及应用。
2. 试述双因素理论及应用。
3. 试述期望理论及应用。
4. 公平理论给管理实践带来哪些启示？在实际工作中，如何才能做到公平？
5. 谈谈我国企业管理中的主要激励问题及如何解决。
6. 结合你在实际生活中的体会谈谈如何克服组织中的沟通障碍。

案例讨论

某市第二罐头厂的加班困境

某市第二罐头厂，是我国生产出口罐头的专门厂家，其出口的拳头产品是芦笋罐头。但芦笋季节性强，第二季度是生产芦笋罐头的旺季。由于原材料价高，且不易储存，必须当天收购当天加工。厂领导召开动员大会，号召全厂职工突击加班，平均每天工作 12 小时，星期天也不休息。为鼓励职工加班，决定实行计件工资，粗估一下，每位职工每月可增收 300 元。职工加班第一周很踊跃，第二周开始主动加班的越来越少。经初步了解，有以下几种情况：

（1）该厂位于市郊，工人家里多有农田，第二季度农活忙，有些职工星期天加班，家属抱怨："耽误了农时，影响全年收成啊。"

（2）该厂经济效益较好，工资奖金水平在全市数一数二，加班增收 300 元，与多付出的劳动和时间比，有人认为得不偿失。

(3) 第二季度正值春夏之交,是旅游的好季节,有些青年工早就计划去泰山旅游,还有的计划“五一”结婚,已做好了准备。

(4) 加班时,后勤工作跟不上。食堂花色品种少,质次价高,食堂距离车间又太远;加班结束后,浴室已关门,职工想洗澡也没地方;加班后末班公共汽车已过,职工回家有一定困难;托儿所服务时间比加班时间短,孩子妈妈加班有困难。

(5) 实行计件工资后,质量有所下降,原材料消耗有所上升,一些工人为了多挣钱,拼设备,而且不愿干一些没有报酬的辅助工作,不愿帮助别人,职工间协作出现一些问题,有些职工因而对这种突击加班有意见。

资料来源:张德. 组织行为学(第二版). 2007.

讨论题:

1. 试结合案例分析该厂突击加班遇到困难的原因。
2. 针对这种情况,你将采取哪些措施激励职工积极参加突击加班。

第三篇

组织运营与变革

第八章

组织设计

知识目标

了解:组织的概念及功能、典型的组织结构

理解:典型的组织结构、组织设计的原则与思想、设计组织结构的战略依据、组织中的权力和责任、组织的设计程序及如何进行组织结构的管理

技能目标

掌握:典型的组织结构、组织设计的原则、组织的设计程序及如何进行组织结构的管理

引导案例

金氏建设发展股份有限公司的组织机构改革

公司背景

金氏建设发展股份有限公司是安徽省第一家私营股份有限公司,1997 年 12 月发起设立,公司注册资本 5 000 万元,自然人股东包括董事长兼总经理金毅和他的三个亲戚,法人股东包括上海三菱安徽联营工程公司(三菱联营)、安徽中菱电梯工程公司(安徽中菱)、芜湖西联房地产公司(芜湖西联)。但是,所有这些股东都是为了达到公司法的要求拼凑起来的,实际上,整个公司的股份都为金毅一人所有。而且,远在股份公司未获批准之前,三菱联营、安徽中菱和芜湖西联在内部就已经是一个整体,只不过在财务上单独核算罢了。

金毅,原是芜湖火柴厂的一名普通的电工,20 世纪 80 年代中期他初次接触电梯的维修和安装,1986 年在芜湖创立了一家小小的电梯安装维修服务部,此后,与刚成立不久正在各地寻找代理商的中日合资上海三菱电梯有限公司建立联系,1992 年挂靠芜湖市民政局成立上海三菱安徽工程联营公司,成为当时上海三菱在安徽唯一的代理商,此后的三年,金毅的事业获得了较大的发展,1993 年上海三菱安徽工程联营公司利润达 120 万,1994 年利润达 200 万,1995 年回落到 130 万,期间由于合肥分公司的业务迅速超过芜湖公司的业务,加之其他的一些因

素,1995 年 8 月,金毅将公司从芜湖迁到省会合肥。在此之前,金毅以 58 万美元在合肥高新技术开发区注册了一家西班牙独资的安徽中菱电梯工程公司,主营业务和三菱联营相同。这样,三菱联营和安徽中菱就成了“两块牌子,一个公司”,直到金氏股份的成立。

金氏股份的主营业务是上海三菱电梯的销售和安装、美国开利(CARRIER)空调销售和建材等。1997 年,电梯销售代理收入和电梯安装维保工程收入约占公司总收入的 83%,利润占了 90% 以上。空调销售除 1995 年略有盈余外,其他年份基本不盈利。因而,电梯业务对公司重要性非常大,公司近 200 名员工中有一大半是电梯业务部门的。

电梯的安装和维保服务,是一项技术性较强又不需太多人手的工作,其中维保服务更是这样。例如,一台电梯通常只需 3-4 人即可安装,而维修保养工作可以一人兼数台。只要掌握了相当的技术,两三个人就可以开一家公司,因而省内这样的小公司很多,但金氏股份规模最大,仅四人一组的安装队就有 20 队。所以,金毅经常挂在嘴边的一句话就是“我们是大公司”。

组织机构设置

金氏股份的组织机构如图 8-1 所示,其中一部分二级公司原为安徽中菱的部门,人员基本未变。企管部的前身为总经办,1996 年 8 月从总经办独立出来,主管所有的内部制度的建立和实施,财务部主管财务核算和管理,同时与企管部共同负责计划工作。总经办负责内政事务和外部联络。各部门内部根据职责设立岗位,并且对各岗位的职责都有较详细的规定。管理部门和二级公司的设立,由总经理决定。起初,为了安排原安徽中菱和三菱联营两个副总,设立了市场部和工程质量管理部,但由于直接干涉到二级公司的经营,矛盾太多,不久就撤销了。

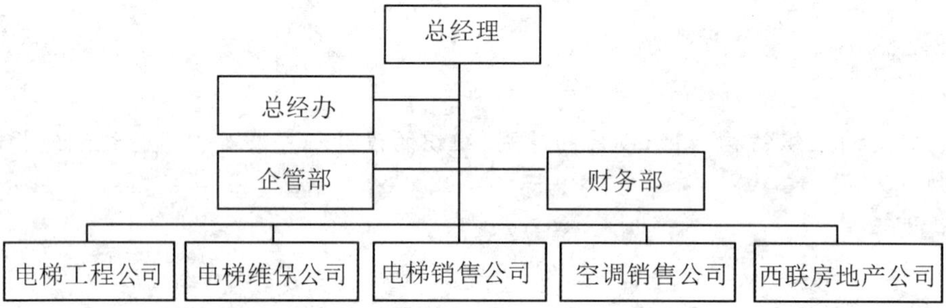

图 8-1　金氏建设发展股份有限公司组织机构

电梯维保公司的人员以前都是电梯安装公司的,当时以其现在经理领头的这一部分人技术较好,来公司的时间普遍都较长。电梯安装公司的经理不懂技术,技术方面的问题只能依靠副经理。由于技术不能服众,时间一长自然就生出许多矛盾,根据各地考察的情况,金毅觉得电梯的维保服务将会取代安装工程成为电梯业务未来的主要支柱,所以才把这部分人独立出来设立此部门。另一方面,这一部分人如果离开公司的话,马上就会被竞争对手网罗去,金氏股份以前的技术骨干,现在分布于全省大大小小的电梯安装维修公司,这些公司经常拦截金氏股份的业务,挖走技术骨干。金毅想将公司的架子搭得更大,以大公司的形象来推动业务的开展,成立金氏股份公司就有这个目的。

组织机构改革方案

提出新的组织机构改革方案,将总经理交办的工作,写入了会议总结。例会结束后,企管部召开了一次会议,讨论机构改革方案。由于问题由来已久,解决问题的方案基本上是确定的,困难的是如何做出选择。当然,最终决定权在总经理。

第一个方案是维持原状，略作调整。现有的组织机构虽然有这样那样的缺点，但是已经运行了这么长时间，如果改变又要有一段时间来磨合。况且，组织变动必然带来人事的变动，安排的不好会打击一部分业务骨干，公司因为这样的人事变动造成人才流失，不是没有出现过。从表现出来的问题看，主要是机构中的人缺乏协作意识和客户至上意识造成的，可以通过加强对部门间协作的考核来解决这个问题。

第二个方案是合并机构。现行的将电梯业务流程分为三部分的方法，显然是人为地制造矛盾，可以将与电梯有关的三个部门合为一个大的电梯分公司。这样协作问题在内部就好解决了，因为公司以前就是这样设置的，虽然当时也存在其他问题，但毕竟这种设计方法更适合公司现在的发展方向，即以电梯业务为龙头向空调、建材等房地产开发的配套领域发展。但这个方案在总经理那里也许会受阻。首先，公司现在是“大公司”，分公司的数目是总经理很关注的问题，他认为公司的架子搭的越大对公司各方面的业务开展就越有利。其次，如果建立大的电梯分公司，现有人员的安排将是个大问题，也没有现成的人可以担任这样一个分公司的主管。再次，经过多次痛苦教训，金毅在公司内严格控制电梯工程人员和销售人员的工作范围，因为既懂电梯销售又懂工程的人，很快就会离开公司，成为公司的竞争者。以前，将电梯部拆分成现在的三部分，不能不说很大程度上是出于这方面的考虑。

第三个方案是采用矩阵式组织。这是一种在比较大型的电梯工程企业里较多采用的方式，可以保持现有的组织机构不动，以特定的安装和维修项目为中心，由销售部门签订安装或维修项目合同的销售人员牵头，领导工程队组成项目组，工程队队长任项目组组长，主管工程施工。与客户的关系全部由牵头的销售人员来负责。项目组同时接受销售和工程部门的双重领导，但在处理与工程项目有关的事务时，项目组享有一定的自主权。这种方式虽然被广泛的采用，但显而易见，双重领导本身就包含着隐患。同时，公司的规模仍然较小，又属于私营企业性质，直接套用这种组织形式可能会出现一些难以预料的后果。从公司的实际情况来看，销售人员和工程人员过于频繁地接触和协同工作，与金毅一贯的控制策略是不符合的，很难使总经理接受这种方案。讨论的结果，会议决定将这三种方案都在下月的例会上提供给总经理。

任何一个组织，不管是大是小，是复杂还是简单，都需要做好两方面的基本工作：一方面需要把工作任务分解成各项具体的工作；另一方面又需要保证这些分散的工作可以结合成整体性工作。通过分解与合成使得组织成为一个分工协作的系统。这种现象在足球队、医院、学校、政府部门和企业中都能见到。

然而，对于一个组织而言，如何构建分工协作系统？如何确保组织系统运行的高效率？如何使组织适应环境变化？等等。这些问题是管理工作中组织职能所必须关注的。

第一节　组织的概念及功能

在日常生活和实际工作中，一方面每个人都从属于一个或多个组织，另一方面多数工作又是由多人合作才能完成。因此，建立一个良好的组织并使之有效地运转，这无论是对个人目标还是组织目标的实现，都至关重要。作为一种结构和进行资源配置以实现管理目的的工具和载体，组织工作在经营管理活动中占据着十分重要的地位。

一、组织的概念

关于组织概念，国内外学者各有不同的解释和说明，大体归纳起来说，组织包括如下两层含义:一是指组织体系或组织结构;二是指组织活动和组织工作。前者是把组织作为名词来说明和使用的,后者则是把组织当做动词来使用和解释的。

组织作为一项管理职能,是根据计划任务要求和按照权力责任关系原则,将所必需的活动进行分解与合成,并把工作人员编排和组合成一个分工协作的管理工作系统或管理机构体系,以便实现人员、工作、物资条件和外部环境的优化组合,圆满达成预定的共同目标。

所谓组织,是人们为了实现某种目标而形成的人的有序集合。这是从目标和结构上给组织下的定义,这一定义强调了三个方面的含义:一是组织必须具有目标;二是组织是由人组成的,是人的集合;三是组织的有序性,即组织中的人不是混乱地汇合在一起,而是通过人员间的分工合作和各种规章制度形成的有机体。因此,并不是所有人的集合都能称得上"组织"。现代组织管理论的代表人物巴纳德(Chester I. Barnard)从功用上给组织下的定义是:"组织是二人或二人以上,用人类意识加以协调而成的活动或力量的系统。"这种"协调系统"依据系统原理,使系统中的各种要素相互协调配合,产生"综合效应",保证企业目标的实现。

企业组织除保证企业目标的实现外,还必须保证企业中成员的个人目标的实现,如果不能满足组织成员的这种需求,组织就不可能形成。人之所以要参加组织,并向组织投入一定的人力、时间或其他要素,目的是实现自己的某种目标。人活着总是有一定的目标,但这些目标的实现是个人无法独立完成的,人们为了实现自己的目标,就得参加可能实现自己目标的组织,通过组织的"综合效应",在实现组织目标的同时使个人的需求得到满足。一般来讲,一个人的目标是多元的,即同时会具有多个目标,因此一个人往往同时参加多个组织,如企业、党团组织、社会学术团体等。

二、组织的功能

组织作为一项重要的管理职能,其形成和存在的基础在于,由于各种因素的限制,一个人或几个人的独立活动不能实现既定的目标。因此,管理者从事组织工作的目的在于:

第一,分配工作。即通过组织工作把企业的总体目标分解落实到每位组织成员身上,转化成每位组织成员的任务。

第二,确定责权关系,促进沟通与协调。责权关系是组织的核心要素,责权关系确定了组织的信息沟通渠道并使领导功能得以体现。组织工作使每位组织成员都明确其具体的责任,清楚他们必须对谁负责,是谁向他们分配工作并对他们进行管理,进而使组织全体成员对组织的权力结构和权力关系有清楚的了解。

第三,构建分工协作体系,提高效率和工作质量。即通过组织工作使有助于预定目标实现的各项活动彼此得以相互配合,把不同的任务有机地协调起来,实现人们常说的"协同效应",即一个有效的群体的共同努力往往要大于他们单独努力的效果的总和。

第四,组织能力的培养。组织工作的深层次功能是为了培养出一种能力,一种能够支撑与促进企业成长的能力,这是组织的核心功能所在。

第二节 组织设计的原则与思想

一、组织设计的基本原则

企业组织是一个有机系统。要把许多人组合起来,形成一个有机的分工协作体系,这并不是一件十分容易的事情，需要遵循一系列基本的原则。从确保组织正常运转这一基本要求来看，组织工作至少应遵循如下一些原则。

1. 目标一致性原则

组织不是一个松散的自由组合的群体，是人们为了实现共同的目标而建立的。共同的目标是组织产生和发展的基础和原因，它规定并制约着组织的其他要素，是维系组织成员的纽带，是组织管理工作的依据。正是因为存在着组织的共同目标，组织成员才会有效地进行分工协作，并最终实现共同的目标。

2. 分工协作原则

尽管作为一个可运行的组织来说，物料、设备等物质实体是组织的重要因素，但对任何组织来说，人员是更重要的要素。没有人员的存在便没有组织。为了使组织成员能够有效配合，产生合力，组织设计时必须注重职务明确、控制幅度合理、专业分工明确、责任与权力相符、协作有序等一系列组织设计原则。

3. 责权关系原则

责权关系是组织构成要素的核心内容。可以这样说，组织即是各种责权关系的体现。在组织管理过程中，明确各部门、各职位与整体组织之间的责权关系，使每个组织成员都明确自己应该干什么，有哪些方面的权力，归属谁直接领导，这是保持组织的稳定性和增进组织运行效果的前提条件。

4. 信息畅通原则

组织各部门和组织成员的工作靠信息的交流维系着。在一个组织中，信息交流包括自上而下、自下而上及同级之间的信息交流，这是组织成员进行有效协调、控制的基础。信息是组织的血液，有效的组织工作必须保持组织内外部的信息交流畅通无阻。

组织工作的目标不能仅仅为了维持组织的正常运转，更要培养出能够支撑企业生存与发展的能力。为此，还应遵循一些更深层的原则。这里转引著名管理学家彼得·德鲁克的基本观点，相信对读者会有一定的启发。

［**知识链接**］：彼得·德鲁克关于组织工作的七项原则

（1）要明晰，不是简单。哥特式大教堂在设计上并不简单，但在里面，你的位置是显而易见的；你知道站在何处，应该走向何方。一座现代化的办公大楼在设计上非常简单，但在里面很容易迷路；它不是分明的。

（2）努力用经济来维持管理，并把摩擦减至最小限度。用于控制、监督、引导人们取得成绩的力量应该保持在最低限度。组织结构应该使人们能够自我控制，并鼓励人们自我激励。

（3）眼光直接投向产品，而不是投向生产过程；投向效果，而不是投向所做的努力。组织可以比作一种传输带，这种传输带越“直接”，各个活动取得成绩时的速度越快，方向的改变就越小，组织就越有效率。必须使意愿和能力为成果而工作，而不是为工作而工作；为未来而工作，而不是躺在过去的成绩上；为了增强实力，而不是为了虚胖。

（4）每一个人都要理解他自己的任务，以及组织总体的任务。组织的每一个成员，为了把他的努力同共同的利益联系起来，需要了解如何使他的任务适应整体的任务，以及整体的任务要求他自己的任务与贡献是什么。组织结构需要促进而不是阻碍信息交流。

（5）决策把注意力集中在正确问题上时要面向行动，而且尽可能使最底层的管理人员做出决策。

(6) 要稳定,反对僵化,以求在动乱中生存下来;要有适应性,以便从动乱中学到东西。它必须在其周围的世界处于动乱时代仍能进行工作。稳定性并不是僵硬性,一个极其僵化的组织不是稳定的,而是脆弱的。只有一个组织结构能使自己适应新的情况、新的需求、新的条件,以及新的面孔和新的个性时,它才能继续存在。

(7) 要能永存和自我更新。一个组织必须能够从内部产生未来的领导者。为此一个基本条件是组织不应该有太多的层次;组织结构应该设计得使人能够继续学习,应该帮助每一个人在他担任的每一个职位上学习和发展;必须接受新思想并愿意和能够做新事情。

二、企业组织设计的思想

一般组织设计有两种设计思想。一种思想把组织看成是由一系列工作岗位构成的系统,设计时按专业化分工原则,先把系统中的全部活动划分成许多岗位(职能),然后组成系统。另一种思想把组织看成是一系列活动过程构成的系统,设计时先把这些活动过程分成小组(团队),然后再组成系统。第一种设计思想是传统的组织设计思想,是依据亚当·斯密的劳动分工而形成的,体现了劳动分工理论的优点。按这种设计思想设计出来的企业组织,其基本构件是专业化的工作岗位,组织结构形态是一种高耸的层级制(科层制)组织结构形式。所谓层级制组织是指层次等级和专业分工明确的组织形式。这种设计思想的不足之处是破坏了业务流程的整体性,不利于满足"社会人"和"自我实现人"的需求,从而会影响员工的积极性。第二种设计思想产生于20世纪初。美国学者迈克尔·哈默(Michuel Hammer)于1990年发表的论文和1993年詹姆斯· 钱辟(James. Champy)出版的《再造公司——企业革命的宣言》一书,提出了企业再造理论和以活动过程为中心的组织设计思想。根据这一设计思想设计的组织,其基本构件是活动过程。这种设计思想克服了第一种设计思想的不足。而且由于按活动过程组成的团队拥有内部协调较多的自主权,使得分管经理的协调工作量减少,管理幅度增大,使组织结构趋向扁平。

三、企业组织设计应考虑的影响因素

企业的组织结构应与企业所处的环境相适应,因为企业最终是要到环境中去运行的。设计什么样的组织结构,要根据企业本身的条件。因为,一方面设计出来的组织结构要靠这些条件来支撑,另一方面组织结构的存在也是为企业的经营管理活动服务的。因此,因地因时制宜,是现代组织设计的基本思想。企业的组织设计一般应考虑如下影响因素。

1. 经营业务的性质和内容

为企业经营业务服务是企业组织设计的出发点和归宿。设计组织结构的根本目的是为经营业务创建良好的组织环境。经营业务活动的内容是设置工作岗位的依据,经营业务活动的运行方式决定着部门的划分和组织结构框架。

2. 经营规模

经营规模的大小是影响组织结构中管理跨度和层次结构的重要因素。规模越大,其内部工作的专业化程度就越高,标准化操作程序就越容易建立。这样管理者用于处理日常事务的时间就越少,因而管理跨度就可以大一些。

3. 技术复杂程度

技术复杂程度是影响组织内部协调关系的重要因素。一般来说,技术越复杂,部门或个人之间的交往越多,信息传输量越大,传输频次增大,因而相互之间的协调关系变得复杂。

4. 人员素质因素

人是组织中的决定因素。企业的组织结构实际是人的职位结构。组织结构设计出来后,是由人来担任各个职位上的角色。各个职位上的责任和权力,以及相互之间的各种关系,都要通过人的活动才能体现出来。所以,组织中人的素质对组织结构起着决定性的作用。

5. 地理分布

地理分布是指企业经营活动或机械在地理位置上的分布。不难理解,地理分布越分散,内部的信息沟通就越困难,集中控制的难度就越大。因此,地理分布会影响管理的跨度,影响集权分权的程度。

6. 外部环境因素的变化程度

外部环境的经常变化要求企业的组织结构应具有较强的适应性。机械式的组织结构只能适用于稳定的外部环境。变化频繁的环境则要求组织结构应具有灵活的动态性。

第三节　组织设计的基本程序

组织设计是以企业的组织结构安排为核心的组织系统的整体设计工作,是企业总体设计的重要组成部分,是有效实施管理职能的前提条件。组织设计应以完成组织任务为前提,应遵循一定的程序。

一、工作岗位设计

工作岗位是根据专业化分工原则,按工作职能划分而成的工作职位。工作岗位是构成企业组织结构的基本单位。从亚当·斯密的分工理论知道,专业化分工有利于提高技术水平,可以缩短作业时间,能减少培训费用,有利于提高机械化程度。总之,可以降低成本,提高效率和经济效益。但是,如果分工过细,一方面会使工作人员感到工作单调而厌烦,另一方面还会增加内部调节的工作量,使交往成本上升。因此,进行工作岗位设计时,既要进行合理分工,又要适当扩展工作内容,使工作人员感到内容丰富充实,富有挑战性。

二、部门化

随着组织规模的扩大和生产经营活动的复杂化、高级化,组织业务活动种类越来越多,所涉及的专业领域越来越广。因此,组织为了降低成本、提高效率,就必须把工作性质和工作内容相似的工作集中在一起,例如将从事研发工作的人员集中在一起成立研发部;将从事生产计划制定、生产调度和指挥的人员集中在一起成立生产部,通过工作归类和部门划分极大地提高了职能部门的工作效率。

1. 功能部门化

组织可以按照管理的各项职能以及组织所涉及的各项具体业务工作来设计和划分横向职能部门,一般来说,组织按照职能和业务的不同可以将横向职能部门划分为营销部门、生产部门、研发部门、人力资源部门、财务部门等,功能部门化的示意图如图 8 - 2 所示。

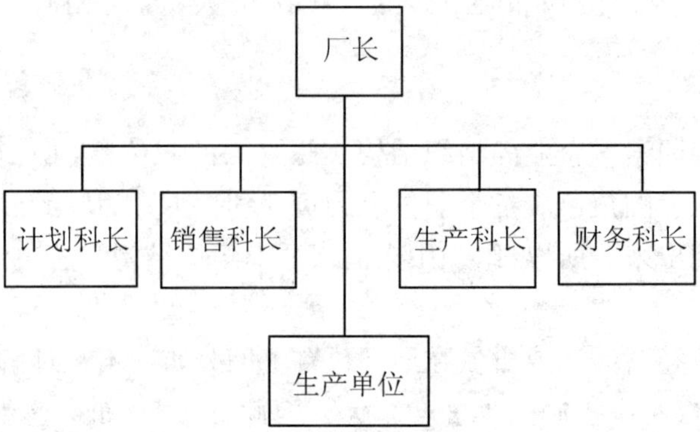

图 8-2　功能部门化组织

按功能部门化原则来设置组织的职能机构,这是最常见的一种部门化组织形式。例如在厂部设立职能科室,在车间设立职能组,在生产班组设立职能人员等。在企业管理活动中,职能机构起着重要的作用。第一,职能机构是各级行政主管人员的得力参谋和助手。它协助主管人员搞好决策、指挥和监督工作,有助于提高行政领导工作的效率。第二,各职能机构在其专业分工的范围内担负着人、财、物、产、供、销等专业管理工作,通过这些专业管理活动,为生产经营活动的有效进行创造必要条件。第三,上级职能机构对下级部门和机构,在业务上发挥着指导和帮助作用。第四,在处理对外业务关系方面,职能机构起着重要作用。在企业领导层的授权下,职能机构可以对外代表企业,开展正常的业务往来,处理各种对外联系和关系。但是这种组织形式也有一定的不足,如各部门各有专责,各自独立,部门间容易形成隔阂,增加协调的困难;缺乏灵活性和弹性;高层领导者负担过重等。这种部门化组织形式,在稳定的技术与环境等条件下比较有效。

2. 过程部门化

无论是流程式企业还是装配式企业在制造产品的过程中都会涉及工艺阶段,将每个工艺阶段设置成一个部门,便于进行工艺管理,也便于各个工艺阶段内部的统筹安排。例如,在机械制造企业中一般将工艺阶段划分为铸造工艺阶段、锻造工艺阶段、机械加工工艺阶段、装配工艺阶段和检验工艺阶段,从而可以将这些工艺阶段设置成部门。过程部门化的示意图如图 8-3 所示。

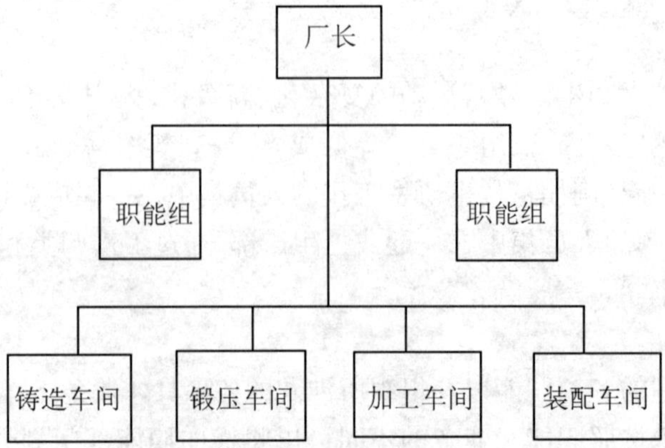

图 8-3　过程部门化组织

按照工艺过程的不同阶段来设计组织的部门，在企业的生产实践中经常可以看到。这种组织部门设计方式能够提高企业的工艺管理效率、降低成本，缺点是增加了不同工艺阶段之间的协调难度。

3. 产品部门化

对于多样化经营的规模较大的组织来说，按照所经营的产品大类来设置组织的部门是一种较常见到的形式，这种组织形式需要总经理对产品经理进行适当的分权。产品部门化的示意图如图 8－4 所示。

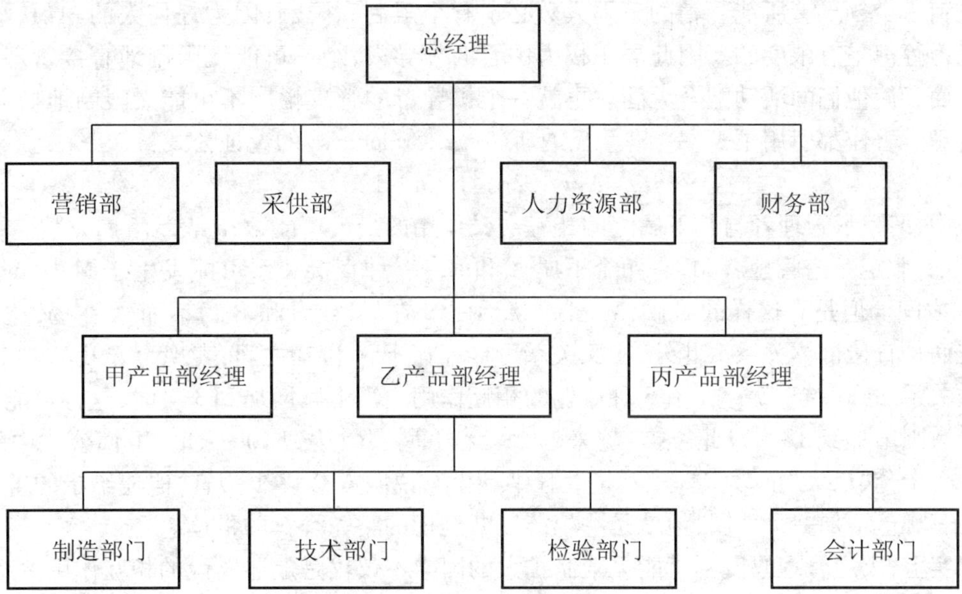

图 8－4 产品部门化组织

对于产品部门化组织而言，各个产品部是企业的利润中心，组织往往采取分权管理形式，产品部有一定的自主权，产品部内部的人员、资金、物资和设备以及信息等资源能够得到有效的协调，便于对成本、利润和绩效的测定和评价；由于有一定的自主权，这种组织形式也有利于创新活动的开展。但这种组织形式也存在着产品部自主权的平衡问题，如果自主权过大，可能会增加公司的控制难度，如果自主权过小，又不利于产品部的经营；另外在组织的纵向层面上会出现某些职能部门重复设置的问题，造成专业力量分散。产品部门化组织形式一般适合于组织环境动荡不定和实行多品种与多系列生产经营的大型企业和联合企业。

除上述三种部门化组织形式之外，在实践还存在着诸如销售渠道部门化组织、顾客部门化组织和地区部门化组织等。在企业的生产经营实践中，企业可以将上述部门化组织形式进行结合使用，采取某种单一的部门化组织形式是较为少见的，绝大多数企业的组织结构一般是将某两种或多种部门化组织形式混合使用。例如在功能部门化的基础上同时加上其他部门化形式。

三、管理幅度与层次等级

人类很早以前就开始了管理幅度（Span of Control）思想的实践。《圣经》中记载着摩西（约公元前 1300 年，曾被俘虏到埃及，他汲取埃及的管理经验，成为希伯来人的领导者）率领希伯来人为摆脱埃及人的奴役而出走。开始,每个人都直接向摩西汇报,遇到大事小情,摩西都要亲自处理。不久,摩西便筋疲力尽。摩西的岳父杰西罗随队前行,他建议摩西建立"千民之侯,百民之侯,半百民之侯和十民之侯"制度,对一些小的事情,让下面的人自己处理,大的事情由摩西解决。摩西采纳了岳父的建议,顺利完成了出走的任务。

有效管理幅度是划分组织纵向管理层次的理论,其含义是一个领导者(主管人员)所能直接而有效地管理和指挥其下属工作人员的数量,或者是指一个上级机构所能直接有效管理其下级机构的数目。换句话说,管理幅度指的是有多少人共同向同一上司汇报工作。

任何一个领导者所能管辖的下属人数必定有个限制和限额,因为任何人的知识、经验、能力和精力等都是有限度的。因此居于权力中心的领导人,绝不可能无限制地直接管理和指挥很多人而又使他们的活动配合无间。再就一个领导者的管理幅度不可能无限制地扩大,绝大多数管理学著作都引用了 V. A. 格兰丘纳斯(V. A. Graicunas)的论证公式:

$$N = n(2n - 1 + n - 1)$$

式中,N 表示管理者与其下属之间相互交叉作用的最大可能数;n 表示下属人数。

例如,假定一个管理者 M,有两个下属 A 和 B。一种直接关系可能发生于 M 与 A 之间和 M 与 B 之间。但是有这样的时候,M 和 A 谈话而 B 在场,或者和 B 说话而 A 在场,这样可能就会有两种直接群体关系。此外,交叉关系可能存在于 A 和 B 之间,表现为 A 找 B 和 B 找 A。这三类关系加到一起,就存在了 6 种可能的相互作用。当下属增加到 3 个时,这种可能的相互作用总数则增加到 18。以此类推,越来越大。当下属人数达到 100 人时,上面公式中的 N 便成为一个十分"巨大"的数字!虽然格兰丘纳斯没有说明 N 以多少为宜,但他给予的警告是清楚的——哪里增加一个下属,他就是一根能压断经理的骆驼脊背的稻草。

事实上,决定管理幅度不可能无限制扩大的因素不仅仅是上述所说的相互作用关系,管理者的能力、下属人员的集中与分散程度、工作本身的性质、工作的标准化程度、工作的类别、需要解决的问题的出现频率、管理者与下属人员间的关系等,都在很大程度上决定着管理者管理幅度的大小。

那么,管理幅度多大为好呢?对于这个问题长期以来有许多学者和实业家进行过大量的研究工作。传统或古典管理学派对待领导人管辖人数问题的态度和研究方法,一直是倾向于把有效的管辖人数普遍化,就是想找出一个通用方案,并加以普遍推广。但长期调查研究结果,并未找出一个理想的通用方案,不同的人说法仍然不一致。

[**知识链接**]:管理幅度的实践

20 世纪初期,美国将军伊恩·汉密尔登(Ian Hamilton)根据他作为一个军官的经验总结了对管理幅度大小的认识。他发现,一般人的头脑在管理 3—6 个人时将能处于最佳的工作状态。一个军士在仅仅指挥 3 个士兵时并不十分忙碌,一个陆军中将难以指挥 6 个师长的活动。伊恩·汉密尔登最后建议,越接近于整个组织的最高领导人,他的管理幅度越接近 6 个人越好。

亨利·法约尔指出,合适的管理幅度应该是最高经理管理 4—5 名部门经理,部门经理管理 2—3 名管理人员,管理人员管理 2—4 名工长,工长管理 25—30 名工人。

英国有名的管理顾问林德尔·F. 厄威克(Lyndall F. Urwick)上校提出了他观察到的心理现象:一个人的"注意力跨度"——能够同时给予注意的事项的数目,是有限的,并以此为依据讨论管理幅度的大小。他的研究结论是:"没有一个管理者能够直接管理超过 5 个或者至多 6 个工作紧密相关的下属的工作。"

美国管理学会的研究报告(1952 年)介绍了当时在 141 家“公认的具有良好组织实践”的公司调查结果,该项调查的主题是这些公司中的总经理的管理幅度实践情况。结果发现总经理的管理幅度为 1—24 人不等。

由于管理幅度的限制,当组织的人员规模达到一定程度时,即当组织的人员规模突破管理幅度的限度时,就需要而且必须划分出不同的管理层次。这样,组织就由有阶层的单位组织构成,即形成了组织的纵向层次结构。当层次较多之后,人们便形象地称其为“金字塔”式的组织结构。

上述分析可知,若在企业人力规模大致一定的情况下,组织层次与管理幅度在数量上是一种反比例关系。在组织管理过程中要正确处理好管理幅度与组织层次之间的关系问题。有的企业用扩大管理幅度和减少组织层次的方法,构成扁平式组织结构(Flat Organization);有的企业则采用缩小管理幅度和增加组织层次的方法,形成垂直式组织结构(Tall Organization)。

相对来说,垂直式组织结构属于集权型组织。它具有高度的权威性和统一性,决策和行动都比较迅速。其缺点和不足是不便于纵向联络沟通,缺乏灵活性和适应性,所需管理人员多,管理费用大。减少管理幅度,建立垂直式组织结构,在下述条件下显得有效:(1)工作任务要求不明确;(2)下属人员自由处置权太大;(3)工作责任重大,绩效衡量期限长;(4)成果不易测定或测量;(5)部属之间工作依赖性强。在此情况下,缩小管理幅度,以便实行有效控制。

扁平式组织结构属于分权型组织。它层次少,便于上下信息交流,有利于发挥下级人员的才干,灵活而有弹性,所需管理人员少,管理费用开支低。其缺点和不足是不便进行有效监督和控制,加重了交叉联络的负担,容易突出下属的特权和部门的利益。

选择合适的管理幅度是至关重要的,首先,它会对一个部门的工作关系产生影响,较宽的管理幅度意味着管理者异常繁忙,结果组织成员得到较少的指导和控制;与此相反,过窄的管理幅度意味着中基层管理人员权力有限而难以充分发挥工作的能动性。其次,对组织决策活动产生影响。如果组织层次过多,将减缓决策速度,这在环境迅速变化的今天是一个致命的弱点。

组织的纵向管理层次的形成,就是组织结构上的横断面的分割,使各个管理职务有所区别,由此形成组织的权力阶层结构。因此,在明确了管理幅度和组织层次之后,下一个任务就是科学地授权。为此,管理者必须识别哪些任务可以授权,其中一个非常有效的方法就是管理者首先对其如何分配时间进行分析,从而进一步确定哪些职能和责任可以授权他人来完成,由哪些下属来完成,然后授予下属完成任务所必需的权力和资源。最后,在明确下属责任的基础上对授权进行监督和控制。

四、协调

组织过程的最后一个要素就是协调,既包括横向协调,也包括纵向协调。协调的目标在于使得管理者的工作方向保持一致并确保整个组织过程有助于组织目标的最后达成。

所谓协调就是将独立的个体和单位的活动整合到为实现共同的目标而齐心努力的活动中去。组织中的每个员工都被仅仅分配从事一小部分工作,如果没有协调这些不同的个人努力可能就会产生裂痕,甚至产生分歧和冲突。管理协调活动通过同一组织中不同个人和部门的活动实现群体的效能。协调工作应当遵循以下原则。

1. 政令统一原则

政令统一是亨利·法约尔总结的管理14原则之一。该原则要求组织活动具备以下特点：(1)在确定管理层次时，要使上下级之间形成一条命令链；(2)任何一级只能有一个人负责；(3)下级只接受一个上级的命令和指挥，防止出现多头领导的现象；(4)下级只能向直接上级请示工作，不能越级请示工作；(5)上级不能越级指挥下级；(6)职能部门一般只能作为同级直线指挥系统的参谋，无权对下属直线领导者下达命令和指挥。

2. 命令链原则

这是法约尔的另一条管理原则，又被人称作"梯度原则"(Scalar Chain)，是指组织中的权力链从顶端开始，不间断地授给组织的最下端。它为上级和下属之间提供了正式的沟通渠道，也有助于政令统一原则的实现。

3. "联系针"

政令统一和命令链原则为管理人员协调下级之间的横向工作关系创造了条件。除此之外，不同管理层次的管理者之间的纵向协调也十分重要。在20世纪60年代，美国行为科学家伦西斯·利克特(Rensis Likert)提出利用集体决策的方法促使组织实施参与型管理，为此，他提出"联系针(Linking Pin)"的概念，通过"联系针"把整个企业联结成为一个整体。

4. 委员会

另一种常见的组织协调方法是建立委员会。通过建立委员会，可以发挥集体决策的特点，提高决策的科学性；可以平衡权力，防止组织中某个人或部门权力过大；集体制订计划和政策来协调各部门间的行动；有助于信息的沟通和交流等等。

第四节　组织中的权力和责任

组织的基本结构确立之后，接着就需要对各阶层和各部门的权力和责任范围及其相互关系加以明确而具体的规定。否则，这些不同层次和部门在实现组织整体目标的过程中就不可能成为一个协调一致的管理工作系统。

一、权力与责任的关系

任何一位管理者从事某项管理工作时都应有一定的权力和责任。所谓权力，从领导和指挥角度讲，就是为了实现组织的整体目标或各部门的目标，管理者要求或命令其下属如何行动或停止行动的一种力量和影响力，这是组织中的一种约束力量。所谓责任或职责，就是接受职务的管理者去尽职务的义务。责任的基本含义和内容就是尽义务。上级领导者有权命令和要求下级人员去做某项工作或事情，下级人员则依据组织内部的契约关系和制度去尽义务，去处理或完成某项工作任务，并对其结果负责，以便取得某些报酬和其他利益。

管理者的权力和责任是相辅相成的关系。就是说，管理者有管理权力就应有管理责任，有责任就应有权力。世上没有无权力的义务，也没有无义务的权力。在安排和处理组织中的权力义务关系问题时，应坚持权力与责任的对等或相应原则。如果要求某人对某项工作的结果负责，就应当首先给予他能够确保工作得以完成所应有的权力。职权是发布命令的权力，职责是对结果所负的责任，职权与职责两者应予平衡，不能让一方胜过或低于另一方。

二、垂直的权力关系

随着企业规模的扩大和从业人员的增多,企业管理组织就形成一个多层次的职权等级系列。正确规定垂直的权力关系,是形成合理的职权等级系列的前提或基础。规定垂直的权力关系,目的在于建立一个强有力的领导指挥系统,以便进行有效的管理。

在多层次的组织结构中,有关大政方针和重大问题的决策权应集中在组织的最高管理层,只与局部有关的问题的处置权应分散在组织的中下管理层。注重解决好权力集中与权力分散的关系是组织管理的关键问题之一。

权力集中是指决策权集中在组织领导层,下级部门和机构只是执行,一切行动听从上级指挥;权力分散是指组织领导层将其决策权下放给下级部门和机构的负责人,让他们独立处理某些情况和解决某些问题。在权力分散方面,有两个难以区分的术语,即分权和授权。著名的组织管理学家亨利·L. 西斯克指出:"权力从上级传导给下级的过程称为权力委任过程,组织始终一贯地把权力委任给下级单位的过程称为分权过程。"这表明,分权和授权都属于权力分散活动,分权是授权的一个基本方面,其含义要略窄于授权,但其权力分散的程度要大于一般意义上的授权。

共同的目标是组织赖以生存的基础,目标的一致性要求组织行动的统一性,进而使一定程度上的集权成为必要。同时,组织不是一个人的群体,组织内部必须有分工,使得每个成员都承担责任,这就必须进行权力分散,以求责权对等。但是,权力的绝对集中与分散在任何组织管理工作中都是不存在的,因为前者将把权力完全集中在一个人身上,这意味着没有下级主管人员,也就没有什么组织机构了;后者意味着主管人员把自己的职权都授了出去,那么主管人员的职位便消失了,同样也就没有什么组织机构了。这就是说,某种程度的职权分散是任何组织的共性。如何把握权力集中或分散的程度呢?国外一些管理学者认为主要应根据较低的管理层次的决策来确定。具体地说,在组织中,较低的管理层次的决策数目越多,担任的决策重要性越大,这些决策的影响面越广,需要对这些决策进行审核的工作越少,职权的分散程度就应越大。

在组织的垂直权力体系中另外应明确和注意的是直线职权与参谋职权问题。直线职权指的是直线的和等级的职权关系,在上下级直线主管人员之间发生和起作用。具体说,直线职权就是上级主管命令和指挥下一级主管的权力。参谋职权就是参谋人员和参谋部门所拥有的一种权力,它在本质上是一种筹划、咨询和建议性的权力。在组织权力关系中,直线职权是主导的,参谋职权是从属的。因为在组织职务结构中,直线人员是主管人员,参谋人员是从属于主管人员的,他们是主管人员的助手和谋士。另外,纵向职权关系是单轨道的,不是双轨道的。就是说,上级主管有指挥下一级主管的权力,而上级参谋人员却无权命令下级主管人员。上述职权关系理论无疑是对的,但也不能绝对化。例如,有时由于知识和能力等原因,上级主管人员将直线组织中的某些专门职能和权力授予参谋人员和部门,由参谋人员来直接领导和组织下级部门去完成某些工作和处理某些事情。这样就发生了部分直线职权的转移问题。转移到参谋人员和部门的直线职权称为职能职权。使用职能职权是必要的,这样可以使工作做得更好。使用职能职权时应注意:第一,职能职权要与参谋人员或部门的业务工作相一致;第二,使用职能职权应限于具体工作方面,不能危及主管人员正常的管理工作;第三,要加强协调工作,不要因此而形成责任不清和工作上的混乱。

三、水平的权力关系

组织中水平的权力关系，是指横向同级部门之间的权力关系。水平权力和责任关系的产生，在于横向部门之间的相互关联性和依存性。正确规定和解决横向权力和责任关系，目的在于协调横向各部门的工作和活动，使各种工作相互配合和衔接，以利于有效实现组织的目标。

建立横向协调机制，解决横向权力和责任关系的措施和方法是多种多样的。

第一是计划协调。就是按照企业总目标和总要求，来设置和制定各部门的目标，使各部门目标相互之间保持协调性，即使各部门目标形成一个相互支持的目标体系或链锁。

第二是组织协调。(1)在指挥工作中要充分考虑和注意各横向部门之间的工作配合和协调问题。(2)在任职说明书中应明确规定各职务的横向联系责任。(3)当横向部门之间发生矛盾和不协调现象时，允许各部门直接协商解决问题，然后报告上级，这叫横向渠道协调。(4)当各部门之间出现矛盾而又难以自行解决时，由其直接上级主管出面解决问题，这叫垂直渠道协商。(5)在有些组织中设有调查员、联络代表和协调员等职务，当横向部门之间发生职责矛盾或冲突时，由他们出面调停，帮助解决，这叫中间人协调。(6)在适当的条件下，建立矩阵制组织结构，有助于解决横向部门之间的工作协调问题。

第三是制度协调。(1)建立标准化业务工作程序，以此来明确各部门之间的权力和责任关系。(2)实行经济责任制，确定各部门之间的权力和责任关系，并作为考核和奖罚的标准与内容。(3)实行看板管理制度，通过内部合同制来解决横向部门间的权力和责任关系问题。(4)建立联席会议和专业会议制度，通过会议方式来解决横向部门间的关系问题。

第四是思想协调。首先是加强思想教育，使职工树立整体观念，发扬相互合作和相互支持的精神；其次是加强各部门之间正式和非正式的联络和思想沟通，增进了解，以便于进行合作和配合。

第五节　典型的组织结构

组织结构是管理中最早并最彻底地予以研究的一个领域。长期以来，随着管理实践的繁荣及管理理论研究的深入，人们创造并规范出许多组织结构形式，典型的有直线制、职能制、直线职能制、事业部制等。其中直线制和职能制是早期人们在企业规模小、生产品种单一、管理简单的情况下采用的组织结构形式，目前企业较少使用。长期以来，企业普遍采用的是直线职能制和事业部制。下面简单介绍几种组织结构形式，以便了解长期以来企业组织管理工作的概貌及其变化。

一、直线型组织结构

直线型组织结构是最早期的也是最简单的一种组织结构。它的特点是组织内上级管理层与下级管理层之间实行垂直领导。一个下级只接受两个上级管理者的领导，一般不设立专门的职能机构(可设职能人员协助高层主管工作)，其结构如图8－5所示。

直线制的优点是结构简单、权责分明、指挥与命令统一、决策迅速、用人较少、费用较低。其缺点是组织内信息沟通渠道不顺畅，不符合“例外管理”的原则，要求主管负责人有较高的素质，通晓多种知识和技能，是个“全能型”的人物，这对于业务比较复杂、规模庞大的企业来

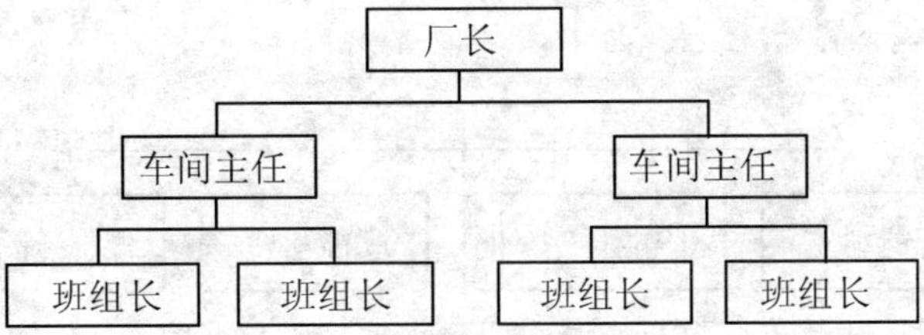

图 8-5　直线制组织形式

说是极为困难的，尤其是在当今号称“知识爆炸”的时代里。所以，此种组织结构通常适用于产销单一、工艺简单的小型企业单位，对于那种生产技术和经营管理比较复杂的大型企业则不适用。

二、职能型组织结构

职能型组织结构是按照职能化和专业化原则进行设计的，它以直线型为基础，但否定了直线管理的个人集权制，在各级直线主管下面相应地设立了一些职能机构和人员，以分担某些职能管理的业务。这些职能机构和人员有权在自己的业务范围内向下级发布命令，因此下级负责人除接受上级直线主管的领导外，还必须接受上级各职能机构的领导和指示，其组织结构如图 8-6 所示。

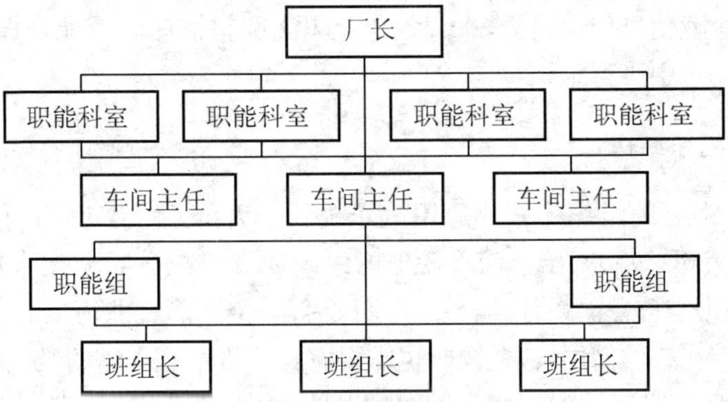

图 8-6　职能制组织形式

职能制的优点是适应了现代企业生产技术比较复杂、管理工作分工较细的特点，能够充分发挥职能机构的专业管理作用，同时减轻了各级直线主管人员的负担。但是，其缺点也是明显的，容易形成多头领导，妨碍生产行政的统一指挥，各职能机构之间权责难以明确划分，不利于健全责任制，容易造成管理的混乱，且各个职能机构视角往往只局限于本部门的业务，难以从整个组织的角度出发考虑问题，致使组织间横向协调配合较差，阻碍提高工作效率，不利于组织整体目标的实现。因此，此种组织结构形式在现代企业中较少采用。

三、直线职能型组织结构

直线职能型组织结构是直线型与职能型组织的混合体，它以直线制为基础，在各级领导者之下设置相应的职能部门，分别从事专业管理，作为该级领导的参谋部门。组织结构以直线管理为主，职能参谋为辅，直线主管可以对下级直接下达命令指挥，各职能人员只能在直线人员的授权下拟订相关的计划、方案并下达命令，起业务指导作用。其组织结构形式如图 8-7 所示。

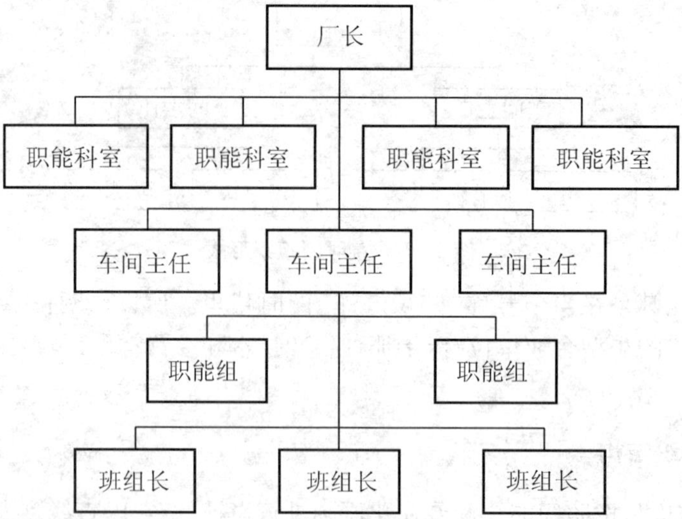

图 8-7　直线职能制组织形式

直线职能制的优点是既保持了直线制命令统一的优点，又在一定程度上克服了职能制粗放管理的缺点，吸收了职能制发挥专业管理部门作用的长处，所以，这一组织结构目前在我国企业中较为常用。但其实际上仍是集权式管理组织形式，权力集中于最高领导者，下级部门缺乏必要的自主权，企业信息传递路线较长，各专业职能部门横向联系配合性较差，容易产生脱节与矛盾，故多适用于中小型组织。

四、事业部制组织结构

这是以成果为中心的组织形式。通用汽车公司（以下简称 GM）当初的做法最为典型。1922 年，斯隆接任公司总裁，开始全面贯彻他的组织变革思想。斯隆改革方案的重点在于寻求公司经营权力集中与分散的最佳结合点。他认为，一个大型企业需要有一个统一方向和一个管理中心，需要有实权的高层管理，同时也需要有积极进取和干练的经营阶层。经营阶层的领导人，应该有选择经营方法的自由，有确切的责任以及相应的权力，有可以发挥其所长的领域，还应使他们的成就得到应有的鼓励。为此，他把公司的任务分成决策和执行两类，决策任务由董事会及所属机构承担，具体负责处理公司与股东间的矛盾，任免公司主要管理人员，审议决定公司的重大方针政策及管理原则，全面而连续地考察公司活动，指导公司的公共关系活动及社会责任的履行情况。执行任务由总公司、事业部及工厂三级管理部门承担，具体负责指挥公司的生产经营活动。其中，总公司由总裁负责，主要考虑公司的整体发展问题；各事业部大多按产品对象设置，事业部的总经理在经营管理方面拥有全权并负全责，有权决定固定资产投资，可自行安排生产计划，决定零部件的供应源，负责销售，并在一定限额内自由支配其销售收入；工厂是事业部领导下的生产单位，只管生产不管销售，一切规章制度、标准和方法均由事业部制定，其所属各车间、科室只负责组织实施和监督。此外，斯隆在各级直线职权下都相应设置了职能机构，协助直线部门拟定管理制度，组织报表，提出改进建议，并根据直线部门的要求相应提供服务。通过几年的改进，GM 的“联邦分权制”组织结构基本形成，并维持到今。图 8-8 是有关事业部组织结构的一张简图。

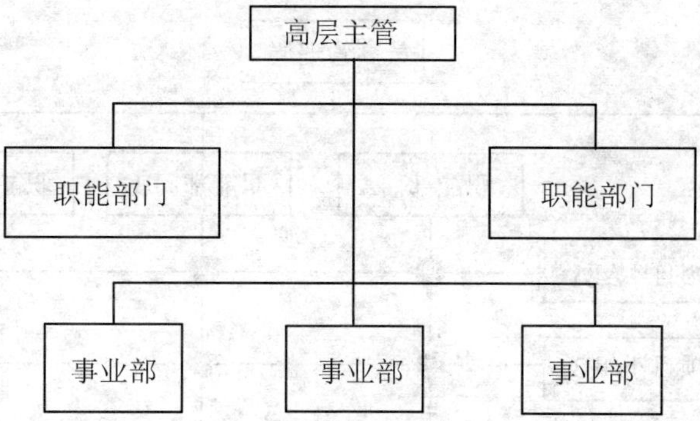

图 8-8　事业部制组织结构

事业部制的优点在于:(1)组织最高管理部门可以摆脱繁杂的日常行政管理事务,成为真正强有力的决策机构;(2)各事业部自成体系,独立经营、核算,可以发挥其灵活性和主动性,并进而增强企业整体的灵活性和适应能力;(3)可促进各事业部之间的竞争,促进企业发展;(4)通过权力下放,使各事业部接近市场和顾客,按市场需要组织生产经营活动,有助于经济效益的改进和提高;(5)有利于培养和训练管理人才。其不足是组织机构重叠,管理费用大,局部利益和整体利益难以协调。

"通用"的组织模式基本上成为工业化社会企业组织的样板,但在信息社会里面,需要寻找到新的样板。彼得·德鲁克曾就现实的需求指出了 GM 组织模式所存在的六种不足,分别是:(1)以制造企业为对象设计,对今天众多的大型非制造业企业不怎么适用;(2)以单一产品(即汽车)生产经营企业为对象设计,对今天以多样化经营为主的企业不怎么适用;(3)以只有一个国外子公司的美国公司为对象设计,对今天众多的多国公司不怎么适用;(4)主要针对体力生产者和职员的工作设计,对今天知识工人是主要雇员的企业不怎么适用;(5)主要针对尚无大量信息处理需要的单一产品、单一国家的公司设计,对今天需处理大量信息的多产品、多技术的多国公司不怎么适用;(6)GM 的组织结构重管理轻创业,对今天创新任务十足的企业不怎么适用。

当然,上述指责并非真正是对 GM 组织模式的批判,而是提醒人们要像斯隆针对 GM 当时实际情况进行组织变革一样,针对今天企业的需要积极投身于组织变革。

五、矩阵式组织结构

矩阵式组织结构是由纵横两套管理系统交错而成的组织结构。它开始是企业内部为完成某项特定任务而组建的,如图 8－9 所示。这种组织形式打破了"一人一个老板"的命令统一原则,使一个员工同时接受两方面的领导:在执行日常工作任务方面,接受原职能部门的垂直领导;在完成特定任务(即这一矩阵式组织的目标)过程中,要接受项目负责人的横向指挥。任务一旦完成,组织成员仍回原部门工作。此时,这一组织形式可能因任务的完成而消失,也可能继续维持下去,但要重新挑选组织成员,并往往执行另一项特定目标。

这种组织形式的优点是,具有较大的灵活性、适应性,能够把横向职能部门的联系、纵向项目小组的协调、集权与分权有机地结合起来,有利于发挥专业人员的潜力,有利于各种人才的培养。其不足在于双重领导容易产生矛盾和扯皮现象,对项目负责人的要求较高,大家都有临时工作的感觉而导致人心不稳。

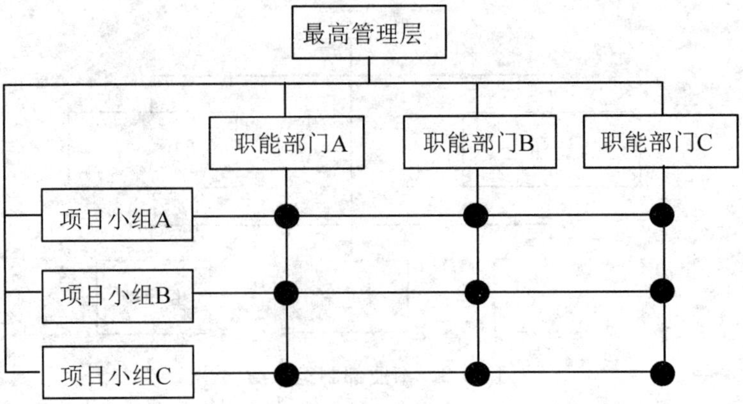

图8－9　矩阵式组织结构

[案例]1967年，美国道—科宁化学工业公司（Dow Corning）建立了多维立体组织结构形式，这种形式由三方面的管理系统组成：（1）按产品（项目或服务）划分的部门（事业部），是产品利润中心；（2）按职能如市场研究、生产、技术等划分的专业参谋机构，是职能利润中心；（3）按地区划分的管理机构，是地区利润中心。在这种组织结构形式下，每一系统都不能单独行动，而必须由三方代表通过共同协调才能采取行动，进而突出了整体利益，减少了部门间的矛盾。

六、网络组织结构

在工业社会，为了追求规模经济性，许多企业片面追求规模的扩大和功能的齐全，进而形成了一种“企业办社会”的经营思路，结果产生了许多机构庞杂的大企业。随着工业社会向信息社会转变，消费者需求变得越来越多样化，竞争日趋激烈，技术更新的速度越来越快，在这样的情况下，许多大企业染上了“大企业病”。“大企业病”主要指的是由于大企业机体庞大而衍生的大企业内部的新陈代谢紊乱。往往表现出不同的“病症”，如机构膨胀、臃肿；管理部门和管理人员逐渐增多，手续繁杂、办事拖拉、会议过多、相互扯皮等官僚作风严重；一些陈旧的部门虽然没有太大的存在意义，但仍然极力强调自身的重要性，局部利益不可侵犯；制度过多而且僵化，加上官僚主义的作风，进而极大地影响了职工的工作士气；内部沟通、协调机制不畅，造成工作效率低下；富余人员多，同时又过分强调稳定，组织内部缺乏向危机挑战的精神，风险意识和创新精神淡化等等。上述病症在一些非营利性组织中也存在。

“大企业病”的存在使人们认识到，在社会分工日趋细化的时代，“大而全”、“小而全”的企业已经难以在激烈的市场竞争中占据竞争优势，众多的各具优势的企业联合起来，相互支持，互为补充，不仅可以使每个企业获得开展生产经营活动所需的资源，而且在生产经营活动中强化了自身的竞争优势。网络组织结构这种组织模式相应产生了。这种组织结构只有很小的中心组织，依靠其他组织，以合同方式为基础，从事制造、营销等经营活动的结构。作为一种新形式的组织结构，网络组织结构有助于组织自身规模的精简，使组织具有更大的灵活性和应变能力，进而成为当今社会的一种流行模式。

伴随着信息技术的发展而出现的虚拟公司（Virtual Corporation）就是这样的组织形式。在这种组织形态下运作的企业有完整的功能，如生产、营销、设计、财务等，但在企业内部却没有执行这些功能的部门。企业仅保留最关键的功能，然后将其他功能虚拟化，以各种方式借用外力进行整合，进而创造企业本身的竞争优势。虚拟公司采用的是借用“外部资源整合”的策略，而非以往所说的“内部资源选择”的策略。

[**案例**]耐克(Nike)公司是利用虚拟公司抢占市场成功的公司之一。耐克公司是世界上最大的一家旅游鞋供应商和制造商，公司将主要的财力、物力、人力投入到产品的设计和销售上，甚至样鞋也不靠自己生产，其生产活动完全在台湾企业和其他地区的企业中进行。公司的许多经理经常穿梭全球寻找合适的生产合作伙伴。20 世纪 70 年代，耐克与菲律宾、马来西亚、英国、爱尔兰的制鞋厂合作，80 年代耐克转向中国台湾地区、韩国等谋求合作，90 年代耐克对中国内地、印度尼西亚、泰国等国又信心十足。耐克的成绩是惊人的。1985—1992 年，耐克的纯利润增长了 24 倍。耐克成功的关键是恰当地组建虚拟公司，并在虚拟公司中处于领导地位，从而获得了低成本、高利润。

天津李宁皮具有限公司是 1992 年 2 月在天津开发区注册的外商独资企业，生产和销售李宁牌手套、箱包、皮衣等皮革制品。公司现有员工 69 人，设总经理办公室、产品销售部、生产部、供应部、储运部和总务部 6 个部门。公司在全国 29 个城市近 200 个大中型商场中均有产品销售，并连续两年在全国最大的百货商场——北京王府井百货大楼手套销售排行榜中名列第一。公司成立的第一个销售年度(8、9 月份的销售旺季到来年的 4 月份)仅手套系列销售额即达 1300 万元，1994 年公司的销售额达 2700 万元，1995 年的目标是销售额达到 4500 万元，利润 500 万元。

公司在经营上有两大特色：一是与体操王子李宁建立商标使用关系。公司除了招聘广告和在各大商场加强橱窗陈列、柜台摆设外，并未在新闻媒介上做任何促销广告，却能够在当年实现上千万元的销售额。二是生产的委托加工。公司选择并将生产过程转移到定牌加工厂，公司自身集中精力用于产品研制、设计和销售管理工作，并在这方面积累了较丰富的经验，为公司的进一步发展奠定了基础。

七、企业集团的组织结构

组建企业集团，加大我国企业参与全球经济竞争的实力，是面向 21 世纪我国企业改革的重大举措。近年来，我国组建的各种类型的企业集团越来越多。顾名思义，企业集团是多个企业的联合体，不同于单一企业。同时，企业集团也不同于建立在合同基础上的网络组织，主要表现在：

(1) 企业集团有核心企业，这个核心可以由一个或若干个大中型骨干企业、科研单位或其他有投资能力的企业组成。集团的成员企业以资金、技术、商标等产权关系为纽带，形成严密的组织形式和高度集中的管理指挥中心的经济联合体。而网络组织是生产要素的简单联合，有的甚至相互间只有短期的合同约束。

(2) 企业集团的联合是多层次的，往往由处于核心层、紧密层、半紧密层、协作层的众多企业所组成，处于不同层次上的企业之间往往因产权关系等因素而具有很强的制约甚至控制关系。而网络组织往往只有松散的联合层，成员企业之间没有制约，或制约不强。

产权关系是把众多的企业联合在一起形成企业集团的最重要的纽带。按产权关系可以把集团中的企业划分为全资子公司、控股公司和参股公司，然后结合集团经营战略的需要，确定企业在集团中所处的层次。集团中企业部分甚至全部都是独立的法人，因此，如何构建集团公司与下属企业特别是紧密层企业之间的管理模式，便成为理论和实践领域必须格外关注的问题，也是构建企业集团组织结构的主要依据。按照我国有关企业集团试点的规定，集团公司对其紧密层企业实行“统一”管理：统一规划；统一对国家承包经营；重大基建项目及技术改造对银行统贷统还；统一进出口；统一对国有资产的保值增值及交易负责；统一任免紧密层的主要领导干部。

本章提要

所谓组织，是人们为了实现某种目标而形成的人的有序集合。这是从目标和结构上给组织下的定义，这一定义强调了三个方面的含义：一是组织必须具有目标；二是组织是由人组成的，是人的集合；三是组织的有序性，即组织中的人不是混乱地汇合在一起，而是通过人员间的分工合作和各种规章制度形成的有机体。管理者从事组织工作的目的在于：第一，分配工作；第二，确定责权关系，促进沟通与协调；第三，构建分工协作体系，提高效率和工作的质量；第四，组织能力的培养。

从确保组织正常运转这一基本要求来看，组织工作至少应遵循如下一些原则：(1)目标一致性原则；(2)分工协作原则；(3)责权关系原则；(4)信息畅通原则。一般组织设计有两种设计思想：一种思想把组织看成是由一系列工作岗位构成的系统，设计时按专业化分工原则，先把系统中的全部活动划分成许多岗位(职能)，然后组成系统；另一种思想把组织看成是一系列活动过程构成的系统，设计时先把这些活动过程构成小组(团队)，然后再组成系统。企业的组织设计一般应考虑如下影响因素：(1)经营业务的性质和内容；(2)经营规模；(3)技术复杂程度；(4)人员素质因素；(5)地理分布；(6)外部环境因素的变化程度。

组织设计应以完成组织任务为前提，应遵循一定的程序：(1)设计工作岗位；(2)部门化；(3)确定管理幅度与层次等级；(4)协调。

依据战略设计组织，首先要考虑构建组织的基本单位，然后进行结构分析。组织的基本结构确立之后，接着就需要对各阶层和各部门的权力和责任范围及其相互关系加以明确而具体的规定。否则，这些不同层次和部门在实现组织整体目标的过程中就不可能成为一个协调一致的管理工作系统。

常见的组织结构有直线型组织结构、职能型组织结构、直线职能型组织结构、事业部制组织结构、矩阵式组织结构、网络组织结构和企业集团的组织结构。

复习思考题

1. 组织的内涵与外延？
2. 简述组织设计的原则与思想。
3. 如何进行组织设计？
4. 组织设计过程中应遵循何种战略依据？
5. 常见的组织结构有哪几种？

案例讨论 美的集团的组织结构变革

美的集团由成立之初的街道小厂，经过30多年的不断调整、发展与壮大，经历了数次的战略和组织结构的变革，如今已成为以家电业为主的大型综合性现代化企业集团，美的从最初的被动地进行组织结构的变革发展到为强化竞争力而主动地、有意识地去让组织结构适应环境的发展，正是其不断发展壮大的动力之一。图8－10即为直线职能型结构。

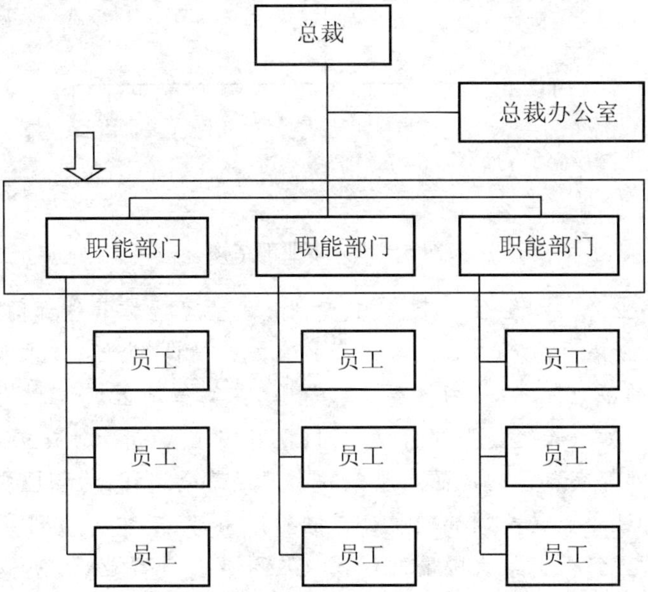

图8－10 直线职能性结构

这种组织结构的特点是：以直线为基础，在各级行政主管之下设置相应的职能部门（如计划、销售、供应、财务等部门）从事专业管理，作为该级行政主管的参谋，实行主管统一指挥与职能部门参谋—指导相结合。在直线职能型结构下，下级机构既受上级部门的管理，又受同级职能管理部门的业务指导和监督。各级行政领导人逐级负责，高度集权。因而，这是一种按经营管理职能划分部门，并由最高经营者直接指挥各职能部门的体制。它既保持了直线型结构集中统一指挥的优点，又吸收了职能型结构分工细密、注重专业化的优点。直线—职能型组织结构的内在缺陷具体如下：

(1) 属于典型的"集权式"结构，权力集中于最高管理层，下级缺乏必要的自主权。

(2) 各职能部门之间的横向联系较差，容易产生脱节和矛盾。

(3) 直线—职能型组织结构建立在高度的"职权分裂"基础上，各职能部门与直线部 门之间如果目标不统一，则容易产生矛盾。特别是对于需要多部门合作的事项，往往难以确定责任的归属。

(4) 信息传递路线较长，反馈较慢，难以适应环境的迅速变化。

美的在公司发展早期，当时产品线单一、部门简单，所以易采取直线职能制结构。图8－11为美的的事业部的标准结构。

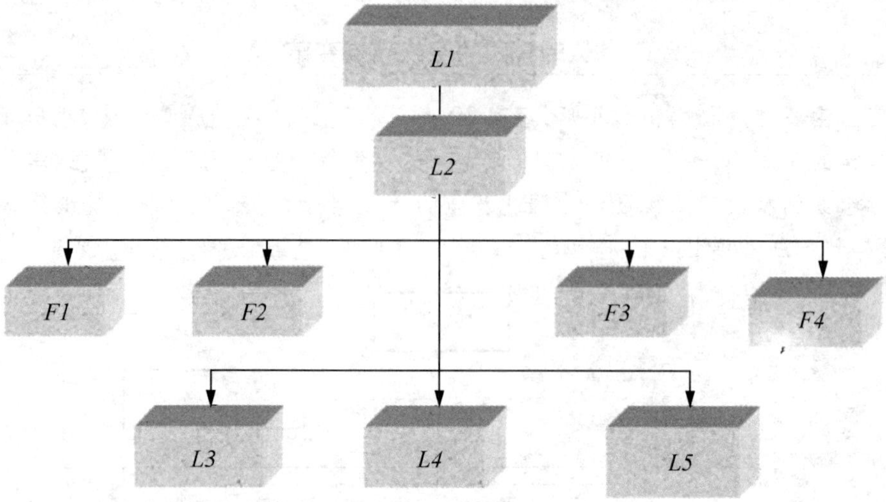

图 8－11　事业部结构

按企业的产出将业务活动组合起来,成立专业化的生产经营管理部门,即事业部。每个事业部都主要负责一个或者几个产品。凡与该产品有关的设计、生产、技术、销售、服务等业务活动,均组织在这个产品事业部之中,由该事业部总管;在销售地区广、工厂分散的情况下,企业可按地区划分事业部;如果顾客类型和市场不同,还可按顾客(市场)成立事业部。

这样,每个事业部都有自己的产品或服务的生产经营全过程,为企业贡献出一份利润。实行事业部组织结构可让企业最高领导摆脱日常的行政事务,集中力量研究和制定企业发展的各种经营战略和经营方针而把最大限度的管理权限下放到各事业部,使他们能够依据企业的经营目标、政策和制度,完全自主经营,充分发挥各自的积极性和主动性。

各事业部均为利润中心,实行独立核算。这就是说,实行事业部制,则意味着把市场机制引入到企业内部,各事业部间的经济往来将遵循等价交换原则,结成商品货币关系。

美的公司内部实行事业部对公司是有着重大的积极意义的。在企业发展壮大的时期,企业的高速成长会使企业短期内营业额大幅上涨,公司抓住时机进入不同的领域开发新的产品,这样企业就要面对多个产品进行经营的任务,美的公司传统的直线职能结构明显不能很好地完成这个任务,产品具有差异性,同时对多个产品进行管理必然不能达到使每种产品最好销售的效果。因此采用事业部组织结构可以让不同产品分离开来进行有针对性的管理经营,有很多优点:

(1) 每个事业部都有自己的产品和市场,能够规划其未来发展,也能灵活自主地适应市场出现的新情况迅速做出反应,所以,事业部组织结构有高度稳定性和适应性。

(2) 能让高层有更多的时间实行决策职能,同时使各事业部发挥经营管理的积极性和创造性,最大限度地提高各个管理层的效率和发挥其各自的职能。

(3) 事业部需要独立经营,因此能够让事业部的管理者得到很好的锻炼,有利于培养人才,为企业的未来发展储备干部。

(4) 事业部的出现使得公司更好地了解各个产品的情况,从而也更有利于公司评价每种产品对公司总利润的贡献大小,利于高层制定未来的发展战略规划。

(5) 事业部的成立利于其对各自产品的研发、生产和销售。

(6) 事业部自主管理,增强了其自主性,权利地下放使得事业部有很大的责任,有利于激励事业部管理者进行更好的管理。

(7) 事业部成立后各事业部之间能形成良性竞争,使企业更有活力。

影响美的结构变化的内在因素主要在于自身组织结构的不健全影响了自身产业的发展,这是组织结构变化的根本。美的调整都是围绕权力的放与收进行的,权力收放的另一面则是责任和利益的转换与变局,是管理机制的一步步优化。正如是选择民主方式还是选择中央集权,我们无法完全判定所选择的管理模式的对错,随着企业的成长壮大,原有的管理机制已经不能适应企业生产的需要,每一次美的出现产业危机都预示着新一轮的组织结构的变化,而在美的内部则是事业部制的发展成长,美的全面推进事业部制公司化及事业部管理下的二级子公司运作模式,进一步完善现代企业制度,从提升经营水平和强化组织竞争力,对美的整个组织架构进行再次优化,增强了美的的市场竞争力,美的公司的每一次组织结构变化都带来了其生产力的一次解放,正是这一次次自我反省、自我提升似的组织结构变化使得美的一步步发展壮大,成为世界一流的企业。

讨论题:

请分析美的组织结构的变化带给我们的启示是什么?

第九章

组织的能力构建与运营

知识目标

了解:战略管理理论经历的五个发展阶段;资源的概念;组织运营的含义

理解和掌握:核心能力的含义;核心能力的特征;动态能力的含义;皮特亚夫(Peteraf)的资源观分析框架;西蒙的资源—能力—竞争优势转化过程;常规组织的运营与任务型组织的运营;全面质量管理的概念和特点;PDCA 循环;企业再造理论;智力资本理论;准时生产制(JIT);精益生产(LP)

技能目标

掌握:核心能力的含义和特征;动态能力的含义和特征;企业再造理论;智力资本理论;准时生产制(JIT);精益生产(LP)。

引导案例

九星控股集团的质量管理

现任九星控股集团党委书记、董事长兼总裁李文君于 1992 年创立沈阳九星集团线缆有限公司,2007 年 10 月 19 日更名为九星控股集团。经过近 20 年的发展,2012 年九星控股集团已发展成为一个集投资管理、铜材加工、电缆生产和商贸物流于一体的大型企业集团,旗下拥有 20 家全资子公司和 4000 余名员工。作为多元化经营的大型集团企业,九星以高端品质和优质服务取胜,以铜材和电线电缆为代表的主导产业均实现了迅猛发展。其中,铜材产品已涵盖管、棒、板、带、杆、线、箔、排八大类,200 多种牌号,上千种规格;电线电缆产品拥有国家级生产许可,ISO9000 质量体系认证、CCC 国家强制认证、矿用产品安全标志认证及 14000 环境管理体系认证。集团以“百年九星”为愿景,以品牌赢得市场,以实力铸就未来。九星全系列产品连续多年获得省市名牌、著名商标等荣誉称号,企业获得各类荣誉近 200 项。凭借综合竞争实力，集团已连续多年跻身中国大企业集团竞争力500强、中国制造业500强、全国民营企业500强和中国能源集团500强之列。目前，以东北、华北、西北、华中、华南大区为主导，九星产品销售网络遍及全国20多个省份、100多个中心城市，并依托美国、日本、澳大利亚、德国四大海外分公司，主营业务覆盖了全球60多个国家和地区。九星控股集团的高速发展与其卓越的质量管理活动是密不可分的。

(1) 九星通过质量、环境管理体系监督审核工作。2008年7月5日至6日，方圆标志认证集团辽宁分中心对九星控股集团进行了ISO9001质量管理体系、环境管理体系的监督审核工作。审核期间，方圆标志认证中心对九星营销、生产、行政系统等进行了全方位的审查。经过两天的审查，九星各项工作顺利通过了ISO9001认证体系年审。

(2) 电缆公司通过质量验收。2009年3月5日，中国质量认证中心审查人员对电缆公司在生产过程中的质量保证能力情况进行检查。检查期间，审查人员对电缆公司工厂质量保证能力情况给予了很高的评价，检查工作获得了圆满成功，并且一次性通过验收。

(3) 橡缆分厂顺利通过认证体系年审。2009年5月7日，抚顺煤检所对橡缆分厂进行了煤矿安全生产认证审核工作。14日，橡缆分厂又迎来了由沈阳认证中心进行的每年一次的3C强制性产品认证审核工作。橡缆分厂的领导对此事高度重视，热情接待并积极配合审核人员的各项工作。审核期间，认证中心对橡缆分厂从生产、安全等方面进行全方位深入细致的审查。经过审查，橡缆分厂各项工作顺利通过了煤安和3C两项认证体系年审。

(4) 兴泰通过年度质量审核。2009年6月15日，兴泰铜业公司顺利通过了ISO9001质量管理体系认证2009年度的年审。在审核会上，审核工作人员对兴泰铜业整体质量管理体系的运行及过程监控给予了充分的肯定，同时指出了此次审核过程中需要注意的事项。兴泰铜业公司常务副总经理曹旭杰代表公司讲话，表示将一如既往按照ISO9001质量管理体系运行标准及要求，严格加强质量管理，有效保证企业产品质量不断提高。

(5) 2009年九星集团内部质量、环境、3C体系审核拉开序幕。2009年8月28日上午，九星一年一度内部质量、环境、CCC体系审核首次会议在集团三楼会议室召开。集团总部、电缆公司、景星电缆材料公司、星河公司、橡缆分厂、通辽公司等相关负责人参加了会议。会议由电缆公司副总经理贾静清主持。年度审核计划分三项：检查公司质量体系是否按照相关规定，提供质量验证组织自身的质量管理体系的适宜性和有效性；检查公司环境管理体系是否符合相关标准要求；评价公司质量保证能力是否符合审核准则的程度。本次审核活动覆盖部门广泛，最高管理层、质检部、技术部、销售公司、办公室、各单位生产车间等均在其中。召开审核首次会议，旨在让各单位相关负责人明确审核目的和审核活动的相关事宜安排，力求通过本次内审查找体系运行中存在的问题和不足，进一步完善体系运行工作，保证各项综合体系的有效运行和持续改进。

(6) 电缆公司顺利通过质量审核。2010年3月18日，中国质量认证中心对九星控股集团沈阳电缆有限公司质量保证能力及质量体系运行情况进行了监督审核。审核组对公司原材料采购控制、生产过程监控、产品出厂检验等方面进行了详细全面的审核，并现场抽取了样品进行指定试验及封样送检。审核组对公司的各项工作给予了高度评价，表示公司体系运行情况良好，较上一年度更加完善，3C国家强制性产品认证顺利通过。

(7) 九星控股集团顺利通过方圆标志认证审核。2010年11月13—14日，方圆标志认证集团辽宁分中心审核组专家对九星集团进行质量管理体系、环境管理体系的运行情况审核。审核组对公司原材料采购控制、生产过程监控、产品出厂检验、环境因素识别等方面进行了详细全面的审核,尤其对星河铜业公司申请的新增项目——电工用铜母线产品的体系建立和生产控制进行了严格的审查并给予耐心的指导。通过审核组专家两天的现场评审以及集团各单位工作人员的积极配合,此次集团质量管理体系、环境管理体系认证工作顺利完成。

(8) 九星电缆与国家监检中心缔结技术服务合约。2012 年 3 月 1 日,国家电线电缆监督中心(辽宁)与九星控股集团沈阳电缆有限公司签订了技术服务合同,九星控股集团总裁李文君,辽宁省产品质量监督检验院副院长周晓明出席签字仪式。国家电线电缆监督中心(辽宁)与九星控股集团沈阳电缆有限公司本着提高电线电缆产品质量、密切工作、互利互惠的原则,经友好协商,就建立全面、长期、稳定的技术服务支持达成协议,决定创立国内首例质量监督中心驻厂检验和测试服务机构,结合国家电线电缆监督中心(辽宁)在监督检验工作优势,九星控股集团沈阳电缆有限公司 20 余年的电线电缆生产制造经验,实现电线电缆监督检验和检测、检验技术培训等全方位、一体化的技术服务工作。九星控股集团总裁李文君指出:2012 年国家对电线电缆产品质量重视程度非常高,为使九星集团沈阳电缆公司的产品质量更上一步,牢固“九星电缆”品牌,公司提出了此次技术服务合作。李总希望九星生产的每批电线电缆产品都由国家电线电缆监督中心(辽宁)检验、出具检验报告,并给予此次合作很高的期望,希望能够在全国电线电缆行业成为一个样板,为提高整个电线电缆行业的产品质量尽一份力量。辽宁省产品质量监督检验院副院长周晓明表示:辽宁省产品质量监督检验院对九星控股集团的合作要求非常赞同,并对李总正确的想法、超前的思想非常钦佩。近年电线电缆产品质量引起的事故较多,确保产品质量是电线电缆企业的首要问题。九星控股集团下属的沈阳电缆有限公司是辽宁省一家大型电线电缆生产企业,此次合同的签订能够使九星电缆在电线电缆行业起到一个带头作用,对电线电缆检验队伍也是一个锻炼、提高的机会。

第一节　核心能力与动态能力

思马科(Selzmc)最早提出了企业能力这一术语,潘诺斯(Penrouse)于 1959 年提出了企业资源基础理论,强调企业能力源于资源的优化配置和使用,它决定了企业成长的方向和极限,并认为企业持续竞争优势和卓越绩效来自企业所拥有的异质性资源,例如专利、渠道伙伴关系和品牌等。里查德森(Richardson)于 1972 年在《工业组织》一书中正式提出企业能力的概念,并认为企业能力反映了企业积累性的经验、技能和知识。20 世纪 80 年代,沃那菲尔德(Wernerfelt)发表的论文使资源基础理论(RBT)得到复兴并真正引起了学术界的关注。斯克特(Scott)在 2007 年又进一步将资源基础观(RBT)划分为静态资源基础观——VRIN 模型和动态资源基础观模型。资源基础观(RBT)在战略管理理论中曾一度占据着统治地位。

自 20 世纪 60 年代以来,战略管理理论经历了五个发展阶段:第一阶段,战略管理理论的产生期,代表人物是 Adrews 和 Ansoff,两人分别于 1965 年和 1971 年明确提出公司和竞争战略,强调战略管理是企业战胜竞争对手的关键。第二阶段,组织结构追随战略期,代表人物是钱德勒(Chandler),认为组织结构的设计具有战略意义,强调组织结构的变革应该主动适应战略的调整,并提出了多事业部结构是多元化公司的主要形式的观点。第三阶段,竞争战略理论期,代表人物是波特,波特提出了驱动行业竞争的五种力量模型,认为企业可以通过对内部和外部环境的分析来确定将来的发展战略,同时还提出了成本领先战略、差异化战略和独树一帜战略三种基本战略姿态,波特认为,“企业的竞争优势最终来自为顾客创造的价值,或在为顾客创造同等效益时采取相对较低的价格,或者为顾客所提供的超常效益用于补偿溢价部分而有余”。第四阶段,权变战略理论期,代表人物是明茨伯格,他提出了精雕(Crafting)战略,强调企业战略的制定并不是一成不变的,应随着环境的变化而进行适应性的调整。到了20世纪90年代,波特通过《竞争优势》、《竞争战略》和《国家竞争战略》三本论著构建了产业分析法,并使竞争战略理论发展成为战略理论的主流。然而,波特的竞争战略理论存在着侧重于产业特性研究和研究焦点放在外部环境中等缺陷。第五阶段,企业资源观战略管理理论期,认为企业持续竞争优势来自企业资源积累与配置所获得的资源异质性。

随后兴起的以资源基础论和企业动力能力论为基础的核心能力理论把战略思想引向企业内部研究,关注企业的异质性与成长,代表人物是美国学者普拉哈拉德与哈默(Prahalad & Hamel)。

但 Priem 和 Butler 等认为资源基础观(RBT)对资源的界定和解释存在着模糊和同义反复现象,并且不能全面解释在快速变化的动态环境中企业为什么能获得竞争优势,而核心能力论研究方法的静态性以及过于强调企业现有知识和能力的有效性,易使企业核心知识和能力出现刚性或惰性化的趋势。在动态环境下企业只能获取一系列暂时竞争优势,但资源基础理论无法回答和解释一系列暂时竞争优势应当如何获取。在此背景下,蒂斯、皮赛诺和苏安(Teece,Pisano and Shuen)以资源基础理论以及核心能力理论为基础提出了动态能力理论(Dynamic Capabilities Perspective,DCP),随着研究的深入,动态能力理论在当代战略管理领域得到迅速发展。

一、核心能力

企业核心能力理论的提出标志着战略管理理论发展到一个新的阶段,自从核心能力理论提出以来,国内外学者对核心能力的界定、识别、评价、培养和规划等方面进行了深入研究和探讨,学者们分别从理论研究和实证研究两方面入手提出了许多有价值的理论观点。

(一)核心能力概述

1990年美国学者普拉哈拉德与哈默(Prahalad & Hamel)在《哈佛商业评论》上发表了战略管理史上划时代的研究论文《企业核心能力》(the Core Competence of Corporation),他们将“企业核心能力”定义为“是组织中的积累性学识,特别是关于协调不同的生产技能和有机结合多种技术流派的学识”。核心能力反映了组织对企业拥有的资源、知识和技能的整合能力,即组织的学习能力,它不仅表现为关键技术、设备或运行机制等,更为重要的是它们之间的有机融合,核心能力强调从企业过去的成长历程中积累而产生,其形态基本上是结构性的和隐性的,关键在于“协调”和“有机结合”。

自从企业核心能力概念提出后,许多国内外学者又分别从不同角度对核心能力进行了研究。美国麦肯锡咨询公司研究指出,核心能力是某一组织内部积累起来的一系列互补知识和技能的结合,它具有使企业一项或多项业务达到所在领域一流水平的能力。该表述体现了核心能力的市场竞争性。利奥纳多·巴顿(Leonard Barton)认为,核心能力是企业内部技术系统、管理系统、员工的知识和技能以及价值规范四个方面的知识集合，主要体现了协调各种生产技能和整合各种技术的作用，它是一种知识群、专有能力和行动能力。蒂斯、皮赛诺和苏安(Teece、Pisano and Shuen,1990)将核心能力表述为，在所在领域内为企业提供竞争能力和支柱优势的一组与竞争对手相异的技能、互补性资产和规则。费尔(Fiol)认为，核心能力不仅包括企业有形资产，还包括对企业有形资产的认知以及转化为行动的理解。蒂斯(Teece)则将核心能力概括为存在于企业内部并能为企业带来竞争优势的一系列不同技能、互补性资产和规范的总和。埃里克森和米克尔森认为核心能力是组织资本和社会资本的有机结合。艾尼(Allee)在普拉哈拉德与哈默(Prahalad & Hamel)的研究基础上提出了核心知识能力和核心运作能力的观点，核心知识能力是使企业能快速、高效地生产高质量的产品和提供良好服务的过程和功能，核心运作能力是很多企业在特定商务领域成功的独一无二的、很难模仿的知识、专长和技术知识，并认为更新知识是保持竞争优势的关键，不仅包括增强当前知识，还包括获取未来知识。

核心能力理论还处于发展之中，学者们的研究结论可以概括为资源能力论、网络论、协调论、组合论、知识创新论、元件-构架论、平台论、技术能力论、体制文化论、价值论十个方面。

(1) 资源能力论。包括资源载体论、能力载体论和资源与能力的整合论。资源载体论代表人物有理查德(Richard)、巴雷(Barney)、潘诺斯(Penrose)等，主要内容为：企业核心能力表现为一系列稀少且难以模仿的资源，该种资源决定了组织内其他资源(包括实物资源、无形资源和财务资源)的运用和配置方式，是企业持续竞争优势的关键来源。能力载体论代表人物有戴维(David)等，主要内容为：核心能力是组织内很难被竞争者所模仿的一组独有的技术能力、技巧、知识和具有价值创造能力的上述元素的组合。资源与能力的整合论代表人物有普拉哈拉德与哈默(Prahalad and Hamel)、汤普(Tampoe)等，主要内容为：高知识和高技能的个人只有组合成团队以及有经验的人力资本才可以构成企业的能力，企业能力不能交易而无形资源可以交易。

(2) 网络论。代表人物有克斯勒(Kesler)、克来恩(Klein)、琼斯(Jones)等。主要内容为：核心能力表现为各种技能及根据其相互关系所构成的技能网络。能力维度为：各种技能及根据其相互关系所构成的网络。可以将公司的技能图通过聚类分析得出公司的技能网，从而识别公司的核心能力。

(3) 协调论。包括资产与技术的协调和资产与机制的协调。资产与技术的协调代表人物有温特奇德(Winterscheid)、托马斯(Tomas)、杜让德(Durand)等，主要内容为：企业内将技能、资产和运作机制有机融合的企业自组织能力是企业可持续竞争优势的来源。核心能力是企业内有形与无形资产的协调整合。资产与机制的协调代表人物有利奥纳多·巴顿(Leonard Barton)等，主要内容为：企业的核心能力是企业互补性资产、多方面技能和运行机制的有机协调和融合，综合反映了全部核心资产的运用，是各种技术系统、管理规定等机制性因素与技能性因素的有机组合。

(4) 组合论。代表人物有普拉哈拉德(Prahalad)和库布(Coombs)。主要内容为：核心能力表现为组织拥有的各种能力的协调和组合，具体包括核心制造能力、核心技术能力、企业战略管理能力、核心营销能力和组织管理能力等各种能力的组合，可分解性强。

(5) 知识创新论。包括知识载体和技术创新两个方面。知识载体方面的代表人物有哈若尼(Aharoni)和利奥纳多·巴顿(Leonard Barton)等，主要内容为：核心能力是指企业如何获取、创造、扩散与运用深植于人和机器中的核心独特知识的一种技巧和秘诀，竞争优势来自知识的运用。核心能力表现为知识载体，即用各种知识载体来指示员工、管理系统、技术系统、价值与规范。技术创新代表人物有理夫（Neef）和戴乐（Dale）等学者，主要内容为：核心能力是指企业持续地创新产品和服务以适应市场的能力，持续创新管理和营销手段的能力，企业技术及创新能力趋同并几乎等同于核心能力。

（6）元件—构架论。代表人物有亨德尚（Henderson）和库克波恩（Cockburn）等。主要内容为：核心能力表现为元能力与构架能力等各种能力的构成，通过企业的构架将若干的能力元组合起来的能力，强调能力的组合，以组合创新过程为基础，可分解性与可操作性强，具有系统观，但定量较难。

（7）平台论。代表人物有梅耶（Meyer）和乌特班克（Utterback）等。主要内容为：核心能力表现为用户洞察力、组织能力、产品技术能力、制造工艺能力，即企业通过产品平台连接市场的能力，所包含的每个能力都与市场有关，实证研究发现企业核心能力和市场绩效之间存在因果关系，但对组织和文化因素考虑较少。

（8）专利技术能力论。代表人物有帕特尔（Patel）和帕维特（Pavitt）等。主要内容为：核心能力表现为获取专利和显在的技术优势的企业能力，即用专利表示的相对技术能力。专利技术能力论易于定量描述，没有考虑组织和文化因素。

（9）体制文化论。代表人物有福斯（Foss）等。主要内容为：在动荡环境中企业的生存和发展依赖于获取竞争优势，企业战胜对手赢得市场的能力核心是企业文化与价值观，体制、制度和文化是企业最基础和最深层次的核心能力，是企业发展其他竞争力的支持平台和原动力，其他竞争力的获得、培育和发展离不开组织的体制文化，并与核心竞争力共同组成核心竞争力系统。

（10）价值论。代表人物有哈默（Hamel）和威廉（William）等。主要内容为：核心能力的载体是消费者剩余，主张企业应该通过制度创新、管理创新和技术创新为顾客提供更多、更好的消费者剩余，并在此基础上以企业核心价值观为主导构建企业核心能力体系。该理论认为核心能力的本质内涵是消费者剩余。

（二）核心能力的特征

普拉哈拉德与哈默（Prahalad & Hamel）将核心能力的特征概括为难以模仿，为顾客创造巨大价值和通向多样化市场的途径三个方面，皮特（Petts）将核心能力的特征概括为不可模仿性、复杂性、持久性、不能观性、不可替代性、专有性和优越性七个方面，汤普（Tampoe）将核心能力的特征概括为不可模仿转移和复制、一种取得长期持续竞争优势的独特能力、显著增加产品和服务的最终价值、不可观、比单独的差异能力强、组织中数量有限、战略观或组织决策的根本、企业存在的根本八个方面。还有格兰特（Grnat）等许多学者也对核心能力的特征做了研究和分析，这里不一一阐述。综合学者们的研究结论，本书将核心能力的特征概括为八个方面。

（1）价值优越性。企业核心能力是企业可持续竞争优势的源泉，它在为组织创造价值方面，比竞争对手更优越，战胜对手的能力更强，它的价值表现在能给客户和企业带来价值，而这种价值对于企业来说往往是战略性的。企业要生存和发展，归根结底还是要看企业生产的产品和提供的服务在消费者心目当中是否比竞争对手质量更好、价格更低、服务更好，企业的一切活动的终极目标是提升消费者的生活品质，企业要比竞争对手更快更好地研发新产品或新服务，只有企业的产品和服务能不断地被消费者认可和接受，企业为自己和消费者创造的价值才会更多，甚至获得超过同行业平均利润水平的超额利润，而这种价值优越性的产生和发展都源于企业的核心能力。核心能力的价值性还表现在有利于企业效率的提高,在创造价值和降低成本方面比竞争对手更卓越,因此它能够给消费者带来更多的独特的价值和利益,即独特的消费者剩余,它能满足消费者的核心利益需求,这也正是区分核心能力和非核心能力的关键所在,例如,沃尔沃汽车在满足用户的安全性需求方面做得最好,沃尔沃汽车在生产安全性汽车方面具有核心能力;本田公司在生产世界一流的发动机和传动系统方面也满足了消费者的核心利益需求,说明本田公司在该领域具有核心能力;微软公司在为用户提供的强大的互动界面方面也具有核心能力。

(2) 不易模仿性。核心能力是企业从创立、成长、一直发展到现在长期逐渐积累形成的"积累性学识",深深地烙上了企业特殊文化、特殊组成、特殊经历的印记,尤其是其核心价值观的印记,具有企业特殊的"基因"特征,在企业所在领域是独一无二的,其他组织不易模仿。企业核心能力渗透于企业的各个环节、各个层次和各个方面,它是组织特定环境、特定文化、特定技术因素、特定员工、特定组织结构、特定管理和特定领导方式综合作用的个性化产物。四个方面的原因决定了核心能力的不易模仿性:第一,仿制者的认知限制,核心能力是存在于组织各个方面的综合素质,组织尽管对自己的特殊能力比较了解,但对核心能力形成的深层次原因以及各种因果关系很难表达清楚,这有力地妨碍了竞争对手的模仿;第二,隐性知识不易模仿,核心能力的异质性中有很多成分往往很难用文字、语言、符号进行表示,这就是核心能力中的隐性知识成分,由于隐性知识的难言性,造成了核心能力的不易模仿;第三,仿制者的时间障碍,核心能力是组织从创立之初一直发展到现在长期积累形成的产物,具有很强的路径依赖性,核心能力中关于文化方面的组成部分与组织特定的发展历史有关,由于历史的无法重复性,导致这部分核心能力无法仿制;第四,仿制者的经济障碍,拥有核心能力的企业所开发的新产品和新服务上市后,很容易获得先发优势和市场先机,能迅速在消费者心目中树立品牌形象,同时,为了阻止竞争对手的加入,往往会将所采用的新技术变成行业标准,不仅降低了本企业的成本而且还使竞争对手处于价格劣势。

(3) 延展性。核心能力在组织中可以扮演"种子"的角色,具有延伸特性和拓展特性。从纵向延伸视角看,可以利用核心能力将原有产品或服务进行升级换代;从横向延伸视角看,主要是利用核心能力的"种子"角色开发新产品和新服务,企业拥有核心能力后,可以将核心产品作为"种子"和平台,将其组合到其他产品、服务或业务中,从而衍生出一系列最终新产品、新服务和新项目,核心能力就像催化剂可以对产品创新、服务创新、项目创新和持续竞争优势的获取起到催生和促进作用。核心能力的辐射和衍生作用不仅可以使企业在原有领域中保持持续竞争优势,还可以创新和拓展新的相关领域和相关市场。企业一旦在某一领域形成核心能力,就可以通过核心能力的"种子"效应在相关领域衍生出一系列有竞争力的新技术和新产品,从而进入或创造出许多新市场,以最大限度地满足消费者的现实和潜在需求,核心能力的延展性使得拥有核心能力的企业可以进行多元化经营。例如,佳能公司的核心能力表现在成像技术、光学镜片和微处理控制技术方面,因而佳能公司利用核心能力的延展性进入了复印机等20多个市场领域。

(4) 稀缺性。核心能力的稀缺性表现为组织对核心能力的"独占性",它是组织在长期经营和发展中所逐渐积累起来的独有的学识,对于组织站稳市场击败竞争对手起到了决定性的作用,核心能力的"独占性"决定了不同组织间具有异质性。企业的能力有许多种类,只有满足了"稀缺性"或"独占性"的能力才能称为核心能力,否则就不是核心能力而是一般能力,核心能力之所以能够使组织拥有持续竞争优势和可持续发展能力，就是因为本组织的核心能力在竞争企业里是稀缺的。

（5）知识性。企业的核心能力是企业在长期发展过程中逐渐积累起来的以企业资源和能力为基础的具有稀缺性和异质性的智力资本，正如普拉哈拉德与哈默（Prahalad & Hamel）所言，是组织中的积累性学识，特别是关于协调不同的生产技能和有机结合多种技术流派的学识，核心能力的知识性可以划分为显形知识和隐性知识两个方面，但核心能力的精髓往往表现为隐性知识。

（6）不可替代性。核心能力的不可替代性是由其稀缺性决定的，核心能力对于企业来说就像战略性资源非常珍稀，非常宝贵，企业的其他能力无法取代，对于竞争对手来说，也无法获取或用其他资源进行替代。

（7）动态发展性。企业的核心能力是企业在过去发展过程中逐渐积累起来的独有学识，是过去成功经验和智力资本的积累，其动态演变和发展具有历史必然性和客观必然性，企业的内部环境和外部环境是动荡的、复杂的和变化的，这决定了企业必须与时俱进，对核心能力进行创新和升华，以保证企业与环境的协调一致及和谐发展。因此，对于核心能力组织应将其作为变量来看而不能作为常量来看。

（8）核心刚性。核心能力是企业竞争优势的源泉，能使企业获得高额市场回报和财务回报，然而当企业的环境发生变化时，原有的核心能力又可能阻碍企业的发展和变化，此时，核心能力转变成了核心刚性。在对待核心能力的态度上，企业往往面临着两难选择：一方面，为了获得竞争优势，企业应加强现有核心能力的培育和完善，因为核心能力的稀缺性、不可替代性、延展性和不易模仿性能够为组织和顾客创造卓越价值；另一方面，当企业花力气利用现有资源和能力培育并完善核心能力已形成路径依赖时，环境的变化、竞争对手的变化和新技术的出现可能使企业竭尽全力培育出的核心能力过时，甚至会阻碍企业的变化。利奥纳多·巴顿（Leonard Barton）研究发现，由于企业过分强调目标的实现，核心能力往往会演变成核心刚性，并认为核心能力刚性具有内部限制创新、迷信以往经验、限制未来创新、外部新知识被滤除四个方面的特征。核心能力刚性又称为核心能力刚度，是组织核心能力形成并为组织创造竞争优势的同时，又对组织核心能力的发展和变革发挥负面影响的因素。核心刚性形成的原因包括过分强调财务目标、组织成员的认知能力与认知惯性、厌恶风险的倾向、组织的现行学习过程、资产专用性、决策有限理性、忽视环境变化、知识积累的客观结果、企业惯例、程序和传统观念等因素。

二、动态能力

“为什么同一产业中的不同企业有不同的绩效表现”这一问题是战略管理研究的基本问题，波特（Porter）认为环境影响企业的战略和能力以及是否赢利，主张应对产业和竞争者进行关注并详细分析，但却忽视了对企业内部要素的研究，而资源基础学派和能力学派弥补了这方面研究的不足，主张对企业内部要素进行分析。随着企业外部市场环境和技术环境的动荡性和不确定性加剧，企业间的竞争日趋激烈，企业很难获得持续竞争优势，由于资源基础学派落入了“静态研究”视角以及核心能力理论陷入“核心能力刚性”，导致蒂斯（Teece）等在 1997 年提出了动态能力理论，并将动态能力定义为“企业整合、建立和重构内部和外部能力以应对快速变化的环境的能力”。他们认为动态能力包括组织和管理过程（Organizational and Managerial

Proeesses）、位势（Position）和路径（Paths）三个方面的内容，从而构成了动态能力的“3P”战略分析框架。

对于动态能力的定义，许多学者进行了研究和探讨，佐卢（Zollo）和温特（Winter）在2002年认为，动态能力是组织在动态环境中进行持续集体学习的行为模式。竹特（Zott）在2003年研究指出，动态能力是动态环境中组织所形成的指导组织资源构建并内化到运营惯例中的日常组织程序。扎若（Zahra）、萨蓬（Sapienz）和戴维森（Davidsson）在2006年提出，动态能力是企业主要管理者在复杂环境中以正确方式重构组织资源与惯例的能力。赫尔佛特（Helfat）等在2007年研究指出，动态能力是企业为适应变化的环境而有目的地创造、延伸和修正企业现有资源的能力。安波斯尼（Ambrosini）和波曼（Bowman）在2009年研究认为，动态能力是为应对环境变化而整合与重构组织现有资源的能力。巴瑞托（Barreto）在2010年提出，动态能力是企业在变化环境中所形成的潜在的系统解决问题的机制。

资源基础学派和核心能力学派在解释企业持续竞争优势的来源时往往从静态的视角进行研究，原因在于两个学派都假设外部环境保持不变，另外，企业的竞争优势一旦确立，马上就会受到竞争者和创新者的侵蚀，当竞争对手成功模仿之时或创新者发明新技术之时也就是企业丧失竞争优势之时，企业要想永葆青春就必须拥有持续竞争优势。核心能力理论的出现似乎让人们看到了希望，但随着知识经济的出现和经济全球一体化的到来，企业外部环境更加动荡不定，企业间的竞争更加激烈，人们逐渐认识到了核心能力的刚性。动态能力理论强调组织的能力应与环境相协调和相适应。企业动态能力的形成机制主要有以下几种观点：蒂斯（Teece）等1997提出了动态能力的“流程—位势—路径”模型，即“3P”战略分析框架，认为动态能力的形成机制是由公司资产所处位势以及历史发展路径决定的；佐卢（Zollo）和温特（Winter）认为，公司内的组织学习机制引导着组织动态能力的形成过程；赫尔佛特（Helfat）和皮特若夫（Peteraf）认为，企业动态能力的形成过程往往也是知识形成的动态过程；杜斯（Dosi）根据自然轨道思想理论，提出了“技术轨道”论，认为企业动态能力的形成过程就是企业形成技术范式和技术轨道的过程。

动态能力是指企业为了应对环境的变化，整合和重构组织内部和外部竞争力以获取持续竞争优势的能力。通过对动态能力的定义以及形成机制进行分析，可以发现，动态能力具有创新性、主动性、开拓性、权变性和价值性五个方面的特征。“动态”是指更新竞争力的能力，以动态适应复杂变化的环境，“能力”是改变运营操作能力的能力，强调在动态环境中正确整合、重构组织内部和外部资源及职能竞争力的能力。

第二节　从资源到能力

一、资源的概念

传统的战略研究认为，产业中各个企业追求的战略和控制的资源是相同的，资源是流动的，企业竞争优势不是来源于资源的异质性；资源基础理论刚好相反，认为企业的资源是不可流动的、异质的且能长期维持。

格兰特（Grant）认为资源是企业生产过程中所投入的各种要素，包括品牌、雇员的个人技能、专利和机器设备等，其本身很少具有生产性。巴蕾（Barney）将企业资源定义为，企业掌握和控制的所有信息、知识、资产、能力、企业特性、组织过程等要素的总和,并通过这些要素制定和实施战略,最终促进组织效率与效力的提升。他将企业资源划分为物力资本资源、人力资本资源和组织资本资源三类,认为并不是企业全部的物力资本资源、人力资本资源和组织资本资源都是企业核心能力和竞争优势的来源,只有在企业制定和实施正确战略时起决定性作用的物力资本资源、人力资本资源和组织资本资源才是企业的战略性资源。

通过上述学者们对资源的描述可以看出,企业资源是一个很广的范畴,在内涵上更接近于生产要素,但这些对资源的定义是孤立的、静态的。普瑞姆(Priem)和巴特勒(Butler)认为上述定义并没有区分资源和能力,实际上,企业之所以能够获取经济租金,并不仅是因为企业拥有资源,更主要是因为企业拥有能够更好地利用其资源的独特能力,即企业配置和使用资源来创造经济租金的独特能力。克里斯蒂森认为能力不只是资源简单的组合。瑞得(Reed)和德夫里皮(Defilippi)认为企业可持续竞争优势的获得与企业中资源的模糊性有密切关系,认为难以言传性、专属性和复杂性三个因素构成了资源的模糊性,实际上资源的难以言传性指的是隐形知识,隐形知识难以言传和交流,它不仅可以阻止竞争对手的模仿,而且也可以防止知识的外流。艾米特(Amit)和斯库马克(Schoemaker)将企业资源定义为,企业可以控制的要素存量。资源可以通过诸如技术、管理、领导、激励、信任等要素和机制转化为产品和服务,能力是以信息为基础并通过资源之间的有形和无形流程的互动转化而来。

前已述及波特的传统竞争位势理论侧重于强调环境的作用,基础资源理论侧重于静态分析视角,核心能力理论过分强调了能力且易陷入"核心能力刚性"。蒂斯(Teece)提出的动态能力理论有效地弥补了上述理论的不足,并将企业的资源划分为四个层次:第一层次是生产要素和公共知识;第二层次是专有资产,包括品牌、专利、制度、专有技术和财务资产等;第三层次表现在将生产要素、公共知识和专有资产进行整合的程序、惯例和管理活动的能力;第四层次是企业持续获取并整合内外部信息、资源、技术的能力。企业可以通过已识别的路径依赖和市场位势,持续获得竞争优势。

二、皮特亚夫(Peteraf)的资源观分析框架

皮特亚夫(Peteraf)认为,从资源到能力并形成竞争优势需具备四个要件,即资源异质性、资源非完全流动性、事前隔绝竞争性和事后隔绝竞争性。异质性能使企业在某个领域获得相对竞争优势,竞争对手难以模仿且不可替代,从而使企业获得经济租金;非完全流动性指核心能力中的隐形知识很难外流,从而使资源产生的租金仍为企业所拥有;事前事后隔绝竞争性指发挥竞争的隔绝机能,使企业以低于租金的成本获取优质资源和长期占有已获取的租金,从而使竞争优势具有持续性。图9-1表明了四个要件与经济租金之间的关系。

三、西蒙的资源—能力—竞争优势转化过程

企业如何将资源转化为能力,西蒙在2007年提出的资源—能力管理框架模型较好地阐释了这一问题。该理论将资源转化成能力划分为三个阶段:第一阶段是构建资源组合,包括资源的获取、积累和剥离,资源的获取是指通过购买、收购或兼并等方式从战略要素市场上获得各种生产要素资源,资源的积累是指资源的内部发展,可以构建避免被竞争者模仿的隔离机制,资源的剥离是指企业剥离已失去价值的资源。第二阶段是对资源进行整合以形成能力,包括

稳定化整合、丰富化整合和开拓化整合三种方式,稳定化整合又称为渐进式整合,是对已有能力进行渐进式革新,丰富化整合又称为延伸和精细化整合,也即对现有能力进行延伸和精细化革新,开拓化整合又称为探索式整合,通过探索式学习整合全新的资源,从而使组织获得新的竞争优势。第三阶段是能力发挥,可以划分为能力动员过程、能力协调过程和能力配置过程三个互补的过程,使企业的能力发挥出来为顾客创造价值。能力动员过程指为了适应环境的变化,识别出企业需要的能力,从而设计必需的能力构造的过程。能力协调过程是指对于已动员的能力,通过主动而有效的协调和整合使之发挥能力。能力配置过程是指为了实施企业的战略计划,将协调后的能力组合配置到各个指定的任务环节的过程。西蒙的资源—能力—竞争优势转化过程如图 9-2 所示。

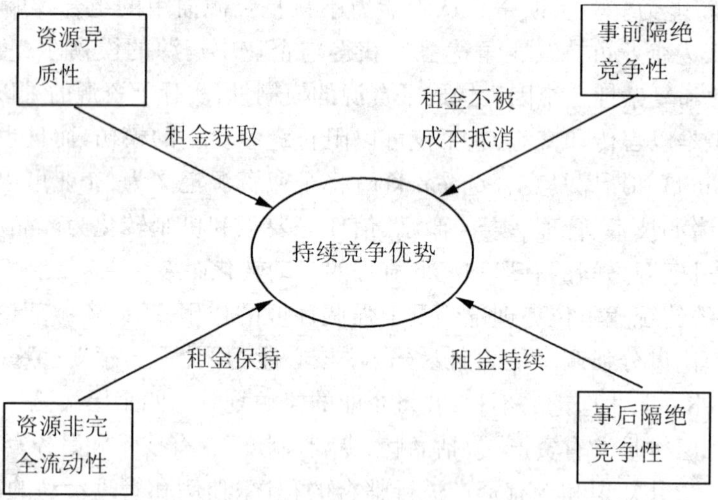

图 9-1 皮特亚夫(Peteraf)的资源观分析框架

资料来源:Peteraf, M. A. The cornerstones of competitive advantage: a resource-based view[J]. *Strategic Management Journal*, 1993, 14(3): 179-191.

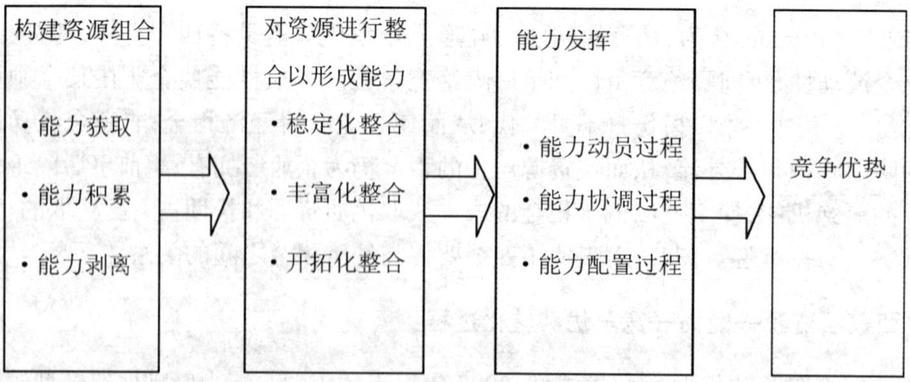

图 9-2 资源—能力—竞争优势转化过程

资料来源:Simon, D. G., Hitt, M. A., Ireland, R. D. Managing Firm Resources in Dynamic Environments to Create Value: Looking Inside the Black Box. *Academy of Management Review*, 2007, 32(1): 273-292.

第三节 组织运营概述及常规组织与任务型组织的运营

自近代社会以来,社会上所看到的组织基本上是官僚制的常规组织,由于环境变动相对缓慢,组织只要承担起常规性和可预见性的任务,就能够较好地实现社会功能,但随着20世纪后期知识经济和全球经济一体化的到来,组织所处环境动荡性加剧,环境的不确定性程度越来越高,任务型组织由于其灵活性较高而使其社会功能日益彰显,因此本章将组织的运营划分为常规组织的运营和任务型组织的运营。组织的运营对于组织的生存和可持续发展具有战略性意义,蒂斯(Teece)等研究指出,组织绩效的提升除了依靠创新以外,还需要供应链管理能力、制造能力和顾客服务能力等互补性资源共同发挥作用。

一、组织运营概述

组织的运营不仅包括制造业的运营,还包括服务业的运营,其实质都是将生产要素经过转化系统转化成产品或服务,本书将其统称为运营。

运营系统是组织大系统中的一个子系统,为了执行战略计划和实现价值增值,制造企业和服务企业都需要向运营系统输入人员、知识、设备和工具、原材料、资金、能源和信息等生产要素,经过运营系统的转化过程,包括制造业的制造过程和服务业的服务过程以及两者都需具备的管理过程(包括对质量、成本、设备和库存的管理过程),将输入的生产要素转化为输出,即制造业的产品和服务业的服务,从而完成了运营系统的职能,实现了价值增值。为了满足消费者的需求以确保满意的产出,需要在转化过程的各个环节以及输出环节进行监控,转化环节各个阶段的产出须与制定的标准进行比较,输出阶段的最终输出须与顾客的订单进行比较,通过信息的反馈决定运营系统的各个环节是否需要进行修正和调整。组织运营系统如图9-3所示。

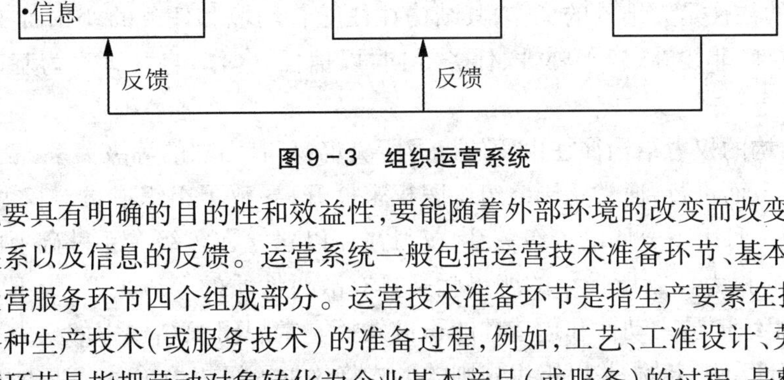

图9-3 组织运营系统

运营系统要具有明确的目的性和效益性,要能随着外部环境的改变而改变,要注意协调好各个环节的关系以及信息的反馈。运营系统一般包括运营技术准备环节、基本运营环节、辅助运营环节和运营服务环节四个组成部分。运营技术准备环节是指生产要素在投入运营系统以前所进行的各种生产技术(或服务技术)的准备过程,例如,工艺、工准设计、劳动组织和定额等。基本运营环节是指把劳动对象转化为企业基本产品(或服务)的过程,是整个运营系统的核心,占有主导地位。辅助运营环节是指为了保证基本运营环节的实现,必须在组织内部进行的各种辅助性支持活动，如动力提供和设备维修等。运营服务环节是指为基本运营环节和辅助运营环节提供各种生产服务的过程，如原材料的供应和库存等。

组织运营产生于18世纪后半叶的英国，主要是伴随着工业革命的兴起而产生，到了泰勒的科学管理时期，组织运营逐渐建立在科学管理之上，20世纪出现了流水线、全面质量管理、准时生产制、精细生产、企业再造和智力资本等管理方法和理论，使组织运营跃上了一个新的台阶。

组织运营的任务包括确立目标、配置资源和协调三个方面。确立目标主要是确定组织战略的实现方式，主要表现在短期经营计划。配置资源是指为了保证组织运营的正常进行，需要对运营系统各个环节的资源进行优化配置，以保证资源效用的最大化。协调是指为了确保任务的完成，需要对运营系统内各个部门、各个环节的目标和其他方面的矛盾进行协调。

二、常规组织的运营与任务型组织的运营

整个工业社会的文明伴随着一种最为显著的组织形式——官僚制组织形式，自20世纪初韦伯提出了官僚制组织形式以来，整个社会的管理步入了稳态的、有章可循、安排有序和有据可依的理性化道路，社会处于低度复杂状态，组织经常承担重复的任务，组织活动可复制性高，官僚制组织形式也就成为一种显性化的常规组织形式。然而随着20世纪后期第三次科技革命的推动，人类社会已进入了后工业化社会，组织环境正处于从低度不确定向高度不确定方向发展，现代社会的不确定性和复杂性程度远远高于以往任何时期，整个社会经济水平、组织文化、社会结构、思想观念都发生了深刻的变革，以前稳定的环境已经不复存在，各种突发事件、紧急情况层出不穷，于是各种任务型组织应运而生，任务型组织是指围绕某个特定任务的解决而建立起来的一种组织形式，任务完成即予以解散。任务型组织与以往的官僚制组织形式即常规组织相比有着许多不同的特点。

常规组织结构的设计以谋求确定性和追求简单化的思维定式为基础，是基于应对可预见的和稳定的环境而做出的设计，以维持组织自身的生存和稳定为目标，社会生活的各个层面和各个环节都被纳入到官僚机构的管理范围，组织结构呈现出平衡态的、静态的、封闭的、僵化的和线性的特征。官僚制组织形式在工业化社会因其工具理性，从而为人类社会创造出了巨大的社会物质财富，但在20世纪后期后工业化社会中，由于其存在的种种弊端而受到人们的广泛批判，沃伦·本尼斯曾经列举了官僚体系的十大缺陷。任务型组织以完成任务为导向进行设立，其所从事的往往是无结构的工作，其结构往往随着环境和任务的变化而变化，具有动态性、临时性、开放性、非线性、扁平弹性、任务导向，以信任、合作、自我管理为基础的组织结构特征。

常规组织结构的权力结构往往由职位权力所决定，具有强烈的等级关系，常规组织的运转很难围绕组织任务而进行，通常是围绕组织职权来展开，导致了组织成员对权力的崇拜，权力关系实质上就是一种上下分明的等级关系，权力往往以建立在等级关系基础上的权威表现出来，常规组织中的权力控制所带来的恶果就是具有敌对性质的等级关系，上下级信息沟通困难，从而抑制了组织成员主动性和创造性的积极发挥。常规组织结构中的权力关系是追求组织效率的工具理性所决定的，并以组织规则的形式将这种等级权力关系合法化和稳定化，但这种金字塔式的权力等级关系很难适应动荡和复杂的环境，从而造成组织低效的状况。

而任务型组织里权力关系往往是不确定的和变化的，常常根据任务的需要而对权力关系加以调整，权力会以更为多样的形式表现出来，组织成员也往往拥有自主创新的决策权，权力主体间也常常表现出平等的相互依存、相互制约和相互影响的网络模式关系，超越了常规组织中不平等的线性作用模式。任务型组织里成员拥有的知识是权力的主要来源，知识与权力相等同，实现了权力与知识的相结合和权力与责任的统一，不再强调等级职位的重要性而是强调在任务型组织网络结构上的地位的重要性。

常规组织往往有着稳定的资源获取渠道，资源获取对通过竞争方式而赢得的“路径依赖”程度较高，且往往会存在着保有和控制资源的目的。而任务型组织在资源获取上通过信任与合作的方式获取资源，“路径依赖”程度较低，具有不确定性的特征。

任务型组织在完成任务后就应按照规定的解散程序立即解散，其解散是一个合理、合法、有计划、有步骤的自觉和理性的过程。而常规组织往往存在着解体而不存在解散的问题。

第四节 组织运营的主要理论

20 世纪 50 年代以来，三种重要的管理思想和两种重要的生产方式改变了组织的运营模式，即朱兰和戴明的“全面质量管理思想”、塔温波特和哈默的“企业再造理论”和思图尔特的“智力资本理论”以及丰田汽车公司的“准时生产制 JIT”和“精细生产 LP”。下面分别进行介绍。

一、全面质量管理

（一）全面质量管理的概念

20 世纪 60 年代美国通用电气公司的质量总经理费根堡姆率先提出全面质量管理（Total Quality Management，TQM）的思想。费根堡姆认为产品的质量控制不应只是制造过程的事情，而应贯穿于产品的设计、试制、生产、检验到入库保管的全过程，解决质量问题的方法不能只局限于数理统计方法和检验。

质量管理经历了产品质量检验阶段（20 世纪 20—30 年代）和统计质量控制阶段（20 世纪 40—50 年代），最后发展到全面质量管理阶段（20 世纪 60 年代至今）。质量管理发展的三个阶段比较如表 9-1 所示。

表 9-1 质量管理发展的三个阶段比较

序号	比较内容	产品质量检验阶段	统计质量控制阶段	全面质量管理阶段
1	生产特点	以手工及半机械为主	大量生产	现代化大生产
2	管理范围	限于生产现场质量管理	限于生产现场质量管理	产品形成全过程质量管理
3	管理对象	限于产品质量（狭义质量）	从产品质量向工作质量发展	产品质量和工作质量（广义质量）
4	管理特点	以事后把关为主	把关与部分预防相结合	防检结合、全面管理
5	管理依据	产品质量符合质量规格	按既定标准控制质量	以用户为主、重在产品适用性

续表

序号	比较内容	产品质量检验阶段	统计质量控制阶段	全面质量管理阶段
6	管理方法	主要用技术检验方法	应用数理统计方法	运用多种管理方法
7	管理标准化	标准化程度差	由技术标准发展到质量控制标准	严格标准化,技术和管理标准化
8	管理经济性	忽视经济性	注重经济性	讲究经济性
9	参与管理人员	依靠检验部门和质量检验人员	依靠技术部门、质量检验部门、质量检验人员	依靠全体组织成员

资料来源:蔡世馨、于晓霖:《现代生产管理》,沈阳:东北财经大学出版社,2004.

第二次世界大战以后西方国家私营部门广泛采用全面质量管理方式,取得了卓越的成效,目前,全面质量管理在全世界各个行业的企业里得到了广泛运用和普及。

全面质量管理是企业为了满足消费者明确和隐含的要求,对构想筛选、市场研究、技术评估、商业分析、产品(服务)发展、产品(服务)程序及产品(服务)系统之设计/测试、人员训练、产品(服务)测试与实作、试销、上市准备与推出、推出后检讨等一系列环节和过程建立和运用一整套质量管理体系所进行的系统管理活动。其基本指导思想表现在:综合运用现代科学和管理技术成果,全过程实现用户满意,全过程实现预防为主,全过程实现用数据说话,全过程实现按计划和标准进行实施、检查和处理。

国际标准化组织(ISO)关于"全面质量管理"的定义是:组织在运营中以质量管理为中心,全员参与,通过达到消费者的满意和该组织所有成员及社会的利益而使组织实现长期成功的管理途径(ISO 8402:1994)。全面质量管理强调:以质量为中心、全员参与、运用各种现代化的管理方法和手段、全过程质量和长期经济效益及社会效益,将以前的以事后检验为主转变成以预防为主,将以前的分散管理转变成系统管理,将以前的只满足标准转变成满足消费者的需要。

(二) 全面质量管理的基本工作方法——PDCA 循环

在全面质量管理活动中,美国质量管理专家戴明博士提出了 PDCA 循环,即戴明循环。首先将企业的全部过程、全部活动和全部作业制定出质量计划和质量标准,然后经过计划和标准的实施和检查,找出质量问题所在及原因并进行处理,将成功经验进行总结和发扬,将暂时不能解决的留待下一循环去解决,即实行 PDCA 循环。P(Plan)是计划阶段,D(Do)是执行阶段,C(Check)是检查阶段,A(Action)是处理阶段。PDCA 循环示意图如图 9-4 所示。

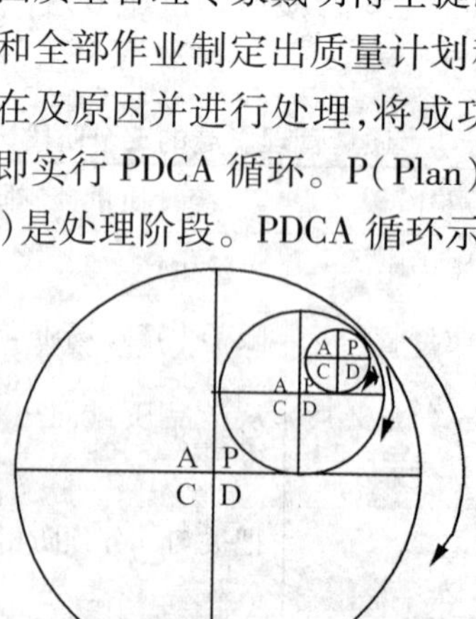

图 9-4 PDCA 循环示意图

1. P(Plan)——计划阶段

第一步骤:分析质量现状,找出存在的质量问题(对所找出的质量问题提出3个问题:能否解决?能否与其他问题结合解决?能否用最简单的方法解决?)。

第二步骤:找出影响质量的各种因素及这些因素如何影响质量。

第三步骤:从影响质量问题的因素中找出主要影响因素。

第四步骤:针对影响质量问题的主要因素制订合理可行的解决措施计划(措施计划要明确5W1H)。

2. D(Do)——执行阶段

此阶段只有一个步骤:确定执行部门和负责人,将制订的措施计划认真执行。

3. C(Check)——检查阶段

此阶段只有一个步骤:根据措施计划检查和衡量质量问题改进所取得的效果。

4. A(Action)——处理阶段

第一步骤:将进行质量问题改进所取得的成功经验和失败原因进行总结,并将成功经验整理后确定为标准和规范,以杜绝类似问题的再次发生。

第二步骤:将本次未解决的质量问题、遗留问题以及新出现的问题转入下一个循环继续解决。

PDCA 循环的特点如下:

(1) 从整个企业的视角看,整个企业的质量保证体系有一个大的 PDCA 循环,而整个企业是由各个部门、车间和班组等微观成分构成的一个大系统,从微观成分的视角看,每个部门、每个车间也有自己小的 PDCA 循环,整体的 PDCA 循环包含局部的 PDCA 循环、局部的 PDCA 循环促进整体的 PDCA 循环、大环套小环、小环促进大环。

(2) 上一个 PDCA 循环结束后又会进入下一个 PDCA 循环,每循环一次,质量问题就会得到一定程度的解决,质量工作就会上一个新台阶,企业的质量水平就像爬楼梯一样循环上升。

(3) PDCA 循环的4个环节中最关键的一环在于A(Action)处理阶段,发现问题后所提出的措施在技术上是否先进、经济上是否合理、方法上是否具有可操作性等直接关系到处理的效果,一定要对每次处理的成功和失败的经验教训进行认真总结,加以制度化和规范化。

(二) 政府全面质量管理

受企业全面质量管理的启发和推动,许多国家的政府也开始运用全面质量管理思想进行政府工作管理。政府全面质量管理可以表述为:政府在工作中以提高决策质量和服务质量为中心,各级政府部门公务员全体参加,运用各种现代化的管理方法和手段,通过达到公民满意和社会利益最大化而使政府实现长期高效运转的管理途径。

20世纪80年代后,美国公共部门正式引入全面质量管理,主要应用于警务、娱乐、公园、人事管理和预算报告等领域,绝大多数州政府采用了全面质量管理,随后美国国防部、能源部、税收署、农业部、内政部、国家航空和宇宙航行局、总务局、退伍军人管理局、环境局、社会保障署等机构也推行了全面质量管理,取得了较好的效果。国外公共部门运用 TQM 的实践状况以及成功经验对于我国各级政府组织质量管理工作的研究和改革起到了很好的借鉴作用。

二、企业再造理论

20世纪70年代起,在世界经济竞争格局中,日本企业对美国企业构成了巨大的挑战,美国经济和企业的不景气笼罩着美国,消费者的需求越来越呈现出个性化和多样化特征,全球经济一体化的程度也不断提高,产品的生命周期也越来越短。在美国多数企业为困境所困时,仍有一些像福特汽车公司、IBM 公司和柯达公司这样的企业通过对原先作业流程的彻底改造而获得了新生。学者们也对新形势下企业的管理理念和管理模式等如何应对环境改变进行了深入研究,1961 年李克特发表了《管理的新模式》,提出了"第四系统"的概念;1965 年,弗勒斯发表了《企业的新设计》,提出了计算机技术条件下新型企业的构想;1972 年,托弗勒提出了"非标准化生产"思想和"众星拱月"组织模式;1985 年,赖斯彼特和阿卜尔丹合著《再创企业》,提出了废除企业官僚体制的思想;1988 年,戴维斯出版《2001 年的管理:现在管理将来》,提出了企业在新环境下的管理策略和经营理念;1990 年,彼德·圣吉出版《第五项修炼——学习型组织的艺术与实践》,提出了建立学习型组织的思想。

在这种背景下,1993 年由美国著名的管理学家米歇尔·哈默(Michael Hammer)和咨询专家杰姆斯·钱皮(James Champy)合著出版了《再造企业》(*Reengineering the Corporation*),提出了企业再造理论(BPR)。所谓企业再造是指,对整个企业的运营流程进行根本性的再思考和创造性的再设计,以使得企业在成本、质量、服务和市场反应速度等方面获得显著性的改善。该书的出版使得企业再造理论迅速在世界范围内传播,被称为管理史上的第二次革命。

哈默和钱皮认为顾客(Customer)、竞争(Competion)和变化(Change)这三种力量(即 3C)对企业的行为产生了冲击,企业为了摆脱困境必须进行企业再造,而不明确的目标、不健全的管理以及员工的抵制和"不配合"(即企业的三不行为)是企业再造的主要障碍。

他们认为要进行企业再造,企业层面应由公司最高管理者向员工描述现行企业流程状况和流程再造后的远景;公司用图表形式描述企业内部各流程间关系和企业内外各流程间关系;选择即将进行再造的关键流程;理解关键流程再造后所形成的新流程应具有的功能;充分利用想象力和创造性思维对流程进行重新设计;最后是实施新的企业流程。

企业在进行流程再造时应重新塑造企业的价值观,新价值观应包含废除官僚体制、以满足消费者需求为中心和以人为本等有利于企业再造的文化体系;重新设计组织成员的工作方式,新的工作方式应充分体现组织成员的热情、能力和职责的结合;重新设计组织考评体系,新设计的体系应运行成本最低且又能达到目的。

从企业再造的规模来分,企业再造可以划分为扩大经营范围的扩大型,缩小规模的缩小型,转换生产经营方向的转换型三种类型;从企业再造的程度来分,企业再造可以划分为根本改造型和改良型两种类型;从企业再造的作用来分,可以划分为将企业救活的挽救型和上规模、上档次的改进型两种类型;从企业再造的方式来分,可以划分为依靠外来力量的外力型和依靠自身力量的自力型两种类型。

企业再造的内容主要包括人的思维方式重组再造、战略再造、组织再造、产权关系再造、营销活动再造、产品结构再造、领导和决策体制再造、人力资源管理再造、企业文化再造 9 个方面的内容。

然而,企业再造要冒巨大风险,稍有不慎就会失败,因此,在进行企业再造之前,企业一定要进行详细的可行性分析。

三、智力资本理论

森尼尔(Senior)于 1936 年最早提出了狭义智力资本的概念,并将其定义为个人所拥有的知识和技能的总和。而真正引起人们重视的是美国经济学家伽尔布朗斯(Galbraith)于1969年所定义的广义智力资本的概念,他认为智力资本由包含知识在内的静态无形资产和有效利用知识的智力性活动两部分组成。从20世纪90年代至今,学者们从不同的视角对公司层面的智力资本进行了探索,埃德文森和麦龙(Edvinsson)和(Malone)将智力资本贡献理解为公司市场价值与账面价值之差,认为智力资本由经验、知识、专业技能、组织技术和顾客关系所组成;布朗克林(Brooking)则认为智力资本由企业所有的无形资产所组成;思迪洼特(Stewart)将技能、理论与实际知识、才智和人际关系,以及上述知识物化的设备和网络等都称为智力资本;埃德文森和苏里万(Edvinsson)和(Sullivan)认为智力资本通过有价值的信息体现。

埃德文森和麦龙(Evinsson)和(Malone)认为,智力资本由人力资本和结构资本所组成,结构资本由顾客资本和组织资本所组成,组织资本由创新资本和流程资本所组成。敦罗斯克(Dzinkowski)将智力资本划分为人力资本、顾客(关系)资本和组织(结构)资本三个部分,这一观点已被学术界普遍接受,如表9-2所示。这三个部分构成了三位一体的有机组合,如果将知识资本比作大树,则人力资本是树根、组织(结构)资本是树干、顾客(关系)资本是枝叶。

本书认为,智力资本(IC)是公司拥有或控制的,能够为企业带来竞争优势的存在于公司经营活动中的包括知识、能力、关系在内的各种无形知识性资源的总和。

表9-2　敦罗斯克(Dzinkowski)的智力资本要素表

人力资本	顾客(关系)资本	组织(结构)资本	
know-how	品牌	智力财产	基础结构资产
教育	顾客	专利权	管理哲学
职业认证	顾客忠诚	版权	公司文化
与工作相关的知识	公司名称	设计权	管理流程
职业评估	订货订单	商业秘密	信息系统
心理评估	销售渠道	贸易标志	网络系统
与工作相关的能力	商业合作	服务标志	财务关系
企业活力、创新与超前、反应能力、改变能力	授权		
	有利的合约		
	特权协议		

资料来源:Dzinkowski R. The Measurement and Management of Intellectual Capital: An Introduction[J]. *Management Accounting*,2000,78(2):32-36.

公司智力资本的特性主要表现为稀缺性、市场性、抽象性、权益属性、价值性、壁垒性、收益递增性和互补性八个方面。智力资本的运营首先从投资智力资本开始,通过对人力资本存量的分析来获得拥有不同技能的人力资源,经过组织层面上智力资本的增值形成智力型的产品或服务,即将智力资本转化为包括技术、专利和版权在内的智力资产,企业经过运营系统将智力资产物化为产品和服务,并投放到市场,从而完成了智力资本的一次循环。

比尔·盖茨创办的微软公司是智力资本兴起的典型代表,微软的成功并不是通过垄断市场和强迫业界接受自己的标准,而是有能力抓住将来的发展趋势,这种能力关键来自于智力资本,竞争对手不是要与微软的某一款产品竞争,而是要与微软庞大的知识库竞争。

四、准时生产制(JIT)

日本丰田汽车公司在初创时期丰田喜一郎就提出“非常准时”的运作思想,20 世纪 50 年代初,丰田公司的大野耐一借鉴美国超级市场的管理方法提出了看板管理方法,并于 1953 年在丰田总公司的机械工厂试运行,1962 年在全丰田公司推行看板管理,20 世纪 70 年代看板管理逐渐被其他行业采用,此后,看板管理逐渐走向世界被越来越多的国家重视和采用。

对于加工装配式生产,有两种不同的发送生产指令的方式支撑着整个生产系统的运营,第一种方式是推进式系统,首先由公司计划部门根据对市场需求的预测,计算出组成产品的每个零部件的需要量、各道生产工序的生产提前期以及各个零部件的投入产出计划,按计划发出生产运营系统的指令,各道工序严格按计划进行生产,物料流和信息流两者分离,这种生产系统的运营方式极易在各道工序间造成半成品的积压和产成品的积压。第二种方式是牵引式系统,根据市场需求即订单上所指出的产品名、规格、型号、数量和交货期,牵引和指导装配线的生产,再由装配线牵引和指导机械加工和毛坯的生产,直至原材料和外购件的采购,下道工序是上道工序的用户,由下道工序向上道工序发出所需要的零部件的品名、规格、型号、数量及交货期,下道工序严格按照指令进行生产。生产系统按照牵引式系统方式进行运作即可实现准时生产。丰田公司的准时生产制就是按照牵引式系统的运作原理来组织生产系统的运作的,上下两道工序之间通过看板进行传递信息,以此带动整个生产系统物料流的运转。

准时生产制(JIT)的出发点是不断杜绝一切浪费,通过按照需要进行生产,降低原材料、半成品和产成品库存量,最大限度实现零库存,提高产品质量和劳动生产率,并围绕这一切进行永无休止的改进。

准时生产制(JIT)的内容主要包括以下几个方面。

(1) 通过生产系统的高柔性实现“零库存”。库存太多首先会占用大量的流动资金,增加库存保管的人力、物力和财力,还会增加市场风险,一旦滞销将会造成浪费;库存最大的弊端在于掩盖了管理中所存在的各种管理不善,库存水平高可以掩盖巨大的废品数量、设备故障、设备能力不平衡、外购件和外协件的供应不及时、设备维修时间过长、设备调整时间过长等方方面面的管理问题,准时生产制(JIT)通过实现“零库存”将会暴露这些管理问题,从而提高整个生产系统的运作效率。

(2) 按“需要”生产,实现生产“同步化”。准时生产制(JIT)遵循“在需要的时候,按需要的量生产需要的产品”,前后两道工序之间通过传递生产和运送指令的看板来进行信息交流和物资流动,工序之间不设库存。

(3) JIT 的工作标准中杜绝一切无效的作业和浪费。企业需对组织系统内部和外部的各项业务工作流程进行深入研究和分析,坚决杜绝一切无效的作业和浪费。

(4) JIT 的产品质量标准中永远追求尽善尽美的境界,实现产品质量的“零缺陷”。企业通过建立质量保证体系和运用全面质量管理(TQM)方法,让用户获得超出一般质量的高质量产品,满足用户对质量的要求,永无止境地追求尽善尽美的产品。

(5) JIT 人力资源管理中的“全员参治”和“少人化”。再好的管理方法最终还是要通过员工来实现,JIT 主张“全员参治”,让组织中的每个员工都参与到准时生产制中来,要求组织内各级员工在各自权限范围内处理工作中存在的各种问题,不断学习和改进工作方法。同时,JIT 生产方式根据订单的多少决定工作任务的多少,并以此为准则配置作业人数和设备,当订单增加时,增加员工,订单减少时,减少员工,用“少人化”管理来实现组织的生产任务,这种弹性作业人数的方法可以最大限度地降低成本,提高劳动生产率。

五、精益生产(LP)

美国麻省理工学院国际汽车项目组(IMVP)在研究了日本丰田生产方式后,于 1990 年在所提交的报告《改变世界的机器》中正式提出了精益生产(Lean Production)制造模式,认为制造业正在由大批量生产方式(MP)向精益生产方式(LP)转变。所谓精益生产是指,顾客需求拉动的生产方式,对产品设计、物流供应和生产系统运作等方面全面消除浪费,旨在用最少的人员、时间和库存,高效率地生产顾客满意的高质量产品。Lean 就是指用最少的资源(时间、人员、场地、投资和库存)生产对用户需求快速响应的高质量产品,精益生产方式(LP)的提出和推广对制造业乃至人类社会都将产生巨大而深远的影响。

在汽车的生产方式上,手工艺生产方式尽管师傅和徒弟拥有高超的技术,但由于组织分散、单件生产、劳动效率低下,所以被大批量生产方式所取代,福特创造的大批量生产方式有一个致命的缺陷——缺乏柔性,即缺乏市场需求变化后,对产品品种变化的适应能力,他的车间设计是按照“单一产品原理”进行的,庞大的专用机器体系是为了永远生产 T 型车而建,不能生产其他车型,缺乏柔性。在 20 世纪后半叶,由于消费者的需求发生了重大变化以及原材料价格上涨和能源紧张,导致福特公司不能为继,只得向精益生产方式转变。三种生产方式的比较如表 9－3 所示。

表 9－3　手工艺生产方式、大规模生产方式和精益生产方式的比较

	手工艺生产方式	大规模生产方式	精益生产方式
解释	少量产出,品种多,定制型产出	大量标准化的产出,以产量为重点,利用劳动分工,专用设备	产出灵活,以质量为重点,强调员工参与和团队工作
产品特点	完全按顾客要求	标准化品种单一	品种规格多样系列化
加工设备和工艺装备	通用,灵活,便宜	专用,高效,昂贵	柔性高,效率高
分工与工作内容	粗略,丰富多样	细致,简单,重复	较粗,多技能,丰富
操作工人	懂设计制造,具有高操作技艺	不需专门技能	多技能
产品和服务	家庭装饰、肖像画、伤势诊断、手术等	汽车、计算机等	与大规模生产相似
库存水平	高	高	低
制造成本	高	低	更低
产品质量	低	高	更高
权力与责任分配	分散	集中	分散
优点	选择范围大,按顾客需求进行制作	单位成本低,通常对工人的技术要求不高	富有柔性,品种多,产品质量高
缺点	速度慢,需要技术工人,无规模经济,成本高及标准化程度低	系统缺乏柔性,过分强调产量,对质量重视不够	员工晋升的机会少,工人压力较大,技术要求高

资料来源:威廉·斯蒂文森.《运营管理》,北京:机械工业出版社,2005;陈荣秋、马士华.《生产与运作管理》(第二版),高等教育出版社,2005.

精益生产的特点表现在以下几个方面。

(1) 消除浪费、创造价值。丰田公司将企业内一切不能增值的因素都称为浪费,例如,不必要的工序、产品的缺陷、闲置的库存等,使包括市场研究、产品开发、制造、销售在内的所有过程和环节中的冗余最小化,采用牵引式系统(又称为拉动式系统)生产方式,最大限度消除浪费,增加价值。

(2) 以员工为中心、强调团队工作。精益生产方式把产品增值的任务最大限度地配置到员工身上,实行以人为本,充分调动每个员工的积极性和创造性,通过团队合作的力量实现目标。

(3) 以"顾客需求拉动"为新产品开发的起点,采用并行工程和适度自动化提高生产系统的效率和柔性。"顾客需求拉动"新产品开发,可以使开发出的新产品迅速响应市场需求,并使工程能极大地提高产品开发系统和生产运营系统的效率,适度自动化能提高生产运营系统的柔性,以适应外部市场快速变化的需求。

(4) 对质量永无止境的追求。通过建立质量保证体系和应用全面质量管理方法确保产品的质量使顾客和企业都满意。

(5) 建立和谐的用户关系和供应厂商关系。主动与用户接触,征求意见,最大限度满足用户的要求;在总装厂与零部件供应厂商之间建立合作伙伴关系,加强双方的交流、沟通与合作;在企业与顾客、企业与合作伙伴之间以创造和谐的外部环境作为处理双方关系的准则。

本章提要

1. 美国学者普拉哈拉德与哈默将"企业核心能力"定义为"是组织中的积累性学识,特别是关于协调不同的生产技能和有机结合多种技术流派的学识"。核心能力理论还处于发展之中,学者们的研究结论可以概括为资源能力论、网络论、协调论、组合论、知识创新论、元件—构架论、平台论、技术能力论、体制文化论、价值论十个方面。核心能力的特征概括为八个方面:价值优越性、不易模仿性、延展性、稀缺性、知识性、不可替代性、动态发展性和核心刚性。动态能力是指企业为了应对环境的变化,进行整合和重构组织内部和外部竞争力以获取持续竞争优势的能力。动态能力具有创新性、主动性、开拓性、权变性和价值性五个方面的特征。

2. 蒂斯(Teece)将企业的资源划分为四个层次:第一层次是生产要素和公共知识;第二层次是专有资产;第三层次是将生产要素、公共知识和专有资产进行整合的程序、惯例和管理活动的能力;第四层次是企业持续获取并整合内外部信息、资源、技术的能力。企业可以通过已识别的路径依赖和市场位势,持续获得竞争优势。

3. 组织的运营不仅包括制造业的运营,还包括服务业的运营,其实质都是将生产要素经过转化系统转化成产品或服务。运营系统要具有明确的目的性和效益性,要能随着外部环境的改变而改变,要注意协调好各个环节的关系以及信息的反馈。运营系统一般包括运营技术准备环节、基本运营环节、辅助运营环节和运营服务环节四个组成部分。组织运营的任务包括确立目标、配置资源和协调三个方面。常规组织的运营与任务型组织的运营有着不同的特点。

4. 全面质量管理的基本指导思想表现在:综合运用现代科学和管理技术成果,全过程实现用户满意,全过程实现预防为主,全过程实现用数据说话,全过程实现按计划和标准进行实施、检查和处理。企业再造的内容主要包括人的思维方式重组再造、战略再造、组织再造、产权关系再造、营销活动再造、产品结构再造、领导和决策体制再造、人力资源管理再造、企业文化再造九个方面的内容。公司智力资本的特性主要表现为稀缺性、市场性、抽象性、权益属性、价值性、壁垒性、收益递增性和互补性八个方面。准时生产制(JIT)的出发点是不断杜绝一切浪费,通过按照需要进行生产,降低原材料、半成品和产成品库存量,最大限度实现零库存,提高产品质量和劳动生产率,并围绕这一切进行永无休止的改进。精益生产是指,根据顾客需求拉动的生产方式,对产品设计、物流供应和生产系统运作等方面全面消除浪费,旨在用最少的人员、时间和库存,高效率地生产顾客满意的高质量产品。

复习思考题

1. 核心能力的含义和特征是什么?
2. 皮特亚夫(Peteraf)的资源观分析框架是什么?
3. 西蒙的资源—能力—竞争优势转化过程的含义是什么?
4. 常规组织的运营与任务型组织的运营有哪些不同点?
5. 全面质量管理的概念和特点是什么?
6. 全面质量管理中 PDCA 循环的含义和特点是什么?
7. 企业再造理论的含义是什么?
8. 智力资本理论的含义是什么?
9. 敦罗斯克(Dzinkowski)的智力资本要素包括哪些方面?
10. 准时生产制(JIT)的含义是什么?
11. 精益生产(LP)的含义是什么?
12. 手工艺生产方式、大规模生产方式和精益生产方式有什么不同?

案例讨论　提品质、树品牌 比亚迪转型谋大局

近两年,汽车市场发展从高速转为平稳后,许多自主车企开始沉下心来思考发展问题,提品质、树品牌成为自主品牌转型的首要任务。为实现二次腾飞,比亚迪将“技术 · 品质 · 责任”提炼为企业的品牌 DNA,集中力量进行品质攻坚,以求达到或超过合资品牌水平。

为了进一步提升产品品质,比亚迪做了大量投入并采取了多项措施。在电子领域,比亚迪与苹果、诺基亚等顶级企业合作,锤炼了过硬的技术水平和品质管理体系;在汽车领域,比亚迪通过与奔驰合作,吸收其严谨的造车理念,重视车辆的安全性和耐久性;在零部件领域,比亚迪吸纳博世、PPG 等知名供应商,进一步提升整车的工艺和可靠性;在制造层面,比亚迪通过收购日本荻原模具厂,保证了所有车型产品工艺上的精度。另外,为了在品质控制方面进一步与国际接轨,比亚迪又在深圳开工建设第二个碰撞实验室,总投入上亿元资金,完全按照欧美的碰撞标准设计,预计到 2012 年 8 月份整个碰撞实验室可完全投入使用。前不久比亚迪成功入选国家级质量教育基地,品质建设成果得到国家认可。

一系列的品质建设成果,反映出比亚迪对自身产品的信心和对用户的责任心,而最实在、最全面的超长质保也正是在此基础上应运而生。比亚迪方面称:“如今比亚迪的战略重心已从销量提升调整为销量、品质并重,公司将致力于产品品质的不断提升,为用户提供最可靠的品质、最真诚的服务,用技术和品质打造核心竞争力,实现品牌的二次腾飞。”

一、比亚迪发布IQS10展现品质实力，品质达到或超过主流合资水平

汽车产业发展至今，品质日益成为考量产品力的重要一环，更是自主车企提升品牌实力、追赶合资企业无法回避的关键。近期比亚迪发布品质建设成果——IQS10，标志着比亚迪车型品质达到或超过主流合资品牌水平。

IQS是比亚迪内部品质评价体系及在此基础上建立的品质管理体系的简称，是一套以IQS（Initial Quality Survey）新车质量调查为主，WDI、PDI和VDS为辅，以降低产品故障和提升产品品质为目标的评价方法。经过两年多的努力，比亚迪IQS质量控制体系达到了IQS10的标准，即2012年4月1日以后出厂车辆“2年内平均故障小于1”的品质水平。据悉在国内市场上主流合资车一般能达到IQS10，而多数自主品牌则在IQS20以上的水平。比亚迪方面表示，将继续加强品质建设，“后期的新车会做到IQS10以下”。

二、新体系把关 提升品质水平

为达到IQS10，比亚迪已进行了持续两年多的品质提升和体系建设：通过不断升级工艺装备并与全球知名供应商，如博世、PPG、博格华纳等合作，合力打造高品质产品；采用IQS标准化品质管理体系，从各个生产环节严格把关，将品质意识渗透至企业管理，带来了品质的切实提升。

据了解，目前比亚迪旗下车型上的雨刮片已采用博世无骨刮片作为标准配置；制动器系统供应商也已经更换为博世，整车安全性进一步提高。在工艺装备上，比亚迪投资近亿元，引进了24台涂装机器人，很好地保证漆面饱满、亮丽；收购了拥有40余年历史的日本荻原馆林模具厂，拥有了与国际同步的模具技术。为了提升整车品质，比亚迪还在四轮定位设备、整车间隙、整车防腐等方面进行了大幅度的升级，例如引进了注蜡工艺设备，掌握了空腔注蜡技术，使车身的防腐效果更加持久。而在车身设计上比亚迪也更加注重安全性能，以S6车型为例，大量高强钢板、超高强钢板的应用，极大地提高了S6车身的安全性。2011年比亚迪斥资数千万，在深圳建设旗下第二个碰撞实验室，完全按照欧美的碰撞标准建设，计划2012年下半年投入使用。

三、全新品质护航 比亚迪推出超长质保

品质提升带来的是信心及更优质的服务，2012年4月比亚迪推出“4年或10万公里”超长质保，这是比亚迪IQS10带给消费的最好回馈。

近两年，汽车质保期愈来愈被消费者所重视，可以说质保期的长短决定着后期养车成本中维修保养费用的多少。然而目前很多自主与合资品牌车型的平均质保期均在2年或6万公里，即使不少品牌推出“超长质保”，但是仅涉及旗下部分车型、涵盖少数零部件，而更换频率高的易损易耗件则不在“超长”之列，致使大多数消费者难以享受到超长质保带来的实惠。

目前市场上推出超长质保服务的品牌不多，而且质保零部件范围十分有限，比亚迪推出的超长质保不仅服务时间长，而且质保范围广。不仅涵盖了比亚迪全系车型，而且车身99.9%的零部件都在质保范围内，其中雨刮片、轮胎等易损、易耗件的保期超过市场主流质保期两倍，被业内人士誉为“最实在、最全面的超长质保”。超长质保服务的推出是比亚迪缔造产品附加价值的重要手段，更是获得消费者认可、提升市场竞争力的有效途径，而支撑它的正是比亚迪IQS10所代表的产品品质。

比亚迪方面在发布会上表示，此次新质保政策作为比亚迪在售后服务环节推出的重要举

措，是为了让消费者对比亚迪的汽车产品更有信心，让所有用户享受到最实在的品质服务，凡是在2012年4月1日起（含4月1日）购车的顾客均可享受超长质保。

质保期限	4年及以上	3年	2年	半年至1年	半年以下
整车质保期	比亚迪	日系	韩系、美系、德系		
动力系统	比亚迪、韩系	日系	美系、德系		
易损件				比亚迪、日系	韩系、美系、德系
玻璃	比亚迪				韩系、美系、德系
橡胶塑料件	比亚迪	日系	韩系、美系、德系		
蓄电池			比亚迪、日系（后12个月顾客承担50%）、韩系、美系、德系		
漆面	比亚迪		日系、德系		韩系、美系、德系
以上类别中，比亚迪均优于其他品牌车型					

类别	内容	质保期限
		非营运车
一类	除列入二、三、四类的15类零部件外，整车部件均享受4年或10万公里超长质保。如发动机、变速器等。	4年或10万公里
二类	多媒体系统、减震器、皮带、蓄电池	2年或6万公里
三类	防尘罩/套、衬套/垫、车轮轴承、分离轴承	1年或3万公里
四类	轮胎、雨刮片、制动片、离合器从动盘、灯泡、火花塞、各类滤清器/滤芯/滤网	6个月或1万公里
新能源车型“动力电池包及托盘总成、动力电机、驱动电机控制器总成、动力电池管理器总成”享受5年或10万公里超长质保。其余零部件质保期限与燃油车相同。		

要实现销量的跨越，必须坚持品质的提升。秉承产品自身科技力，着眼产品自身质量，以更出色的产品品质和服务品质回馈消费者，比亚迪在品质建设方面的努力仍在继续。

讨论题：

1. 分析我国汽车行业的大环境。
2. 比亚迪为什么要提品质、树品牌？
3. 本案例给你的启示是什么？

第十章

组织资源与能力的管理

知识目标

了解:人力资源规划的作用;薪酬福利管理;劳动关系管理;资本运营的特点和重要性;知识管理的基本任务;知识的特性

理解和掌握:人力资源规划的含义和内容;工作分析与设计的含义及分类;人力资源的招聘途径;员工培训的方法;绩效管理的含义;绩效考核技术;人本管理的含义及内容;融资的渠道或方式;资本运营的分类;资本运营的重要性;知识管理的含义和理论模型

技能目标

掌握:工作分析与设计的方法;人力资源的招聘方法;员工培训的方法;绩效考核技术;资本运营的方法

引导案例

正泰电器收购上海新华集团

正泰集团下属企业浙江正泰电器股份有限公司是中国产销量最大的低压电器生产企业,专业从事配电电器、控制电器、终端电器、电源电器和电力电子等低压电器产品的研发、生产和销售,"正泰"商标被认定为中国驰名商标,公司于2004年荣获中国质量管理领域的最高奖——全国质量管理奖。

2012年7月16日,浙江正泰电器股份有限公司正式宣布,拟以3.15亿元收购上海新华控制技术(集团)有限公司70%股权。收购完成后,正泰电器成为新华集团的控股股东。

新华集团是我国火力发电设备控制系统国产化的先行者,20世纪80年代末90年代初,先后研制成功火电厂大型汽轮机组数字式电液调节系统(简称"DEH")、数据采集系统(简称"DAS")和分散式数字控制系统(简称"DCS"),填补了国内空白,在国内首次实现了国产化,并且创建了中国最大最具有实力的火电厂DEH和DCS研发、生产和工程基地,是中国火电厂自动控制领域的领跑者，赢得了全球同行的尊敬。到 2003—2004 年间，新华产品在火电机组 DEH 市场占有率超过 90%，在火电机组 DCS 市场占有率超过 72%。经过二十多年的不懈努力，现在，新华集团已经成为为电力、环保、石化、冶金、市政工程、水泥、造纸、地铁轨道交通等行业提供自动化控制系统设计、制造和整合相关产品的民营高科技企业。新华集团拥有员工 600 多人，博士 8 人、硕士 30 人，拥有高级职称员工 35 人。从事电厂及电力系统工程人员有 120 多人。总资产约 5.5 亿。新华集团拥有两家制造厂（生产 DEH、DCS 卡件的新华电子和生产 DEH 中 EH 部套的新华液压），确保了新华集团自动控制系统硬件品质和长期可靠的供应，是同行业中最早通过 ISO9001:2000 质量管理认证和国际认证的企业之一，在行业内拥有良好的信誉。

正泰电器表示，本次股权收购将有助于公司将业务拓展至自动控制领域，进一步调整和延伸现有的公司产品链，形成配电、驱动与控制一体化的解决方案架构，完成由单个元器件制造商到系统集成商的转变，实现由硬件向软硬结合的产业升级。同时，提升公司的综合技术研发能力，增强公司产品的市场竞争能力，符合公司的长期发展战略及国家产业发展方向。

第一节　人力资源管理

21 世纪是知识经济时代，人成为最重要的生产要素，人的创造力也成为企业最稀有的资源，企业的生存和发展与企业员工的素质密切相关，人力资源管理是现代管理学的重要组成部分，如何合理地选人、留人以及考核和激励是一项复杂的、综合的、系统的工程。所谓人力资源管理是指，组织为了实现既定战略目标，利用组织行为学、心理学、社会学等学科最新的理论和方法，不断有效地获得、培养、配置、整合、利用、激励、开发和留住员工，充分使用并挖掘其潜力，从而提升组织人力资源配备的过程。

一、人力资源管理的内容

人力资源是组织最关键的资源也是最活跃的资源，人是组织目标实现的直接推动力。现代人力资源管理由七大模块构成，即人力资源规划、工作分析与设计、招聘与配置、培训与开发、绩效管理、薪酬福利管理、劳动关系管理。

（一）人力资源规划

人力资源规划是指根据组织的战略管理目标以及未来环境变化的具体要求和组织目前实际人力资源状况，科学地预测组织在未来环境变化中人力资源的供给和需求状况，努力平衡人力资源的需求与供给，制定必要的人力资源获取、利用、留住和开发策略，满足组织对人力资源在数量上和质量上的需求，确保组织目标的完成以及组织和个人获得长远利益，是组织人力资源管理体系的重要组成部分。从组织和员工的角度看，人力资源规划可以划分为两种类型：第一种是仅从组织的利益出发，认为人力资源规划就是为组织的各级管理岗位和工作岗位安排必要数量和质量的劳动力；第二种是从组织与员工利益兼顾的角度看，首先要保证组织与员工个人利益相平衡，并以此为原则为组织安排与工作任务相称的人力。从人力资源规划的层次看，人力资源规划可以划分为两种类型，第一种是人力资源总体规划，它是计划期内组织战略目标和规划在人力资源角度的分解,包括人力资源规划总的方针政策、总体目标、总体预算和实施步骤;第二种是人力资源各项业务规划,它是计划期内人力资源总体规划在组织各项业务上的分解和细化,包括组织内部各个部门以及组织内的各项业务的人员补充、培训和开发等计划。

1. 人力资源规划的内容

人力资源规划的内容主要包括战略发展规划、组织结构及劳动组织规划、人员补充规划、晋升规划、调配规划、工资规划、制度建设规划和培训开发规划八类规划。

(1) 战略发展规划。战略发展规划是指根据组织的未来战略发展目标和战略规划,结合组织内外部环境的动态变化趋势,制定人力资源规划的大政方针、总体原则、总体目标,是其他人力资源规划的核心和制定依据。

(2) 组织结构及劳动组织规划。组织结构及劳动组织规划包括组织结构调整变革规划、劳动组织调整发展规划和劳动定员定额提高规划三个方面的内容。组织结构调整变革规划是指,根据组织的战略发展目标和人力资源战略发展规划的要求,结合组织内外部环境的动态变化趋势,对组织内部结构进行分析和诊断,找出与组织的战略发展目标和人力资源规划不相适应的地方,制定组织变革和调整的目标、方针、措施、步骤和期限,使组织结构反映组织的战略目标,并与环境相适应。劳动组织调整发展规划是指,根据组织总体运营计划的要求,对组织运营系统内工作地的组织状况、工序之间的衔接和协调状况、工人的性别年龄和技术水平的分布状况、劳动分工与协作方式、工作轮班方式和工时制度等,运用现代科学管理方法进行全面分析和深入研究,制定科学高效的劳动组织调整措施规划。劳动定员定额提高规划是指,随着整个行业生产技术水平以及生产组织水平的不断提高,原有的劳动定员定额水平已经落后,为了组织战略的实施,为了响应组织内外环境的变化,组织要对计划期内劳动定员定额进行重新分析和核算,并制订出相应的提高计划。

(3) 人员补充规划。随着组织内外环境的变化,组织将制定相应的发展战略、人力资源发展规划和组织结构及劳动组织规划,结合组织现有人力资源状况,制订人员补充计划,人员补充计划中最关键的是关键人才补充计划,例如,关键技术岗位、关键管理岗位和关键技术工人,组织在人员补充规划中应详细阐明关键人才补充计划的职务名称、职务描述、职务要求、需求数量和到岗时间等,除此之外还应制定普通人员补充规划。补充规划也是人力资源政策的具体体现。

(4) 晋升规划。随着组织的发展,有能力的员工将崭露头角,组织需要将这部分员工提拔到技术领导岗位和管理领导岗位上来,原有领导岗位上的人员由于能力和表现突出可能会晋升,也可能由于能力和表现不足被贬职,组织需要根据战略目标和人力资源发展规划以及内外环境的变化趋势,制定相应的晋升规划。有计划的晋升不仅可以满足组织对管理岗位德才兼备人员的需求,而且还会满足员工自我实现的需求。

(5) 调配规划。由于组织对新员工的能力结构、特长和性格缺乏了解,初次分配可能会出现某些员工与岗位之间的不匹配现象;随着组织的发展,组织中可能会有职位空缺;组织也可能会设立新的部门而产生对人员的需求;组织还可能出于有意识地培养领导干部的要求,而需要对某些领导干部进行轮岗。上述情况的出现,需要通过人员有计划地在组织内部流动来实现，因此，组织需要统筹兼顾制定好人员调配规划。

（6）工资规划。组织根据员工的岗位、级别、职称、工龄等确定职工的工资，组织根据战略目标、人力资源战略发展规划以及环境的动态变化制定并调整组织工资规划，同时，还应使未来的人工成本控制在一个合理的支付限度内，未来工资总额取决于组织内员工的分布状况，知识密集型和技术密集型组织的工资总额要高于劳动密集型组织。

（7）制度建设规划。人力资源制度建设是组织文化建设的重要组成部分，组织应根据组织发展战略以及人力资源战略发展规划合理制定人力资源管理的制度体系，使组织在员工招聘、培训、上岗、考核、评价、激励、晋升和辞退等方面都有章可循、有制度可依，人力资源制度建设还应随着内外界环境的变化做出相应的调整。

（8）培训开发规划。人力资源培训开发规划是人力资源管理的重要内容，它充分反映了组织的战略以及人力资源战略发展总体规划，包括中层领导干部培训开发规划、高层领导干部培训开发规划、专业技能人员培训开发规划、员工职业道德教育计划、新员工培训开发规划、老员工培训开发规划等内容，有利于提高领导干部的素质和普通员工知识的及时更新，有利于提高组织智力资本的水平。

2. 人力资源规划的作用

（1）确保动态环境中组织对人力的需求。在静态环境下，组织的规模、技术水平、产品和服务、人员数量和质量以及结构均保持不变，然而，组织所处环境是动态变化的，组织必须适应环境随时调整生产要素的投入，其中很重要的一个内容就是人力资源需求和供给的平衡问题，要分析供求的差异以及可能的原因，采用科学的手段预测供求差异并调整差异，是人力资源规划的一项重要内容。

（2）组织管理的重要依据。组织在发展过程中，为了适应动荡的环境，必须对组织结构、要素的投入、产品结构和数量以及其他方面的因素做出相应调整，这些因素的调整必然会涉及人员的调整、人员的培训，同时，在组织内部还存在着员工的考核、激励、晋升等方方面面的事情，这些事情的解决离不开人力资源规划工作，因此，人力资源规划是组织管理的重要依据，它为解决组织内部与人力资源有关的问题提供准确的信息和依据。在大型和复杂的组织结构中，人力资源规划的作用将显得特别重要和突出。

（3）人力资源规划的预测作用为组织运营提供了保障。当小型组织出现人力资源供需矛盾时，临时招聘、加班等方式可以解决人员不足问题，裁员、提前退休等手段可以解决人员过剩问题，然而对于大型组织和技术密集型的组织，这样做可能就不现实。组织必须根据外部环境动态变化的趋势准确地预测出组织发展需要的人力资源数量、质量和结构分布，组织可以根据预测结果提前采取措施，这便为组织的运营提供了保障。

（4）控制人工成本。人工成本开支往往在组织的成本中占有很大的比重，组织要获得竞争优势就必须要控制人工成本，组织的人力资源规划可以根据组织内外部环境的变动趋势开展中、长期人工成本的预测工作，工资是人工成本中的大头，占有很大的比重，工资总额在很大程度上取决于各种层次和各种系列人员的分布状况，工资的制定还要考虑物价上涨的因素，如果没有人力资源规划，人工成本可能会超出控制范围，导致企业效益下降，因此，通过人力资源规划，将人工成本控制在合理范围内是非常必要的。

(5) 人力资源规划通过绩效管理间接地影响着薪酬战略。组织根据内外部环境以及自身的优势和劣势制定组织的发展战略,组织的人力资源规划可以根据组织战略,制定组织内各种层次和各种类别员工的绩效目标和考核方法,以便组织战略的实施落到实处。员工的绩效目标和考核方法能够使员工感受到极大的激励,由于员工的薪酬与组织和个人的绩效有高度正相关关系,因此,组织的人力资源规划通过绩效管理间接地影响着组织的薪酬战略,人力资源规划可以为组织薪酬制度的制定提供一系列基础性的支持。

(6) 人力资源规划通过制度的制定促进员工与组织的和谐。组织可以根据组织战略和员工的具体情况制定一系列具体可行的措施,为员工职业生涯设计提供帮助,在组织内部营造和谐的组织氛围,促进员工将个人目标和组织目标融为一体,切实搞好人本管理,则组织中诸如劳资矛盾和劳动争议等各种不和谐的情况将大为减少,从而促进了组织的和谐。

(7) 为组织人事决策提供信息和帮助。当组织的战略发生调整以及组织外部环境发生变化时,往往需要对人事进行调整,做出人事决策,人事政策的变化对组织管理的影响大而深远,调整起来也很困难。准确的信息对组织正确的人事决策发挥着重要和突出的作用。

(二) 工作分析与设计

工作分析又称为职务分析,是指对组织中各项工作职务和工作岗位的目的、特征、任务、规范、要求、职责、权力、工作条件、隶属关系、工作流程和任职资格,以及对称职地完成此工作的员工所需具备的素质、行为、知识、技能和其他条件等,进行信息的收集、分析和研究,从而确定工作描述书和任职说明书的过程。工作描述书和任职说明书都是企业进行规范化管理的基础性文件。工作分析对工作设计、员工的招聘与选拔、员工的培训与发展、员工的报酬确定和组织的发展具有重要和深远的意义。工作分析的内容如图 10－1 所示。

工作设计是指为了有效达到组织目标,根据组织实际工作需要,在工作分析的信息基础上兼顾员工个人的需要,合理有效地处理人与工作的关系而进行的关于工作内容、工作职能和工作关系的设计。

工作设计的基本方法主要有机械式工作设计方法、激励式工作设计方法、生物式工作设计方法和知觉运动式工作设计方法。

机械式工作设计方法的目的主要是提高工作效率,是在工作详细分析的基础上将工作细分为单纯的任务,每个单纯的任务都有标准动作、简单且易操作、效率高且培训时间短,但员工容易感到枯燥。生物式工作设计方法强调员工身体舒适度与工作环境之间的配适和协调,通过强调隐私、空气质量、噪声、照明和空间的工作条件等人性化的设计,提高员工的身体舒适度,改善员工的满意度。知觉运动式工作设计方法强调员工的心理满足,通过对工作环境进行再设计,使员工心理与工作环境协调,改善员工的心理感受。激励式工作设计方法是通过激励提高员工的工作参与度和员工工作动机,从而提高工作满意度和绩效,这一方法经常采用工作轮换、工作扩大化、工作丰富化、工作个性化和工作团队等方式来进行。

工作轮换是指,在工作流程不受较大影响的前提下,使员工在组织内不同部门间或同一部门不同职位或不同岗位间进行流动,目的是消除员工长期从事某项工作产生的枯燥感,同时还可以使员工获得更多部门的工作经验和更多的工作能力。工作轮换可以采用固定周期的形式，也可以采用灵活的时间形式。工作轮换可以采用受训者介入不同部门的工作，也可以采用受训者不介入不同部门的工作的方式进行。

工作扩大化是指，增加员工在组织内的横向工作任务，增加工作的横向负荷，增加每个人工作任务的工作范围、工作种类、工作强度和工作责任，从而使他们能够完成一项完整工作中的全部或大部分程序，它是员工工作关系的水平扩展，它可以使员工看到自己对整个工作任务的完成有更具体的贡献，获得一种精神上的满足。

工作丰富化是指，把激励因素融入工作中，赋予员工更多的自主计划、自主控制和自主评估自己工作的权利与责任，使工作更复杂和更具有挑战性，员工拥有自主确定工作方法和进度的权利，但也要承担更多的监督和管理工作，本质是把部分或全部传统的管理权授予员工。员工的工作丰富化程度越高，其承担的纵向负荷越大。

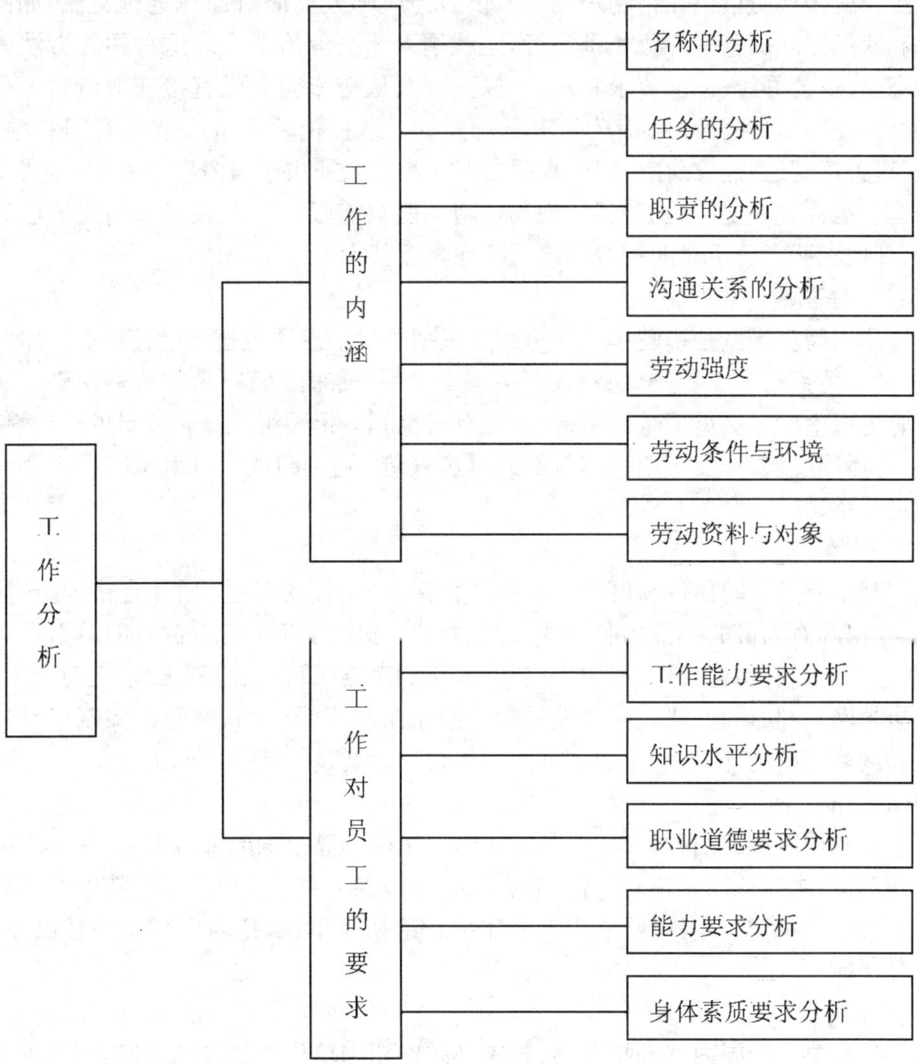

图 10－1　工作分析的内容

资料来源：熊银解、王晓梅、朱永华.《现代企业管理》. 武汉：武汉理工大学出版社，2006.

（三）招聘与配置

人力资源招聘是指，组织根据战略目标及人力资源战略发展规划和工作分析的数量与质量要求，从组织外部通过招聘、录用和配置等环节吸收组织所需的有能力、有资格和对本组织有兴趣的合格人员的过程。职位潜在候选人的数量和质量受劳动力市场供求状况影响和调节。

人员配置简单地说就是用对的人做对的事，涉及人与事及人与自身的关系研究，包括人得其职和职得其人两个方面的含义，一般通过人员招聘、晋升、淘汰、轮换和储备五个重要环节进行配置。

人力资源招聘的途径主要有以下 10 种类型。

1. 现场招聘

现场招聘就是招聘单位在招聘现场摆摊设点与应聘人员面对面地进行交流，如武汉科技会展中心和武汉国际展览中心每年都举行春、秋季人才交流洽谈会。这种招聘方法的主要优点是效率高，公事公办，按标准要求和流程进行招聘，从交流会上可直接获取应聘人员的有关资料，如学历、经历、兴趣、爱好、特长和求职意愿等。这种招聘会可以节省时间和精力，见效快。但是，这种招聘形式也存在一定的局限，首先，小型企业由于自身实力有限，很难招聘到优秀人才；其次，也存在一定的地域局限，现场招聘一般只能吸引所在城市及周边地区的应聘者前来应聘，外地求职者由于时间和费用原因往往来者甚少。

2. 传统媒体招聘广告

传统媒体招聘广告就是招聘单位将组织有关招聘的信息通过适当的传统媒体，如电视、广播、报纸和杂志传播给求职者，求职者收到招聘信息后，前来求职应聘的一种招聘方式。主要适用于招聘组织中的基层员工。当然，报纸上有时也刊登招聘组织高管人员的广告，传统媒体覆盖面广、传播速度快，在发布招聘广告的同时也宣传了组织形象，但组织高层人才较少采用这种方式进行招聘。

3. 网络招聘

网络招聘主要是招聘单位在网上发布招聘信息，进行简历筛选，通知合格人员进行笔试、面试，最后录取满意人员的一种招聘形式。招聘单位通常可以在组织自身网站上发布招聘信息，还可以与专业招聘网站合作，如中华英才网、深圳南方招聘网、前程无忧、上海人才招聘网、北京人才招聘网、智联招聘、研究生就业网等。由于招聘不受时间、空间的限制以及互联网的快速发展和网络招聘的优点，越来越多的招聘单位开始通过因特网招聘人才。

4. 职业中介机构

职业中介机构一般有两种职能，既帮助招聘单位招到满意的人才，同时也帮助求职者找到满意的工作单位，主要适用于招聘中低端人才、技工以及一些大龄人才，招聘单位只需将招聘要求告知职业中介机构，后者将筛选出的人才推荐给招聘单位，招聘的成功率较高，对招聘单位来说十分便捷。

5. 校园招聘

高校每年都要在校园内召开招聘会，越来越多的招聘单位参加校园招聘会，基本上有两种形式，第一种形式是高校每年都会根据自己的办学特色和在某一领域的影响举办行业招聘会。例如武汉工程大学在化工领域有较强的影响，因此，该校每年都会在校内举办化工行业大学毕业生供需见面会，吸引了大量化工行业的企业前来参会。第二种形式是招聘单位独自到高校与毕业生办公室联系或在校园内张贴招聘广告，通过宣讲会进行宣传动员，再进行面对面招聘。

6. 内部招聘

组织将空缺职位优先向组织内部公布，优先在组织内部进行招聘，由符合条件的员工自愿报名，竞争上岗。这种招聘主要是挖掘内部人才潜力，让人才各得其所，相对于外部招聘，内部招聘可以节约大量的时间、人力和物力资源，另外，内部人才知根知底，可以降低招聘风险。

7. 员工推荐

员工推荐是指组织内部员工向组织空缺职位推荐自己的亲朋好友，经过组织的正式考核录用后即可上岗，其优点表现在举贤不避亲，推荐人对被推荐人比较了解、信息对称，可以节约对外招聘中所产生的大量费用和时间，缺点是可能会在组织内形成小团体和宗派。

8. 猎头公司

猎头公司在职能上与职业中介机构相似，但不同的是猎头专注高端人才，猎头公司只为高端技术人才和管理人才以及其他专门特殊人才服务，被推荐的候选人一般都经过猎头公司的专业筛选和专业测评，信息对称性高，因此，成功较高，缺点是招聘时间长、费用高。

9. 电话招聘

电话招聘是出于以下原因才受到招聘单位的青睐，即过多的求职简历易使招聘人员难以招架、求职者的求职技巧和简历注水越来越多、测试应聘者的反应能力和语言表达能力的需要、不受空间限制和节约成本，通过电话招聘可以让招聘单位对求职者产生一个初步了解和印象，然后再决定求职者是否进入下一轮测试。

10. 视频招聘

视频招聘是指招聘单位通过网络和视频设备对求职者进行测试的一种招聘方式，双方不仅可以看到对方还能听到对方声音，不受空间的限制，可以消除应聘者的怯场心理充分展示自己的才智，成本低廉，效率较高。

（四）培训与开发

培训与开发是指，企业通过有计划、有组织、有系统的各种技术培训和能力开发活动，使员工具备完成现在或将来工作所需的知识、技能并改变他们的工作态度，以利于提高员工的绩效和对企业的贡献，并最终实现企业整体绩效提升的一种有计划的教育性和连续性的活动。员工培训往往侧重于组织文化、组织规则制度、组织结构、岗位知识、岗位技能以及经验和技巧方面的内容；员工开发侧重于概念技能和潜在能力挖掘以及面向未来所进行的培养，员工开发一般通过导师制、项目组工作制、工作轮换以及安排特殊任务进行锻炼等方式进行。

员工培训与开发按照培训内容可划分为员工技能培训、员工知识培训和员工职业道德及制度和文化培训；按照培训方式可划分为一对一培训法、教练法、头脑风暴法培训、工作轮换法、事务处理法培训、参观访问法培训、讲授法、角色扮演法、研讨会法培训、案例分析法、影视培训法、远程培训法和虚拟培训法等类型；按照培训地点可划分为在组织内部培训和在组织外部培训（例如将员工带到高校培训或带到管理咨询公司培训）；按照培训对象可划分为高管人员培训、中层管理人员培训、技术人员培训、业务人员培训和操作人员培训等；按照培训性质可划分为新员工培训（上岗前培训）、老员工培训（知识更新培训）和不同技能培训（转岗性培训）。

员工培训的方法一般分为新员工培训、在职培训和脱产培训三种方式，下面一一介绍。

1. 新员工培训

新员工在正式上岗前必须要经过培训,培训的内容主要有经济学和管理学的基本知识、组织文化、组织规则制度、组织结构、各岗位工作内容、品牌及产品知识、安全保密知识、全面质量管理及ISO9000系列标准、工作现场培训等,培训结束后要进行测试,合格后才能正式上岗。新员工培训一般是脱产培训,由于其重要性和特殊性,所以本书将其单独列出。

2. 在职培训

在职培训是指员工在组织内仍处于上岗状态时所进行的培训,组织往往请有经验的员工(如技术人员、管理人员和技术工人)传授经验,或通过小型研讨会的形式分析问题、启发智慧、传授知识等。主要有一对一培训法、教练法、工作轮换法、事务处理法和研讨会法等培训方式。在职培训花费不高,随时可以进行,是组织常用的培训方法,但在培训前必须认真做好培训计划的制订工作。

3. 脱产培训

脱产培训是指员工离开工作岗位进行培训的一种培训方式。主要有讲授法、角色扮演法、头脑风暴法培训、案例分析法、参观访问法培训、影视培训法、远程培训法和虚拟培训法等培训方式。脱产培训花费较高,组织必须做好费用预算和核算,组织事前要制定远期培训规划和年度培训计划以及单项培训计划,通过上述计划的制订和实施,进行有计划、有目的的脱产培训。

(五) 绩效管理

绩效管理是指,组织根据内外环境制定发展战略并将计划分解到每个岗位和每个员工后,管理者与员工之间就目标达成事先进行信息沟通和承诺,通过有效的计划、监督、激励和控制等方法帮助员工提高绩效,从而实现组织目标的管理过程。绩效管理是由传统的绩效考核演变而来,但与绩效考核又有着本质的不同,绩效考核只是绩效管理的一个部分和一个阶段性的总结,绩效管理具有前瞻性,绩效考核不具有前瞻性。绩效考核与绩效管理的区别如表10-1所示。

表10-1 绩效考核与绩效管理的比较

区别点	绩效考核	绩效管理
过程的完整性	管理过程中的局部环节和手段	一个完整的管理过程
着眼点	过去	过去、现在和将来
侧重点	对以往业绩的考核和判断	信息沟通、业绩辅导
方法	单向评价	双向沟通
管理者角色	裁判员	辅导员
强调	注重结果	注重过程
指标设置	静态设置	动态参与
考核目的	奖惩	能力开发和提高
问题解决	事后解决	过程中解决
评价时间	期末评价	过程中不断反馈和期末评价相结合

资料来源:孔婧. 建立企业人力资源绩效管理体系的探讨. 现代商业,2008(2):246-247.

绩效管理一般经过绩效计划与指标体系构建、绩效管理的过程控制、绩效考核与评价、绩效反馈与面谈、绩效考核结果的应用等五个步骤和环节完成其职能。绩效管理的作用表现在可以有效弥补绩效考核的缺陷、可以促进组织实施全面质量管理、有助于组织结构调整变化后管理方法的调整和转变、有助于避免劳资双方冲突、有助于降低管理者的时间成本、有助于促进员工全面发展六个方面。绩效管理的过程循环如图 10－2 所示。

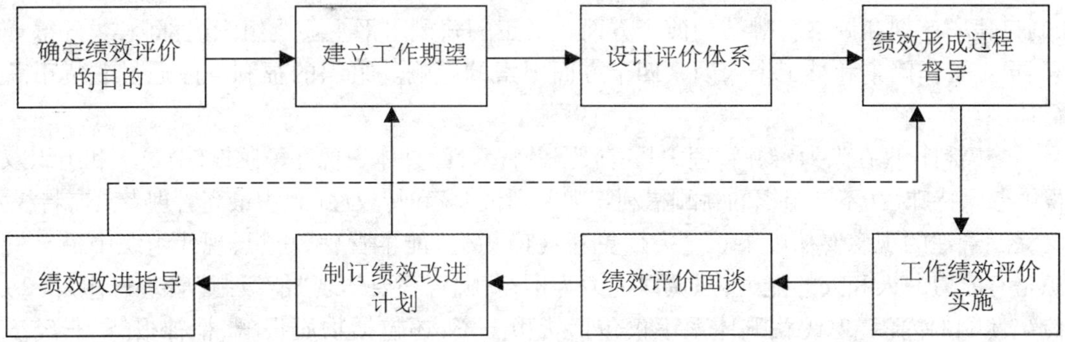

图 10－2 绩效管理循环图

资料来源:付亚和,许玉林. 绩效管理,第二版. 上海:复旦大学出版社. 2010.

绩效考核的技术一般包括目标管理考核法、基于 KPI 的绩效考核、基于平衡计分卡的绩效考核、基于标杆管理的绩效考核和基于素质的绩效考核五种绩效考核方法。

目标管理考核法是指,组织在根据内外环境制定发展战略目标后,管理人员和员工一起将目标层层分解到每个岗位和每个员工,制定目标的实施措施并进行绩效考核的管理方法。是一种将目标管理方法和绩效考核结合起来的有效管理方法。目标管理考核法的实施程序是:首先上下级共同设定各个层级的绩效目标(上下级双方都认同);然后制定被考核者达到目标的时间表,这一过程强调员工的自我管理和自我控制;接着将员工实际达到的绩效水平与绩效目标进行对比,找出成功的经验和失败的教训;最后,制定新的绩效目标和实施措施。

基于 KPI 的绩效考核是指,找出组织战略目标的价值评估重点以及关键业务领域的关键业绩指标,将组织整体的关键业绩指标分解成部门关键业绩指标,部门关键业绩指标再分解成岗位和员工级的关键业绩指标,从而形成关键业绩指标考评体系,体系中的每一个关键业绩指标都是经过上下级沟通后达成的承诺。

基于平衡计分卡的绩效考核是指,组织舍弃过去只靠财务指标评价绩效的传统做法,而是通过财务、客户、内部经营过程、学习和成长这四个相互之间存在逻辑关系的活动绩效指标的组合,来评价公司战略目标的实现程度的一种绩效考核方法。这种方法不仅可以用于企业的战略管理,而且也可以用于员工的绩效管理。

基于标杆管理的绩效考核是指,组织在考核自己的关键业绩指标之前,首先将同行业中最优秀的组织的关键业绩指标作为评价基准(即标杆),通过对比考核,找出差距并制定改进策略的一种绩效考核方法。

基于素质的绩效考核是指,将素质与员工绩效结合起来,素质是影响员工绩效高低的根本原因,根据组织实际情况编制素质库,对每个岗位建立素质模型并对员工进行绩效考核的一种绩效考核方法。

（六）薪酬福利管理

组织的薪酬管理是指，组织管理者对本组织员工的工作报酬进行支付前所进行的薪酬水平、薪酬标准、薪酬体系、薪酬构成、薪酬形式、薪酬结构和薪酬总额进行研究并做出决策的过程。不仅包括管理人员的薪酬管理，还包括普通员工的薪酬管理以及特殊员工的薪酬管理。薪酬管理是人力资源管理的一项重要工作，其内容主要包括确定薪酬管理目标、选择薪酬政策、制订薪酬计划和调整薪酬结构四个方面。员工的薪酬水平主要受组织内部因素、外部环境因素、员工工作因素和员工个人因素四个方面因素的影响。组织的福利一般通过非货币薪酬进行体现。

薪酬福利管理在人力资源管理中具有较强的特殊性，具体表现在敏感性（对员工和组织双方都很敏感）、特殊性（不同组织的薪酬福利管理差别很大）和特权性（组织最高管理者具有特权）。

薪酬管理的观念要从以下三个方面更新：(1)树立"能本管理"思想，现代组织中最宝贵的资源是有能力的人和人的能力，强调以能力为本，薪酬管理要体现"能级制"管理思想。(2)拓展传统薪酬的内涵，现代薪酬体系不仅包括货币工资，还包括物质报酬、精神报酬、非经济报酬、间接经济报酬等多样化的薪酬管理方式。(3)树立薪酬管理的长期激励意识，相对于传统组织的薪酬短期激励计划，许多国外公司正在实行资本积累项目、股票增值权、虚拟股票计划、员工股票选择计划等形式多样的长期激励原则，以对员工进行长期激励和留住关键员工。

（七）劳动关系管理

劳动关系管理是指劳动者在劳动过程中与管理方所形成的一种社会经济关系，又称劳资关系，表现为经济上的合作与冲突以及权利关系的总和。

20 世纪 40 年代以来，学者们对劳动关系进行了深入研究形成了不同的理论学派，诸如新古典学派、管理主义学派、正统多元论学派、自由改革主义学派、激进派、桑德沃劳动关系管理理论学派，由于桑德沃所提出的理论模型详细阐述了劳动关系管理的具体影响因素以及紧张冲突的化解方式，因此为学术界普遍接受。

美国学者桑德沃在 1987 年出版的著作《劳动关系：过程与结果》中阐述了劳动关系管理理论，认为造成劳资关系紧张的因素主要有工作场所、外部环境因素和个人因素三个方面。其中，工作场所因素主要包括工作场所的管理方式、工作场所的技术加工方式、企业预算以及市场竞争力和市场环境状况、企业所有制和企业的价值观四个方面共同作用的结果；外部环境因素主要包括整个社会的政治和法律因素、思想意识因素、经济因素和技术因素四个方面共同作用的结果；个人因素主要包括员工社会化、交往和权力需求的满足程度、员工个人经济、安全和保障需求的满足程度、员工的价值观和信仰、公平和平等需求的满足程度等四个方面共同作用的结果。劳资关系紧张甚至发生冲突的解决办法主要有管理者撤出、员工撤出和进行劳工运动等三种方式，如果劳资紧张导致了劳工运动，则劳资双方的集体谈判是解决冲突的基本方式，谈判的内容一般涉及工时、工资和工作条件三个方面，双方互相妥协后签订有关协议和集体合同，这将使员工的工作场所环境得到改善，并间接改善组织的外部环境，最后又会影响到组织的劳动关系管理。

劳资关系的紧张及冲突将会极大地影响组织的运营，因此，构建劳动关系预警机制是十分重要也是十分必要的。同时，和谐劳动关系的建立对企业具有十分重要的意义，企业可以采用人本管理思想等方式构建和谐的劳动关系。

二、人本管理

人本管理是指把人作为组织管理活动的核心和组织最重要的资源，围绕如何充分利用和开发人力资本，整合组织目标和组织成员目标，促进员工素质的全面提高和员工的全面发展，培养全体员工共同的价值观，充分调动和发挥人的主观能动性、积极性和创造性，引导全体员工实现组织目标的管理过程。人本管理的内容主要包括以下 12 个方面。

1. 员工是组织的主体，树立"人的管理第一"的新理念

21 世纪是知识经济时代，掌握知识的人成为生产要素中最活跃的因素，人力资本成为组织的首要资本并对组织的生存和发展起核心作用，邓小平曾经说过"科学技术是第一生产力"，而科学技术是靠人研究和掌握的，随着社会经济的发展以及管理思想的演进，作为生产要素之一的人被重新认识，逐渐形成了"人的管理第一"的新理念。人不仅仅是资本，人还是社会人，因此，在组织的运营和日常管理中，应采用适度分权、员工高度参与的管理方式，充分发挥员工的主观能动性和创造性，依靠科学管理和员工参与提高组织的效益。

2. 正确树立"人是目的"的管理观念，主张人的全面发展

任何一种管理理论和管理方法都是依据对人的理解提出来的，泰勒的科学管理理论时期，把人看成机器的附属物和经济人；20 世纪二三十年代开始的行为科学理论时期，将人看成社会人，认为人有社会需求，主张通过逐渐满足人的社会需求来激励员工；二战后出现的以计算机和数学方法为基础的管理科学理论时期，侧重于理性管理而忽视了人性化管理；20 世纪下半叶兴起的人本管理，才真正地重视人的因素，认为人是目的，主张人的全面发展，组织通过生产运营活动除了生产产品或提供服务以外，还有一项重要产出——全面自由发展的人。人的自由全面发展包括员工素质的全面发展和人的全面发展两个方面，不仅包括员工的智力开发还包括员工创造力的开发，使员工真正成为全面发展的人。

3. 根据能级原理，采用员工能力和相应职位对应的管理原则

组织的生产运营以及日常管理活动往往需要将组织划分成若干个不同的管理层次，并规定了不同管理层次的工作任务、工作范围、工作责任、工作标准、工作权限以及相应的业务协调关系，由于人的能力不同，特长也不同，需要根据用人所长、人尽其才的思想，采用员工能力和相应职位对应的管理原则，将员工配置到不同的岗位上，以充分发挥其才干。

4. 尊重人，恢复人的尊严

人是有尊严的，泰勒的科学管理理论时期将人视为机器的附属物，忽视了人的尊严；行为科学理论时期，将人看成社会人，对人的尊重有所进步；科学管理理论时期过于侧重理性化管理，缺乏人性化管理，对人的尊重还没有达到员工需求的程度；而人本管理主张人格面前人人平等，强调恢复人的尊严，把人当做人看待，员工之间不仅要互相尊重，员工还应有自尊。

5. 涵盖与组织有关的所有利益相关人员

以人为中心即以组织的员工为中心，这是对人本管理的狭义理解，广义的人本管理的对象不仅包括本组织的员工，还包括消费者、原材料供应商、销售商、合作伙伴、公司股东和社区等与组织有关的利益群体和个人。

6. 根据动力原则和激励理论，采取多种激励方式

组织效益的最终来源是员工的主观能动性、积极性和创造性的发挥，但人有惰性，人做事

需要有动力和激励,了解和掌握员工的动力源以及采用正确的激励手段调动员工的积极性和创造性是管理者的责任。员工的动力源受员工的家庭环境、成长历程、教育背景和理想抱负的影响,每个员工都有自己的动力源,管理者应该深入研究和分析每个员工的动力源,再运用多种激励方式激励员工,目前运用较多的有物质激励、精神激励和信息激励三种方式,这三种方式应该结合起来使用,以使激励的效果最大化。

7. 提倡团队精神

人的价值是通过组织体现的,人在组织中不可能单枪匹马地工作,需要与周围的人合作和协调,以人为本不是强调个人英雄主义,而是倡导协同配合的团队精神,团队作战可以使团队中的每个成员智力互补、优势互补,最大限度地发挥 1 + 1 >2 的功能,而且,员工在团队中可以锻炼自己的能力,学习其他成员的优点,使自己成长得更快。组织成员需要培养团队意识,理解和服从团队的共同价值观念,自觉营造和维护团队的民主氛围。

8. 强调理性管理和非理性管理的统一

21 世纪组织的生产和运营已经逐渐纳入全球供应链体系中,采用科技含量日趋提高的生产方式和现代化的管理方法为消费者提供满意的产品和服务,管理的理性化程度越来越得到加强,但人是第一位的因素,尊重员工,满足员工的合理需求,最大限度地发挥员工的积极性和创造性也应该受到充分重视,在管理理念上应该做到理性管理和非理性管理的统一。

9. 积极开发人力资源

以人为本强调人力资源的开发,人是所有生产要素中最重要的因素,组织应系统地提出人力资源开发计划,注重员工的概念能力、逻辑能力的开发,重视观念性的启发,解决潜在能力培养的问题,提高员工的综合能力和综合素质,最大限度地开发员工的潜能。

10. 员工的自我管理是人本管理的本质特征

以人为本强调员工的自我管理,充分尊重员工和信任员工,充分体现人性化的管理,组织根据环境变化特征结合组织内部条件制定组织战略发展目标后,管理人员与员工一起将战略目标层层分解为部门目标和岗位目标,员工在完成任务的过程中实行自我管理,充分发挥员工的能动性和创造性。

11. 用组织文化引导员工的行为

组织文化的核心是组织价值观,组织价值观是组织所有成员认可和接受的经营哲学、经营理念、行为准则、道德规范和价值体系,它具有强制性和引导性,通过组织的价值观引导员工向着有利于组织目标实现的自我管理和自我控制方向努力,充分体现和发挥员工的主观能动性和创造性。

12. 构建和谐的组织氛围

现代行为科学研究发现,组织的内聚力从低到高有三个层次,最低层次的内聚力是通过情感关系来维持和体现。第二层次的内聚力是通过成员价值观念的一致性来维持和体现,最高层次的内聚力是通过群体目标内化为个人自觉意识与动机的程度来维持和体现。第一层次的内聚力是第二层次内聚力的基础,第二层次内聚力是第三层次内聚力的基础,组织管理者必须通过提高组织的内聚力才能营造出和谐的组织氛围,有了和谐的组织氛围,员工的发展才能有一个健康的环境,员工的能动性和创造性才能充分发挥和展现出来。

第二节　融资与资本运营

一、融资

（一）融资的含义

所谓融资，是指组织通过各种渠道进行资金融通或筹集资金的过程，是组织根据战略发展目标的要求和组织实际运作状况及资金拥有和运用情况，对各种融资渠道和融资方式进行科学预测和决策，最终通过一种或多种渠道向投资者和债权人以一定条件获得资金供给，以弥补组织资金缺口的一种组织理财行为。其本质上是资金的供需双方调剂资金余缺的一种经济行为。企业资金需求的首要目的是满足生产经营的投资需要，企业的生产经营活动分为简单再生产和扩大再生产，满足简单再生产的筹资在筹资时间和筹资数量上具有稳定性，满足扩大再生产的筹资则具有不确定性，又称为项目融资；企业资金需求的另一目的是资本结构调整的需要，企业的资本结构需要动态调整，以降低筹资风险和减少资本成本。融资是每个经济组织在其生存和发展过程中都要面对的一种经济行为，尤其是中小企业由于自身原因和融资环境原因，都会面临融资难的问题。

（二）融资的渠道或方式

按照资金筹措的来源区分，组织的融资渠道可以分为内源性融资方式和外源性融资方式两种类型。内源性融资方式是指将组织的留存盈利和折旧转化为权益性资本；外源性融资方式是指通过其他经济主体和个人筹集资金的过程。在现实经济生活中，从各种类型的经济组织运作的资金性质上进行分析，总是由组织的权益性资本和债务性资金两个组成部分构成。权益性资本是组织产权关系的来源和依据，是组织存在的基础，是组织进行债务性融资的前提和保证。

1. 权益性资本的筹集

组织权益性资本是组织的自有资金，具体包括注册资本、盈余公积金、未分配利润、资本公积金和公益金等多种形式，是组织在存续期内长期稳定的资金来源，组织可以通过内源性融资方式和发行权益性金融证券两种方式来获得。组织可以通过公开发行和私募两种方式发行权益性金融证券，公开发行，又称公募发行，面向社会公众募集资金，具有要求高（主要是对组织资产、净资产规模和连续盈利年份有较高要求）、工作量大、透明度高的特点，需要向证券管理部门办理发行注册手续，通过承销商推销，主要从主板市场和第二板市场募集资本；私募，即非公开发行，直接面向少数特定投资者发行，不能上市交易，可以节省销售费用，不需向证券管理部门办理发行注册手续，筹资的数量和条件比较灵活，投资者主要有天使资本、风险资本、场外发行和交易市场三类投资主体。企业权益资本融资渠道如表 10 - 2 所示。

2. 债务性融资

债务性融资是指组织通过举债的方式融通资金，可以分为直接债务性融资和间接债务性融资两种类型。

直接债务性融资是指资金的最终供方和需方直接借贷或借助债务融资工具由资金供方暂时借给需方一定数额的资金，资金需方在到期日要连本带利还给供方的一种资金融通方式，包含内源性直接债务融资和外源性直接债务融资两种方式。内源性直接债务融资是指企业向股东、企业主、合伙人、企业主的亲朋好友和事业天使进行的资金借贷，具有民间集资、利率灵活和融资方式灵活的特点，在企业初创时期，这种融资方式所占比重较高且发挥着非常重要的作用。外源性直接债务融资包括在市场上发行或向交易客户发行商业票据（包括私募发行和公募发行）、由采购方以预购的方式或供货方以延期支付的方式提供的商业信贷以及企业发行债券（包括私募发行和公募发行）三种方式，从而直接实现资金由盈余方向企业的流动。

表 10-2　企业权益资本融资渠道

分类		来源	特点	投资者
内源性权益资本融资		业主和主要股东投资	启动性资本，是承担债务的基础	业主和主要股东
		保留盈余	来自企业税后利润，无融资成本，但来源有限	业主和主要股东
外源性权益资本融资	私募发行	天使资本投入	中小企业主要的外源性资本投入渠道之一，主要投资于种子期和初创期的企业	主要是有管理技能或技术技能的富有的专业人士
		风险资本投入	发展迅速的高成长型中小企业资本融资的渠道	个人、企业、各种金融机构
		场外发行和交易市场	机构投资者、有限合伙制投资机构参与的投资场所，在该市场上企业通过股权交易、发行新股等方式筹集资金，同时该市场也是中小企业股权整合的市场。	个人、企业、投资银行、保险公司、养老基金
	公开发行	主板市场	为大企业服务的资本市场，只有极少数的中型企业能够在这一市场上筹集资金	广大投资公众，包括个人、企业、各种金融机构
		第二板市场	主要是高成长性中小企业上市融资的场所，也是风险投资退出的通道之一	

资料来源：李扬，杨思群．中小企业融资与银行．上海：上海财经大学出版社，2001.

间接债务性融资是指组织通过金融机构所进行的融资方式。一般包括银行贷款、非银行金融机构贷款和融资租赁三种方式。银行贷款和非银行金融机构贷款主要包括存贷抵押贷款、应收款抵押贷款、应收款代理和折扣收购、应收款买断、贷款承诺、中长期抵押贷款、信托贷款和融资租赁八种融资方式，企业还可以通过向租赁公司进行融资租赁和经营租赁来获得债务性融资。企业债务融资渠道和方式如图 10-3 所示。

债务性融资往往具有筹资风险，即由于负债筹资而引起的到期不能偿还债务本息的可能性，包括现金流出量超出现金流入量而产生的到期不能偿还债务本息的支付风险（即现金性筹资风险）和企业在收不抵支时出现的不能偿还到期本息的风险（即收支性筹资风险）两种类型。企业在实际融资操作中，必须防止融资风险的发生。

组织融资需要支付资金成本，资金成本是组织取得资金及使用资金所要付出的代价，包括筹资成本和使用成本两部分，资金成本率可用下式计算：

$$资金成本率 = 税后使用成本/(筹资额 - 筹资费)$$

组织在选择融资方式时，主要考虑融资方式的资金成本、企业的盈利能力和发展前景、宏观经济环境、组织的资产结构和资本结构、整个行业的竞争程度和利率、税率的变动趋势六个方面的因素。

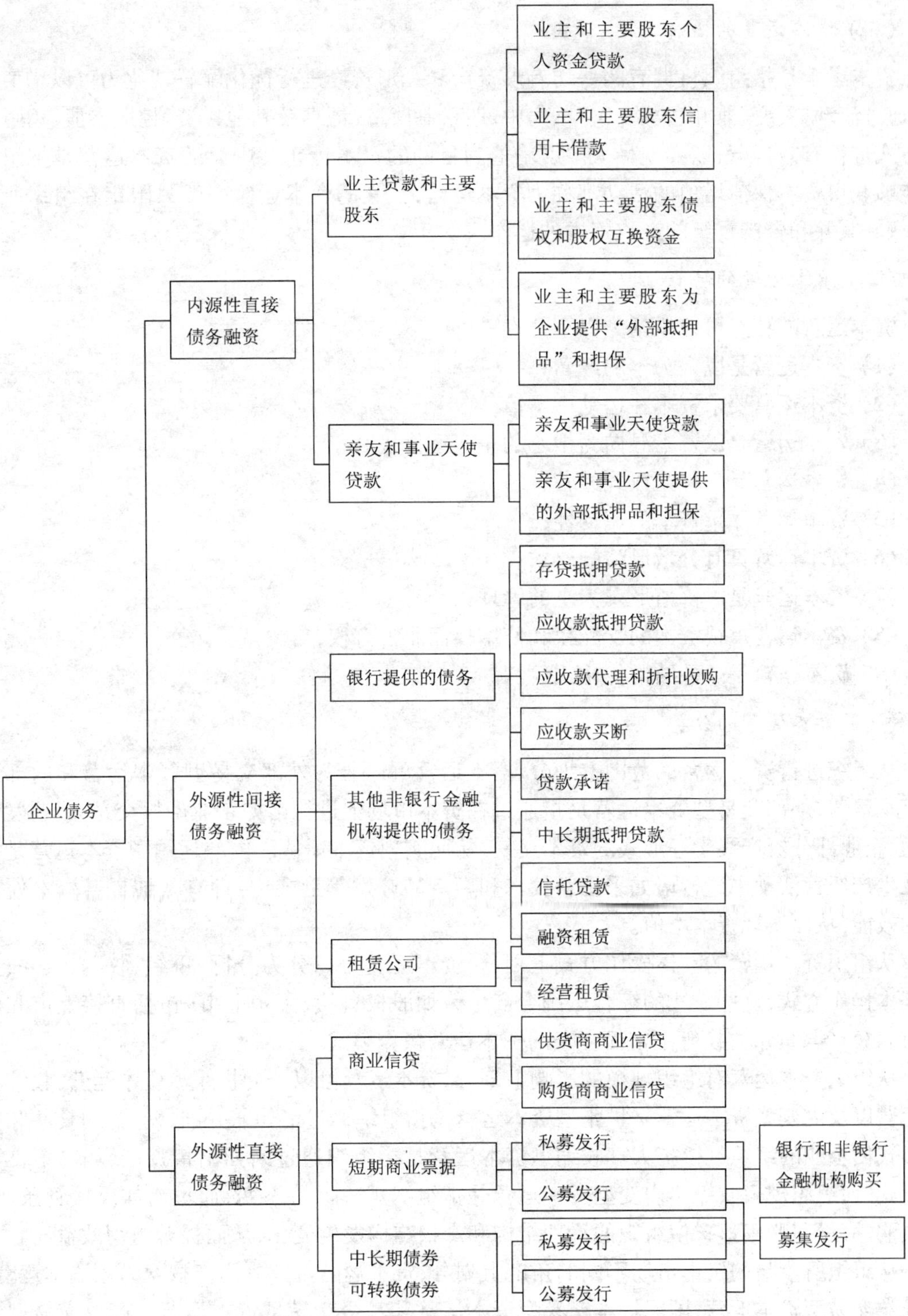

图 10－3 企业债务融资渠道和方式

资料来源：李扬，杨思群. 中小企业融资与银行. 上海：上海财经大学出版社，2001.

二、资本运营

（一）资本运营的概念

资本运营是指组织将拥有的一切有形资产和无形资产进行优化配置转化为可以增值的资本，通过流动、裂变、兼并、收购、组合、集中、股份制改造、证券及其他投资、控股参股、理财等各种方式进行有效运营，以实现最大限度增值为目的的资本运作。广义的资本运营是把组织所有能够获得资本保值增值的活动都称为资本运营，狭义的资本运营一般只限定在组织所进行的收购、兼并和资产重组的产权资本的运作。

（二）资本运营的特点

资本运营的特点可以概括为以下几点：

（1）资本运营是以人为本的经营；

（2）资本运营要求资本在运动中增值；

（3）资本运营是以资本导向为中心的企业运作机制；

（4）资本运营是一种开放式经营；

（5）资本运营注重资本的流动性；

（6）资本运营具有分散风险的要求；

（7）资本运营是以价值形态为主的管理；

（8）资本运营重视资本的支配权和使用权而非占有权；

（9）资本运营是一种结构优化式经营。

（三）资本运营的分类

从组织进行资本运营的范围上划分，资本运营可以分为外部交易型资本运营和内部运用型资本运营，外部交易型资本运营是指通过在资本市场上进行诸如企业产权交易、股票发行与交易、企业部分资产买卖等形式的资本交易，从而实现资本增值。内部运用型资本运营是指组织在生产经营活动中进行诸如采用新技术和新产品开发等形式，合理有效地提升资本使用价值的效能，从而实现资本增值。

从组织资本运营的具体操作方式上划分，资本运营可以分为分拆、重组、收购、兼并、上市等基本操作方式，这些方式的综合运用会产生诸如股权置换，买卖上市（包括直接上市和借壳上市）、资产与货币置换等丰富而复杂的资本运营操作模式。

从组织资本运营对组织规模的影响上划分，资本运营可以分为扩张型资本运营、收缩型资本运营以及内变型资本运营。扩张型资本运营是指组织通过诸如兼并、收购、公司合并和联营等形式使企业的组织规模扩大。收缩型资本运营是指组织通过诸如出售资产、剥离不良资产等形式，使组织规模收缩。内变型资本运营是指组织规模保持不变，通过诸如反接管条例、杠杆收购、股份回购等形式使组织的治理结构和产权结构发生变化，从而提升组织效益。

从组织所参与的资本市场不同的角度上划分，资本运营可以分为产权交易型资本运营、金融证券交易型资本运营、国际资本交易型资本运营和基金交易型资本运营。产权交易型资本运营是指组织在产权市场上通过诸如产权转让、出售、租赁和承包等形式对组织部分产权或全部产权进行交易。金融证券交易型资本运营是指组织借助债券和股票交易来聚集资本或收购兼并其他企业的一种资本运营方式。基金交易型资本运营是指组织通过与其他单位或个人成立共同投资基金,由专业人士进行资本运营的活动。国际资本交易型资本运营是指组织在国外资本市场上通过诸如金融证券交易、产权交易和基金交易等方式实现资本增值。

(四) 企业生命周期与资本运营

企业的生命周期一般可以划分为创业期(又称为介绍期、引入期、投入期或孕育期)、成长期、成熟期和衰退期四个阶段,企业处于生命周期的不同阶段应采用不同的资本运营方式。

(1) 当企业处于创业期时,由于企业规模小,主要任务是开拓市场、扩大规模、筹集资金,资本运营主要采用参股、联合、获得风险投资、融资租赁和合资控股等方式。

(2) 当企业处于成长期时,企业主要追求扩大规模、拓宽业务面、筹集资金和提高知名度,资本运营主要采用进入二板市场、借壳上市、出资控股、参股和进入区域市场等方式。

(3) 当企业处于成熟期时,企业主要追求降低成本和分散风险,资本运营主要采用寻求主板上市、杠杆收购、战略重组、借壳上市、合并重组、吸收股份并购等方式。

(4) 当企业处于衰退期时,企业产品和躯体都已老化,企业为了减少损失一般进行收缩性资本运营,资本运营主要采用战略重组、租赁转让、吸收外界优质资产、资本托管和出售等方式。

(五) 资本运营的重要性

(1) 资本运营是建立现代企业制度的客观要求。国有企业建立现代企业制度,承担国有资产保值增值的任务,企业必须合理有效地、自主地进行资产组合资本运作,提高资本的运营质量,资本运营可以促进企业制度、产权制度的改革。

(2) 资本运营有利于企业实现两个根本转变。当前,我国经济正处于转轨时期,即经济体制由传统的计划经济转向市场经济,经济增长方式由粗放型转向集约型,以行政体制为核心的传统经济机制从根本上否定了资本运营,主要靠投资推动的传统经济增长方式。由于缺乏资本市场机制,必然依赖粗放型和外延型的增量投资方式推动经济增长,只有引入资本市场机制,才能真正实现上述两个转变。

(3) 资本运营有助于组织迅速扩大规模,实现规模经营,增强资本扩张能力,组织通过诸如控股、收购和兼并等资本运营方式可以迅速实现跨越式发展,是实施大集团战略、超常规发展和规模经济的有效途径。

(4) 实行资本运营可以通过以小博大的杠杆效应,缓解组织资本金不足的问题。

(5) 通过跨国资本运营,可以迅速利用被收购企业的营销网络、研发队伍、区域优势、信用关系等资源,扩大组织的市场份额,从而在全球范围内形成竞争优势。联想集团收购 IBM 公司的 PC 业务就属于跨国资本运营。

(6) 组织通过资本运营能够跨越组织边界, 降低组织对拟入行业和市场的进入成本,实现组织跨行业跨地区经营。

第三节 知识管理

人类的历史长河首先经历了漫长的农业文明时代,经过数百年社会化机器大生产的工业文明发展后,出现了第三次浪潮,其特征是建立在知识经济基础上的智能、信息、知识和高新技术等。知识经济是相对于农业经济、工业经济而言的一种经济形态。知识经济中的投入是知识资源,主要是无形的知识投入,劳动资料和劳动工具也都是知识,劳动工具的知识化体现了整个社会生产力的水平,组织员工通过计算机和互联网等信息工具,对知识进行分类、整理、共享、加工和再创造,产生出新的知识。在知识经济中,投入的是原始的知识资源,产出的是新知识产品。

一、知识管理的含义

早在20世纪60年代,德鲁克(Peter F. Drucker)就指出了知识是未来社会最重要的资源,20世纪80年代德鲁克将组织的知识活动过程称为“知识管理”,1986年魏格(Karl Wiig)在苏黎世国际劳工组织ILO会议的报告中提出了知识管理,魏格(Karl Wiig)在1990年发表的论文《知识管理:导论》一文中再次阐述了知识管理,指出知识管理是由组织全面监测并促进与知识相关的活动、建立和维护有利于知识存储的基础设施、知识资产的更新和转化活动、有效使用知识以提升组织价值四个方面组成的有机统一体。

弗若珀罗(Carl Frappuolo)认为,知识管理是组织成员共同努力,为知识共享(包括显性知识和隐性知识)建立并创造新的途径的管理过程。马尔厚崔(Malhotra Y.)研究指出,知识管理是指组织为了适应动态变化的技术环境和市场环境,将信息技术处理数据、组织处理信息的能力以及组织成员的创造与创新能力有机结合起来,从而提高组织的适应性和生存能力等关键问题的一种知识处理和整合过程。贝思(Bassi)认为,知识管理是通过知识的创造、获取、整理、共享和使用以提升组织绩效的过程。若皮和哈灵敦(Ruppel and Harrington)认为,知识是一种纯粹的信息加工过程,而不是一种纯粹的资产,组织必须通过建立有利于知识流动的环境,才能发挥知识过程中各个要素的功能,为组织创造价值。

柏若德本特(Broadbent M.)研究认为,知识管理是是挖掘组织和个人的知识,通过信息管理及组织学习来提高整个组织的知识水准和整个组织整体效益的目标管理流程,其目的是提升竞争优势和商业利益。科特劳尔(Tim Kotnour)指出,知识管理是一系列知识前因活动的集合,通过这种集合创造、应用、共享知识和提升组织整体知识,从而促进组织绩效提高。

斯维比(Sveiby)将知识管理理解为利用组织的无形资产创造价值的艺术过程。盖特(Gates)研究发现,知识管理以知识共享为核心,组织中流动的数据可以通过知识共享和信息加工工具进行汇聚、加工、整理、分析,从而转化成有用的信息与经验。达文坡特(Davenport)认为,知识管理的核心在于知识的创造过程以及随后的知识利用过程。皮特(Peter H Gray)研究发现,知识管理是通过综合运用多学科知识和方法以及系统管理组织的知识资源,从而提高组织的能力、效率、创新和资本价值的一种信息管理方法,是人类信息管理的最高形式和最高阶段。列波支(Liebowitz)认为,知识是一种能创造组织价值的无形资产,知识管理是通过知识资产这种无形资产的有效运作和管理,从而为组织创造价值的一系列过程。欧力瑞(Daniel E,O,Leary)认为,知识管理是一个将从知识源获得的信息转变为组织人人接受,且将人与知识进行连接的组织流程。

格林伍德(Wilf Greenwood)研究发现,知识管理由6C组成,具体如图10-4所示。

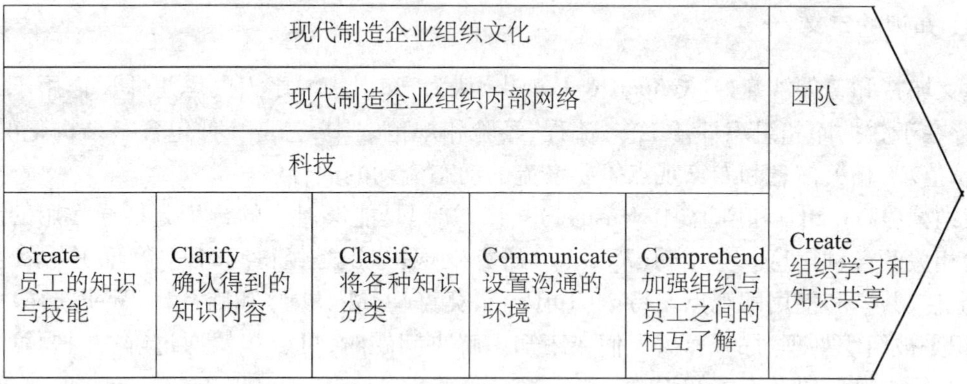

图10－4　知识管理的6C

资料来源：Wilf Greenwood. Harnessing Individual Brilliance for Team Creation The Six C of the Knowledge Supply Chain[A]. 1998, June. http://www.brint.com.

沃温（Birgit Verworn）研究指出，现代制造业知识的创造、获取、转移、存储及组合与运用，有利于组织协助全体员工管理知识、促进组织学习和对知识进行有效的操作，并认为知识存在四个基本操作，如图10－5所示。

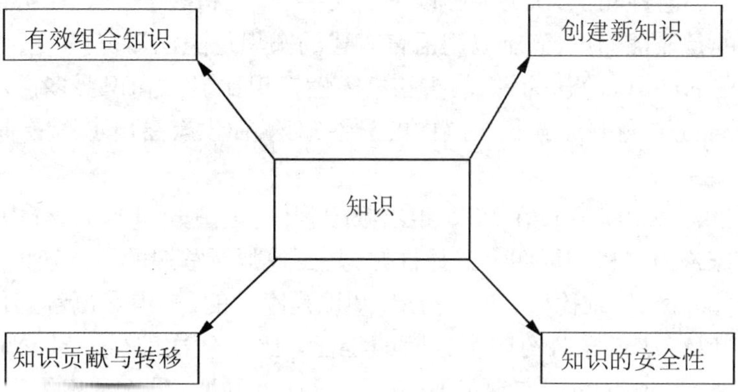

图10－5　知识的四个基本操作

资料来源：Birgit Verworn. Industry as the knowledge base: the way Asians integrate knowledge from academic, industrial, and public sectors. International[J]. *Journal of Technology Management*, 2006, Vol34, No3-4, 379-389.

本书认为，知识管理是组织为了获得竞争优势和实现组织目标，而对知识获得、创造、存储、扩散、共享和利用的一系列管理过程。

知识管理的基本任务主要有：知识创造管理；知识创新管理；产生与开发管理；知识分类管理；知识共享管理；知识的识别与获取管理；知识应用管理；学习型组织管理；知识资产管理；建立专家网络管理；传播与扩散管理；知识管理的激励系统管理；客户知识管理；知识管理的技术与工具管理；知识编码与存储管理；社会资本管理；知识产品的定价与版本管理；知识整合、应用与评价管理；知识员工的管理；学习与创新训练管理；智力管理；知识基础设施管理；知识管理战略。

管理大师彼得·杜拉克在《后资本主义》一书中曾这样描述，“知识已经成为组织生产经营活动中的支配性资源，知识彻底改变了社会结构、企业的经营面貌和人们的生活，使社会步入后资本化社会”。

二、知识的定义

达文坡特和普如沙克(Davenport & Prusak)认为,知识来源于人的思想并反作用于人的思想,它存在于数据库和组织日常工作、流程、经验和规范之中,它是一种包含了结构化的经验、技能、价值观、相关信息和专家观点等要素流的动态流动的混合体。

纽纳德(Leonard)和申士珀(Sensiper)指出,知识是能够对人的行为起指导作用的与时间和经验相关的各种信息。莫克勒(Meckler)研究发现,知识是经得起时间验证,并被社会广为接受、流传、共享和使用的观点。特本(Turban)、莫克勒(Meckler)和威社比(Wetherbe)研究认为,知识是被组织处理过的信息,人们在用知识解决问题时,可以积累通过解决问题可以学到的个人和组织经验以及专家知识。

野中优次郎(Ikujiro Nonaka)研究指出,知识是可以通过个人经验、抽象概念、各种关联信息、标准作业程序、工作业务流程、具体技术和文件档案等方式呈现出来的有价值的智慧结晶。

哈尔和安觉尼(Hall & Andriani)研究指出,知识是那些能够阐释、说明、预测和控制诸如组织文化、员工技能和各种理论等现象的信息,它构成了影响人们思想和行为的所有因素。斯维比(Sveiby)认为,只有隐性知识才是真正的知识,而人们所接触的信息只是显性知识。

迈克尔·波兰尼(Michael Polanyi)在出版的《个人知识》和《隐性方面》这两本著作中系统地论述了显性知识和隐性知识,认为能够以书面文字、图表和数学公式、手势语、体语等诸种符号形式加以表述的是显性知识,而难以用语言表述的知识是隐性知识。

维纳·艾丽(Verna Alee)认为,人的头脑中隐性知识比显性知识要多得多,就像大海里的冰山,露出水面的部分就好像是人们头脑中的显性知识,而没有露出水面的部分就好像人们头脑中的隐性知识。

野中优次郎(Ikujiro Nonaka)在1995年出版的著作《创造知识的企业》中对隐性知识打了个形象的比喻:“家用面包机的说明书是显性知识,面包师所掌握的操作知识是隐性知识。”

在知识的特性方面,斯维比(Sveiby)指出,知识是隐性的、知识是恒常变化的、知识是由规则支持的、知识是以行动为导向的四个方面的特征。野中优次郎(Nonaka)和泰克奇(Takeuchi)认为,知识具有活动性(知识产生于人们的活动)、工具性(是人和组织生存发展的工具)、实验性(科学实验是检验知识的唯一标准)和创造性(人和组织的活动和思维可以创造知识)四个方面的特征。还有一些学者认为,知识具有脉络依循性,知识拥有主动和主观的本质,知识是相对的、非敌对性、散布性、累积性等特征。概括起来知识主要有以下特性:知识的情景依赖性;知识的无形性;知识的恒常变化性;知识的离散分布性;知识的无限性;知识的工具性;知识的意会性;知识的外部性;知识的累积性;知识的收益递增性;知识的关联性;知识的非竞争性。

在知识的分类方面,迈克尔·波兰尼(Michael Polanyi)、野中优次郎(Nonaka)和泰克奇(Takeuchi)、维纳·艾丽(Verna Alee)等依照知识的可表达程度,将知识划分为显性知识和隐性知识;厚社(Housel)和贝尔(Bell)依照知识对组织的贡献将知识划分为程序性知识、符号性知识、员工知识和熟练性知识。还有很多学者对知识的分类做了深入研究,布赖克(Blacker)将知识划分为抽象知识、蕴涵性知识、编码性知识、文化性知识和嵌入性知识;安德森(Anderson)将知识划分为陈述性知识、程序性知识和因果性知识;禾任(Heron)将知识划分为命题性知识、经验性知识、行动性知识和直觉性知识。张庆普和李志超把企业隐性知识划分为三个层次,如表10-3所示。

表 10-3　企业隐性知识的层次与分类

	个体拥有	群体拥有	企业层次拥有	企业外获取
技能类隐性知识	个人掌握的技能、技巧、手艺、诀窍、经验等	群体所掌握的技艺、操作过程等	企业层次掌握的技巧、诀窍、经验等	借用“外脑”、技术诀窍等
认识类隐性知识	个人的直觉、灵感、信念、价值观、感悟、洞察力、心智模式等	群体成员的默契、协作能力等	企业文化、惯例、价值体系、共同愿景等	历史、文化、价值观等

资料来源：张庆普，李志超．企业隐性知识的特征与管理．北京：经济理论与经济管理，2002（11）：47-50.

三、知识管理的理论模型

学者们对知识管理的研究已经探索出许多模型，本书将介绍“知识创新”的 SECI 模型和卡雷若（Carneiro）的知识管理体系模型。

（一）“知识创新”的 SECI 模型

野中优次郎（Ikujiro Nonaka）将知识划分为显性知识和隐性知识，知识可以由旧知识向新知识转化，可以由低级向高级形式转化，还可以显性知识和隐性知识之间相互转化，SECI 模型包含了知识间的四种转化方式，即显性知识能够通过合并过程转移给其他人，还可通过内化过程转化为其他人的隐性知识，隐性知识可通过社会化转移给其他人，还可通过外化过程转变为显性知识。SECI 是英文单词 Socialization、Externalization、Combination、Internalization 首字母的缩写，即社会化、外化、合并和内化，SECI 模型的示意图如图 10-6 所示。外化——主要是通过将隐性知识分析、整理和编码进行表现；合并——对已有显性知识进行组合产生新的显性知识；内化——员工运用显性知识形成体会和经验；社会化——通过组织文化促进和知识传递的促进来实现。

	隐性知识	显性知识
隐性知识	知识社会化 （潜移默化过程） Socialization	外化 （外部明示过程） Externalization
显性知识	内化 （内部升华过程） Internalization	合并 （汇总组合过程） Combination

图 10-6　显性知识和隐性知识的 SECI 模型

资料来源：Ikujiro Nonaka，*The Knowledge-creating company：How Japanese Companies Create the Dynamics of Innovation*，Oxford University Press，1995.

（二）卡雷若（Carneiro）的知识管理体系模型

卡雷若（Carneiro）认为，知识管理体系是由知识、知识工具、知识工作者、知识发展和知识管理效益五个部分构成的有机统一体，组织内具有学习动机和创新力、创造力的知识工作者利用信息技术和决策支持系统，能够有效整合已有知识，不仅发挥其效用而且还能创造出新知识，知识工作者的学习和创造动机有赖于组织的激励，知识管理体系的有效运作将促进组织竞争优势的提升。卡雷若(Carneiro)知识管理体系模型如图10－7所示。

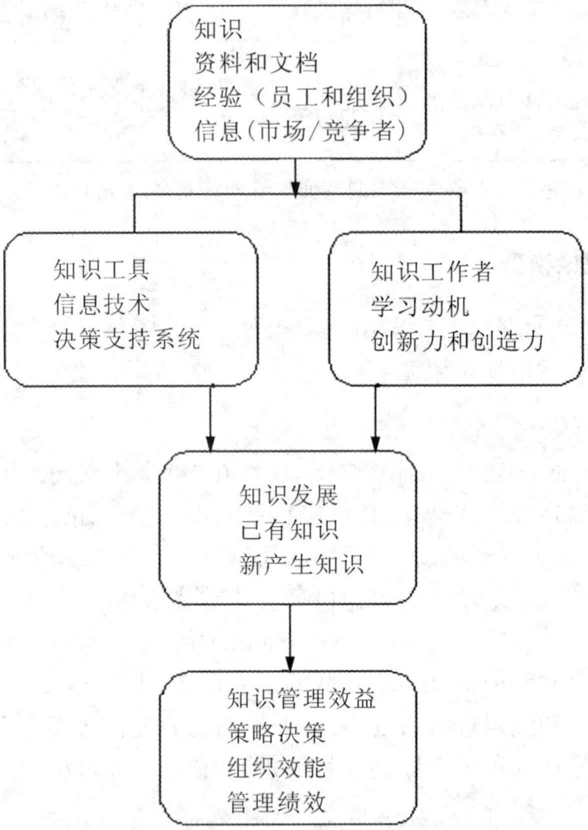

图10－7 卡雷若(Carneiro)的知识管理体系

资料来源：Alberto Carneiro. The role of intelligent resoureces in knowledge management[J]. *Joumal of Knowledge Management*, Vol. 5, No. 4, 2001, p. 366.

本章提要

1. 人力资源是组织最关键的资源也是最活跃的资源，人是组织目标实现的直接推动力。现代人力资源管理由七大模块构成：(1)人力资源规划；(2)工作分析与设计；(3)招聘与配置；(4)培训与开发；(5)绩效管理；(6)薪酬福利管理；(7)劳动关系管理。人力资源规划的内容包括战略发展规划、组织结构及劳动组织规划、人员补充规划、晋升规划、调配规划、工资规划、制度建设规划和培训开发规划。工作设计的基本方法主要有：机械式工作设计方法、激励式工作设计方法、生物式工作设计方法、知觉运动式工作设计方法。人力资源招聘的途径主要有以下10种类型：现场招聘、传统媒体招聘广告、网络招聘、职业中介机构、校园招聘、内部招聘、员工推荐、猎头公司、电话招聘和视频招聘。绩效考核的技术一般包括：目标管理考核法、基于KPI的绩效考核、基于平衡计分卡的绩效考核、基于标杆管理的绩效考核和基于素质的绩效考核五种绩效考核方法。

2. 人本管理是指把人作为组织管理活动的核心和组织最重要的资源，围绕如何充分利用和开发人力资本，整合组织目标和组织成员目标，促进员工素质的全面提高和员工的全面发展，培养全体员工共同的价值观，充分调动和发挥人的主观能动性、积极性和创造性，引导全体员工实现组织目标的管理过程。

3. 按照资金筹措的来源区分，组织的融资渠道可以分为内源性融资方式和外源性融资方式两种类型。内源性融资方式是指将组织的留存盈利和折旧转化为权益性资本；外源性融资方式是指通过其他经济主体和个人筹集资金的过程。

4. 从组织进行资本运营的范围上划分，资本运营可以分为外部交易型资本运营和内部运用型资本运营，外部交易型资本运营是指通过在资本市场上进行诸如企业产权交易、股票发行与交易、企业部分资产买卖等形式的资本交易，从而实现资本增值。内部运用型资本运营是指组织在生产经营活动中进行诸如采用新技术和新产品开发等形式合理有效地提升资本使用价值的效能，从而实现资本增值。

5. 知识管理是组织为了获得竞争优势和实现组织目标，而对知识获得、创造、存储、扩散、共享和利用的一系列管理过程。

复习思考题

1. 人力资源规划的含义和内容是什么？
2. 工作分析与设计的含义是什么？
3. 人力资源的招聘途径有哪些？
4. 员工培训的方法有哪些？
5. 绩效管理的含义是什么？
6. 绩效考核技术有哪些？
7. 人本管理的含义及内容是什么？
8. 融资的渠道或方式有哪些？
9. 资本运营的分类有哪些？
10. 知识管理的含义是什么？

案例讨论

三一重工的员工培训

三一集团有限公司始创于1989年，自成立以来，打造了业内知名的“三一”品牌，始终以“工程”为主题的机械装备制造业为主业，目前已全面进入工程机械制造领域，主导产品为混凝土机械、起重机械、非开挖施工设备、筑路机械、挖掘机械、桩工机械、港口机械、风电设备等全系列产品，三一重工是中国最大、全球第六的工程机械制造商，连续获评为中国企业500强、亚洲品牌50强，三一重工于2003年7月3日上市，2011年7月，三一重工以215.84亿美元的市值，首次入围FT全球500强，成为唯一上榜的中国机械企业。目前集团拥有员工近6万名。

一、培训创新自成一体，多年积累成就行业人才高地

长期以来，在“帮助员工成功”的核心经营理念下，三一重工就通过一些制度，引导员工接受必要的训练，以适应公司高速发展对人才的要求，并为此投入了大量人力、物力和财力，为员工创造了一个快速成长的环境。从最初的几人、几十人，到如今的几万人，三一重工全球员工队伍不断壮大，许多当年初入公司的小兵，如今都已成长为担当重任的大将。

近年来,在三一重工爆炸性增长的销售数字背后,是因此而带来的由内至外的爆炸性成长和变革。处于这样的历史时期,三一人自身的成长显得格外重要。一方面,在各种极具挑战性的项目工作中,三一人获得了长足的进步;另一方面,为帮助他们快速而顺利地成长,培养三一重工自家的经理人,三一重工不遗余力,从专业培训到领导力培养,从全集团开展的大型培训项目到各部门组织的专业讲座,逐步形成了一个多样化的、全面覆盖的培训体系。不论是新员工入职,还是后备干部培养;不论是综合素质提升,还是专业能力拓展,三一人都能找到与之匹配的培训。

2012 年以来,三一重工便一直对员工培训紧抓不放,通过更加细致和科学的课程设计,以及对培训过程中的严格管理,提升培训效果。特别是针对研发人员,研究总院开展的"卓越工程师"培训已是硕果累累。截至目前,"卓越工程师"项目已开班 27 期,总共有大约 1400 名研发人员参与培训,其中 900 余名研发人员通过认证,并领取了研发"卓越工程师"研修班学分证,当累积学分达到 20 分后,学员的职等工资还将上调一档。同时,三一重工还组织了 90 名左右的优秀研发人才赴日本川崎精机研修、组织了大约 70 名各研究院院、所长赴清华大学进行了与领导力有关的培训。

此外,三一重工推出的具有创新性的 S1000 提升领导力的培训已形成了自己的品牌。S1000 将集团各岗位分为研发、制造、财务、行政等 11 个体系,从中挑选出有潜力的优秀员工脱产成班,进行为期三个月的学习。有 60% 的领导在接受访谈时表示,S1000 学员的进步超越了他们的预期。

二、培训方式灵活多样,"人才工厂"实现定点定责培养

在三一重工,除了一些富有特色的大型培训项目外,形式多样、应需而生的各项专业培训更是让员工受益匪浅。这些专业培训大多由业务部门自主开展,是提升员工专业素养的有效途径。而其中,又以制造商务、研发体系举办的培训最多。

专业培训大多利用晚上或周六学习日,由业务部门根据实际需求自主组织,各部门培训专干进行支持和监督。根据监控数据看,三一重工各事业部/子公司每月开展的培训均达到了 30 多场,有的高达 60 多场。近期,三一重工推出了"人才工厂"计划。该人才工程其中一项内容就是为了提高一些储备研发人才的能力,安排其至制造、服务、质保、营销等部门培训,快速提升其产品设计知识及业务能力,并像制造工厂一样,源源不断输送出合格的高素质人才。

这一计划的制订前期经过了周密的调研,一名调研人员道出了该计划实施的背景:"以前,我们也有下放研发人员到多部门轮岗的培训内容,但在执行过程中,始终存在未能深入的蜻蜓点水式的弊端。人才工厂计划就是一改这一弊端,实施'定点定责式培养',并有系统的考核方式。"该计划将分工位进行考核,通过者颁发合格证,全部培训合格者发放结业证。同时,参加人才培养计划者将优先获得参与新产品研发项目的机会,结业者可优先获得担任项目经理或被提拔的机会。更为重要的是,针对培养计划考核成绩优秀者,公司还会对他们上调一级职等工资,并对评定职称加分。

三、研发大楼里气氛融洽,车间内培训受益匪浅

"公司对研发人员非常重视,研发投入上不封顶,并一直视研发为核心竞争力,对研发人员的培训更是花尽了心思,比如深入车间的岗前培训、卓越工程师培训,我自己都有亲身参与,很喜欢这样的培训。"三一重工一位研发工程师如是说道。

三一工业城里的研发大楼占地面积约为 17000 平方米,五层白色建筑可以容纳 1300 人左

右。研发人员都曾有在车间实习过的经历，他们均认为通过车间实习能非常直接地对公司的产品有一个深刻的了解，并懂得公司的生产方式、加工工艺，对今后的研发工作很有指导作用。实际上，研发人员下车间的培训项目在三一重工早已有之，以前只针对新入职员工，而现阶段，在市场增长放缓的大背景下，为了响应集团号召，加大培训力度，公司进一步扩大了培训范围，把一些储备人才也纳入车间培训的范围。

在三一重工，从入职开始，研发人员就要进行为期6个月的岗前培训，包括车间实习、售后实习等环节。这项制度起源于2007年，当年，三一重工第一次在华中科技大学、中南工业大学等全国重点院校大规模招聘应届工程硕士，以满足三一重工的人才需求。为培养好这批人才，梁稳根董事长要求人力资源总部拿出与之匹配的培训方案，最终几经修改，确定了包括车间实习、产品介绍等长达数月的培训计划。

在人们的印象中，研发人员提得最多的是三一重工首席科学家易小刚的名字。据介绍，易小刚之所以能成为三一重工的首席科学家，跟他非常重视一线车间的试验有莫大关系。“易总一个月总会抽出那么几天，深入车间一线，做试验、调设备。他曾告诫大家，光在办公室搞研发是搞不出来的。”

三一重工非常重视在车间内培训员工，在三一工业城的各个厂房里经常会看到一些相对文静、手脚并不熟练的另类“实习生”，在行业内亚洲最大的18号装配厂房里，研发工程师王新阳坦陈，除了待在办公室画图设计外，在车间实习培训也是他喜欢的事情之一。王新阳认为，研发人才下到车间以及在各系统轮岗培训，确实是非常必要的培训手段，他说，研发产品不是生搬硬套，不是完成任务，而是要多问自己，你的产品要达到什么目的？什么样的结构可以达到这个目的？是不是还有更好的方法？而来到车间制造一线，让他比未参加生产实习的人对产品和项目有更加深刻的认识。

廖中杰是王新阳的带班老师，他说，他以前还带过许多岗前培训的研发人员，“这些人都比较虚心，并且很珍惜一线的实习经验，他们都是高兴而来，满载而归”。说起三一重工此次加大研发人员下车间培训的力度，廖中杰更是道出了自己对此事的看法：“三一重工的研发人才一般较为年轻，对于这样一支年轻的队伍，如果不经过基层的锻炼，一出学校就想冲到研发一线，这对一个视研发为核心的企业来说，是一个危险的举动。”

另外，据行业专家介绍，工程机械行业标杆企业的研发人才结构中，专家级人才约6%，高级人才约12%，中级人才约32%，初级人才约50%，各层级比例基本是1:2的关系。而三一重工相比标杆企业，尽管高端研发人才突出，但研发团队整体较为年轻，中坚研发人才的基础还不够厚实，三一重工加强对初级研发人员的培养，并提高初级研发人员的实践功底变得迫在眉睫。

为了调整人才结构，三一重工把一些初级研发人员分到制造等部门培训，让研发工程师懂得拆装机器，了解机器的基本构造，才能进行更贴近实际的创造。“如果大家都坐在办公室，不去调研跑市场，不去锻炼跑车间，那我们就是坐井观天，世界500强不是坐在办公室，就能坐出来的。”王新阳说。

四、三一重工特色培训体系

三一重工以OLM（在线学习）系统为平台，依据员工的职业生涯发展路径，依次构建新员工入司培训、岗前培训、专业培训、干部培训（S1000培训、干部领导力培训、高管讲座）四个层级的培训体系。同时结合公司战略和业务需求，提供国际化、文化培训等公共类培训项目。

（1）研发岗前培训：针对新入司的研发人员，为期6个月，培训课程包括研发制度、制造、售后服务、专业基础等。

（2）专业培训：专业培训与职称评定挂钩，由培训部根据研发、人力资源等15个体系设置了每个专业的课程，课程分为初、中、高三个层级。目前，研发、行政、IT等部门职称评定都需先通过专业考试。

（3）S1000工程：S1000将集团各岗位分为研发、制造、财务、行政等11个体系，从中挑选出有潜力的1000名优秀员工脱产成班，进行为期三个月的学习。2010年，S1000共开班27个，培养767人。

（4）二级培训：由各部门根据自身业务需要自由组织，各部门培训专干负责支持和监督。该培训针对性强，是三一重工人才成长的重要补充渠道。

（5）日籍专家讲座：由三一重工日籍专家开设的针对制造现场、研发等领域的讲座。

（6）英语培训：为顺应三一重工国际化潮流，三一重工集团“英语培训中心”成立。目前，培训中心共配备了2名外籍老师，3名中方老师，共开设了5个英语培训班，培训关键岗位员工150人。

（7）在线学习系统：在线学习系统已成为三一重工日常培训的资源和管理平台。目前该系统共有课件1600个、书籍数百本，浏览人次达到10万余次。

讨论题：

1. 三一重工的员工培训有哪些特点？
2. 三一重工的员工培训为什么受到了员工的认可和支持？
3. 本案例给你的启示是什么？

第十一章

创业管理

知识目标

了解：创业理论的八大学派；创业精神；创业环境；创业机会的分类；创业机会评估准则

理解和掌握：创业的含义；创业企业家与传统企业家的比较；加纳（Gartner）创业模型；蒂蒙斯（Timmons）创业模型；全球创业观察（GEM）创业模型；萨尔曼（Sahlman）创业模型；威克姆（Wickham）创业模型；格来雅维尼（Gnayawali）创业模型；创业机会；机会窗口；创业机会的发现和创造；创业机会的识别和评价

技能目标

掌握：创业企业家与传统企业家的区别；创业机会的发现和创造；创业机会的识别和评价

引导案例

德华集团的创业历程

1992 年 7 月，现任公司董事长丁鸿敏创立了浙江德华装饰材料有限公司，经过四年的发展，公司“兔宝宝”贴面板在 1996 年被评为湖州市名牌产品，公司被命名为浙江省行业最大企业，当年企业产值超亿元；1997 年 10 月，组建成立浙江德华木业股份有限公司；1999 年 9 月，德华“兔宝宝”装饰面板被评为“浙江名牌产品”；2000 年 3 月，收购德清县美亚丝绸有限公司；2001 年 3 月，德华“兔宝宝”商标荣获“浙江省著名商标”；2003 年 4 月，公司更名为“德华集团控股股份有限公司”；2005 年 5 月，下属公司德华兔宝宝装饰新材股份有限公司在深圳证券交易所上市；2008 年 10 月，德华“兔宝宝”通过美国 CARB 认证，当月第三次入围中国竞争力 500 强，第四次入围全国民营企业 500 强。

自 2008 年以来，全球金融危机给国内企业经营发展带来较大冲击，公司依托强势品牌、营销通道、技术创新等发展优势，化危为机，逆势而上，确保了企业平稳发展，并在做大做强主业的基础上,积极向金融业、流通服务业延伸。2009年,德华集团作为主发起人的德清德华小额贷款有限公司成立。2009年公司还聘请省发展规划研究院制订了《德华集团五年发展规划(2010-2014)》,以明确下一步发展思路。

2010年,公司投资的位于德清洛舍的中国木皮市场一期顺利营业,该市场将成为中国乃至全球最大、最专业的木皮交易市场。

公司与中国林科院、南京林业大学、浙江农林大学等国内著名的林产品科研院校一直保持着密切的合作关系。公司设有省级技术中心、环保型装饰材料省级高新技术研究开发中心。顺利获得CE认证、国际FSC认证、美国加州CARB认证和日本JAS认证,成为国内少数通过4个认证的企业之一。截至2010年德华集团申报专利共119个,其中发明专利24个,获得专利授权99个,负责起草国家行业标准《防虫(蛀)胶合板》1个,参与《细木工板》和《装饰贴面人造板》2个ISO国际标准的制定和17个国家标准、10个行业标准、10个企业标准的制定。

2010年4月德华集团成为国内木业行业首家国家863项目承担企业,董事长丁鸿敏荣获全国劳动模范;2010年,德华集团全年工业总产值为31.12亿元,同比增长17.37%;销售收入达37.62亿元,同比增长22.74%;实现利税2.8亿元,同比增长34.36%,其中利润总额为1.9亿元,同比增长47.72%。

2012年德华集团控股股份有限公司已经发展成为一家以项目投资与资产管理为主,涉足新型建材、钢琴制造、房地产、游艇制造、经济林营造、创业投资、精细化工、金融等多元化协调发展的跨行业、跨地区的控股型资产经营集团,为中国大企业集团竞争力500强、中国民营企业500强、国家高新技术企业。多年来,通过艰苦奋斗与创新经营,公司取得了长足的发展,现拥有下属企业11家,员工4000多人,控股子公司德华兔宝宝装饰新材股份有限公司为中国贴面板行业首家上市企业,也是行业内产销规模最大的企业。

在中国装饰材料行业,德华"兔宝宝"品牌已形成了明显的竞争优势,先后荣获"浙江省名牌产品"、"浙江省著名商标"、"中国环境标志产品"、"美国联邦科技质量委员会推荐产品"、"美国产品创新大奖"、"中国名牌产品"、"欧盟推荐产品"、"中国驰名商标"等各种荣誉称号。2008年还被中国品牌研究院等单位认定为中国胶合板行业标志性品牌。

德华集团的企业文化反映了德华集团的核心价值观,也是长期指导企业发展的行动纲领:

"德为本",是企业的经营理念,企业发展要德为先、人为本,不仅要追求自身发展,更要积极承担社会责任。表现在三个方面:一是对消费者负责任,德华以推进行业绿色进程为己任,通过研发达到全球最高标准的环保板材,促进了行业进步,改善了中国百姓的家居环境;二是对员工负责任,公司一直注重和谐企业建设,努力使来自15个省、直辖市、自治区,20多个民族的德华大家庭在这里共谋和谐发展,共享发展成果;三是对社会负责任,公司一直积极支持各类社会公益事业,通过设立德华助学金、设立慈善基金、无偿援建教育设施,扶贫帮困,历年来累计赞助1100多万元。

"华而实",是企业既要做大更要做强的追求。一方面,企业要"华",要做大,谋求快速发展以尽快跻身全球同行强者阵营。另一方面,企业更要实,要追求有质量的发展,可持续的科学发展。公司一直强调稳健经营,努力防范各种风险。20年来,周边无数曾经辉煌的企业倒下,但德华依然保持持续发展,从未出现过重大经营危机。即使是金融危机冲击的2009年,依然保持12%的增长。

“木之展”，是德华要始终坚持突出主业、深化主业。从早期单一的贴面板，到现在的12大产品系列；从早期单一的生产制造，到现在从资源培育、研发、制造、销售的完整产业链；从简单的贴面板生产，到现在整合全球资源，研发具有环保、阻燃、防虫、防潮、防菌等功能12大类装饰材料；从浙北一个小镇，到现在下属企业布局浙江、江苏、山东、福建、江西、湖北、重庆，营销网络遍布全球40多个国家和国内所有省份；从当年的无名小卒到现在的中国名牌、中国驰名商标，德华一直围绕“木”字做文章，不断做精做细做深做透，成为行业中的龙头企业，科技木新品种数量和产量全球第一，贴面板产量多年全国第一。

“业久存”，是公司追求可持续发展，打造百年德华的梦想。公司积极推动企业从资源消耗型向生态集约型转变，正在大规模实施50万亩速生林基地建设，并已通过FSC国际森林认证，结合科技木技术，将使德华在不消耗天然资源的同时确保企业的永续经营。

2012年，德华集团再次入围全国民营企业500强，创业20年来，公司资产规模增长736倍，年销售额增长204倍。

第一节 创业、创业精神与创业者

以福特汽车公司流水线大量生产为代表的规模经济时代，大企业在整个社会宏观经济的发展和解决就业方面发挥了巨大作用，企业规模越大，成本越低，效益越好。这种情况延续到20世纪末发生了变化，由于消费者的需求呈现出多样化和个性化特征，满足订单生产和专业化定制的中小企业对经济增长和解决就业所起的作用远超过大型企业，尤其是创业型企业的创造和破坏是引领经济发展的核心。知识经济时代的到来，知识资本对经济增长的贡献也超过了劳动和物质资本这两种传统的生产要素，但“欧洲悖论”现象说明，知识外溢并不能自动促进经济增长，只有通过创业企业的创业机制把知识转化为经济行为，实现知识的价值，才能促进经济发展。美国自20世纪80年代以来积极发展创业型经济，造就了持续多年的繁荣景象，这值得我们学习和借鉴，近些年政府也出台了多种举措鼓励创业，许多省市也在采取措施为创业营造良好的环境。

一、创业与创业精神

（一）创业及创业的定义

在规模经济时代，大量的创新出现在大企业中，大企业对整个经济起着巨大的促进作用，20世纪80年代以后，大量的创新出现在美国的中小企业中，这些新创企业将创新产生的新知识转化为生产力，产生了巨大的经济效益，促进了美国从20世纪80年代至今的持续繁荣，原因就在于创业能够解释“欧洲悖论”和“知识悖论”等现象。所谓“欧洲悖论”是指欧洲许多国家发现大量的研发和智力资本的投入对经济增长的促进作用微乎其微，这导致了学者们对知识外溢能自动促进经济增长观点的质疑。

对于创业的研究，学者们起初将研究视角集中于创业者、创业定义和创业现象的探讨，后来人们发现组织的内外部环境对创业和创业者发挥着巨大的作用，学者们又将研究视角转向对创业环境的研究，尽管这一阶段取得了丰硕的研究成果，但却忽视了对创业者需求的研究，于是后来学者们又逐渐将研究视角转向对创业者需求和创业环境供给的研究，Ingrid Verheul等研究发现，创业需求取决于创业机会，创业供给取决于创业者的能力、偏好及资源，现阶段，学者们又将研究重点逐渐转移到创业环境（如制度环境和文化环境等）、创业机会的来源以及如何利用方面。

学者们分别从经济学、社会学、教育学、管理学、金融学、心理学等领域和视角对创业进行了研究，形成了八个学派，如表11－1所示。

表11－1 创业理论的八大学派

学派名称	代表人物及年份	主要观点	实证研究内容
风险学派	坎蒂隆（1755）、奈特（1922）	企业家专业于承担风险或不确定性	企业家风险偏好
领导学派	萨伊、马歇尔	创业者是生产过程与企业组织的领导者	创业者在企业组织中的领导职能
创新学派	熊彼特（1942）	创业者是创新者	技术创新、创新与经济增长的关系
认知学派	Kirzner（1973）	创业者的心理特性如敏感、认知能力、想象力等主观因素影响创业	认知特性对创业、利润发现的影响
社会学派	Sexenlan（1999）	宏观、微观社会环境和社会网络影响创业	从外部社会研究创业现象和创业问题
管理学派	德鲁克（1985）	将创业看成管理的一部分，通过学习和教育培训可以成为创业者	创业活动和企业管理活动的关系
战略学派	Zahra & Dess（2001）	把创业过程视为初创企业或者现有企业成长过程中的战略管理过程	用战略管理方法管理创业活动
机会学派	Shane、Singh（2001）	对于创业机会的识别和利用应该成为该领域研究的核心	从“存在有利可图的机会”和“存在有进取心的个人”两者相结合的角度研究创业

资料来源：陈钦虹．创业理论述评[J]，商场现代化．2006（21）：25.

对于创业的定义，学者们从不同的视角进行了研究，表11－2介绍了部分学者对创业定义的阐述。

表11－2 创业的定义

	创业的定义	视角
熊彼特	创业的本质就是创新，指组织在从事普通商业活动中不可能做到的事情，实现新产品、新材料、新生产方法、新市场的新组合和新的组织形式	创新
德鲁克	将资源从生产力和产出较低的地方转移到生产力和产出较高的地方的组织活动	生产力
Erik Stam et al.	宏观上：创业是经济进行结构变革和创造就业的推进器；微观上：新企业成立	宏观和微观

续表

	创业的定义	视角
William B. Gartner and Nancy M. Carter	指个人创立新组织的活动，维持已成立企业或组织进行的各项活动不属于创业	创立新组织
西力奇	创业是指创业者花费时间、精力和财力，承受心理压力和各种风险，通过价值增值过程以满足创业者个人物质回报和心里回报的活动	价值增值
卡森	对稀缺资源的协调整合	稀缺资源整合
奥催兹	创业是指将创新产生的新知识转化为经济或商业知识，并通过经济行为实现知识价值的活动	知识转化为价值
蒂蒙斯	传统视角的创业：成立企业。现代视角的创业：通过对商机进行全面思考、比较和分析，最终通过行动和高度平衡的领导艺术实现商机的活动	传统视角和现代视角
Erik Stam & Mill Lane	创业是由某个能够引领市场趋势的人在市场中引入创新性的经济活动的过程，不仅包括创立新企业，还包括在原有企业内部创立新部门的内部创业，新价值的创造是创业的核心和本质	引领市场趋势
Cartland et al.	创业行为与企业或组织的规模大小没有必然关系，大企业也可以创业，创业企业并不等同于中小企业	组织规模
海瑞格尔	指新创立某个事业，在此过程中要承受该事业所产生的风险和未来的不确定性	事业

在综合上述学者观点的基础上，本书将创业定义为，将创新所产生的新知识转化为商业知识，并通过创立新企业或在原有企业内创立新部门将知识转化为新产品或新服务，并承担由此带来的风险和未来不确定性的过程。总之，创业必须要与创新相联系，同时，也要注意，创业在很多情况下表现为成立新企业，但创业并不是一定等同于创立新企业，在原有企业内部创立新部门将新知识转化为新产品或新服务也是创业的一种形式。很多大公司经常讲“第二次创业”也就是这个意思。再者，创业并不像人们想象的那样简单和一帆风顺，创业要冒巨大的风险，不是随随便便就能成功，马云从创建阿里巴巴到成为电子商务巨头；史玉柱从脑黄金到脑白金再到巨人网络游戏；惠普从车库起家到信息技术王国等等，这些创业成功的例子，让我们看到了创业、创新、风险、价值这些词汇之间的关系。创业包含个体创业、公司创业和社会创业三个层面。

创业的本质是什么？学者们从创业者的个性和心理特征视角进行了研究，后来又从创业活动本身的视角进行研究，Shane 和 Venkataraman 等研究指出，创业就是在复杂环境中寻找、发现和利用有利可图的机会进行价值创造的活动过程。Gartner、Low 和 MacMillan 研究发现，创业就是创建新组织或新企业。Morris 经过大量研究后认为，创业的本质包含三个方面：创新性、风险承担性和超前行动性。对于公司创业的本质，Dess 认为公司创业是公司通过合资合作和组织内部所进行的创新在原有组织内产生新产品、新服务和新业务，从而促进了组织变革。Spann 等认为公司创业是通过组织内部所进行的新产品（新服务）研发以及对外开拓新市场等各种创新性活动所体现出来的能力。

（二）创业精神

在 1983 年以前，学者们主要从个体创业精神视角研究创业精神，Miller 于 1983 年在《三种类型公司的创业关联》一文中提出了公司创业精神（Corporate Entrepreneurship，CE）后，引起了学术界和企业界的广泛关注和重视。公司创业精神主要是由组织表现出创业者特征而不是个人,重视组织基础上的创新,创业是通过组织的力量转化为绩效而不是通过个人的努力。公司层次的创业精神又被称为创业姿态、创业导向、创业精神、公司创业精神和战略姿态, Covin 认为,创业精神根植于公司产品创新、管理创新和过程创新所导致的公司市场更新行为。Floyd & Wooldridge 研究发现,创业精神是组织进行寻找、积累、组合和运用资源以获得竞争优势的重要方式。

对于创业精神的维度界定,以 Miller 和 Covin 为代表的“创业导向”学派认为,公司创业精神可以通过创新性、先动性和风险承担性三个方面来衡量。以 Antoncic 等为代表的“公司创业精神学派”认为,公司创业精神可以通过创新性、自我更新性、新业务开拓和先动性四个方面来衡量。

随着对创业精神的研究深入,学者们又将研究视角延伸到对社会创业精神的研究,社会创业旨在创建服务于社会目标的企业或是为社会使命所进行的创新活动。

创业精神包含个体创业精神、公司创业精神和社会创业精神三个层面。

二、创业者

学者们对创业者的确定可以划分为两个学派,一派是以萨伊为代表的构造论观点,认为创业者是创建任何类型新组织或新企业的人;另一派是以熊彼特为代表的功能主义观点,认为创业者是以创新性的行为在某种程度上改变着经济系统的人。

同时,对创业者还可以从广义和狭义角度进行划分,狭义的创业者是指参与“从零开始创建新企业”的核心人员,广义的创业者是指参与“从一个面临困境的企业开始创建出一个重焕生机的企业” 的全部人员。

创业者又称为创业企业家,创业企业家与传统企业家的区别如表 11 - 3 所示。

表 11 - 3　创业企业家与传统企业家的比较

比较项目	传统企业家	创业企业家
创业动机	成功动机较为强烈,一般是将成熟技术或专利转化为商品,能够吃苦耐劳,愿意参与竞争,有强烈积累财富、影响和声誉的愿望	具有通过突破性创意改变环境的愿望,有强烈的革命性思维,愿意参与竞争,希望以突破性技术取得巨大成功,从而获得商业利润、名望和影响力,能够承担创业风险
管理团队	行业从业经验丰富,一般有较成功的个人职业履历,中年人较多,对专业技术和技能有较高要求,邀请学者担任管理顾问	具有全球视野和高度战略性,工程团队朝气蓬勃,各个部门年轻人较多,往往有新的管理理念和管理方法出现,创业顾问、专家以及创业投资家往往会成为董事会成员
所有权	获得管理控制权是其底线,有强烈的控制权欲望,希望通过所有权获得最大收益	专注于将蛋糕做大,有强烈的控制市场的愿望,希望通过控制市场而使公司获得最大收益
领导能力	对新技术和新产品较为重视,努力寻找新的市场机会,关注组织的发展前途和远景,重视领导技能的培养和创新,对为组织作出贡献的下属给予充分回报	能够激励员工为企业愿景而工作,最大限度激发员工的潜能,将为组织做出突出贡献的员工树立为标杆,鼓励员工超越自己。能够以自己的技术专长和道德力量为员工树立榜样

续表

比较项目	传统企业家	创业企业家
管理风格	职业化管理被充分强调，重视管理人员以前管理经验的充分发挥，管理风险是组织所面临的主要风险	为实现远大战略目标敢于尝试各种先进管理方式，注重现场决策，组织结构实行扁平化管理。充分重视 R&D，重视技术创新管理，大胆投资，宽容失败，创始人的行为对管理风格有重要影响，注重企业核心竞争力的塑造和竞争优势的培养，实行市场领先战略，董事会和管理团队对战略的成功起着重要影响作用
创造与创新	组织的管理及流程往往倾向于渐进式创新，并在各种营销因素方面予以配合，创业者具有较强的创新精神	组织的管理及流程往往倾向于突破式创新，创业者具有较强的创造性和创新精神，能够营造出有利于创新的组织氛围
风险承担	为了降低风险，组织的决策往往偏好于稳健型方案，商业定位趋于狭窄且缺乏侵略性	敢于冒风险，具有较大的风险承担性，创业者往往偏好风险，风险可由投资者和商业伙伴共同承担

第二节　创业模型

一、加纳（Gartner）创业模型

该模型是加纳在其论文《新企业创立现象描述的概念框架》中提出的创业概念模型，加纳以前的研究者在研究创业现象时往往从某一个方面或某一个因素进行研究，脱离了实际创业活动，加纳则从四个创业要素进行研究，即创业者、环境、组织以及创业过程，认为创业就是这四个要素共同作用互相促进的动态发展过程，任何新企业的创建和发展都是这四个要素合理组合和互相作用的结果。这四个要素各自可以划分为若干个维度，创业者个人要素包括教育程度、风险偏好、成就需要、关系网络、创新意识、智慧远见和个人经验等方面的内容；组织要素包括企业发展愿景、发展战略、组织结构、岗位设计等方面的内容；环境要素包括组织所需资源类型、市场环境、技术环境、资本市场环境、人力资源环境等方面的内容；过程要素包括商机识别、组建团队、创建企业、寻找资源、整合和配置资源、产出产品和提供服务等方面的内容。

新企业的创建往往是这四个要素及其构成维度合理搭配、互相作用、动态发展的结果，因此，加纳创业模型是动态模型，较好地阐释了创业和新企业的创建过程，其概念模型如图 11－1 所示。

二、蒂蒙斯（Timmons）创业模型

该模型是蒂蒙斯在其创业著作《新公司的创建》中提出的经典创业模型，蒂蒙斯认为，创业是由商业机会、创业团队和资源三个要素互相作用、互相适应、互相匹配的过程，整个创业过程是动态的、变化的和发展的，是从成功的创业要素视角研究创业行为。要创业首先要发现和识别商业机会，然后组建与商业机会相适应的创业团队，接着按照创业愿景和创业计划寻找、

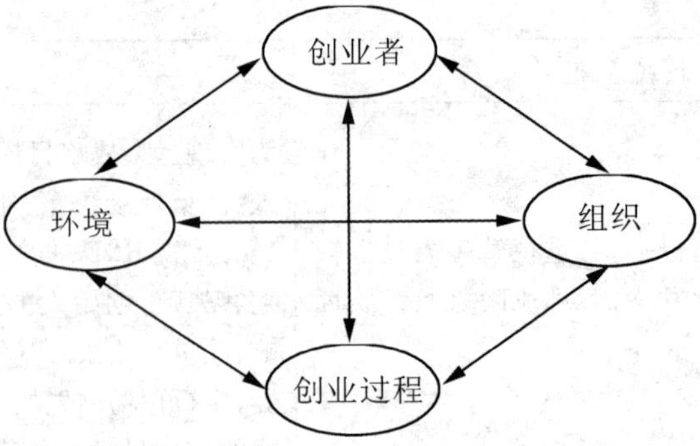

图 11－1 加纳创业模型

配置和整合创业资源，这三个要素是成功创业的核心要素、缺一不可，在整个创业过程中，这三个要素的相对重要性不断发生变化、互相作用，共同决定着创业的进程。在创业的酝酿期，商业机会是最重要的核心要素，是创业成功的先决要素，商机的发现有赖于洞察力和远见，其一旦被识别和发现，创业便进入组建团队阶段。团队成员要志同道合、智力互补、能力互补、善于学习、善于沟通和诚实守信，优秀的创业团队是吸引风险投资的重要条件，团队组建完成后便进入寻找和配置资源阶段。能否寻找到必要的资源以及资源的优劣决定了创业的成功与失败，由于资源的稀缺性和资本市场的风险性，资源的获得和合理配置需要创业团队进行风险分析和综合平衡。

在整个创业过程中，商机往往具有模糊性的特点，要发现真正的商机需要智慧、远见、洞察力和机会评估能力，也需要创造力，真正的商机发现后，创业团队需要运用创造力去把握商机、利用商机。资源的寻找、整合和配置离不开资本市场，因此，资本市场的环境分析尤为重要。有了商机没有资源，则商机不可能被利用，因此，商机和资源之间要协调和匹配。

蒂蒙斯的创业模型阐释了创业过程中三个要素之间的动态均衡关系，其模型如图 11－2 所示。

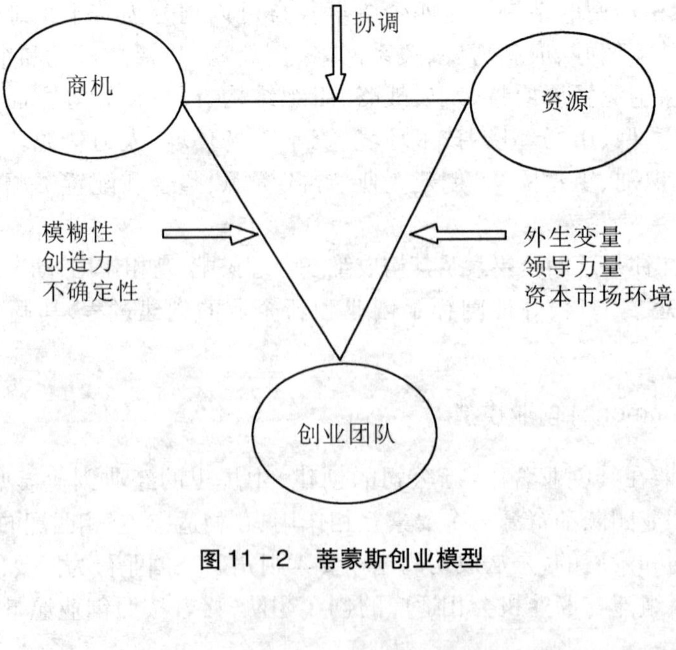

图 11－2 蒂蒙斯创业模型

三、全球创业观察(GEM)创业模型

由美国百森学院和英国伦敦商学院共同发起创办的全球创业观察于1999年提出了GEM创业模型,2008年又提出了GEM修正模型。

首先介绍1999年GEM创业模型,GEM在世界范围内研究不同国家创业水平差异与经济增长差异之间的关系,研究结果得到了学者们的认可。其主要观点如下:两个方面因素促进了国家经济增长,第一个因素是现有企业,包括大型企业(又称第一经济)和微、中小企业(又称第二经济),是经济增长的主要驱动器;第二个因素是创业活动,创业的成功有赖于创业机会、创业能力和创业环境这三个要素的合理组合、相互作用和相互匹配。第一经济、第二经济和创业活动都要受整个社会宏观环境的影响,但影响机理和程度不同,宏观环境因素可以划分为一般环境因素(主要影响现有企业)和创业环境因素(主要影响创业活动),创业环境因素主要包括政府对创业的政策、商业环境、风险投资体系、法律环境、创业融资环境、市场准入等与创业有关的各方面因素。

GEM于2008年在充分吸收其他学者先进研究成果和保留原模型优点的基础上又提出了GEM修正模型,GEM修正模型在原模型的基础上对三处做了修正,第一,将原模型中的一般环境因素和创业环境因素修改为基础环境因素、效率提高因素和创新创业因素,基础环境因素和效率提高因素对创业起间接的影响作用,创新创业因素对创业起直接的影响作用;第二,原模型中的现有企业也可以开展创业活动,设立新分支公司,从而与新企业创业互相作用,共同促进经济增长;第三,将原模型中的创业活动受创业机会和创业能力共同影响修改为创业受创业态度、创业活动和创业愿景三个要素共同作用、动态影响。总之,GEM修正模型只是将原模型中的环境变量和创业变量的内容做了修改,原模型的理论框架仍然保留,即经济增长是由现有企业和创业活动两个因素共同促进,将创业态度、创业活动和创业愿景三个要素视为创业的核心要素,将创业同一个国家或地区的经济发展联系在一起进行分析,这两个方面的贡献是GEM模型的最大特点。原模型如图11-3所示,修正模型如图11-4所示。

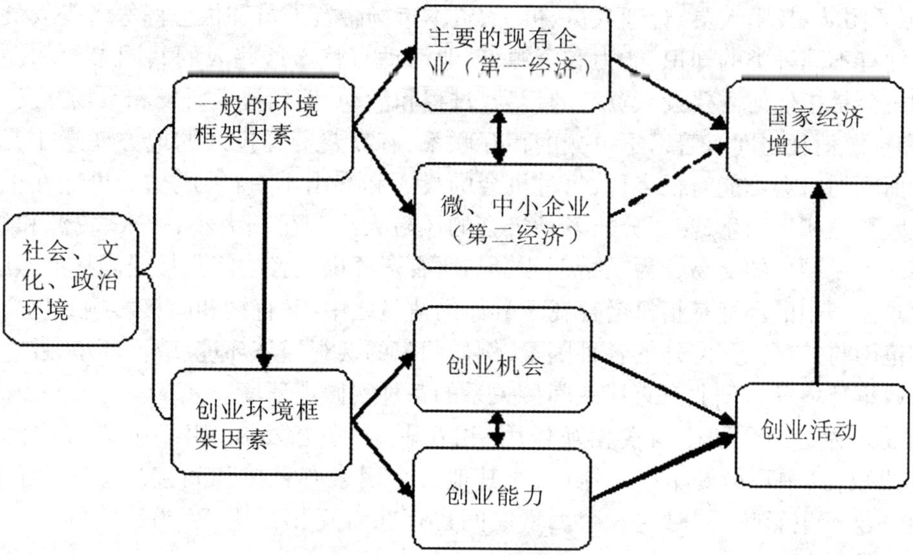

图11-3 GEM模型

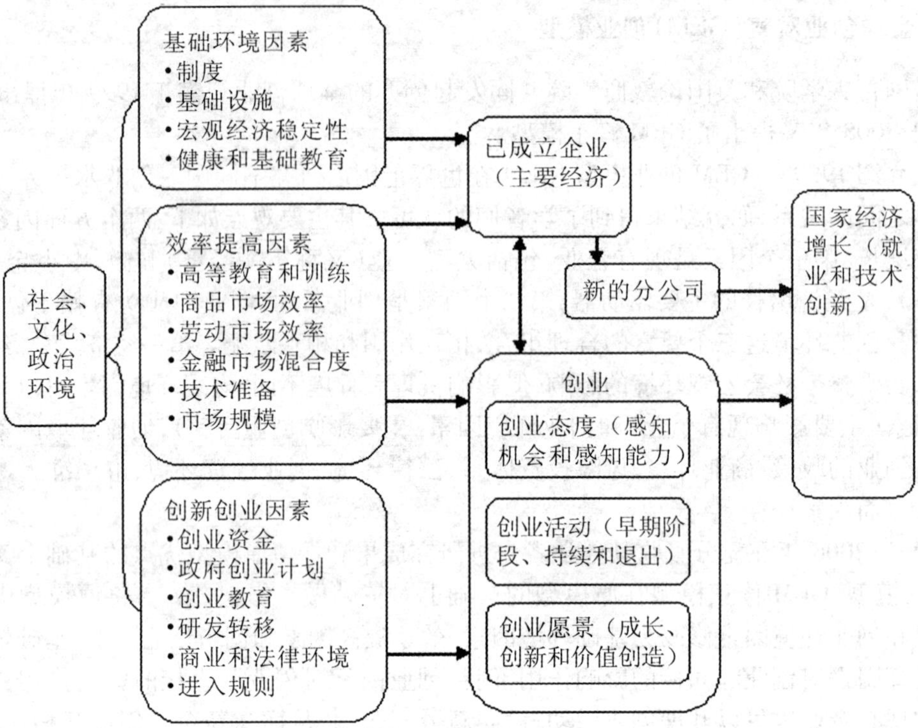

图 11－4 GEM 修正模型

四、萨尔曼(Sahlman)创业模型

该模型是萨尔曼在其论文《对商业计划的一些思考》中提出的创业模型，萨尔曼认为，人和资源、机会、交易行为和环境这四个因素是创业的核心因素，环境在这四个因素中处于中心位置和核心地位。模型中的人是指与创业活动有关的为创业者提供服务或资源的人员，例如投资者、创业团队、技术人员、管理人员、员工、资本市场融资人员和供应商等各类人员，不同种类的人员拥有不同种类的知识、能力和资源，创业活动有赖于这些人的共同参与和提供资源。模型中的机会是指任何需要投入资源的行为、过程和活动，例如技术研发和市场开发等各种活动，机会和资源消耗之间有着密不可分的相互联系，有需要资源投入的地方就意味着有机会，创业团队面临的机会可能有很多种，每种机会的投入和产出不一样，成功的可能性也不一样，机会和风险总是相伴而生，需要分析各种机会的风险大小和盈利大小，使人、资源和机会相互协调和匹配。模型中的交易行为是指创业者与所有资源供应者之间直接或间接的激励和风险承担关系。模型中的环境是指机会存在于具体的情境之中，又直接和间接影响着机会的实现，处于管理范围与控制范围之外的各种因素，例如国家的宏观经济环境、政治环境、社会环境、融资环境和政策环境等与创业有直接或间接关系的各种宏微观环境。

萨尔曼认为这四个创业因素相互作用、相互影响、动态发展、相互协调，共同决定了创业进程和成败，其中环境处于中心地位，对其他三个因素有直接和间接的影响，而这三个因素也会对环境产生影响，同时这三个因素之间也存在着互相作用、互相影响的关系，其模型如图 11－5 所示。

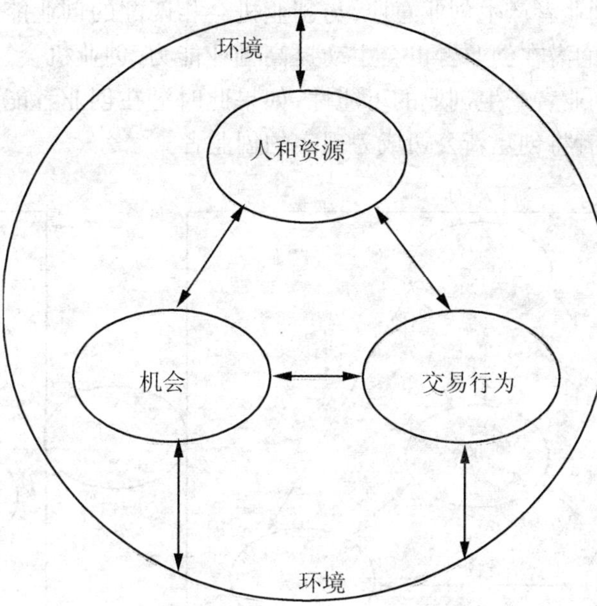

图 11-5 萨尔曼创业模型

五、威克姆(Wickham)创业模型

该模型是威克姆在其论文《战略创业》中提出的创业模型,威克姆认为,创业者、创业机会、组织与资源这四个相互关联和相互作用的因素是创业的核心因素,创业者在这四个因素中处于中心位置和核心地位。创业者需具有较强的洞察能力、远见、愿景、判断能力和识别能力,在错综复杂的环境中能够准确地识别出商机,构建创业组织及协调好组织内部关系,寻找、整合、配置和管理资源,使组织的一切活动与机会相适应并有利于机会的实现,这是模型的第一部分,称为创业活动。

模型的第二部分是介于创业活动和产出之间的学习环节,学习环节决定了创业活动的最终结果,尤其是在动荡复杂的市场环境和技术环境中,创业者只有通过不断的学习才能准确把握消费者心理、消费者需求变化、技术发展趋势,才能及时地对组织战略和组织结构进行调整以适应快速变化的环境,才能正确调整资源结构和资源规模以与组织和机会相协调、相适应,才能使机会、创业者、组织、资源和环境这些变量处于一个动态的平衡状态,以保证创业活动能够有一个成功的产出。

总之,威克姆创业模型有两个中心,即模型左边的创业活动中心:创业者,以及整个创业过程的中心:学习。创业者负责协调机会、组织和资源之间的平衡和相互匹配,以确保创业活动能够有序进行;学习使组织在动态变化的环境中使机会、组织和资源保持动态的平衡和匹配,以确保最终产出有效率和有效益。威克姆创业模型如图 11-6 所示。

六、格来雅维尼(Gnayawali)创业模型

格来雅维尼将创业成功的因素归纳为创业机会、创业能力和创业意愿三个核心因素,创业机会的诱因会促进潜在创业者主动培养和提高与创业机会相适应的创业能力,创业机会也会

在一定程度上使潜在创业者产生创业意愿，与创业机会相匹配的创业能力也会促进创业者的创业意愿，有创业意愿的潜在创业者也会主动提高创业能力，创业机会、创业能力和创业意愿这三个因素会使潜在创业者产生创业的可能性，如果此时潜在创业者能够获得金融支持和非金融支持，则潜在创业者将创建新公司成为现实的创业者。

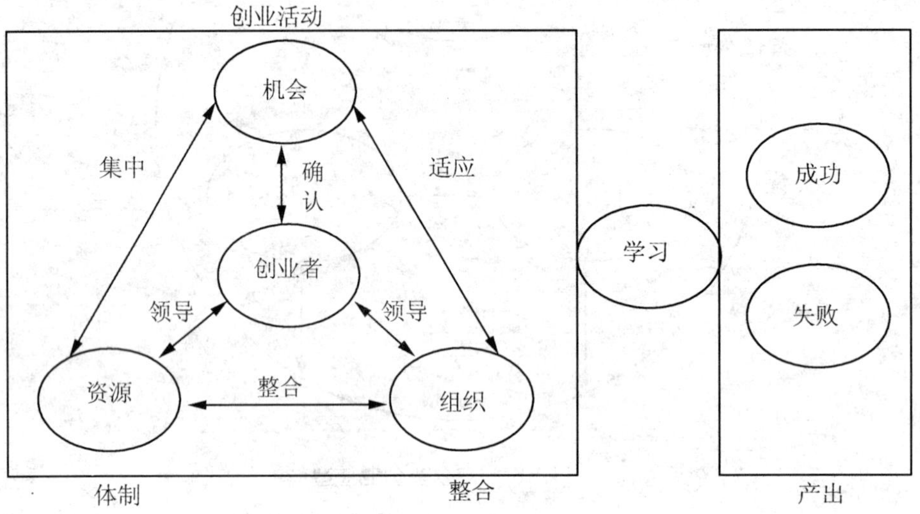

图 11－6　威克姆创业模型

资料来源：董保宝，葛宝山．经典创业模型回顾与比较．外国经济与管理，2008，30(3)：19－28.

在创业过程中，这三个核心因素将会受到政府政策与程序因子、社会经济因子、创业商务因子、金融支持因子和非金融支持因子五个创业环境因子的影响和制约。其中，政府政策与程序因子主要包括政府鼓励创业的政策和措施、公司注册要求和程序、政府开放的行业和领域、知识产权保护法、进出口政策和流程、政府产业政策等方面；社会经济因子主要包括社会价值观、社会对创业的价值认可度、个体的创业经验和特质、公众的财富观、经济发展状况等方面；创业商务因子主要包括创业培训状况、职业技术教育状况、商务教育及普及状况等方面；金融支持因子主要包括银行和非银行业金融机构对创业的支持力度、风险资本状况、天使资金状况、其他融资渠道状况等方面；非金融支持因子主要包括政府对小企业的支持项目、政府及民间创业孵化器的建设及运转状况、创业咨询和创业服务发展状况、政府对专利及研发的支持力度、创业税收优惠政策、信息网络和物流建设状况等方面。

政府政策与程序因子主要对创业机会施加影响，社会经济因子主要对创业意愿施加影响，创业商务因子主要对创业能力施加影响，金融支持因子和非金融支持因子主要对潜在创业者将创业的可能性转化为行动(创建新公司)施加影响。格来雅维尼创业模型如图 11－7所示。

七、创业环境

创业环境不仅是潜在创业者和现实创业者所关注的问题，也是政府和学者们所关注和研究的热点问题，对于创业环境的定义以及所包含的内容，学者们从不同的视角进行了研究。如表 11－4 所示。

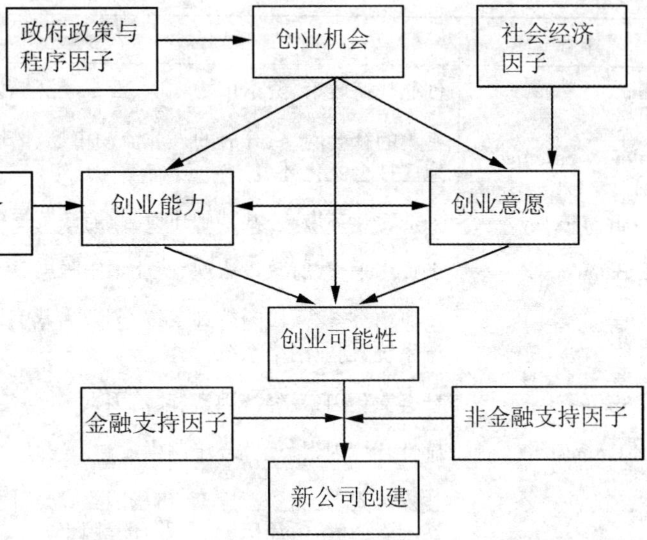

图 11－7　格来雅维尼创业模型

表 11－4　创业环境构成要素

年份	作者	构成要素
1980	Porter	购买者的讨价还价能力、供应商的讨价还价能力、替代品的威胁、潜在进入者威胁及现有竞争者威胁
1982	Bruno & Tyebjee	风险资本、有经验的创业者、技能娴熟的技工、供应商、消费者和新市场的易获得性、政府干预、大学、土地和设施、交通、公众的创业态度、保障服务的可用性、人们的生活水平
1985	Stevenson	市场因素、技术因素、社会价值因素和政府的政策法规
1994	Gnayawali & Fogel	政府政策与程序、社会经济文化、经营与商务技能、创业金融支持和创业非金融支持
1994	Gnayawali & Daniel	政策因素、文化因素、融资因素和服务因素
1994	Fogel	创业技能及一些商业技能因素、财政支持因素、非财政支持因素、社会经济因素、政策及政府程序
1995	Gartner	政府因素、资源因素、大学因素、公众创业态度、交通因素、人口因素、技术因素、供应商因素
1995	Sapienza	消费者因素、供应商因素、地方社区因素、家庭和支持因素、财务资源、员工因素、政府机构和文化因素、政治及经济因素
1996	Carter	转型冲突因素、政治和经济因素、不健全的法规、政策的不稳定性、非正式的约束、不规范的金融因素、文化因素
1999	GEM	一般宏观框架因素（开放程度、政府、金融市场、技术研发、管理、劳动力市场）、创业框架因素（创业政策、政府项目支持、金融支持、教育和培训、研发转移、商业环境、有形基础设施、市场开放度、社会文化因素、知识产权保护）

续表

年份	作者	构成要素
1999	Sahlman	创业扶持政策、资本市场环境、宏观经济形势、行业壁垒
2000	Annalee & Saxenian	密集的社会网络、开放的人才流动市场、以地区网络为基础的工业系统、地区社会文化环境
2002	Deborah Markley	社会文化环境、公共基础建设、政府政策支持
2003	Joerg Baten	工资水平、政府政策法规、产业聚集程度、个人财富、区域专业化水平
2003	池仁勇	企业培育系统、风险管理系统、创业者培育环境、企业孵化环境、成功奖酬系统、创业网络系统，
2003	Scott Shane	社会文化因素、经济因素、政治因素
2004	Henri Grundsten	感性环境因素、理性环境因素
2004	陈梅	技术因素、人力资源因素、市场因素、融资因素、文化因素、社会化服务体系因素、政策法律因素、产业环境因素
2004	韩言锋	政策法规因素、文化因素、中介服务因素、技术因素、融资因素、人才因素、制度环境因素
2005	GEM	教育与培训、研究开发转移、商务环境和有形基础设施、政府项目支持、政府政策法规、金融支持、进入壁垒、社会文化和规范
2006	Marc. J. Dollinger	技术环境、社会人口统计环境、政治和政府环境、宏观经济环境、生态环境
2006	蔡莉、崔启国和陈巍	政策法规因素、市场因素、融资因素、社会文化因素、技术因素、人才因素
2006	郭元源、陈瑶瑶等	科教支撑因素、文化支撑因素、环境支撑因素、经济支撑因素、服务支撑因素
2008	GEM	基础环境因素（制度、基础设施、宏观经济稳定性、健康和基础教育）、效率提高因素（高等教育和训练、商品市场效率、劳动市场效率、金融市场混合度、技术准备、市场规模）、创新创业因素（创业资金、政府创业计划、创业教育、研发转移、商业和法律环境、进入规则）

上表所揭示的是创业环境的外部因素，学者们还从公司创业的内部环境视角进行了研究，Morris 和 Kuratko 研究发现，公司创业的内部环境主要包括组织文化、创新体系、控制体系、价值观念、公司愿景、组织结构和人力资源管理等方面。

基于学者们对组织外部创业环境和内部创业环境的研究以及对创业环境构成要素的阐述，本书在全球创业观察对创业外部环境划分的基础上参考了 Morris 和 Kuratko 对创业内部环境的研究，认为创业环境是指，能够对创业者产生各方面影响的、对创业发展起作用的各种内部因素和外部因素的总和，一般来说包括基础环境因素、效率提高因素、创新创业因素和组织内部因素四个方面。

第三节　创业机会的发现与评估

随着互联网的快速发展和普及，21 世纪已经进入了信息社会，企业所处外部环境的动态性、复杂性和敌对性日益加剧，在不确定的环境下创业者如何从纷繁复杂的信息海洋中寻找创业机会、发现商业机会和评价商业机会，不仅是创业者所关心的问题，也是进行创业研究的学者们所研究的热点问题，创业机会的搜寻和发现是创业者进行创业的起点，创业者应具有敏锐的洞察力，迅速从环境中捕捉到信息不对称以及技术变化、市场变化和政府政策法规变化所带来的各种商业机会。

蒂蒙斯研究发现，当环境动荡不定和发生改变时各种商业机会将大量产生，知识和信息缺口将随行业或市场的动荡变化而发生改变。夏恩认为环境中信息不对称是发现商业机会最关键的因素。米利肯将环境不确定细分为影响不确定（指无法预测未来环境变化对组织的影响）、状态不确定（指客观环境本身不确定）和反应不确定（指无法预测组织将采取何种方法应对环境变化）三种情况。环境不确定的实质在于市场信息的不完整和失衡，环境不确定可以从动态性、敌对性和复杂性三个方面进行考察，动态性是指市场环境、技术环境和政府法律规章制度的变化幅度和速度；敌对性是指对企业战略制定有重要影响的可控资源的重要性和依赖性；复杂性是指企业所处环境利害关系的复杂程度，例如行业新技术的发展状况、新产品或新服务的开发频率和市场上消费者需求偏好的变化速度等。创业机会的识别能力可以划分为以往知识和创业警觉性两个方面，西格瑞斯特将创业以往知识划分为产业知识和特殊兴趣两个方面，柯兹纳研究指出，任何一个被创业者所发现的商业机会都来自创业者对环境所保持的高度敏感性、警觉性和关注倾向。企业家警觉来自先天禀赋和后天学习积累，其主要包括探求挖掘、重构框架和敏锐预见三个方面，发现机会的关键在于企业家警觉，但也需要与以往知识的匹配。创业者在发现和识别商业机会后，需要对商业机会进行评价，以决定是否进行投资。

夏恩和维卡塔拉曼研究指出，创业机会的寻找、发现、评估和利用是创业研究的核心所在，是其他任何学科没有涉及的领域。

一、创业机会的含义

熊彼特认为，所谓创业机会，就是根据市场需求，将资源创造性地组合起来以满足消费者需求从而创造价值的可能性。夏恩等从机会发现的角度出发，认为机会是完备的非随机分布的客观存在，信息不对称中孕育着创业机会，需要创业者去发现和寻找。蒂蒙斯认为，创业机会是能够为消费者创造或提升使用价值的产品或服务，并且具有持久性、吸引力和适时性的一种商务活动的空间。柯兹纳认为创业机会是基于市场中的知识和信息缺陷而形成的一系列的市场不完全。维卡塔拉曼从创造机会的角度出发，认为机会内生于创业者想象和创造一个更美好未来的交互活动中，机会原本并不存在，而是由创业者根据客观条件主观能动地创造出来的。卡桑等研究指出，新产品、原材料、劳动力、资本和市场能够以不同的方式组合从而实现预期结果。卡桑进一步研究认为，创业机会是“那些新产品和新服务以及由原材料和管理等异质资源组合后能够被应用以提升价值或者出售以获得高于其成本的情况”。杜塔和克若桑研究认为，创业机会是创业者在一系列的环境条件下承担既有风险或新创风险，从而将新产品（或服务）引入市场。

基于学者们对创业机会的研究以及对创业机会构成要素的阐述，本书将创业机会定义为，在动态变化的环境中由于信息不对称以及技术变化、市场变化和政府政策法规变化所带来的各种商业机会。

二、机会窗口

所谓机会窗口，又称机会之窗，是指创业者在某个时间跨度内的任意一个时点进入某个行业可以获得相应投资收益，这个时间跨度就是创业者进入某个行业的机会之窗。图 11－8 中的曲线表示诸如生物工程、通信产品和软件等典型新兴产业的快速发展与产品生命周期，在产品刚进入市场以及产品处于成熟阶段，曲线的斜率较小，比较平缓，此时创业商机出现的概率较小，随着产品或服务逐渐被消费者知晓，市场迅速发展和规模迅速扩大，当扩大到一定程度时，各种创业的有利环境开始呈现，此时创业的机会之窗便逐渐开启，表现在图 11－8 中的第 5 年，随着市场的持续扩大，以及逐渐进入成熟期，商机出现的概率将变得越来越小，创业环境逐渐恶化，此时创业的机会之窗便逐渐关闭，表现在图 11－8 中的第 10 年。

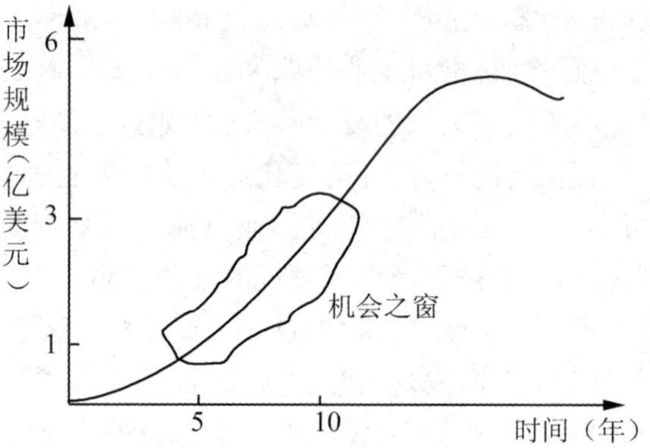

图 11－8　创业的机会之窗

三、创业机会的分类

阿迪奇维利（Ardichvili）等根据创业机会的价值确定与否以及创业者的价值创造能力对创业机会进行分类。在创业机会四象限分类矩阵中，横轴表示创业机会潜在市场价值的确定性，可以将探寻到的潜在市场价值划分为模糊和明确两种情形，纵轴表示创业者的价值创造能力，反映了创业者有效利用创业机会的能力，可以将价值创造能力划分为已确定和未确定两种情形，依据这两个指标可以将创业机会划分为四个象限。第一象限表示探寻到的潜在市场价值较模糊，创业者的价值创造能力也未确定，此时机会的梦想成分较浓厚，阿迪奇维利将这种创业机会类型称为"梦想"型；第二象限表示探寻到的潜在市场价值较明确，但创业者的价值创造能力仍未确定，此时机会明确但解决办法未确定，阿迪奇维利将这种创业机会类型称为问题解决型，创业机会表现为开发新产品以满足市场需求；第三象限表示探寻到的潜在市场价值较模糊，但创业者的价值创造能力已经确定，此时机会不明确但解决办法确定，阿迪奇维利将这种创业机会类型称为技术转移型，创业机会表现为以寻求技术应用为主；第四象限表示探寻到的潜在市场价值较明确，创业者的价值创造能力已经确定，阿迪奇维利将这种创业机会类型称为市场形成型，创业机会表现为迅速为机会配置资源并进行创业。阿迪奇维利的创业机会四象限分类矩阵具体如图 11－9 所示。

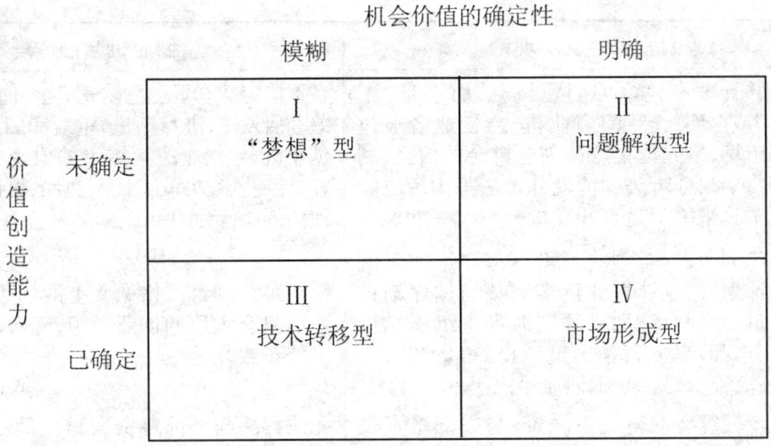

图 11-9　阿迪奇维利的创业机会四象限分类

资料来源：A. Aridichvili et al . A theory of entrepreneurial opportunity identification and development ,*Journal of Business Venturing*,2003(18):105-123.

四、创业机会的发现和创造

夏恩于2003 年在《一般创业理论》一文中提出了“创业发现理论”。该理论认为，创业机会是由现有市场派生而来，创业者通过“企业家警觉”觉察并开发有风险的创业机会，利用实物期权分析法和情境分析法等传统风险决策工具来决定是否开发机会，如果开发机会，创业者需制订详细的正式创业计划。然而，学者们还提出了与之截然不同的另外一种创业理论——“创业创造理论”。该理论认为，创业机会并不存在于现有市场，要由创业者主动去创造机会，创业者与非创业者之间不一定存在显著的差异，个体之间的细微差异和运气导致了双方的差异，创业者通过认知偏差和启发法在不确定状态下创造创业机会，传统风险决策工具不适用此类决策，一般采用“合意损失”评估创业行为的负面效应，所谓“合意损失”是指创业者在清楚自身的创业行为不能达到预期目的，即不能创造出令人满意的创业机会时主动停止创业行为所能接受的最大损失。“创业创造理论”往往不会制订严格意义上的创业计划，而通过一边行动一边学习对创业设想进行修正和完善。表 11-5 将两种理论进行了详细的比较。

表 11-5　创业机会发现理论与创业机会创造理论的比较

	创业机会发现理论	创业机会创造理论
代表人物	Shane、Kirzner、Murphy、Busenitz 和 Barney	Venkataraman、Baker、Nelson、Choi、Busenitz、Barney、Dunning、Heath 和 Suls
创业机会	创业机会由已有市场客观外生，由现有市场派生而来，创业者只能被动响应	机会并不是派生于已有市场，由创业者主动去创造机会，由创业者个人的内生行为创造，表现为创业者搜寻机会的行为过程产生的内生现象
创业者	创业者在发现机会和开发机会的能力方面与非创业者有重大差异，创业者是对潜在市场机会最为敏感的群体，具有“企业家警觉”	创业者与非创业者之间不一定存在显著的差异，个体之间的细微差异和运气导致了双方的差异，机会创造过程会扩大双方最初很小的差异，任何创业前的细小差异都可能被创业行为过程所强化

续表

	创业机会发现理论	创业机会创造理论
创业决策	觉察并开发有风险的创业机会,而不是“不明确”或“不确定”的商业机会,创业者通过观察市场,事先搜集有关创业机会的信息,利用实物期权分析法和情境分析法等传统风险决策工具来决定是否开发机会	在不确定状态下创造创业机会,创业者通过认知偏差和启发法,进行渐进、重复和归纳的过程来创造创业机会,创业决策结果的概率分布状况无法估计,传统风险决策工具不适用,可以用“合意损失”评估创业行为的负面效应,从而进行创业决策
创业计划	在实施创业之前,创业者需制订详细的正式创业计划,创业计划的翔实完整与循序渐进至关重要,创业计划必须同时考虑组织结构设计、产品市场、营销渠道、目标市场和融资等问题,很少修正基本创业设想	往往不会制订严格意义上的创业计划,在进行创业前只有大致的创业设想,随着时间推移逐渐加以修正或完善
创业融资	创业者较容易取得关系融资,与外部融资渠道之间的信息不对称程度较低,比较容易获得外部融资渠道的支持	无法解决与外部融资渠道之间的信息不对称问题,较难获得外部融资,关系融资是比较通行的融资方式

五、创业机会的识别

林德西和克瑞格将创业机会的识别过程划分为三个环节。第一个环节,机会搜索环节,创业者在动态环境中洞察技术变化、市场变化和政府政策及法规变化以及信息不对称等原因可能产生的创意和商机,逐个进行粗略分析,使具有潜在市场规模和发展价值的商机进入机会识别环节进行分析。第二个环节,机会识别环节,相对于广义上整体意义的机会识别,此环节属于从全部创意中筛选合适机会的狭义机会识别,可分为两个步骤:首先是机会的标准化识别阶段,将机会搜索环节所搜索出的有潜在价值的创意进行整体市场环境和一般行业环境分析,从而评判机会是否属于广泛意义上的有利商机;然后进行机会的个性化识别阶段,主要是对通过机会的标准化识别阶段的机会,评估其对于特定的创业者是否有价值,此阶段个性化色彩较浓厚,同一个机会可能适合于不同的创业者,也可能只适合于某一类创业者。第三个环节,机会评价环节,对于通过了机会识别环节的机会要进行正式的财务指标评价、创业团队构成评价和市场模式评价等各种正式评价环节的评价,对于通过此环节评价的机会,创业者就可以正式决策是否创建公司,吸引投资。林德西和克瑞格的机会识别三阶段模型如图 11－10 所示。

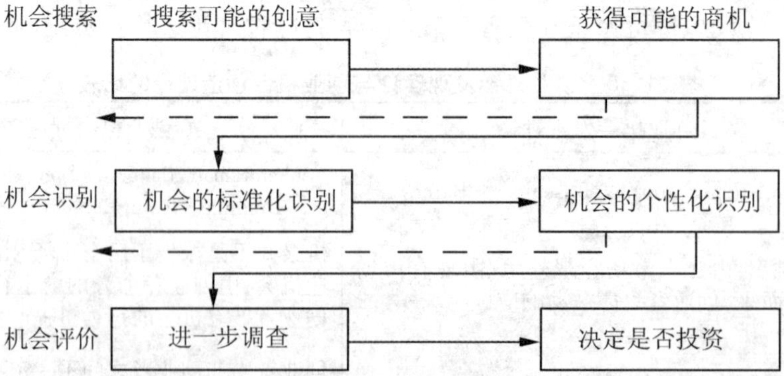

图 11－10　机会识别三阶段模型

资料来源:Lindsay N J. Craig J. A Framework for Understanding Opportunity Recognition: Entrepreneurs versus Private Equity Financiers[J]. *Journal of Private Equity*. 2002(6):13-24.

六、创业机会的评价

(一)“阶段门”机会评价模型

阿迪奇维利等于2003年在《创业机会识别和发展》一文中提出了创业机会评价的“阶段门”评价模型,该模型适用于创业机会开发、机会觉察、机会发现以及机会创造的每一个程序和每一个阶段,对各种可能的机会进行评估,评估的标准和依据受创业者身边的人以及创业者本人的约束,例如创业者的教育背景、成长经历、对待风险的态度、创业目标、个人目标、预期赢利。如果这一阶段的机会评估获得通过,则通过了这一阶段的门,再对下一阶段的机会进行评估,类似于“知识走廊”或“约束走廊”。创业机会一般表现为不确定的市场需求和未充分使用的资源和能力,随着消费者需求逐渐清晰以及资源的逐渐界定,机会转化为商业概念,随着商业概念的日益成熟和清晰,机会转化为商业模式(包括商业概念和财务模式),随着机会进一步发展,创业者将会考虑时间安排和现金流等资源因素,从而商业计划的制订便会被提上日程。创业者在对机会进行评估的时候,由于受自身智慧、经验、胆识等因素的影响,不同的创业者对待同一个机会的态度可能不一样,某个没有通过“门”的机会要么被修正要么被放弃,从图11-11可以发现,从感知市场需求—商业概念—商业计划—企业形成—成功企业,门越来越小,感知市场需求的数量远远超过成功企业的产出数量。

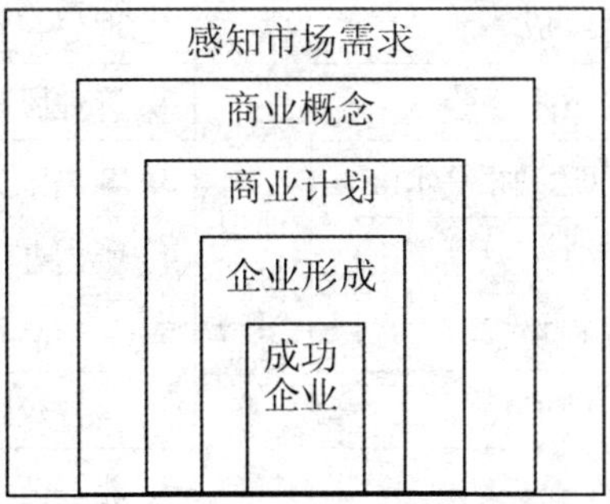

图11-11 “阶段门”机会评价模型

资料来源:Alexander Ardichvili, Richard Cardozo and Sourav Ray, A theory of entrepreneurial opportunity identification and development . *Journal of Business Venturing*,2003,18(1):112.

(二)蒂蒙斯创业机会评价

蒂蒙斯研究发现,创业机会主要来自技术的快速变化、技术水平创新和提高、现有管理者管理问题严重、政府政策法规的改变、行业价值链重组、市场领导者忽略顾客潜在需求和未来需求、战略型企业家的出现七个方面,其实质在于环境的混乱、改变和不连续。为了在动荡的环境中评价创业机会,蒂蒙斯从经济因素、管理团队因素、创业者的个人特质因素、竞争优势因素、行业和市场因素、理想与现实的战略性差异因素、收获条件因素和致命缺陷因素八个方面设计了53个指标来评价创业机会,该机会筛选模型被风险投资家和创业者广泛使用,如表11-6所示。

表 11－6　蒂蒙斯创业机会评价因素

机会评价因素	机会评价内容	机会评价因素	机会评价内容
经济因素	1. 实现盈亏平衡点的时间为 1.5－2 年	行业和市场因素	1. 有容易识别且能带来持续收入的市场
	2. 未来盈亏平衡点不会持续提高		2. 顾客能够接受和购买本公司的产品或服务
	3. 25% 以上的投资回报率		3. 产品有较高的附加价值
	4. 项目对资金的要求很大，能够获得融资		4. 产品有较大的市场影响力
	5. 超过 15% 的销售额年增长率		5. 将要研发的新产品预计寿命周期较长
	6. 现金流量能占到销售额的 20% 到 30% 以上		6. 项目所在行业竞争不完善，属于新兴行业
	7. 毛利率要达到 40% 以上且能持续		7. 市场销售潜力预计达到 1000 万到 10 亿元
	8. 税后利润率超过 10% 且能持续		8. 有 30%—50% 的市场成长率
	9. 有较低的资产集中程度		9. 现有厂商生产能力几乎达到饱和
	10. 所需运营资金逐渐增加，但总量不多		10. 在 5 年内能成为市场领导者
	11. 新产品研发对资金的要求不高		11. 加工工艺成本较低，具有成本优势
管理团队因素	1. 创业者团队由优秀管理者组成	理想与现实的战略性差异因素	1. 理想与现实情况基本一致
	2. 拥有本行业内最高水平的技术经验		2. 管理团队已经令人十分满意
	3. 管理团队正直廉洁程度可以达到很高水准		3. 客户服务管理有较好的服务理念
	4. 管理团队清楚自己欠缺哪些知识		4. 所创办的事业能够满足顾客的潜在需求
创业者的个人特质因素	1. 个人目标与创业活动目标相吻合		5. 新产品技术具有突破性创新
	2. 创业者能在有限风险下实现成功		6. 具备较强的市场柔性和适应能力
	3. 创业者能接受薪水减少等风险		7. 能够持续地寻找新的机会
	4. 所创办的事业与时代潮流相吻合		8. 定价与市场领先者在同一档次
	5. 创业者除了赚钱还更渴望创业生活方式		9. 销售渠道易获得或已有现成销售网络
	6. 创业者能承受较大压力且状态良好		10. 宽容失败
竞争优势因素	1. 有较低的固定成本和可变成本	收获条件因素	1. 项目的附加价值具有战略意义
	2. 能较好地控制成本、价格和销售		2. 有已经存在或预期存在的退出方式
	3. 已经获得了或能够获得专利保护		3. 有良好的资本市场环境，资本流动较容易
	4. 竞争对手较弱或尚未觉醒	致命缺陷因素	没有任何致命缺陷
	5. 拥有专利或技术诀窍		
	6. 拥有良好的客户关系网络，较易获得订单		
	7. 拥有杰出的管理团队和关键员工		

资料来源：Timmons，J. *New Venture Creation* [M]. Chicago：Irwin，1994. p. 307.

（三）创业机会评估准则

李志能和郁义鸿在2000年出版的《创业学》一书中将创业机会评估准则划分为五大类共18个指标，其中对于关键指标进行了定量描述，对于创业者来说，具有吸引力的商机往往在18项指标中大部分表现良好，或是在其中某一个或某几个指标上具有竞争者无可比拟的绝对竞争优势，具体评估准则如表11－7所示。

表11－7　创业机会评估准则

准则	吸引力	
	较高潜力	较低潜力
一、产业和市场		
1. 市场		
需求	确定	不被注意
消费者	可接受	不被接受
对用户回报	不到1年	3年以上
产生的价值	多	少
产品生命周期	较少	较短
2. 市场结构	不完全竞争或新兴产业	完全竞争或高度集中或成熟产业或衰退产业
3. 市场规模	销售额可达1亿美元	销售额不明确或低于1000万美元
4. 市场增长率	30%—50%或更高	低于10%或很低
5. 可达到的市场份额	20%或更多；领先者	不到5%
6.（5年内）成本结构	低成本结构	成本上升
二、资本和获利能力		
7. 毛利	40%—50%或以上；持久	低于20%；较脆弱
8. 税后利润	10%—15%或以上；持久	低于5%；脆弱
9. 所需要的时间		
损益平衡点	2年以下	3年以上
正现金流	2年以下	3年以上
10. 投资回报潜力	25%或以上；高价值	15%—20%或更低；低价值
11. 战略价值	高	低
12. 资本需求	低到中等；有资助	较高；无融资
13. 退出机制	现时或较容易	不确定
三、竞争优势		
14. 固定和可变成本		
生产	最低	最高
营销	最低	最高
分配	最低	最高

续表

准则	吸引力	
	较高潜力	较低潜力
15. 控制程度		
价格	中到强	弱
成本	中到强	弱
供应渠道	中到强	弱
分配渠道	中到强	弱
16. 进入市场的障碍		
财产保障	已获得或可以获得	无
对策/领先期	具有弹性和相应对策	无
技术、产品及市场创新	已有或能有	无
人员生产能力或资源优势	专利或独占的	无
法律、合同优势	已实现;高质量;易进入现存	粗糙;有限;不易进入
合同关系与网络管理班子	有很强运作能力	仅创办者一人
竞争者的战略和倾向	竞争性的	麻木不仁
四、管理班子		
17. 管理班子	强	弱
五、致命缺陷		
18. 致命缺陷	没有	一个或几个

资料来源:李志能,郁义鸿. 创业学. 上海:复旦大学出版社. 2000 年.

本章提要

1. 创业是指将创新所产生的新知识转化为商业知识,并通过创立新企业或在原有企业内创立新部门将知识转化为新产品或新服务,并承担由此带来的风险和未来不确定性的过程。总之,创业必须要与创新相联系,同时,也要注意,创业在很多情况下表现为成立新企业,但创业并不是一定等同于创立新企业。Morris 经过大量研究后认为,创业的本质包含三个方面:创新性、风险承担性和超前行动性。公司层次的创业精神又被称为创业姿态、创业导向、创业精神、公司创业精神和战略姿态。对于创业精神的维度界定,以 Miller 和 Covin 为代表的"创业导向"学派认为,公司创业精神可以通过创新性、先动性和风险承担性三个方面来衡量。随着对创业精神的研究深入,学者们又将研究视角延伸到对社会创业精神的研究。创业精神包含个体创业精神、公司创业精神和社会创业精神三个层面。创业企业家与传统企业家表现出了完全不同的特点。

2. 关于创业模型,学者们分别提出了加纳创业模型、蒂蒙斯创业模型、全球创业观察创业模型、萨尔曼创业模型、威克姆创业模型、格来雅维尼创业模型等经典创业模型。

3. 创业机会是指在动态变化的环境中由于信息不对称以及技术变化、市场变化和政府政策法规变化所带来的各种商业机会。所谓机会窗口，又称机会之窗，是指创业者在某个时间跨度内的任意一个时点进入某个行业可以获得相应投资收益，这个时间跨度就是创业者进入某个行业的机会之窗。阿迪奇维利等根据创业机会的价值确定与否以及创业者的价值创造能力将创业机会划分为“梦想”型、问题解决型、技术转移型和市场形成型四种类型。创业机会发现理论与创业机会创造理论是两种完全不同的创业理论。林德西和克瑞格将创业机会的识别过程划分为三个环节：机会搜索、机会识别和机会评价。阿迪奇维利等提出了“阶段门”机会评价模型。蒂蒙斯从经济因素、管理团队因素、创业者的个人特质因素、竞争优势因素、行业和市场因素、理想与现实的战略性差异因素、收获条件因素和致命缺陷因素八个方面设计了53个指标来评价创业机会，该机会筛选模型被风险投资家和创业者广泛使用。

复习思考题

1. 创业的含义是什么？
2. 创业企业家与传统企业家有哪些区别？
3. 创业精神的含义是什么？
4. 创业的本质是什么？
5. 加纳创业模型的含义是什么？
6. 蒂蒙斯创业模型的含义是什么？
7. 全球创业观察创业模型的含义是什么？
8. 萨尔曼创业模型的含义是什么？
9. 威克姆创业模型的含义是什么？
10. 格来雅维尼创业模型的含义是什么？
11. 阿迪奇维利等学者的“阶段门”机会评价模型的含义是什么？
12. 创业机会的含义是什么？
13. 创业机会窗口的含义是什么？
14. 阿迪奇维利的创业机会四象限分类的含义是什么？
15. 格德西和克瑞格的创业机会识别过程包含哪些内容？

案例讨论

钻石小鸟的网上创业辉煌

徐潇和徐磊是一对兄妹，2000年上海钻石交易中心开张，大批国外钻石商涌入国内，正需年轻专业人才为他们跑业务，1997年毕业于同济大学珠宝鉴定专业的哥哥徐磊于是从上海一家老牌银楼脱身，成为一名钻石批发商。2002年那一年，英语专业毕业的妹妹徐潇正在一家美资软件公司工作，白天上班，晚上在易趣网上开间小网店，主卖银饰，最贵的一款大约200元。2002年7月，精通网络的徐潇和经营钻石批发的长兄徐磊合作在EBAY（当时的易趣）开了国内第一家卖钻石的网络商铺，因为徐潇的网名叫“小鸟”而哥哥叫“石头”，所以网店的名字就叫“钻石小鸟”。徐磊为每颗钻石拍照，同时附上国际上流通力最高的GIA证书，而此时国内的银楼大多为钻石附的是国标证书（实际上国家标准并不低，而且便宜），因此，业界把他们当笑话看,钻石小鸟成了当时第一个吃螃蟹的人,第一家在网络上售卖GIA证书的裸钻,打破了行业原先的“潜规则”,GIA裸钻腰棱上的唯一编码和网络可以查询钻石品质,使得带有GIA证书的裸钻成为标准化产品,人们可以轻松地通过网络便可知道自己购买的钻石的品质如何,价钱是否合适。后来又与HRD(比利时钻石高阶议会)合作,售卖HRD证书的裸钻,这些都是当前国际最权威的机构出具的鉴定证书。

2004年,“钻石小鸟”网店每月销售额已经达到30万元,市价1万元的钻石,在“钻石小鸟”网店买只要3500－4000元,讲实惠的上海人一旦到专业珠宝鉴定师徐磊的小办公室里眼见为实,就会毫不犹豫地掏钱包,这就是“鼠标＋水泥”模式的诞生,顾客在“钻石小鸟”网店被吸引过来,然后到所在城市的体验店参观(由于写字楼租金要比商铺便宜许多,当时体验店一般设在写字楼里),接着就掏钱。2004年这一年,由于被eBay收购的易趣网经营不善,这促使徐磊与妹妹创立了联合公司,开设独立网站,并利用篱笆网相当红火的装修论坛宣传“钻石小鸟”,公司销售业绩迅速增长。2007年,“钻石小鸟”与被称为“风投界的武则天”的徐新进行了合作,徐新是今日资本的总裁。2008年,“钻石小鸟”获得今日资本风险投资1亿元,钻石小鸟建立董事会,实行了联合总裁体制:徐潇和徐磊同为董事与联合总裁。2009年“钻石小鸟”销售额逾3亿元,在中国居行业首位。2012年4月中旬,钻石小鸟在其品牌成立10周年的庆典上,对外发布了一个产品信息,钻石小鸟将独家引进带有AGS(美国宝石协会)鉴定证书和GEMEX(美国光学知名鉴定机构)证书的“北极光”裸钻。遵循钻石小鸟裸钻产品的“一钻双证”惯例,“北极光”裸钻同样是两本证书。不同的是,以前钻石小鸟的裸钻证书一般都是一个国际证书,和一本国检证书;而这一次,却多了一本关于钻石光学现象的鉴定证书。“这10年来,越来越多的人选择钻石小鸟并非只因价格这个因素,而是品质”,钻石小鸟联合总裁徐磊说,这也是钻石小鸟10年来一直能够在网购钻戒十大珠宝品牌中排在首位的原因,价格只是消费者购买钻石的潜层考虑因素,而钻石的品质才是消费者的真正选择。

一、钻石小鸟亮相美国CNBC新闻台全球播报

北京时间2012年6月6日,在美国拉斯维加斯举行的国际珠宝展上,率队前去采购裸钻产品的钻石小鸟联合总裁徐磊引起美国当地媒体的关注,全球财经媒体中公认的佼佼者CNBC(美国NBC环球集团所持有的全球性财经有线电视卫星新闻台)在拉斯维加斯约访了正在美国采购裸钻的中国珠宝品牌钻石小鸟。这是继钻石小鸟被国内新闻权威门户频道CCTV－1新闻联播关注报道后,第一次(也是中国珠宝品牌第一次)在境外全球性的电视频道亮相。外界猜测,意愿在纳斯达克上市的钻石小鸟,此番亮相可能是一个铺垫的序幕。在全球零售市场疲软的状态下,以深入的分析和实时报导赢得了全球企业界的信任的CNBC,在当晚播报了这则新闻,采访中徐磊透露出的关于中国钻石市场消费坚挺的信息,吸引了无数珠宝展商与投资界财经人士的关注。全球钻石价格行情标准报告提供商Rapaport集团主席Martin Rapaport表示:“中国是未来的市场,如今正面临钻石需求出现前所未有的增长的机遇。”

自20世纪90年代初以来,境外的一些知名珠宝品牌,如卡地亚、蒂芙尼、宝格丽等相继进入亚洲市场,中国的珠宝企业目前尚未有“走出去”,更鲜有在全球公众面前亮相的。CNBC旗下著名财经新闻主持人Bob Pisani认为,钻石小鸟是目前为止CNBC采访的第一家来自亚洲地区的珠宝品牌,作为中国珠宝品牌新生力量的代表,集合了互联网便利、体验店体验等优势,将是中国珠宝品牌新锐力量的代表,可以想象,数十年后,或许更短的时间,它很有可能与现在

的国际知名珠宝品牌一起，站在更大的舞台上服务全球的顾客。据了解，自2008年起，钻石小鸟开始构建“全球裸钻库”，先后与南非、比利时等世界各地的知名供应商建立合作关系，此番赴美采购目的主要是补充高品质的克拉级以上的大钻。

二、钻石小鸟等荣获“金购物车”奖

2012年6月21日，第二届“金购物车奖”在2012电子商务产业(上海)峰会上隆重揭晓获奖企业并举行了盛大的颁奖典礼，依托互联网起家的国内知名珠宝品牌钻石小鸟等10家企业荣获“金购物车奖”。本次峰会是电商企业的盛会，并得到了上海市政府及业界领袖的大力支持，有近百家媒体全程跟踪报道，在电商业界反响强烈。

作为国内首个消费者与专家视角结合的B2C电子商务企业的评选，“金购物车奖”评选对象为中国所有拥有独立网站的B2C电商企业，参选企业需经历提名、消费者评选、评审三大环节的严格审核。据统计，共有500余家B2C电商企业进入评选名单，经过层层筛选，最终甄选出10家获奖企业，为电商业界树立了一批优秀的企业标杆。钻石小鸟作为电商钻石的先导者入围十强，实至名归。

钻石小鸟十年来始终坚持“鼠标+水泥”的经营模式，不断完善自己的服务，坚持提升产品品质，现在已经拥有逾75万会员，越来越多的消费者会选择在钻石小鸟官网直接下单，而无后顾之忧。消费者从网络上开始了解钻石小鸟，并逐渐建立了信任。钻石小鸟此次从竞争激烈的众多竞争者中脱颖而出不仅标志了钻石小鸟在专业领域中的权威地位，更表明了钻石小鸟通过互联网这张名片已经走入了消费者的心中。

三、钻石小鸟徐磊受邀访问世界权威钻石鉴定机构GIA实验室

2012年6月22日，受GIA(美国宝石学院)总部官方邀请，同时拥有三家国际权威宝石鉴定机构认证资格的钻石小鸟联合总裁徐磊，作为中国的钻石鉴定专家级学者对GIA美国加利福尼亚的实验室进行了访问与交流。据悉，这是徐磊继去年受邀国际另一家钻石鉴定权威机构HRD(比利时钻石高阶议会)邀请出访其实验室后，又一次作为中国钻石鉴定专家与世界级钻石鉴定权威机构的学术交流。

作为全球技术领先的实验室之一。GIA全球市场份额位居前沿，今年5月，GIA董事会成员一行对钻石小鸟进行拜访时，在其上海体验中心亲身体验了钻石小鸟的服务，并向钻石小鸟徐磊发出了正式的互访交流的邀请。GIA全球副总裁Kathryn Kimmel认为，钻石小鸟对“4C”鉴定标准及GIA证书的在中国的普及，特别是在中国的新生代人群中的推广做出了很大的贡献。GIA宝石学院负责人DEBBIE. D. ORTIZ. G. G认为：“目前来自中国学员数量还不是很多，专家级的互访学者更是鲜有。”

“钻石的品质鉴定是一门严谨的科学。”徐磊说，需要专业人士借助众多的鉴定仪器，和团队一起才能完成，单就钻石的颜色，一项指标就需要至少15个不同专业人士分别按照标准观察，最终才能综合评判得出结果。在珠宝业界有着数十年的经验的徐磊认为，钻石行业的上游多是欧洲人、非洲人的身影，无论是在上游产品矿产资源，还是品质鉴定标准的制定与执行环节，都鲜有中国人的身影，中国拥有世界最庞大的市场，尽管他所创立的钻石小鸟是一个钻石零售品牌，但希望做最专业的那个钻石品牌。

据了解，尽管钻石文化在中国得到一定的普及，但依旧有很多顾客在其他地方购买了钻石以后，对钻石的品质不放心，而找到钻石小鸟工作人员帮助查看，去过钻石小鸟的体验中心的

顾客都知道,钻石小鸟不仅是在卖钻石,而且专业的销售导购基本上都是拥有钻石分级鉴定资格的人员,他们会帮助顾客解惑,并且教会顾客一些基本的关于钻石品质评判的技巧与知识。所以,顾客愿意相信他们,在顾客的心里,他们俨然已是专业人士。

作为国内首家在互联网上售卖配备GIA证书的裸钻的珠宝品牌,GIA对钻石品质的鉴定的权威性为钻石小鸟在10年前的创业之初,快速赢得消费者对产品品质的认可起到了重要的作用。在随后10年间,钻石小鸟一直坚持走"品质路线",以此为核心健全了其内部质检体系。据钻石小鸟采供中心人员介绍,钻石小鸟对采购于世界各地的裸钻,内部都会再进行严格质检,这支由徐磊亲自带队的团队成员均有着近十年的专业经验,他们同时邀请了国内第三方检测机构在其自检后,再复检出具国检证书,如此一来,一颗钻石至少拥有三道专业团队的把关,一是世界权威机构,一是钻石小鸟内部专业鉴定团队,最后一道是来自国内的权威鉴定机构。至此,钻石小鸟上柜销售的钻石会至少同时拥有两个权威质检机构对品质作出的全面评判。

四、钻石小鸟等品牌赴比利时实践企业社会责任课程

2012年7月,由联合国教科文组织、比利时钻石高阶议会(HRD)和上海钻石交易中心联合主办的中国钻石珠宝首饰企业社会责任(CSR)课程暨钻石之旅在世界钻石中心比利时安特卫普举行。以钻石小鸟为代表的近20个中国珠宝企业及相关专家应邀参加。比利时官方高度重视,将课程与会议地点特别安排在了比利时安特卫普省省府的议会厅举行,安特卫普市长亲自接待了中国珠宝企业20位代表与10名专家,并在随后进行了为期三天的CRS主题课程,联合国教科文组织与HRD比利时钻石高阶议会的多位资深教授进行了着眼行业持久健康发展的精彩授课,并与中国珠宝行业代表及专家们进行了深入的研讨与交流。

中国珠宝行业正处于高速发展期,但有责任感的企业仍然会通过不同方式对员工、对用户、对行业和社会践行企业的社会责任。与会的中国珠宝企业也就企业社会责任做出了自己的理解和分享,钻石小鸟的徐潇分享了钻石小鸟品牌关于社会责任实践的案例。

钻石矿藏资源的不可再生性,时常会让徐潇联想到日常办公用的纸张,钻石小鸟在内部要求员工践行节约用纸的同时,与中国绿化基金会成立"钻石小鸟黄河同心林"专项基金,如今,300亩绿林已经郁郁葱葱;钻石小鸟粉红色的首饰盒和拎袋,也是采用可回收的环保纸制作,一改以往大多数珠宝商采用的皮革材料,目前已经传递给了75万的中国年轻人,他们都是钻石小鸟产品的使用者和品牌的拥趸。

对此,中国社科院有关专家认为,企业在做大做强的同时,如何履行社会责任,如何创新社会责任之道?是当前社会关注的焦点,国际组织邀约中国的珠宝企业,共同商议钻石行业的市场责任体系,对兴起的中国珠宝行业的持续健康地发展具有重要意义。

讨论题:

1. 钻石小鸟是怎样进行创业机会的识别和评价的?
2. 谈谈钻石小鸟的创业环境。
3. 钻石小鸟的创业历程对你的启示是什么?

第十二章

组织文化与组织变革

知识目标

了解：文化与组织文化的关系、组织文化的起源

理解：组织文化的概念与内容、组织文化的功能、广义和狭义的组织文化、组织变革的背景和组织变革的措施

技能目标

掌握：如何建设组织文化及应对组织变革

引导案例

常青公司的组织变革

常青公司是广东省一家以饲料生产和原材料贸易为主的民营企业集团，成立于20世纪80年代，早期以饲料原材料贸易为主。1996年投资建立第一家饲料厂，至2002年年底，已在广东、广西、海南、上海建了六家规模巨大的现代化饲料生产基地，年生产饲料50万吨，销售额达30亿，税后利润达1.2亿元人民币。在中国饲料行业占据重要地位。

常青公司创始人常文，36岁，在集团公司里的职务是董事长兼总裁。常文早年家贫，初中毕业就走向社会自谋出路。吃苦耐劳兼有经商天赋的他，在短短几年，靠做饲料原材料贸易起家，成为富甲一方的企业家。常文虽然受教育不多，但智商高，事业心强，梦想有朝一日能成为中国饲料企业的老大哥。为此，他到处网罗人才。1998年，用超出市场五倍的薪酬挖走竞争对手的销售部经理；用当时天价的工资（年薪20万）聘请生产厂长并给予经理级待遇；董事长助理兼财务总监是他从一家国有商业银行的省级分行挖来的；新加坡国立大学MBA的高材生也成为他的猎取对象。他清楚家族管理的弊病，试图通过引进外来人才改变企业的人员结构；通过轰轰烈烈的"换脑"计划——人员培训计划改变企业管理人员的经营观念。常文的想法是：引进高水平的人才，强化培训，提高企业的知名度，借此提高企业的管理水平和进一步吸引人才。

2001 年年底,常文聘请泰国饲料行业专家卫发荣博士出任常青公司执行副总裁。卫发荣是台湾人,在美国获得饲料营养学博士,博学多才,既有国外先进企业管理经验,又有 20 多年饲料行业工作经验,在大陆工作了十多年,对大陆的家族企业、民营企业的问题有深刻了解。常文希望卫发荣到常青后能帮助他从企业内部入手,建立一套现代化的管理模式,为常青公司的进一步发展打下坚实的基础;同时表示会全力支持他工作,赋予他最大的权力,包括人事任免权。

卫发荣在总结其他管理专家的经验教训后,在几个月时间内列出常青公司存在的问题,主要有以下几个方面:(1)内部沟通不畅通,各分公司之间缺乏良好的沟通机制和沟通平台;(2)财务系统、采购系统暗箱操作,缺乏公开性;(3)高层管理者与企业所有者之间缺乏互信,高层认为已经为企业创造了巨大利润,而财务报表则反映利润有限甚至亏损;(4)企业市场操作完全以经验为主,市场资源掌握在少数人手中;(5)书面报告很少;(6)各分公司总经理以常文的指令为标准,很少考虑企业利润最大化。

卫发荣开始雄心勃勃地实施他的改造计划:(1)建立月度总裁例会制度、总经理半月工作计划上报制度;(2)成立秘书学会,让各部门的工作书面化;(3)提高管理人员计算机水平和实行无纸办公,手机短信沟通;(4)对分公司实行利润考核及预算管理;(5)强化营销系统的培训,培养营销队伍的风险意识。

卫发荣本着先易后难的程序,通过半年的操作,企业的内部氛围开始好转,中层管理者开始对公司存在的问题表示关注,并准备了初步解决方案,内部交流异常活跃。常文非常欣赏企业的这种变化,马上将一位营销副总杨林调到集团总部出任市场部总经理,意欲全方位强化集团的功能,贯彻实施企业改造计划。

杨林鼓动营销经理们做好各自的营销计划;鼓动财务系统支持预算管理;说服常文相信该方案能从根本上解决常青公司存在的问题。在方案改革进行到一半时,常文打算解聘三亚公司总经理陈明,原因是他在当地暗中收购了一家饲料厂,已经经营八个月,目前销量上升较快,对常青当地市场造成很大的冲击。在此之前杨林已得到常文的承诺,如有机会,让他出任一个分公司总经理。此前杨林认为至少有两次机会是因常文的原因让他没有得到这一职务。杨林认为这是一次难得的机会,和常文面谈后得到了常文让他出任三亚分公司总经理的承诺。但陈明被免职后,杨林发现新任总经理是卫发荣的一个旧部属。原来卫发荣发觉,变革到现阶段,离不开杨林。如果杨林离开市场部到三亚公司,担心预算管理推行不下去,同时由于杨林个性秉直,又有群众基础,担心日后一旦出现冲突,会成为他的施政阻力,所以推荐旧部属担任此职。常文一直以为杨林对常青公司忠心耿耿,常青目前正如日中天,如此安排杨林虽有看法但不会有其他想法。而杨林发现自己又一次受骗,觉得在常青没有前途,不被重视。在反思中,他发现常文潜意识里只喜欢使用外行当总经理,同时喜欢管理人员能以他为核心去做事。常文重用他,只不过希望他能与各分公司营销部经理一起与各总经理形成相互制约。杨林随即向常文提出辞呈,虽然常文一再挽留,甚至动用家族成员和卫发荣来做工作,并且再次许诺三个月后让他出任上海公司的总经理,但杨林去意已决。后来,业内有人发出这样的疑问:"常青公司究竟出了什么问题?""常文是不是过河拆桥?"杨林离开常青后,卫发荣硬着头皮将预算方案推行下去,但营销系统已经开始承受各个公司总经理的压力,在大家阳奉阴违的态度下,预算方案不了了之。一个多月后,卫发荣也伤心地离开了常青公司。

在两员大将相继离开后,常文认为在中国的民营企业,只有血缘关系是最牢固的关系,他开始重新重用家族成员,常青公司又回到了原来的样子。

第一节　组织文化

20世纪70年代初期，由于石油危机使世界上许多国家的经济停滞和萎靡不振，经济最强的美国也未能幸免。但是，资源条件远不如别国的日本，经济却迅速地发展，这一现象引起西方国家特别是美国的关注。美国的管理学者在对日本进行调查研究后发现，日本企业成功的秘密是以人为本的管理模式，美国企业的不成功是由于企业文化的局限性而造成管理不当所致，从而提出了组织文化的概念，掀起了组织文化的研究热潮。

一、文化的概念

关于文化的概念，当今世界上的学者给"文化"一词下了许多定义，仁者见仁，智者见智，至今尚无统一的定论。多数资料对文化的定义有广义狭义之说。所谓广义文化，是指人类历史发展过程中创造的物质财富和精神财富的总和。狭义文化则仅指人类社会发展过程中创造的精神财富。

虽然对文化的概念没有一个清晰的定论，但它的基本特征还是比较明确的：它是对人的描述，只与人以及人的活动有关；是对作为群体的人的描述，体现人的群体本质和现象；是人们群体之间相互区别的依据。一个国家有代表国家的民族文化，一个地区有反映地区风土人情的社区文化，一个单位或组织，也有体现单位成员和组织整体特点的单位文化。后者属于微观组织文化。

二、组织文化的概念

提到组织文化（Organizational Culture），我们所指的具体意义是什么呢？我们用这一术语来指共有的价值体系。像部落文化中拥有支配每个成员对待同部落人及外来人的图腾和戒律一样，组织拥有支配其成员行为的文化。在每个组织中，都存在着随时间演变的价值观、信条、仪式、神话及实践的体系或模式，这些共有的价值观在很大程度上，决定了雇员的看法及对周围世界的反应。当遇到问题时，组织文化通过提供正确的途径来约束雇员行为（这就是我们做事的方式），并对问题进行概念化、定义、分析和解决。

组织文化有广义和狭义之分。前者是指企业在建设和发展中形成的物质文明和精神文明的总和。包括组织管理中的硬件和软件，外显文化和内隐文化两部分；后者强调组织文化是组织在长期的生存和发展中所形成的为组织所特有的且为组织多数成员共同遵循的最高目标价值标准、基本信念和行为规范等的总和及其在组织中的反映。

具体地说，组织文化是指组织全体成员共同接受的价值观念、行为准则、团队意识、思维方式、工作作风、心理预期和团体归属感等群体意识的总称。

尽管现在我们没有规范性的方法来测量组织的文化，但前期的研究却表明，文化可以通过评价一个组织具有的10个特征的程度来加以识别，这10个特征是：(1)成员的同一性。雇员与作为一个整体的组织保持一致的程度，而不是只体现出他们的工作类型或专业领域的特征。(2)团体的重要性。工作活动围绕团队组织而不是围绕个人组织的程度。(3)对人的关注。管理决策要考虑结果对组织中的人的影响程度。(4)单位的一体化。鼓励组织中各单位以协作或相互依存的方式运作的程度。(5)控制。用于监督和控制雇员行为的规章、制度及直接监督的程度。(6)风险承受度。鼓励雇员进取,革新及冒风险的程度。(7)报酬标准。同资历、偏爱或其他非绩效因素相比,依雇员绩效决定工资增长和晋升等报酬的程度。(8)冲突的宽容度。鼓励雇员自由争辩及公开批评的程度。(9)手段—结果倾向性。管理更注意结果或成果,而不是取得这些成果的技术和过程的程度。(10)系统的开放性。组织掌握外界环境变化并及时对这些变化做出反应的程度。

[案例]两种截然不同的组织文化

组织 A

这一组织是一家制造公司,雇员对公司忠诚,该公司中有雇员需要遵守的大量的规章制度,管理者密切监督员工以保证不发生偏差。管理当局关心的是高生产率,而不管它对员工士气及流动的影响。

工作活动是围绕个人设计的,组织中有明确的部门及权力线,并希望员工尽量减少与专业领域外或指挥线外的员工的正式交流。对努力、忠诚、协作及避免出错都给予表扬及奖励,公司仅从内部提升管理者,并相信最好的产品是那些由公司独立开发的产品。

组织 B

这一组织也是一家制造公司。而在这家公司中,员工以他们的技术诀窍和专业知识以及同公司外的广泛交往为荣,公司中只有少量的规章制度,监督较松,因为管理当局相信公司的员工会努力工作并值得依赖。管理当局关心高生产率,但他们相信高生产率来自正确地对待员工。该公司对于被看做良好的工作场所的声望感到自豪。

工作活动是围绕工作队设计的,并鼓励工作队成员跨越职能领域及权力等级进行交流。评价管理者不仅依据其部门的绩效,还要看其部门同组织内其他部门协调工作的好坏程度。晋升和其他的物质奖励给予那些对组织作出最大贡献的员工,即使那些员工拥有奇怪的念头,不同寻常的个人癖性或不同常规的工作习惯。公司将能够找到的最优秀的人员安排到高层位置,甚至可能包括从竞争对手那里招聘来的人员。公司为自己成为市场驱动型的公司而骄傲,并对顾客变化着的需求做出快速的反应。

以上所列的特征是相对稳定和持久的,就像个性的相对稳定与持久一样,组织文化也是如此。

通用汽车公司被普遍描绘成冷静的、正规的、不愿意冒险的公司。在 20 世纪 30 年代,它是如此,现在基本上还是这样。相反,休利特 - 帕卡德公司是一个非正规的、结构松散的、极富人情味的公司。尽管两家公司的文化截然不同,但他们在过去都获得了实质性的成功。

第二节　组织文化的功能

研究组织文化,其目的是利用组织文化为组织的生存与发展发挥作用。那么,组织文化到底有些什么功能呢?

一、组织文化具有导向功能

所谓导向功能就是通过它对组织的领导者和职工起引导作用。组织文化的导向功能主要体现在以下两个方面。

1. 经营哲学和价值观念的指导

经营哲学决定了组织经营的思维方式和处理问题的法则,这些方式和法则指导经营者进行正确的决策,指导员工采用科学的方法从事生产经营活动。组织共同的价值观念规定了组织的价值取向,使员工对事物的评判达成共识,有着共同的价值目标,组织的领导和员工为着他们所认定的价值目标去行动。美国学者托马斯·彼得斯和小罗伯特·沃特曼在《寻求优势》一书中指出"我们研究的所有优秀公司都很清楚他们的主张是什么,并认真建立和形成了公司的价值准则。事实上,一个公司缺乏明确的价值准则或价值观念不正确,我们则怀疑它是否有可能获得经营上的成功"。

2. 组织目标的指引

组织目标代表着组织发展的方向,没有正确的目标就等于迷失了方向。完美的组织文化会从实际出发,以科学的态度去制定组织的发展目标,这种目标一定具有可行性和科学性。组织员工就是在这一目标的指导下从事生产经营活动。

二、组织文化的约束功能

组织文化的约束功能主要是通过完善管理制度和道德规范来实现。

1. 有效规章制度的约束

组织制度是组织文化的内容之一。组织制度是组织内部的法规,组织的领导者和组织职工必须遵守和执行,从而形成约束力。

2. 道德规范的约束

道德规范是从伦理关系的角度来约束组织领导者和职工的行为。如果人们违背了道德规范的要求,就会受到舆论的谴责,心理上会感到内疚。

三、组织文化的凝聚功能

组织文化以人为本,尊重人的感情,从而在组织中造成了一种团结友爱、相互信任的和睦气氛,强化了团体意识,使组织职工之间形成强大的凝聚力和向心力。共同的价值观念形成了共同的目标和理想,职工把组织看成一个命运共同体,把本职工作看成实现共同目标的重要组成部分,整个组织步调一致,形成统一的整体。

四、组织文化的激励功能

在以人为本的组织文化氛围中,领导与职工、职工与职工之间互相关心,互相支持。特别是领导对职工的关心,职工会感到受人尊重,自然会振奋精神,努力工作。另外,组织精神和组织形象对组织职工有着极大的鼓舞作用,特别是组织文化建设取得成功,在社会上产生影响时,组织职工会产生强烈的荣誉感和自豪感。

五、调适功能

调适就是调整和适应。组织各部门之间、职工之间,由于各种原因难免会产生一些矛盾,解决这些矛盾需要各自进行自我调节;组织与环境、顾客、组织、国家、社会之间都会存在不协调、不适应之处,这也需要进行调整和适应。组织哲学和组织道德规范使经营者和普通员工能科学地处理这些矛盾,自觉地约束自己。完美的组织形象就是进行这些调节的结果。调适功能实际也是组织能动作用的一种表现。

第三节 组织文化的建设

组织文化的形成是一个过程，而不是凭空产生的。组织文化建设是指有意识地培育优良文化，克服不良文化，完善组织文化的过程。因此必须首先了解组织文化的形成过程，从而选用适当的方法来培育组织文化。

一、组织文化的形成过程

组织文化源于组织创始人的经营理念。组织创始人的个性特点、价值观念直接影响企业的早期文化。这种早期组织文化又决定了该组织的甄选过程，确定了招聘、选拔、录用成员的甄选标准。通过甄选过程产生高级管理人员，然后，高级管理人员再根据甄选标准对企业成员选拔组合，入选的成员必须在管理人员的要求下进行社会化，逐渐将组织规范、价值观念根植于内心深处，从而形成组织特有的文化。

（一）组织文化的开始

从传统上看，组织创始者的经营理念对组织文化的建立、保持有着巨大影响。创始人的品质、个性决定了组织的基本类型与特征，他们勾画了组织未来发展的蓝图，可以不受以前的传统习惯的影响，以一种全新的个人思想意识去塑造组织，制定组织宏观管理制度。一个组织是否富有竞争精神，是冒险还是保守，很大程度上取决于组织创建者的个性倾向和个性心理特点，组织创建者对组织文化的形成起到了奠基作用。例如，沃尔玛公司承诺的节俭、朴实和物有所值，来自晚年的山姆·沃顿。在沃尔玛公司的组织文化形成过程中，他起到了无法估量的影响。韩国现代公司的组织文化在很大程度上也是其创始人陈裕阳(ChungJu Yung)的个人写照。

（二）甄选过程

甄选过程是一种双向选择，组织在识别那些有知识、有技巧、有能力来做好组织工作的求职者的同时，也给求职者提供一些组织的信息，双方都应考虑价值观相互适应的问题，也就是说甄选过程筛选掉对组织的价值观构成威胁的人。在甄选过程中，保证所聘员工的价值观与组织价值观基本或部分一致，保证所聘员工与组织文化相适应，甄选过程是维系组织文化的基础。例如，宝洁公司在对求职者的招聘过程中，要经过一系列的选拔，面试者是一些通过讲座、录像、面试练习、角色扮演等一系列培训的公司精英，他们通过面试来发现那些能够很好适应公司文化的求职者。

（三）高层管理人员的举措

组织高层管理者的举止言行对文化也有重要的影响。高层管理者通过自己的身体力行，把组织的价值观和行为准则渗透到组织中去。他们的言行会影响组织文化的模式，体现了一个组织的领导方式、领导结构和领导制度，对组织文化的塑造起着核心作用。一个组织是冒险还是保守，应当怎样奖励人、管理人、控制人，组织的心理气氛如何，都由高层管理人员决定。可以说高层管理者在组织与个人之间架起一座桥梁，是组织文化得以一脉相承的关键人物。

（四）社会化

从社会心理学角度来看，社会化是人在社会互动中，履行社会行为规范和社会角色、形成个性,从而不断适应和参与社会生活的过程。新员工对组织文化不熟悉,总是容易干扰企业已有的观念和习惯,因此组织要帮助新员工适应组织文化,这种适应过程,可称为社会化。例如,迪斯尼的新员工在开始上班的前几天,都要花整天的时间看电影和听演讲,来了解公司对员工在行为举止上的要求。

这种社会化也简称为组织化,使进入组织的人员将爱好、偏好、精神追求自觉收敛,从心理上对他们进行认知、行为、利益三方面的整合,以达成群体成员之间一致的价值准则、行为规范,并对许多问题产生群体共识。

二、组织文化建设的方法

目前,有的组织在文化建设方面还很落后,找不到文化建设恰当的切入点和突破,投入很大精力,却流于形式。组织文化建设存在的问题主要有:(1)组织文化建设口号化,很多企业仅提出"团结、求实、拼搏"等口号作为组织精神,就宣布已经建成了组织文化;(2)组织文化建设文体化,一些组织片面地把组织内部文化体育活动视为组织文化建设的全部内容;(3)企业文化建设缺乏一贯性与连续性,组织文化建设随组织人事变动而停止。

因此,在建设组织文化的过程中要注意组织文化建设不是流于形式,要全面、一贯、连续地进行建设。组织文化的建设过程,也是学习和传授的过程,组织文化的建设和强化可通过多种方法实现,主要的方法有以下七种。

1. 管理者的重视

领导者要注意宣传组织基本理念和价值观,经常进行解释、说明,还需要对组织成员多加关心、提倡民主和团结协作的精神,增强组织凝聚力和向心力。

2. 组织对危机的反应

组织对重大事件和危机的处理方式,能够显示组织文化的许多方面。在文化的创造和传播过程中,危机使人们拥有共同的感情经历从而提高学习的强度。在处理危机的过程中,组织的应对方式可以强化已有的文化,也创造了新的规范和价值观。例如,当市场供大于求时,产品价格下降,利润大量减少,有的组织采用裁员的方式,有的则采用减少生产时间、降低工资的方式保住员工的工作,后一种做法更能体现组织对员工的尊重。

3. 培训和角色示范

通过各种培训项目,组织可以向员工传达组织强调什么、追求什么、禁止什么。组织文化最关键的传达方法是领导者的身体力行、以身作则,因为领导人自己公开的行为就是对其他组织成员进行传播信息和价值观的教育。例如,一个服务类的公司的组织文化强调顾客就是上帝,微笑服务。经理经常直接处理顾客的投诉,起到了表率作用,教育了员工,把组织理念传达给了员工。

4. 分配报酬和提升的标准

员工可以通过组织的奖励制度了解组织的文化。组织也可以通过组织的奖励制度很快地向组织成员宣传其思想倾向、价值观和假设。事实上,一些权威专家认为影响组织文化最有效的方法可能是奖励制度。利益的分配(如各级经理的专门餐厅、员工的提升是凭能力或关系等)展示了哪些职位和行为最受组织重视。

5. 招聘、选拔、退休、解雇职工的标准

组织维持文化最核心的方法是挑选符合组织文化标准的新成员。例如,如果领导者认为组织的成功依赖于对环境的快速反应,那么组织的最佳方式就是招聘、选拔一大批认真负责、有创新意识的员工,然后让他们自主工作,从而形成并维持组织独特的文化。组织的退休,解雇等标准也表明了组织文化的基本方面,这些标准可以影响组织成员的行为,在某种程度上使组织保持或改变现有的文化。

6. 故事和特定语言

故事和特定语言也可以用来交流组织文化。组织的英雄人物以及他们所作所为的故事,提供了组织价值观和规范的重要线索,员工可以很容易模仿英雄们的具体行为,并预期会受到赞扬。许多公司都有特别的谚语、口号等,这些特定语言向员工传达了特定的含义。如"你不必非得讨好老板,但你必须让顾客开心"。这些语言很容易为公司员工和顾客所领会。故事、语言等是反映组织深层次价值观的要素,而这些可见的要素和行为可以被管理者用来塑造组织价值观并强化组织文化。

7. 特定仪式

仪式是由传统习惯发展而来,按某种固定的或带一定灵活性的程序而进行的,并为特定文化背景的人们普遍接受的行为方式。许多组织创立了一套仪式和习俗,并运用这套具体的方式把"组织的做事方式"灌输给成员。如沃尔玛公司使它的年度股东大会成为奢华的庆典,每年年终3 000名最佳员工飞到公司总部,被邀请参加大型娱乐庆祝活动。

第四节　组织变革

组织变革(Organization Change,简称OC)是组织发展过程中的一种经常性活动。美国著名的组织学者、哈佛大学教授拉里·格雷纳指出,组织变革伴随着组织成长的各个时期,组织变革与组织演变相互交替,进而促使组织发展。有的人甚至认为组织的正确名称应该叫做"再组织(Reorganize)"。组织变革是任何组织不可回避的问题,是否顺利地引导组织变革是衡量管理工作是否有效性的重要标志。

一、组织变革的内涵

1. 组织变革的含义

组织变革就是组织根据内外环境的变化,及时对组织中的要素进行调整、修正,以保证其高效运转、适应组织发展的过程。

无论组织的过去是多么辉煌,随着环境的变化,它都必须不断地做出调整与之相适应。组织变革的根本目的就是要提高组织的效能,使组织更加有效地实现其目标。

2. 组织变革的内容

对于一个具有系统性的组织来说,影响其运行的因素很多。但是,就每一次的组织变革而言,由于具体情况不同,其侧重点和内容有所不同。综合起来,组织变革主要包括三项内容。

(1) 对人员的变革。是指员工的工作态度、期望、技能、认知和行为等的改变。人员的变革是组织变革的基础,因为在任何组织中,人都是最活跃与最重要的因素。

(2) 对结构的变革。是指改变组织的复杂性、正规化、集权化程度、职务设计等结构因素。如部门的撤销与设立、职责范围的重新划分、权力关系的调整与管理幅度和管理层次的改变等。

(3) 对技术与任务的变革。包括对工作流程、所使用的方法和设备的改变、新的方法工艺的采纳等。

3. 组织变革的过程

全面认识组织变革的一般过程,可以帮助我们按照科学的程序实施组织的变革,推动其顺利进行。

组织变革的过程可以分为解冻、变革、重新冻结三个阶段。

解冻(Unfreezing)指的是在组织中广泛宣传变革的必要性,让个人、团体或组织能够真正感到变革的必要并且接受变革。这一期间的主要任务是为变革在组织中的实施做思想铺垫,通过积极的引导,激励员工更新原有的观念,接受改革并参与其中。

变革(Change)指的是发现并提出新的观点、理念或采用新的行为。进入变革阶段,组织已经做好了准备,开始实行变革。组织要使新的观念或行为在员工中得到认同和接受,关键是采取措施减小变革的阻力,进一步调动员工进行组织的改革,转换行为。

重新冻结(Reheezing)指的是通过加强和支持等手段,促使新的行为方式锁定成为新的模式和规范。这是行为强化的阶段,目的是要通过对变革动力和阻力的平衡,稳定新的组织状态。破旧立新总是需要一个过程,所以在改革顺利实施后,还要对员工的心理、行为方式等进行巩固和强化,防止反复。

二、变革的动力

组织变革的动力来自内外两方面,如同一般事物的发展一样,内因起着决定性的作用,外因只有通过影响内因,才能促使组织发生真正的质变。

1. 外部动力

外部动力主要来自整个宏观社会经济环境的变化、科技进步的影响、市场竞争的压力以及社会价值观念的改变等。例如,国家重要领导人的变动、重大方针政策的变化、新技术的出现、新产品或服务的上市推广、社会文化的发展、时尚潮流和人们消费观念的转变等,它们都会或多或少地影响组织的运行。其中,来自市场的竞争压力是促使组织变革的一股重要力量。

2. 内部动力

组织变革的内部动力主要来自组织目标、权利系统、管理水平以及内部人员的素质、技术水平、工作期望、个人价值观念的变化等。任何组织的发展都存在一个自己的生命周期。在组织建立的初期,形成了一系列的工作程序、工作关系以及相对完善的组织结构,它在一段时期甚至是相当长的一段时期内,可能是适合组织发展需要的。但是,随着时间的推移、环境的变化,就像人体系统的逐渐老化一样,组织也会出现一种萎缩的倾向,开始不适应组织的发展,慢慢地就会引起官僚主义盛行,员工抱怨日益增多,组织效率逐步下降等,这些都会迫使组织采取行动进行变革。

西方组织管理学家西斯克(G. Schienst. ck)对组织变革前的征兆做了深入的研究与分析,他认为当组织出现下列情况之一时,就表明组织需要进行变革了。

(1) 组织决策的形成过于缓慢甚至时常出现错误决策,导致组织坐失良机;

(2) 组织沟通不良,造成不协调、人事纠纷等严重后果;

(3) 组织的主要功能已无效率或得不到正常发挥;

(4) 组织缺乏创新,没有新的或更好的办法出现,致使组织停滞不前。

三、变革的阻力

变革是现代社会永恒的主题。虽然人们已经体会到了技术变革为我们日常生活带来的巨大好处,但是,对于组织的变革来说,由于传统观念与组织惯性的影响,以及其对组织中人员关系、个人利益等的冲击,人们往往一时难以心甘情愿地接受未来的变化,难以正确判断变革的前景,产生阻挠的心理也是可以理解的。事实上,任何一种变革都会多多少少受到变革对象的阻力与反抗。

组织变革的阻力主要来自个人与组织两大方面。

1. 个人对变革的阻力

组织的变革不可避免地要涉及个人,原有平衡的打破必然会对个人的心理和实际利益造成不同程度的影响。例如机构的重组、管理层级的改变都会给个人带来一定的压力和紧张感。工作职位、职权和职责、具体内容也会发生不同程度的变化,这就意味着个人要改变过去一贯熟悉的工作方式,更新落后的知识结构,学习新的技能,甚至面临失去原有权力的威胁,这是某些守旧的人所不乐意看到的。变革的风险性与对未来的不确定性,也可能造成人们心理上的倾斜,从而阻碍变革。这些对个人观念、利益、专业、规范、传统、习惯等方面的冲击,都会触发个人在心理上和行为上的抵触,形成变革的阻力。

2. 组织对变革的阻力

变革中组织结构和组织关系都会有不同程度的调整,如工作政策的制定、工作权限的分配、工作职责的明确、工作关系的协调以及组织总体观念和行为规范的更新等,都要在实践中加以摸索和调整。原先管理层级和职能机构的打破,不可避免地要触及某些团体的利益和权力。如果组织变革的目标与这些团体的目标相抵触,它们就会采取抵制和不合作的态度阻挠变革的推行。而非正式团体的存在也使得组织中新的人际关系的确立需要一个较长的过程。另外,长期形成的组织文化也有可能增加组织变革的困难。

四、组织变革应考虑的关键因素

在组织变革过程中,往往要考虑各方面的因素,其中有一些因素更应引起人们的格外重视。

1. 组织战略

美国著名组织史学家小阿尔弗雷德·钱德勒通过对美国70家大型公司,特别是通用汽车公司、杜邦公司、美孚石油公司和西尔斯－罗巴克公司的发展史的考察,对组织战略与组织结构之间的关系进行了深入研究,得出"组织必须服从组织战略"的著名结论。组织设计与变革必须考虑未来的发展战略。

任何战略都不是一成不变的,随着组织规模的扩大、环境的变化、经营重心的转移,战略也要相应不断地发生变化。战略变化要求组织做相应的调整,重新确立关键性职能及其承担机构的地位,调整好各职能部门之间的分工协作关系,甚至改变组织成员的工作方式方法。战略变化了,而组织没有做相应的调整,那么组织不仅不会有助于战略的顺利实施,反而会成为战略实施的障碍。因此,在进行组织变革时,一定要始终关注战略。

2. 组织成长

组织成长意味着组织规模的扩大、经营范围的拓展、生存期限的延长,在组织成长的不同阶段,有着不同的组织工作重点和不同的组织特征。从某种意义上说,组织成长是通过不断的组织变革得以实现的。

这方面的论述很多,拉里·格雷纳教授的观点更具影响力。他认为组织成长的第一个阶段是因为创新而成长,这时候靠的是领导者或合伙人的领导魅力。其后因为人员不断增加,产量和市场不断成长,这时候需要一个具有知识与技术的管理人才来领导,此时出现组织的第二层次变革,即所谓的缺乏领导危机。

通过强有力的集权管理后,组织会进一步成长,但当产品及市场逐渐复杂后,这种指导式的管理模式无法让基层员工应付市场随时变动的危险,因此必须展开第三层次变革,透过授权以应付缺乏自主的危机。

当权力下放到某个程度,组织会发现内部产生竞争,并因竞争产生资源利用效率低下的问题,同时组织结构也因市场的扩大出现区域重叠的混乱状况,这时需要进行第四次变革,即展开协调。组织在总部设立总管理部门,集中处理战略规划、人力资源、投资等重大决策问题,以应付缺乏控制的危机。

当组织规模继续扩大,进入国际市场,管理更加复杂化,带有部分集权形式的战略规划部门也无法掌握各种不同文化、不同顾客需求、不同国家政策法规的变化,决策活动常常因为决策过程太长,职能部门只凭报表及文件进行管理,组织成为一个类似政府的庞大的官僚系统,效率低下。因此,组织又面临第五层次的变革,即以联邦分权的形式,通过合作来克服烦琐公事的危机。

3. 社会发展

纵观世界上成功的组织,无一不把组织发展与社会发展统一起来。关注社会发展,关心大众利益,会使组织获得更加广阔的生存空间,并有利于组织的持续发展。

组织变革的结果会改变组织成员的思维方式和行为准则。因此,为确保组织变革成功,必须始终关注社会发展的大趋势,这其中不仅包括经济技术发展趋势,也包括社会对组织要求的变化,管理者应把社会发展趋势纳入发展战略,并转化为全体员工的行动观念,切实体现于员工工作行为中。

4. 组织文化

组织文化是在组织中长期形成的共同思想、作风、价值观和行为准则,是一种具有组织个性的信念和行为方式。组织文化建设的重要任务之一就是把职工个人利益和组织的兴衰融为一体,激励职工尽责尽力的群体意识。组织变革应建立在组织文化的基础上。另外,组织变革也可能会改变组织文化的某些内涵,甚至重新塑造组织文化。总之,只有从组织文化这样较深的层次上考虑组织变革,变革才会成功,才会塑造出更为强大的竞争优势。

五、降低组织变革阻力的方法

为了确保组织变革的顺利进行,推动组织向新的平台发展,我们需要采取适当的策略与方法来降低组织变革中可能会遇到的阻力。

1. 加强教育与沟通

向员工个人、小组甚至组织说明变革的必要性和合理性,提高大家对变革的认识与理解,并保持沟通渠道的畅通,及时了解与解决出现的问题,减少变革的阻力。

2. 提高组织成员的参与程度

尽可能地让员工参与到变革的设计与实施中，使他们融入组织的变革过程，减少对改革的担心与抵制。

3. 促进和支持

为受变革影响的员工提供再培训、休假、感情支持与理解等。变革推动者可以通过提供一系列的支持性措施来减少阻力，如为员工提供心理咨询和治疗、新技能的培训以及短期的付薪休假等都可能促进他们的调整。

4. 商谈和协议

与有可能反对变革的人商谈，甚至可以提出条件赢得理解。变革的推动中有时可以适当地以某种有价值的东西来换取阻力的降低。如当阻力主要集中于少数几个有影响力的个人时，可以通过谈判形成某一奖酬方案使他们得到满足。

5. 强制

克服变革阻力的最后一个方法策略是强制，即直接对抵制者使用威胁力和控制力。如当组织最高层下定决心变革时，可以用解雇、调换工作和不给晋升等手段威胁控制反对者。但强制有时是不合法的，即使合法的强制也容易被看做一种暴力，从而损害变革推动者的威信。

近年来，现代组织有向大型集团或微型组织两种不同的方向发展的趋势。大型集团组织可以获得规模经济效益，充分发挥专业化管理的优势，或者利用多元化增强组织实力，降低运营风险；小组织则可以做到精干高效，专业经营，而且能够充分运用小巧灵活的特点，增强组织对市场变化的适应能力。但是，不管组织向哪种方向发展，组织结构的变革都会受到个人或团体的阻力，组织的变革者要尽可能地消除各种阻碍因素，削弱反对变革的力量，降低组织变革的阻力，使组织在变革中发展、前进。

[知识链接]组织变革是一个连续的过程，而且必须是一种有计划的过程。它体现出组织变革必须有明确的目的性，有变革的政策，以及对变革结果的追踪检查。无目的的变革对组织来讲，是一种灾难。“顺其自然”的演变也必然使组织远远地落在竞争对手的后面。

组织变革应遵循什么样的程序，不同学者提出了不同的观点。

一、库特·卢因(Kurt Lewin)的观点

库特·卢因把组织变革过程归纳为现状的解冻—转变到新的情况—重新冻结新的现状的连续过程。

(1) 现状的解冻。目的是明确变革的必要性，并让个人、群体乃至整个组织都能清楚地认识到这一点，进而产生必须变革的共识。这一过程强调快速与共识。为了让大家能够真正理解变革的必要性，管理人员要与职工一道收集现状不能令人满意的证据；与其他组织进行横向比较，发现自身的差距；聘请外部专家帮助论证变革的必要性；指出必须进行变革的形势和压力。

(2) 转变到新的情况。即实施变革的过程。这一过程往往由一个变革领导小组推动。这个小组最好由组织内部成员及外部聘请的咨询人员共同组成，由他们向职工解释变革的理由、日程安排、对组织和个人可能产生的影响等，鼓励职工参与变革计划的拟订和执行，就变革等问题向职工提供咨询，随时出面解决变革过程中出现的新问题。

(3) 冻结新的现状。即要把变革后出现的新的现状稳固下来。为此，应系统地收集变革

获得成功的客观证据，并把这些信息经常提供给变革的参与者，进而提高他们进行变革的信心。

库特·卢因认为组织变革不是一种静止的状态，而是相反方向作用的各种力量此消彼长的动态平衡过程。换句话说，组织变革是变革推动力量和变革阻力较量的结果，推动力量强于阻力，则会促使组织变革；阻力强于推动力量，则会维持现状甚至倒退。

二、弗里蒙特·E. 卡斯特(Fremont E. Kast)等的观点

弗里蒙特·E. 卡斯特是美国华盛顿大学的教授，也是管理理论中系统管理学派的主要代表人物。他与詹姆斯·E. 罗森茨韦克(James E. Rosenzweig)合著的《组织与管理——系统方法与权变方法》一书中，把组织变革分为六个步骤。

(1) 对组织本身、组织取得的成就和缺陷进行回顾、反省和检查，分析研究组织所处的内外部环境，为组织变革做准备。

(2) 总结组织中存在的问题，明确进行变革的必要性。

(3) 拿组织的现状与所期望的状态比较，进一步探明问题，发现差距，明确变革的方向。

(4) 确定解决问题的方法。

(5) 试行变革。按照选定的方法进行变革的具体行动。

(6) 检查变革的成果，找出今后改进的途径，进而使变革过程又回到第一步，如此循环，以便使组织不断得到完善。

本章提要

组织文化是指组织全体成员共同接受的价值观念、行为准则、团队意识、思维方式、工作作风、心理预期和团体归属感等群体意识的总称。

组织文化具有导向功能、约束功能、凝聚功能、激励功能和调适功能。

组织文化源于组织创始人的经营理念。组织创始人的个性特点、价值观念直接影响企业的早期文化。这种早期组织文化又决定了该组织的甄选过程，确定了招聘、选拔、录用成员的甄选标准。通过甄选过程产生高级管理人员，然后，高级管理人员再根据甄选标准对企业成员选拔组合，入选的成员必须在管理人员的要求下进行社会化，逐渐将组织规范、价值观念根植于内心深处，从而形成组织特有的文化。

组织文化的建设过程，也是学习和传授的过程，组织文化的建设和强化可通过多种方法实现，主要的方法有：(1)管理者的重视；(2)组织对危机的反应；(3)培训和角色示范；(4)分配报酬和提升的标准；(5)招聘、选拔、退休、解雇职工的标准；(6)故事和特定语言；(7)特定仪式。

组织变革就是组织根据内外环境的变化，及时对组织中的要素进行调整、修正，以保证其高效运转、适应组织发展的过程。组织变革主要包括三项内容：(1)对人员的变革；(2)对结构的变革；(3)对技术与任务的变革。

组织变革的过程可以分为解冻、变革、重新冻结三个阶段。组织变革的外部动力主要来自整个宏观社会经济环境的变化、科技进步的影响、市场竞争的压力以及社会价值观念的改变等。组织变革的内部动力主要来自组织目标、权利系统、管理水平以及内部人员的素质、技术水平、工作期望、个人价值观念的变化等。组织变革的阻力主要来自个人与组织两大方面。

组织变革应考虑的关键因素有组织战略、组织成长、社会发展和组织文化。为了确保组

织变革的顺利进行,推动组织向新的平台发展,我们需要采取适当的策略与方法来降低组织变革中可能会遇到的阻力。(1)加强教育与沟通;(2)提高组织成员的参与程度;(3)促进和支持;(4)商谈和协议;(5)强制。

复习思考题

1. 阐述组织文化的概念与功能。
2. 如何建设组织文化?
3. 简述组织变革的内容与过程?
4. 组织变革要考虑的关键因素有哪些?
5. 组织变革会遇到哪些阻力?这些阻力来自何处?如何克服?
6. 目前有哪些重要的组织变革举措?

案例讨论 A公司的员工满意度调查

为填补公司企业文化建设空白,提高企业凝聚力及核心竞争能力,新年伊始,A公司组织人力资源部门开展了一次员工满意度调查,共调查了职能部门和分、子公司共计50个,调查涉及工作岗位、内部沟通、薪资福利、绩效管理、监督管理、职业发展与培训等方面。经过一系列问卷调查和分析统计,得出目前员工对公司整体满意度处于中等水平,介于满意和基本满意之间的结论。调查还发现,公司内部管理制度建设相对于其所面临的竞争态势和战略部署来说较为滞后,这些滞后的内部管理制度将会影响企业竞争力和发展速度。公司的管理现状和员工期望之间存在着较大的差异,公司领导及广大员工迫切需要加快企业文化建设,彻底改善目前存在的一系列管理问题。调查结果具体体现在以下几个方面:

(1) 内部沟通不畅。公司具有明确的业务方向和发展目标,并进行了目标分解,但在积极寻求员工意见和对员工建议做出反馈方面尤显不足。部门之间缺乏交流、总公司各部门和分公司各部门联系和沟通不足。分公司希望总公司能够多提供方便,帮助基层排忧解难。

(2) 绩效管理与薪酬管理脱节。从评价结构分析,公司的绩效和薪酬管理是脱节的,员工实际的付出和得到的薪酬不相适应,定期进行的绩效评估不能客观反映实际情况。

(3) 员工职业发展规划不清晰。公司虽然重视内部提拔,但缺乏人才梯队培养,没有完全以能力和业绩为依据,为全体员工提供清晰的职业发展规划。

(4) 内部管理考核有缺陷。日常监督体系和岗位激励不能完全体现对员工业绩的肯定程度,内部管理及日常考核存在较明显的缺陷。

(5) 对公司的满意度不高。员工对公司的品牌建设、公司竞争力的评价界于满意与基本满意之间。员工希望公司成为一个大家庭,打破官僚主义。另一方面,员工认为公司过分注重人情,而忽略了一些原则。

讨论题:

请根据以上材料背景(材料不足可模拟补充),分析该公司企业文化建设需求,并制订该公司企业文化项目建设方案。

第四篇

控制与创新

第十三章

控制的基础与方法

知识目标

了解：控制产生的起源、控制发展所经历的阶段、控制的重要性、预算控制的作用

理解和掌握：控制的内涵、管理控制的含义、控制的原理、控制的类型和各种控制方法

技能目标

掌握：各种控制类型的原理和操作以及各种控制方法的原理和实施

引导案例

红豆集团通过挖潜月活动促进内部成本控制

红豆集团是江苏省重点企业集团，国务院120家深化改革试点企业之一。“红豆”商标于1997年被国家工商局认定为中国驰名商标；企业通过ISO9001:2008质量体系认证，红豆以创民族品牌为己任，拥有多个“中国名牌”产品。多年来，红豆以优异的销售业绩稳居中国服装业百强亚军。2001年1月，“红豆股份”在上交所交易，企业开始迈入资本经营。2011年产销351.71亿元，同比增长24.78%。集团有十家子公司，其中一家为上市公司，在柬埔寨建立了工业园，拥有美国纽约、洛杉矶两个境外分公司，产品出口20多个国家和地区。2007年，“红豆”品牌荣获中国服装行业最高殊荣——成就大奖，同年，红豆成为国内首家通过“CSC9000T企业社会责任”认证的企业。2010年，红豆集团作为江苏唯一一家入选企业被国家工商总局认定为首批商标战略实施示范企业。2011年，红豆集团获得“CCTV中国年度品牌”。2012年红豆研发的无内胆羽绒服亮丽上市。

2012年3月是红豆集团的第八个挖潜月。“挖潜增效”是企业控制各项成本、减少内耗的一项重要举措，“挖潜增效”同样也是提高生产效率、杜绝成本浪费、加快企业发展的重要途径之一。为了更好地部署、实施挖潜工作，最大限度挖掘“潜力”，节支增收，集团从2月中旬开

始就着手挖潜月的整体工作部署，比预期提前了近半个月时间。2月13日，集团下发了《关于深入开展集团第八次“挖潜月”的通知》，通知要求集团各二级公司、三级企业以及集团各部门“围绕三大提升，狠抓三项管理”来深入开展挖潜活动，为提升年各项工作的完成作出贡献。围绕三大提升即品牌提升、专业化提升、卓越绩效提升，落实各项工作，扎实推进提升年工作来确保完成2012年一季度工作及经营目标。狠抓三项管理，包括成本管理，预算管理，供应外协管理。具体而言是根据各个公司、工厂实际，突出重点，来进一步压缩六项成本（投资成本、采购成本、生产成本、管理成本、流转成本、质量成本）；在集团、二级公司管理部门实行预算管理，控制支出；进一步加强供应外协建设，召开年度供应外协会议。另外，作为每年挖潜月的一项重点开展合理化建议活动，今年的合理化建议活动，要求每位员工，结合集团提升年工作，提出合理化建议，各二级公司、三级企业以及集团各部门做好收集、评审、表彰工作并加以落实。

通知下发以来，集团各二级公司、三级厂和集团各部门积极行动起来，大家通过定期召开会议、电话、手机短信等积极进行部署和传达，集团企管部还把各公司成果每天都通过手机短信的形式发给每一个红豆人，让大家清楚地了解挖潜活动各公司取得的成效。国际公司进一步加强部门考核，先后共出台了45份考核规定，除了对常规的业务、生产、新品进行考核，还对成本压降、人才流失、机修工等服务部门进行考核。特别是加强了公司直属部门的费用预算，通过预算管理，加强成本意识，堵塞漏洞。国际公司的房地产行业还建立产品缺陷反馈机制，把已完工或在建项目的一些产品缺陷或业主投诉进行梳理，按设计类、工程类、客服类进行分类汇总、同时提出修改完善的建议和做法，避免后期问题重复发生。此举效果非常好，目前此做法已延伸到外贸行业，达到最终提高产品质量，提高客户满意度的目的。

“红豆童装精品车间经过蒸汽管道改造，原来每天使用2吨蒸汽下降到平均每天用0.7吨，按照每吨蒸汽292.5元计算的话，全年可节省13.69万元；全钢一厂B区车间成型机上的旧夹具，经改造后仍可使用，每台机可节约成本3万元，整个车间8台成型机可节约成本24万元……”2月27日，在集团晨报会，集团企管部长王晓军如是说。经过近半个月的大力宣传和认真实施，集团第八次挖潜月已经初见成效，各二级公司、各三级厂挖潜成果不凡。

推行招标采购是降低成本的一项有力措施。通用公司全钢一厂废旧物资通过招标，六项物资平均单价上升，预计全年可多创收36.18万元。2月17日，居家公司针织印花通过招标，单价下降比例达35.6%，全年可节省67.64万元。通过技术革新、渠道创新、废物利用、信息搜集、季节返租等进行开源节支更是数不胜数。长江道具厂充分利用边角板材，制作道具包装材料，预计全年可节约60万元。远东公司羽绒服在销售淡季对现有门店进行季节性反租，到2月25日，已成功收回租金68.9万元。红豆集团通过挖潜月活动有力地促进了公司内部的成本控制。

第一节　控制的内涵

一、控制的内涵

控制论的创始人罗伯特·维纳（Nobert Wiener）于1948年出版了其代表作《控制论》，指出一般通信系统和控制系统都包含信息变换过程，这是两者的共同特点。控制就是维持正确的方向，将偏离正常轨道的行为进行纠正并让其重新回到正常轨道上来的过程，“控制”出自希腊语“掌舵”,意即让偏离航道的船回归正常航线。控制是指在系统中为了改善某个或某些受控对象的功能及变化方向,使之回到预期的功能和方向上来,通过在系统中进行相关信息的收集和加工,并通过信息指令加之于该对象上以达到预定目的的活动过程。控制过程包含信息接收过程、信息存取过程和信息加工过程,其核心就是将组织的行为维持在正确的方向上。

控制论的发展经历了三个阶段:20 世纪 40—50 年代的经典控制论阶段,通过频域分析法和传递函数分析法对时间不变的单因素控制系统进行研究,通过自动调节器等设施重点研究反馈控制系统,建立了系统、稳定、控制、调节和反馈过程等概念以及黑箱原理和模拟模型等方法。20 世纪 60 年代的现代控制论阶段,通过时域研究法和状态方程研究法对多变量和多因素的控制系统进行研究,通过电子数字计算机对随机控制、最优控制和自适应控制进行了重点研究,为了达到系统最优而使用数学方法对系统进行设计,从而满足整个系统的多个输入和多个输出。20 世纪 70 年代的大系统控制论阶段,通过模糊控制研究法和时域研究法对多层次、多变量、多因素和多个阶段的庞大而复杂的系统进行了研究,通过计算机联机方法对庞大而复杂的大系统进行了集中控制与分散控制、系统的分解与协调以及分层最优化控制等方面内容的重点研究。

控制是系统中的控制主体依照事先计划好的目标以及相应的实现条件,对控制对象(即控制客体)通过信息的反馈施加影响的一系列动态过程,它由施控系统和受控系统两个部分构成,施控系统又由控制信息发出的发控系统和控制受控系统输入的执行系统两个部分构成,控制是通过信息的反馈来实现的,反馈是系统输出对系统输入产生的影响行为,增大系统输入对系统输出的影响过程称为正反馈,减少系统输入对系统输出的影响过程称为负反馈,系统通过信息的反馈控制实现了使受控系统的运行状态从无序到有序、从失控状态到受控状态的转变。

在信息的反馈控制过程中包括信息的收集、信息的传递、信息的分析、信息的加工、寻找运行偏差、制定纠偏措施、纠偏指令的发出等一系列的活动过程,其中每个过程都要消耗时间,从而信息的传递会出现时滞现象。

系统的整个控制过程如图 13－1 所示,施控系统将人、财、物、信息以及其他各种资源作为输入施加于受控系统,受控系统内部通过各种流程的作用,将人、财、物、信息以及其他各种资

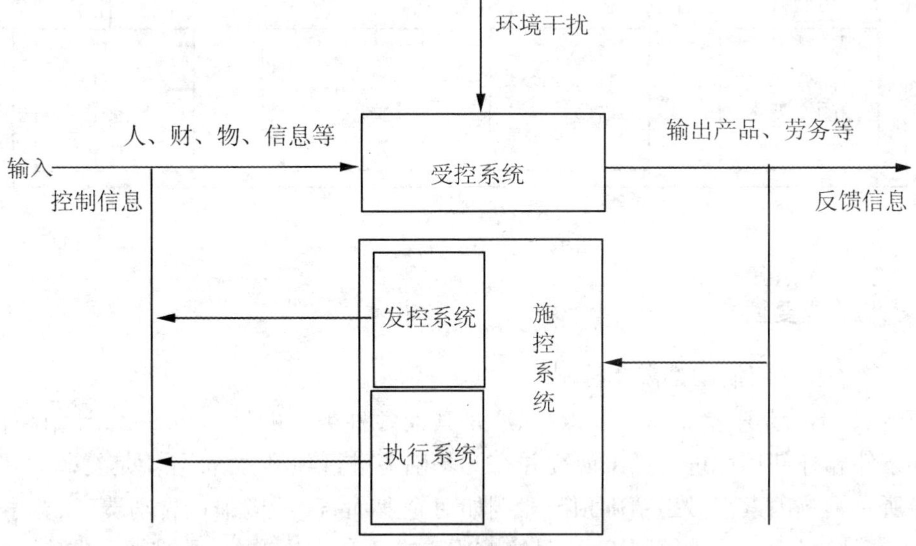

图 13－1　控制系统示意图

源转化为产成品或服务作为系统的输出，同时施控系统主动收集系统的各种输出信息，并将反馈回来的信息与原来的计划、标准或目标进行比较，发现偏差后及时制定纠偏措施并由发控系统发出纠偏措施的控制信息，施控系统中的执行系统立即调节输出，从而对系统出现的偏差进行纠正。

二、管理控制

管理工作中的控制，是指为了保证组织的战略目标以及由战略目标派生出的战略计划、职能计划和作业计划的顺利实现，组织的高层管理人员、中层管理人员和基层管理人员根据事先确定的各项标准或因环境变化而重新修订的标准，对下级各项生产经营活动的效果进行评价和测量，并在出现偏差时迅速制定纠偏措施予以纠正，以阻止偏差继续发生，从而使组织的各项活动能够按照计划和标准顺利实施的管理活动。

组织的各个层次的管理人员都有实施控制的职能，要有效地实施控制，组织必须要有明确的计划和目标，组织的各项计划和目标最好能够量化且能够考核，这是组织实施管理控制的先决条件。管理控制的客体即管理控制的对象必须要有多种可能的发展趋势，并且管理控制的主体能够采取某种措施使得管理控制的对象按照计划和目标选择组织所期望的发展趋势进行活动。因此，管理的控制职能与计划职能密切相关，组织的各项计划和目标一般都有实施步骤和程序，这是计划能够顺利实现的保证，同时又是计划实施过程中的控制手段，计划和标准是控制的依据，控制是计划得以顺利实现的保障。管理控制由确立控制标准、对照标准衡量成效、制定纠偏措施纠正偏差等三个基本程序所构成，控制的过程中有信息反馈活动和时滞的出现。管理控制的过程如图 13－2 所示。

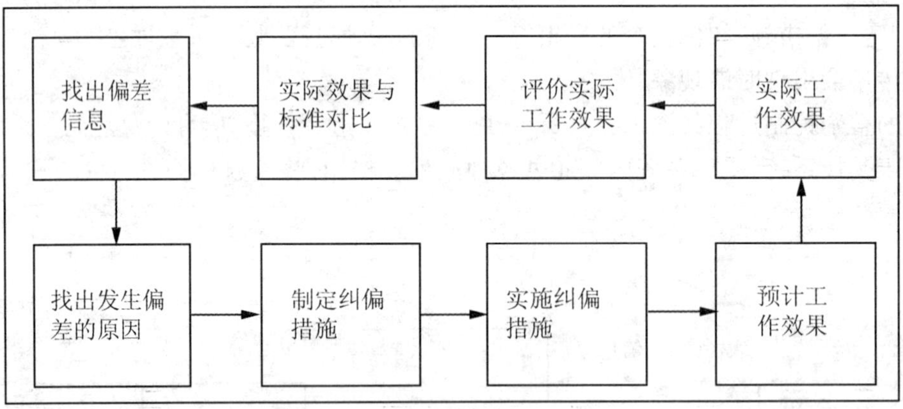

图 13－2　管理控制

三、控制的重要性

1. 任何组织、任何活动都需要控制

任何组织，不管是政治组织、经济组织还是其他各种类型的组织，在制订计划和目标时都要对内部条件和外部环境进行详细研究并在此基础上进行预测，然而环境是复杂的和变化的，不可能将所有影响因素都做出精确预测。例如对企业而言，环境中包含消费者、竞争者、原材料供应商、产品销售商、政府等因素，而且这些因素在不断发展变化，很难做出准确预测；同时，组织的各级管理者在对环境进行预测并在此基础上进行决策时往往还要受到自身的性格、教育背景、知识结构、以往经验等各种制约因素的影响，很难做出及时而准确的预测；另外，计划在执行的过程中由于会受到种种干扰因素的影响，总是会偏离预定的方向，因此，在计划执行过程中进行实时控制，对各种未考虑到的因素以及各种随机因素进行及时处理，将会对计划和目标的实现起到保障作用。

2. 控制与其他管理职能相辅相成，使组织的管理过程成为相对封闭的“螺旋式上升”系统

在组织的管理系统中，决策和计划职能确定了组织的战略方向、目标、方针以及各种计划的实施步骤和程序，组织通过领导、激励、指挥、协调和创新等职能促进和确保计划的顺利实施，然而由于组织的管理人员在计划的制订和实施过程中，往往存在着组织内外环境的信息不对称，以及计划在传达和执行过程中存在着沟通失误等因素，导致计划的执行偏离预定方向和轨道，为了纠正偏差，控制职能就发挥着至关重要的作用。管理的每一个职能在发挥作用的时候都离不开控制的纠偏，它在维持其他管理职能发挥作用的同时也证明了自己的存在价值，它与其他管理职能之间存在着相辅相成的作用关系，控制与其他管理职能的相互作用促使组织的管理过程成为一个相对封闭的“螺旋式上升”系统，从而促进了组织计划和目标的实现。

3. 促进组织更好地适应环境的动荡变化

组织的环境具有复杂性、不确定性、非线性、动态性等特征，组织根据对环境的预测所制定的计划和目标在付诸实施的过程中，原来预测的环境可能已经发生了很大的变化，使得原有计划、方案和目标无法实现，或者即使实现了也由于环境的变化而变得没有价值，环境的动荡变化可能会给组织带来各种机遇，也可能会带来各种挑战，组织必须建立严密和完善的环境检测机制，及时发现和捕捉环境中的变化因素可能会给组织造成的重大影响，从而促使组织及时调整计划和目标，以适应环境的动荡变化。

4. 促进组织适应自身的复杂性变化和纠正管理失误

随着经济全球一体化进程的加快，跨越国境的企业间的收购和兼并越来越频繁，进行跨国经营的国际性企业也越来越多，组织的规模越来越大，机构越来越复杂，为了保证组织内各个部门之间的有效协调以及信息的快速传递，组织必须建立严密和高效的控制系统。另外，组织的计划和目标在交由下属执行时，由于上下级之间沟通的有效性不够，可能导致计划的执行出现问题；同时，下属机构和人员在执行计划的过程中，可能由于个人能力、性格或其他动机而导致执行情况偏离预定的计划和目标，因此，组织的控制系统的建立和有效运行对预防偏差和纠正偏差具有重要的意义。

5. 限制偏差的累积，降低成本

组织系统内各个子系统在运行时可能会出现各种微小偏差，这些微小偏差可能暂时不会对组织造成伤害，但随着时间的延续，这些微小偏差可能会逐渐累积，当累积到一定程度时，其破坏性效应就会显现，从量变到质变的规律就会发生。组织的生产经营过程中各个子系统出现一些偏差是不可避免的也是很正常的，关键是要能够收集到这些偏差信息，采取有效措施加以纠正并防止类似事件再次发生，有效的控制系统对限制偏差的累积具有重要意义。另外，对组织各个系统和各个部门尤其是生产系统进行成本控制，最大限度减少浪费，也是控制发挥作用的关键所在。

第二节 控制原理

一、反馈控制原理

这是建立在控制论基础上的信息反馈机制,组织把人、财、物、信息等各种生产要素输入生产与运作系统或其他生产经营系统,系统经过转换输出产成品或服务以及各种信息,系统的各种输出信息又被反送回施控系统,施控系统中的发控系统和执行系统将反馈回的执行效果信息与计划和目标进行比较,如果发现偏差信息,将会主动调整输入生产与运作系统或其他生产经营系统中的人、财、物、信息等各种生产要素,从而起到纠正错误和补偿偏差的作用。

反馈控制原理是一个应用广泛且相当重要的原理,它通过信息的反馈机制改进受控对象的功能和发展,从而起到控制作用并实现组织的计划和目标。组织的政策制定及执行、新产品设计、市场研究、试制、生产与运作系统和市场开发等活动都是反馈控制原理的应用过程,只要是有组织存在的地方,为了保证组织的顺利运行以及可持续发展,反馈控制原理都将发挥其重要作用。

二、最优化控制原理

组织的各项工作都可以用系统的思想进行思考和运作,对于组织的每个具体工作即每个具体的系统工程项目,其决策、执行、系统设计、系统运行、系统开发、系统控制、系统之间以及与外部环境之间的人、财、物、信息等各种生产要素的交流等,都存在着最优化控制的过程,这种最优化控制过程能够为一个既定系统最大限度地发展和完善其功能要素,其本质是系统各个组成部分在可运行的各种备选方案中选择一个实现系统功能和目标的最佳途径和方法。

随着世界经济一体化以及科学技术的快速发展,系统工程最优化控制的技术也在不断地发展和完善,它极大地提高了各种复杂系统的资源配置水平、运行效率以及对外界环境的适应性。

三、反映计划要求原理

计划是管理的一项重要职能,组织的各项工作都要制定详细可行的计划和目标,对于企业来说,从战略方向的制定和执行,到新产品创意筛选、市场研究、试制、生产、销售和售后服务的每一个环节、每一个步骤都离不开计划和目标的制定及贯彻执行,计划的制订和执行过程中需要控制职能保证其正确的方向和进度,计划和目标就是控制的标准,控制反映了计划的要求,因此,计划和目标越是完整、详细、具体、明确、可量化和可操作,控制职能在发挥作用时就越能够得心应手、越能够进行实时控制,控制的准确性、及时性、最优化性和反馈性就越能够得到提高。

计划尽管在组织的每一个层面、每一个环节、每一个过程和每一项工作中存在,具有普遍性,但每一项业务的计划由于其内容和特点不同又有其特殊性,因此,为组织中的每一个业务活动和过程所设计的具体控制系统就具有个性化和差异化特征。虽然每一个业务活动的控制系统的运行原理都具有共同性,但每个业务活动的控制系统在控制标准、参数选择、控制方法、收集的信息、纠偏措施制定以及控制关键点的选择方面均具有各自的独特性。例如,组织的新产品研发系统、后勤管理系统和原材料供应系统尽管都处于同一个组织系统,但是三者的控制系统的设计却是截然不同的。组织应根据各个系统的不同特性以及计划和目标的差异性设计不同的控制系统,这样才能保证控制系统准确和高效的运行。

四、组织适宜性原理

组织的结构类型不同,所设计的控制系统的结构和参数也不同。组织的结构反映了组织中不同层面、不同环节、不同过程和不同活动中不同工作分工或不同岗位上的职务和职责,它是组织在适应动态环境的过程中执行计划和目标以及在该过程中纠正偏差的依据。组织控制系统的设计和运行一定要适合组织结构的特点,因此,组织的结构设计越是体现了专业化分工,越是明确、完善和具体,组织控制系统的设计就越能够反映和适合组织中各个部门、各个职位的要求,就越有利于计划的执行和纠偏措施的制定和实行。例如,企业要进行有效的营销管理控制,如果营销部门及各个营销业务人员不知道企业每个月的销售任务指标和回款标准以及自己所要达到的目标标准的话,就不可能知道自己现行的销售方法、销售数量及回款数量是否合格,也不可能对提高产品销售数量及货款回笼负责任,当然也就更谈不上营销管理控制了。

组织适宜性原理还要求控制系统的设计不仅要考虑每个部门每个职务的要求,同时,还要最大限度地适合每个管理人员的个性、特点、业务能力、具体职务类型和受教育水平,这一点要反映在为每个管理人员分别设计的控制信息格式上,使每个管理人员能够有效理解和运用。

五、控制关键点原理

控制关键点也就是要抓主要矛盾,影响计划和目标实现的因素有很多,但只有某些关键因素对计划的实现有着特别重要的作用,按照帕累托原理,关键因素只占少数,非关键因素占多数,管理人员只要将控制系统中的关键影响因素找出来并加以最优控制,基本上也就控制了系统全局,这是从系统本身的控制特点上考虑的。

从管理人员的角度来考虑,由于每个管理人员要处理的事情纷繁复杂,时间和精力又有限,很难面面俱到地将控制系统中的每一个影响因素以及每一个细节加以实时和精确控制,只能对影响全局的某些关键影响因素加以控制。

从控制系统的运行效率角度来考虑,对控制系统的每一个环节、每一个方面、每一个过程以及每一个细节都进行精确和详细控制,从经济学以及成本控制学的角度分析,是不经济的,它浪费了组织的人力、物力、财力和时间,增加了成本,降低了效率,对每一个方面都加以重视,导致系统的控制资源可能平均分配到控制过程的每一个环节上,对影响系统运行的关键控制因素可能就重视得不够,还可能会出现控制失误,因此,用最少的成本或最经济的资源耗费寻找到出现的偏差或可能出现的偏差以及影响因素并加以控制,将会大大提高组织系统的控制效率。

六、控制趋势原理

管理人员在对系统进行控制的过程中,往往会发现各种偏差现象,对这些偏差现象进行分析就会发现,很多偏差现象的发展趋势是由多种影响因素共同促成的,管理人员应该清晰和精确地判断偏差现象发展和演变的趋势,并对趋势加以控制,就可以对全局加以控制,实际上,对偏差发展趋势的分析比对偏差现象本身的分析复杂和困难得多,如果管理人员的注意力只集中在研究偏差现象的某个影响因素和影响机理的分析,将会占去管理人员的大量时间和精力,影响对偏差发展趋势的分析和对全局的控制。

七、直接控制原理

当组织的某个生产或运营系统出现了偏差,并使组织遭受损失时,组织事后再来制定纠偏措施并付诸实施,组织的损失已成既成事实,这种控制属于间接控制。而与间接控制不同的直接控制是对组织的各个系统及其管理人员和下属本身的控制,组织各个控制系统的控制要素要求系统中各个岗位的管理人员的能力和素质要能够胜任其职位的管理特征的要求,按照系统控制程序进行操作,工作质量能够达到或超过控制系统的要求,能够在系统运行过程中通过系统反馈及时发现系统出现的偏差现象并迅速采取纠偏措施加以纠正,从而可以避免或预防组织损失的发生,提高了组织的控制效率和经济效益。

八、例外原理

组织的控制系统在运行过程中所发现的偏差包括一般偏差和例外偏差,一般偏差是指组织的控制系统中所经常出现的偏差,组织已经有了一套行之有效的纠正措施和控制方法,管理人员对于发现这种类型的偏差以及所应采取的纠偏措施都已比较熟悉,这类偏差在统计上一般呈现正态分布的特点,一般是由偶然性原因造成的;例外偏差是指组织在系统运行中所出现的偏差在统计上不呈现出正态分布的特点,要么情况特别好,要么情况特别差,一般是由系统性原因造成的。对于一般偏差,即由于偶然性原因经常产生的偏差,组织应制定出程序化和规范化的处理措施,并授权下属执行,组织的管理人员应该将注意力重点放在例外偏差的处理上,管理人员在进行例外偏差处理时应该抓住能够影响全局的主要偏差或关键偏差,对于无碍大局的例外偏差可以授权下属处理。

第三节 控制的类型

一、开环控制

开环控制是指控制主体在综合分析系统情况和外界干扰后,对受控系统发出控制指令,受控系统将人、财、物和信息等生产资料转化为系统输出的过程,整个控制过程不设反馈回路,即没有反馈过程,控制主体发出控制信息后,不再收集受控系统的输出信息,系统的输出不对系统的输入产生任何影响。

其前提条件是组织控制主体的信息分析中心必须对外界干扰和系统本身状况作出准确分析和判断,系统在控制初始条件已确立的情况下能够基本不受外界干扰地完成系统的运行。在外界干扰稳定的情况下,它具有所需时间较短、简便易行和控制费用低等优点,但由于缺乏反馈机制,一旦外界干扰扩大,系统的输出可能会出现偏差,系统无法发现实际情况与计划的偏离,不会采取纠偏措施,抗干扰能力较差,具有较大的局限性。其控制过程如图 13-3 所示。

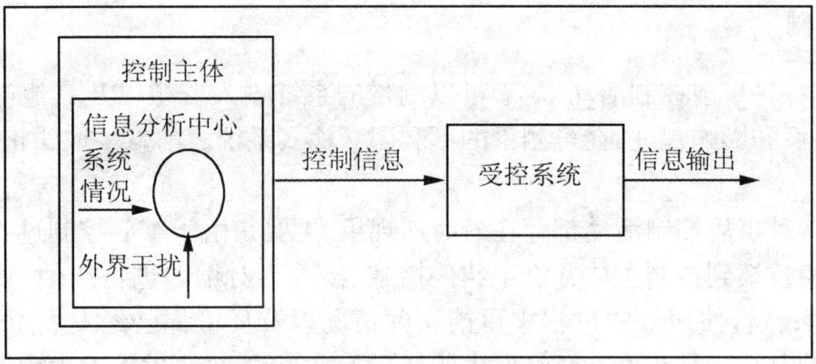

图 13－3　开环控制

二、闭环控制

闭环控制是指系统的控制主体首先根据计划和目标制定控制信息控制受控系统的输入，受控系统按照系统的运行程序和规则将生产要素转化为产成品和服务等系统输出，系统控制的反馈系统将会主动收集系统输出的各种信息，并将这些信息反馈到控制主体的信息处理中心，信息处理中心将会对这些信息与目标值进行比对，如果没有发现偏差则系统照常运行，如果发现有偏差，信息处理中心将会迅速制定纠偏措施，并将偏差信息和纠偏措施输入到施控系统，施控系统据此向受控系统发出纠偏指令，从而纠正受控系统的输出偏差，以实现组织系统正常运行的目的。由于系统建立了反馈机制，因此，具有较强的抗干扰能力，能对系统进行有效控制并实现组织的目标。组织管理中所使用的控制多数是闭环控制，其示意图如图 13－4 所示。

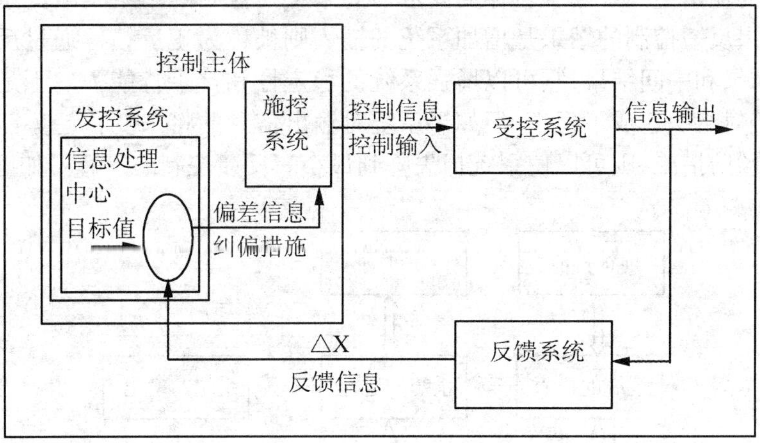

图 13－4　闭环控制

三、预先控制

由于预先控制处于组织管理工作的起点，因此具有重要意义，它主要是起到防患于未然的作用，以防止组织系统在输入的人力、物力等资源中有不合格的现象发生，从源头上遏制不合要求的资源进入组织的运行系统，起到了事前把关的作用和效果。例如，机械制造企业对采购的各种型号的钢材化验各种元素的含量，对没有达到标准要求的钢材予以退货，就是一种严格的事前把关，它起到了预先控制的作用。

四、前馈控制

前馈控制是一种事前控制活动，对于可以测量的系统输入资源以及其他干扰变量分析其对系统的影响关系和影响程度，在可测量的不利因素输入系统之前就采取纠正措施，起到事前把关的作用。

一般而言，各种事后控制活动都存在着时滞现象，主要是由于事后控制过程中如果发现了偏差，将偏差信息反馈到控制主体并制定纠偏措施，接着再对偏差进行纠偏，其中的每一个阶段都要消耗时间，在行使纠偏的过程中可能实际情况以及环境都已经发生了很大的变化；另外，事后纠偏的控制行为是在偏差已经发生的情况下进行的，很多偏差发生后损失已经形成且无法挽回，例如，在企业的质量控制中，再先进的质量检验设备也只能起到事后把关的作用，生产中发生的不合格品虽然不能出厂，但此时损失已经形成，所产生的资源浪费也已无法挽回。而前馈控制则不同，它是一种事前控制活动，克服了事后控制的时滞现象，避免了组织的损失。

前馈控制系统必须建立能够反映实际情况的输入变量及其之间关系以及前馈控制系统模式，定期检查前馈控制系统模式对真实情况的反映状况，以及这种状况是否在组织控制可以接受的范围之内。

五、反馈控制

反馈控制不仅是一般控制论，而且也是管理控制的基本原理，主要是将系统输出信息反馈到控制主体，控制主体将其与计划和目标进行比较，如果没有发现偏差则系统照常运行，如果发现了偏差，控制主体立即制定纠偏措施并加以实施，通过改变系统的输入以调节系统的运行，最终使系统的输出达到计划和目标的要求。如果反馈控制的结果是减少系统的输入则被称为负反馈，如果反馈控制的结果是增加系统的输入则被称为正反馈。通过反馈控制可以控制系统的最终结果和中间结果，它可以增强系统的稳定性和抗干扰能力。不足之处是当系统发现偏差时已经对组织造成了损失，但如果系统对输出信息的将来变化趋势能够作出准确预测，并及时采取预防措施，则可以使系统损失降到最小。反馈控制的示意图如图 13－5 所示。

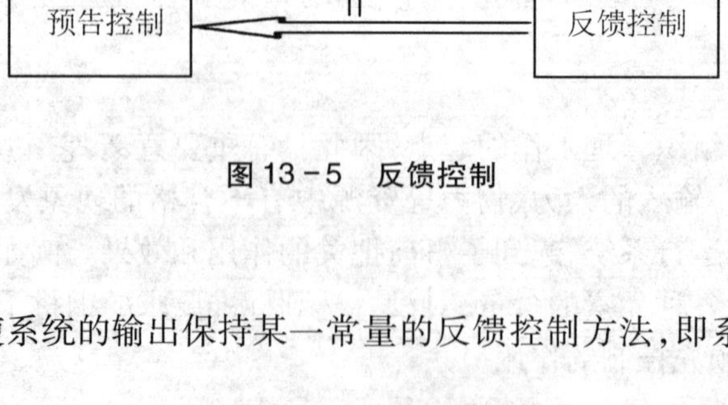

图 13－5　反馈控制

六、定值控制

定值控制是一种使系统的输出保持某一常量的反馈控制方法，即系统的预期输出不随时间变化而变化，维持在某一个固定量，系统的输出信息在反馈到控制主体后，信息处理中心将对系统输出信息与某一预期定值信息进行对比，如果发现有偏差将立即制定纠偏措施予以纠正，偏差信息和纠偏措施通过系统的施控系统输入受控系统并调节和控制受控系统的输入，最终促使系统的输出回到预先确定的预期常量上来。导致受控系统的输出出现偏差的原因主要是外界的干扰，控制系统的主要作用是排除外界干扰的影响，例如，政府对物价水平的控制就属于定值控制。定值控制的示意图如图 13－6 所示。

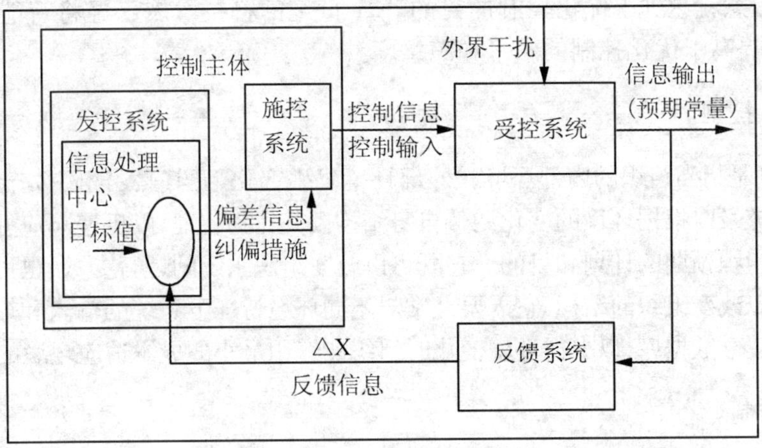

图 13－6 定值控制

七、程序控制

程序控制是指系统的输出不是一个常量，而是一个随时间变化而变化的函数，系统的任务是排除外界干扰，使系统的输出能够按照预先设定的时间函数进行变化的反馈控制方法。随着时间的变化，系统的输出预期也在发生变化，系统随时收集输出信息并反馈到控制主体的信息处理中心与系统输出的时间函数值进行对比，如果发现偏差信息，立即制定纠偏措施并通过施控系统调节受控系统的输入，使系统的输出回到预期时间函数值上来，以促使随时间变化的预期输出与受到调节的受控系统输出达到按一定准确度相应变化的目的。程序控制的示意图如图 13－7 所示。

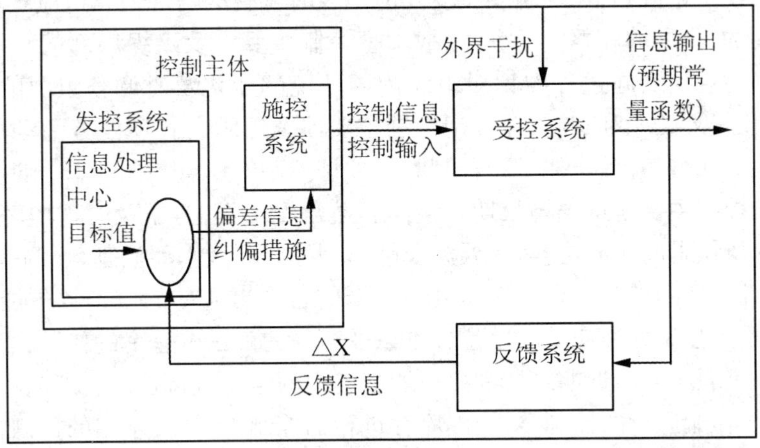

图 13－7 程序控制

八、优化控制

优化控制是指对于一个给定的系统以及系统的约束条件，为使受控系统的某些性能指标达到最优值（例如达到最大利润或最小成本）的控制系统优化方案。它是在系统的性能指标和约束条件既定的情况下寻找使受控系统达到计划和目标要求的优化控制的机制和方法，由于环境的动态性和复杂性，优化控制的结果不可能绝对完美或很难达到最优控制，只要能够让控制主体感到满意就达到了优化控制的目的。21 世纪的科技发展已经将智能控制引入控制系统，这极大地提高了优化控制的水平和满意度。

九、自组织控制

自组织控制是指当组织的内部环境和外部环境发生变化，尤其是当组织处于动态复杂的环境中时，组织能够及时根据环境的变化调整自身结构及其行为特征，以迅速响应并适应环境的动态变化，以达到组织预期的计划和目的。它既可以改变组织系统的运行参数，也可以改变原定方针和策略，还可以改变组织的结构，它需要经常对不同环境特征下系统的输入和输出信息进行对比，找出规律并建立数据库，以求得环境变化时组织能够用最小的成本适应环境的变化。

十、实时控制

实时控制是指在组织的计划和目标执行过程中，也即在组织的系统运行过程中，对正在进行的各种生产和经营活动随时进行监督和控制，即按照系统的实时信息进行控制，以维护组织系统的正常运营。将实时控制与前馈控制进行结合能够有效地提高控制水平，它可以克服前馈控制对信息的高要求不能满足的情形，主要用于基层管理人员的现场控制。例如，车间技术管理人员或工艺管理人员在工人操作现场指导工人的生产。实时控制能够给予下属人员及时指导和监督，发现偏差能够立即纠正，能够控制现场作业严格按照计划和要求顺利进行，以确保计划和标准的贯彻落实。

十一、战略型控制、战术型控制和业务型控制

战略型控制涉及组织的总体发展，主要是在综合考虑组织的内部环境和外部环境的基础上制定组织的长期战略规划，当环境发生变化时应及时调整战略规划以适应环境的动态发展，它涉及组织长期的、全局的和整体的利益；战术型控制主要涉及组织局部的和短期的发展，它是在组织的战略型规划实施过程中针对组织内外环境的变化及时调整组织的局部和短期规划，以保证战略型规划的顺利实施；业务型控制主要涉及组织的各项业务活动的近期控制，是最低层面的控制。战略型控制、战术型控制和业务型控制的示意图如图 13－8 所示。

公司层面的控制主要是从公司长期和整体利益角度出发，为了及时适应环境变化而对公司的战略和战术所做出的相应调整，主要涉及战略型控制和战术型控制，强调公司的整体盈利能力控制；事业部层面的控制主要是对总公司下属的各个事业部的市场竞争能力和竞争优势的维持及改进，重点强调各种产品的单位成本以及产品的市场占有率的控制；职能层面的控制主要是从公司各个职能部门近期维持和提高职能能力的角度进行控制，例如，提高产品质量的质量控制、对各项作业进行的控制、对仓库库存进行的控制等，是最基层的控制，主要涉及战术型控制和业务型控制。

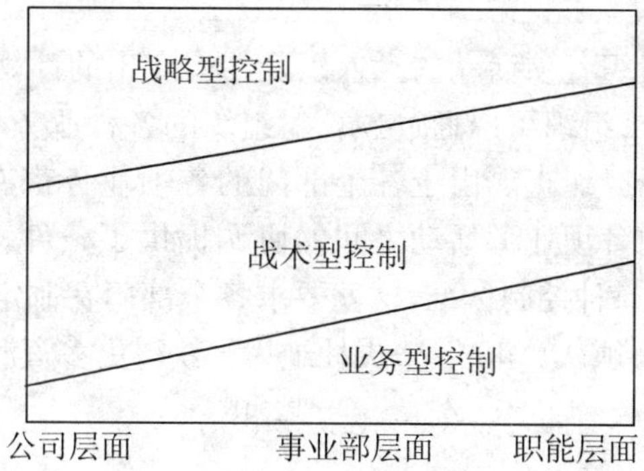

图 13－8　控制的层次

第四节　控 制 方 法

一、预算控制

（一）预算的含义

由于组织的资源是有限的，组织总是希望能够用最少的资源投入实现各项任务和目标，就需要对各项任务事先编制一个资源使用规划，通过资源使用规划的投入限制以控制组织各项任务和活动的开展，资源使用规划可以用文字的形式体现，被称为计划，也可以用数字的形式体现，被称为预算（不只是金额），预算中最为常见的一种就是资金使用规划，这就是资金预算，预算是管理控制中最为常见和使用最为广泛的一种控制方法。预算是用数字形式表现的计划，它首先出现在计划的开始阶段，最终又出现在计划的执行终了阶段，预算能够转化为控制的标准，它是用数字编制的计划，可以是用金额表现的预计规划，也可以是用非金额形式表现的预计规划。西方国家所使用的“预算”概念与我国所使用的“预算”概念有一定的区别，在我国“预算”通常是指政府部门和企事业单位经过法定程序批准的未来一定时期内的收支预计；西方国家所使用的“预算”往往是指用数字表现的计划，也即计划的数量说明，不仅表现在金额方面也表现在非金额方面。

（二）预算的性质

1. 预算是一种计划

组织在编制计划时必须要有量化的指标，没有量化的计划很难考核，也很难控制，预算的编制内容包括以下三个方面：(1)数量。指为了顺利完成计划，计划中所包含的各项业务活动的投入与产出的数量指标必须事先编制出来。(2)原因。计划中所包含的各项业务活动的投入与产出的数量指标的制定依据必须详细。(3)时间。计划中所包含的各项业务活动的投入时间与产出时间必须明确。

2. 预算是一种预测

预算是对组织在将来某个时期从事某项活动所需投入的资源数量以及活动完成后组织产生的收益数量的预计，可以采用数理统计等多种方法进行预测。

3. 预算是一种控制手段

预算是用数字表示的组织各项活动的投入以及相应产出的计划，由于有了定量指标，组织的各项活动就有了考核标准，组织可以通过预算对组织的各种业务和活动进行控制，当发现偏差时立即制定纠偏措施并予以纠正。由于各个部门的各项业务都有预算进行控制，这就为组织各个部门之间以及部门内各项业务活动之间的协调提供了条件，也为组织进行整体控制活动奠定了基础。由于预算是一种控制标准，这就要求各个部门在制定预算时一定要根据实际情况认真制定，各级管理人员必须认真审核，坚决杜绝为了获得更多资源而随意扩大预算的情况。

（三）预算的作用

1. 为组织的各个部门以及各项业务活动明确了努力方向和奋斗目标

由于预算确定了各项活动的投入产出数量标准、时间限制以及制定的依据和需要采取的措施，各个部门的管理人员和员工能够据此了解本部门的各项活动与组织总体目标之间的关系，以及自己将来的努力方向和奋斗目标，有利于各级管理人员和员工寻找工作中的不足并加以改进。

2. 有利于组织各个职能部门以及各个生产单位之间的衔接和协调

组织是一个整体，组织内的各个职能部门以及各个生产单位的各项业务和活动必须从属于组织的战略规划和整体安排，各个部门以及各项活动并不是互相孤立而是相互关联的，当组织的整体规划和预算确定以后，各个职能部门以及各个生产单位就可以确定各自的部门计划和预算，各个部门和各个环节的局部利益必须服从组织的整体利益，因此，预算的编制有利于组织各个职能部门以及各个生产单位之间的衔接和协调。

3. 有利于组织日常各项生产和经营活动的控制

组织的各个部门和各个环节在预算编制以后，下一步就要付诸实施，各个部门和生产单位在运营过程中要以预算为标准对各项活动的投入和产出进行对比，发现偏差并通过制定纠偏措施予以纠正，使组织的各项活动能够按照预定的计划和目标顺利进行。

4. 有利于组织的各项工作考核

组织各个部门在制定预算并付诸实施后，通过对各项业务活动的投入和产出与计划和预算进行对比，从而发现偏差信息，为各个部门、各项业务活动以及组织员工的考核提供了依据。

（四）预算的类型

1. 按照预算的编制形式和编制方法分类

（1）固定预算

固定预算是组织在编制预算时，主要根据在预算期内某项正常的可能实现的业务活动的资源投入和产出水平所编制的预算，在上期预算执行结果的基础上，其他活动的预算均根据或参照该项业务活动的水平，并以此为基础而固定，不考虑各个活动自身业务量水平的变化，预算的编制过程相对于其他种类预算的编制要简单，但缺乏灵活性，经常与实际水平有偏差，业务稳定或非营利性组织机构较适合该类预算编制。

（2）弹性预算

弹性预算是组织在编制预算时，主要根据在预算期内各项正常的可能实现的业务活动的资源投入和产出的实际水平所编制的预算，它是在上期预算执行结果的基础上，以某个业务量水平范围而不是单一业务量水平进行编制预算,预算水平能够根据业务量水平的变化作出相应调整,即预算水平是变动的、弹性的,它能够适应各种动态变化的经营环境,能够避免环境变化时经常修改预算,比较好地反映了客观实际情况,增强了预算的控制作用。

(3) 零基预算

固定预算和弹性预算均是建立在组织的未来环境与现在环境保持一致的基础上,不考虑组织的内外部环境的变化以及技术和市场的变化,为了克服固定预算和弹性预算在编制预算时均以上期预算的执行结果为基础的缺陷,美国人彼得·派尔首次提出并使用了零基预算。

零基预算是指在编制预算时,对于各种预算支出都以零为基数进行预算的编制,不考虑上期预算的执行结果,对每一项业务活动的预算编制都要详细分析其每个环节和每个过程的客观需要以及组织的实际资源拥有水平,进行最优化决策,同时,根据组织的生产经营情况划分不同的决策单元,在对每个决策单元进行最优化决策的基础上按照重要程度进行排序,从而实现组织资源的最优配置。由于零基预算在进行编制时符合业务活动的实际情况,较受企业的欢迎,缺点是预算的编制工作量较大。

(4) 滚动预算

固定预算、弹性预算和零基预算基本上都是按照固定期间编制预算,实践中很多组织都是按照会计年度进行编制,尽管有利于对预算执行结果进行考核和评价,但由于会计年度相对较长,组织的经营环境随时都在发生变化,有时预算不能反映变化了的情况,且预算执行者在会计年度后期往往有短期行为,不利于组织的长期发展,滚动预算可以弥补这种不足。

滚动预算是指在预算期间保持不变的基础上(例如:年),预算每执行一个单位时间(例如:月),总预算期间便向后推移一个单位时间(例如:月),并重新编制预算,预算的编制是按照近细远粗的规则进行的,即预算的前期可以编制得尽量详细,中期可以适当粗略一些,远期更加粗略,以此向后循环滚动,有利于将变化了的环境因素及时考虑到预算的编制中去,预算的编制具有连续性、动态性和长远性等特点,不足之处是大大增加了预算编制的复杂性和预算编制的工作量。滚动预算编制的示意图如图 13－9 所示。

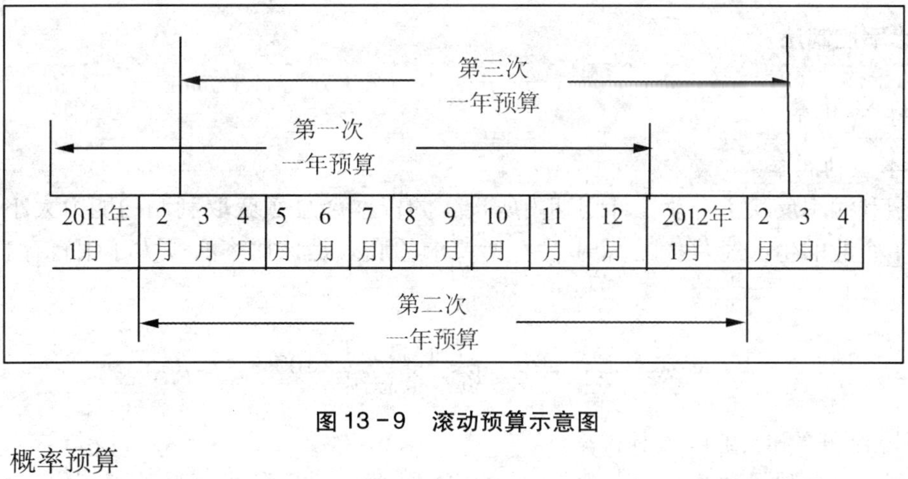

图 13－9　滚动预算示意图

(5) 概率预算

组织在编制预算时需要涉及许多变量,例如投资额、产量、产值和销售量等指标,当组织的环境相对稳定时,组织系统倾向于静态和线性状态,这些变量的预计往往倾向于某个固定值,但当组织的环境动荡复杂时,组织系统倾向于动态和非线性状态,这些变量的预计可能将较为困难,在进行预算编制时不仅要确定某个固定值,而且还要估计其发生的概率大小,这就是概率预算,它能够使编制出的预算较好地接近实际情况。它不仅要对所涉及的所有变量进行概率估计,而且还要进行综合概率计算,它提高了预算的精确性和可靠性,不足之处是计算复杂、工作量大且难度较高。

2. 按照预算的内容分类

(1) 经营预算

经营预算是指企业的日常生产经营活动中所发生的各项业务活动的预算。在经营预算中最为关键和重要的是营销预算,营销预算中最关键的是销售预算,它基本上决定了其他各种形式的业务活动的预算,例如生产预算和单位成本预算等,营销预算是预算控制的基础。其原因在于,营销预算决定了生产预算和生产大纲(即生产进度日程表),生产预算和生产大纲又可以决定直接人工预算、直接材料采购预算和制造费用预算,从而形成企业生产成本。除此之外,经营预算还包括管理费用预算和单位生产成本预算。

(2) 投资预算

组织在制定了发展战略目标和规划后,一般会涉及投资预算,投资预算是指企业在事先经过技术和经济可行性研究的基础上购买、改造、扩建或更新固定资产时所产生的预算,一般包括投资固定资产的选择、投资金额的确定、资金来源渠道、获得收益的时间、现金流量和投资回收期等方面,是企业的重要预算之一。

(3) 财务预算

财务预算又称为总预算,它不仅可以反映上述经营预算和投资预算,还包括组织在计划期内所进行的对经营成果、现金收支和财务状况等方面所编制的预算,主要包括预计利润表、现金预算和预计资产负债表三种形式,前述经营预算和投资预算都可以反映在这三种形式的财务预算中。预计利润表能够反映企业在计划期内生产经营活动最终成果;现金预算能够反映企业在计划期内预计的现金收支状况,主管人员可以根据计划期内预计现金需求量进行筹资;资产负债表是以计划期首日的资产负债表和计划期预计发生的相关资料编制计划期末终了日的资产负债表,从而反映了计划期末终了日的预计财务状况。

二、比率控制法

(一) 财务比率

1. 资本金利润率

资本金利润率反映了企业在计划期内所投入的资本金总额获取利润的能力大小,高度综合地反映了企业的生产经营状况,企业生存所要求的底线是该比率必须大于银行存款利率和债券利率。

$$资本金利润率 = \frac{利润总额}{资本金总额} \times 100\%$$

2. 销售利润率和营业收入利税率

销售利润率反映了利润总额占销售收入的比重,营业收入利税率反映了利税占营业收入总额的比重,这两个比率越大,企业的获利能力就越强。

$$销售利润率 = \frac{利润总额}{产品销售收入(或营业收入)} \times 100\%$$

$$营业收入利税率 = \frac{利润总额 + 销售税金}{营业收入总额} \times 100\%$$

3. 成本费用利润率

成本费用利润率反映了企业利润总额占销售成本的比重,比率越大,说明企业成本降低的经济效益越显著。

$$成本费用利润率 = \frac{利润总额}{产品销售成本} \times 100\%$$

4. 资产负债率

资产负债率反映了企业负债总额占全部资产总额的比重,比率越小,说明企业债务偿还能力越强,债权人越有保障。

$$资产负债率 = \frac{负债总额}{全部资产总额} \times 100\%$$

5. 流动比率

流动比率反映了企业流动资产总额占流动负债总额的比重,比率越大,说明企业流动资产偿还流动负债的能力越强。

$$流动比率 = \frac{流动资产总额}{流动负债总额} \times 100\%$$

6. 速动比率

速动比率反映了企业速动资产占流动负债总额的比重,比率越大,说明企业速动资产偿还流动负债的能力越强。

$$速动比率 = \frac{速动资产}{流动负债} \times 100\%$$

7. 应收账款周转率

应收账款周转率反映了企业赊销收入净额占平均应收账款余额的比重,比率越大,说明企业债权的回收速度越快,资产的利用效率越高。

$$应收账款周期率 = \frac{赊销收入净额}{平均应收账款余额} \times 100\%$$

8. 存货周转率

存货周转率反映了企业销货成本占平均存货的比重,比率越大,说明企业利用存货的效率越高。

$$存货周转率 = \frac{销货成本}{平均存货} \times 100\%$$

（二）经营比率

1. 市场占有率

市场占有率是指企业的产品在市场上的销售额占该种产品在市场上销售总额的百分比,又称为市场份额。它反映了企业产品的市场竞争力,市场占有率越高,说明企业的竞争力越强，竞争优势越明显，提高本企业产品的市场占有率是各个公司追逐的目标，如果市场占有率下滑，说明企业产品的竞争优势逐渐在被竞争对手侵蚀，公司的经营开始走下坡路并呈现衰败迹象。如果企业市场占有率的增长赶不上市场的增长率，也说明该企业市场占有率在下滑。

2. 相对市场占有率

某些市场由于缺乏市场整体销售统计资料（即缺乏总体市场规模资料），这时可以使用相对市场占有率指标作为企业经营情况的衡量指标，一般有两种方法：(1)企业产品销售额占该类市场上销售额位于前三名的企业销售额的总和的百分比；(2)企业产品销售额占该类市场上销售额位于第一名的企业销售额的百分比。

3. 投入—产出比率

投入—产出比率反映了企业投入的所有资源的利用效能，投入的资源包括原材料、能源、资金等，产出包括销售收入、产品产量等。投入—产出比率是企业整体经营实力的客观表现。

三、审计控制

（一）审计控制的概念

审计的出现是由于寻求组织经济活动的真实信息和核实信息的需要而产生的。它是由专门审计机构或审计人员接受审计委托或审计授权，对审计对象在一定时期内的经济活动进行审核检查，以评判其经济活动的合法性、真实性、合规性、有效性和公允性，并出具审计结论的一种控制行为。它主要是对组织的战略目标、各项职能和业务发展以及组织的各项财务进行审计控制。

（二）审计控制的分类

1. 外部审计

(1) 政府审计是由国家审计机关依法对各级政府和国有企事业单位的财政、财务收支和经济效益情况所进行的独立的检查、评估和监督。

(2) 注册会计师审计是由会计师事务所受托并委派注册会计师对被审计单位的会计报表及其相关资料所进行的审计。主要检查财务报表的真实性、组织及个人有无违法违纪和腐败现象，由于不存在行政上的依附关系，从而可以保证审计的公正性和独立性。

2. 内部审计

内部审计是由组织内部专门审计机构在组织领导人领导下对组织内各个部门的财政、财务收支及内部管理制度的执行情况进行定期和独立的评估，主要包括组织发展的政策、内部控制制度是否有效、各种工作和活动的效率、资源的利用效率、组织资产的安全和完整状况以及组织工作程序与计划的遵循程度等方面的内容，并根据审计结果提出今后工作的改进建议。内部审计能够有效地发现阻碍组织发展的各种有害因素和行为，并提出纠正措施，加强内部审计工作还有利于推行分权化管理。

3. 管理审计

管理审计是由组织的内部专家或者外部专家对组织经营活动的所有公开信息进行分析，主要是将组织各个方面、各个环节、各个部门以及各项业务活动的管理绩效以及影响绩效的各方面因素等内容与本行业的标杆企业进行对照，据此判断组织经营与管理的健康程度，找出组织存在的差距和不足。组织各项业务活动的管理绩效以及影响绩效的各方面因素主要包括组织战略、组织结构、生产效率、新产品研发能力、营销能力、效益状况、财务状况、管理人员的素质以及组织的各项制度等内容。为了做到独立和客观的评价，组织一般聘请外部专家进行独立审计。管理审计的内容涵盖组织所有的管理工作及其绩效，是内部审计的进一步发展。

四、平衡计分卡

平衡计分卡是由哈佛商学院罗伯特·卡普兰教授和复兴全球战略集团总裁大卫·诺顿在对拥有优异绩效的 12 家公司进行了一年研究后于 1992 年提出的。它是对传统绩效评价体系的一次变革，传统绩效评价体系仅仅由单纯的财务指标构成，由最初的单一财务指标逐渐发展为以“杜邦财务分析体系”为代表的多指标财务分析，该财务体系以权益资金利润率为分析之源，通过企业财务体系中各指标之间的内在关系，对企业经济效益和综合经营情况进行系统分析和评价。

随着全球经济一体化进程的加快，科学技术的日新月异以及消费者需求的日益多样化和快速变化，企业之间的竞争强度日趋激烈，企业所面临的环境越来越动荡复杂和具有不确定性，“杜邦财务分析体系”已经不能适应企业的需要，其缺点主要表现在对企业的无形资产及智力资产难以衡量和评价；对企业经营绩效的评价忽略了竞争对手、顾客和企业创新能力等方面的因素并且侧重于组织以往和现在成果而忽视了企业创造未来价值的潜力；侧重于短期绩效的衡量和评价而忽略了企业的战略发展及长期需要。平衡计分卡的出现刚好弥补了上述缺陷，满足了企业追求战略性竞争优势的需要。

（一）平衡计分卡的含义

平衡计分卡以企业的愿景与战略为基础，围绕愿景与战略的实现，思考组织员工应该具备什么样的技能和知识以及组织应该如何进行新产品（或新服务）的创新，即从学习和创新的角度进行努力，其评价指标主要包括新产品所占百分比、改进率、技能水平和研究开发等；通过组织的学习与创新才能促进组织内部业务流程的转变和创新，即从组织内部业务流程的再造角度进行努力，从而促进组织战略优势的建立和效率的提高，其评价指标主要包括周转次数、质量指数、返工和生产率等；组织内部业务流程的创新将会给顾客创造更多的顾客价值，即从顾客价值的创造角度进行努力，从而提高顾客的满意度和忠诚度，其评价指标主要包括顾客忠诚度、顾客满意度、市场份额、客户关系和客户盈利率等；顾客价值的提高将会促进组织财务状况的改善，即从组织财务的角度实现股东价值的提高，其评价指标主要包括盈利能力、普通股股东产权利润率、现金流量和企业的销售等。平衡计分卡控制图如图 13－10 所示。

平衡计分卡主要从组织的财务方面、客户方面、内部业务流程方面和学习与创新方面四个方面进行不断的改善和努力，从而实现组织的愿景与战略。财务方面的目标是解决“股东怎样看待我们”“我们怎么才能让股东满意”等问题；客户方面的目标是解决“顾客如何看待我们”“我们怎么才能让顾客满意”等问题；内部业务流程方面的目标是解决“我们擅长什么”“我们的效率如何提高”等问题；学习与创新方面的目标是解决“我们是在进步吗”“我们如何保持变革和进步的能力”等问题。

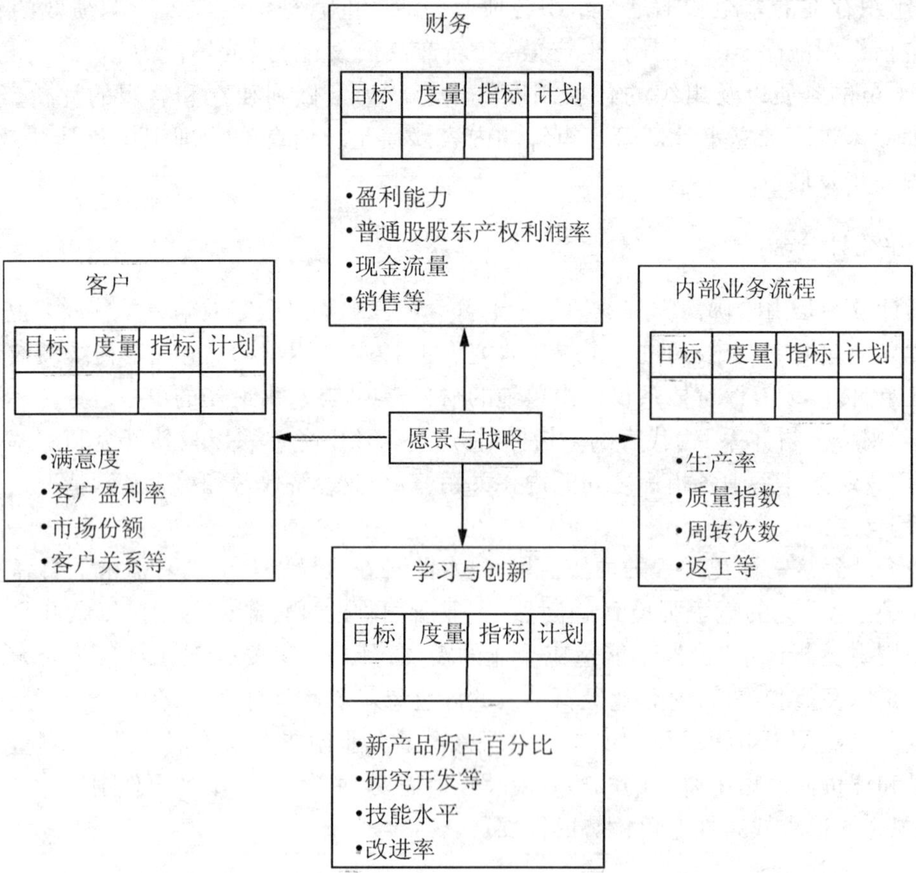

图 13－10 平衡计分卡控制图

(二) 平衡计分卡的实施程序

(1) 建立公司的愿景与战略。公司的愿景与战略要详细具体,要细化和分解到每一个部门,使每个部门能够通过一些业绩衡量指标的考核与控制来实现组织的愿景与战略。

(2) 由组织的高层领导牵头成立平衡计分卡推广小组去解释公司的愿景与战略,并建立财务方面、客户方面、内部业务流程方面和学习与创新方面四个方面具体的目标。

(3) 为财务方面、客户方面、内部业务流程方面和学习与创新方面等四个方面具体的目标找出最具有意义和最关键性的业绩衡量指标。

(4) 加强平衡计分卡的沟通、宣传与教育。通过组织的各种沟通渠道,例如会议、刊物、公告栏、小册子、标语等让组织各级管理人员掌握公司的愿景、战略、目标与业绩衡量指标。

(5) 确定组织每年、每季、每月的财务方面、客户方面、内部业务流程方面和学习与创新方面四个方面的业绩衡量指标的具体标准,这些标准必须与公司的计划和预算相结合。同时,还应该注意四个方面之间以及四个方面内部各个指标间的因果关系、连接关系和驱动关系。

(6) 将组织各个部门及其各个环节每年的报酬奖励制度与平衡计分卡挂钩。

(7) 经常收集各个部门管理人员和员工的意见,在分析、归纳和整理的基础上采用有价值的意见修正平衡计分卡衡量指标并改进公司战略。

本章提要

1. 控制是系统中的控制主体依照事先计划好的目标以及相应的实现条件，对控制对象（即控制客体）通过信息的反馈施加影响的一系列动态过程，它由施控系统和受控系统两个部分所构成。管理工作中的控制，是指为了保证组织的战略目标以及由战略目标派生出的战略计划、职能计划和作业计划的顺利实现，组织的高层管理人员、中层管理人员和基层管理人员根据事先确定的各项标准或因环境变化而重新修订的标准，对下级各项生产经营活动的效果进行评价和测量，并在出现偏差时迅速制定纠偏措施予以纠正，以阻止偏差继续发生，从而使组织的各项活动能够按照计划和标准顺利实施的管理活动。

2. 控制的原理主要包括反馈控制原理、最优化控制原理、反映计划要求原理、组织适宜性原理、控制关键点原理、控制趋势原理、直接控制原理和例外原理。

3. 控制的类型主要有开环控制、闭环控制、预先控制、前馈控制、反馈控制、定值控制、程序控制、优化控制、自组织控制、实时控制、战略型控制、战术型控制和业务型控制等类型。

4. 控制方法主要有预算控制、比率控制、审计控制和平衡计分卡控制等方法。

复习思考题

1. 控制论的发展经历了哪些阶段？
2. 控制的含义是什么？
3. 管理控制的含义是什么？
4. 控制的重要性表现在哪些方面？
5. 控制的原理有哪些？
6. 控制的类型有哪些？各种类型的含义是什么？
7. 控制的方法有哪些？各种控制方法的含义是什么？

案例讨论 宁夏东方钽业股份有限公司内部控制制度的完善

宁夏东方钽业股份有限公司（以下简称“公司”）由原国家经贸委批准设立，1999 年 4 月 30 日注册成立，1999 年 11 月 22 日公开发行 A 股 6500 万股，2000 年 1 月 20 日，公司股票在深圳证券交易所挂牌上市。先后入选沪深 300 指数、深圳 100 指数、巨潮 100 指数、道中 80 指数、深圳创新指数等。公司坐落于塞上湖泊水乡——宁夏石嘴山市，主要从事稀有金属钽、铌及铍合金等的研发、生产、销售和进出口业务。经过四十余年的积淀，目前已形成钽金属及合金制品、铌金属及合金制品、铍合金材料、钛金属及合金材料、光伏材料和能源材料六大类产品。上述产品被广泛应用于电子、通信、航空、航天、冶金、石油、化工、照明、体育、医疗、原子能、太阳能等领域。公司主导产品电容器级钽粉、电容器用钽丝无论品种、规格、质量均居同行之首。电容器级钽粉产销量多年位居世界前三名，电容器用钽丝连续十年稳居世界首位，全球市场占有率分别为钽粉 25% 以上，钽丝 60% 以上。与美国、英国、德国、日本、韩国等国的主要钽电容器制造商建立了长期稳定的供需关系。公司分别通过了 ISO9001 质量管理体系认证、ISO14001 环境管理体系认证和 OHSMS18001 职业健康安全管理体系认证。钽、铌及其合金制品等系列产品多次荣获“对外贸易出口名牌”、“中国名牌产品”称号。2011 年末，公司在职员工总数为 2457 人，公司资产总额 45.68 亿元，净资产 23.67 亿元，每股收益 0.6499 元。

2008 年 6 月 12 日公司通过《宁夏东方钽业股份有限公司内部控制制度》。宁夏东方钽业股份有限公司四届二次董事会讨论通过了《宁夏东方钽业股份有限公司内部控制制度》。该内部控制制度的主要内容如下：

第一章　总　则

第二章　内控制度的工作目标和组织原则

第一节　内控制度的工作目标及涉及层面

内控制度的工作目标

内控制度涉及的层面和范围

第二节　内控制度的有关原则

健全原则

合理原则

制衡原则

有效原则

独立原则

审慎原则

第三章　专项风险的内控制度

第一节　控股子公司内控制度

内控管理体系的确立

控股子公司内控内容

第二节　关联交易内控制度

关联交易人的确认

关联交易的审批权限及披露

关联交易操作制度

关联及独立董事参与关联交易的规定

防止关联人占用公司资产的内控制度

关联交易审计内控制度

第三节　对外担保内部控制

制定对外担保内控制度的目的

对外担保内控制度执行原则

对外担保的审批权限与职能

对外担保的操作流程

对外担保后续管理制度

第四节　委托理财内控制度

委托理财的管理

委托理财的后续管理

第五节　募集资金内部控制

募集资金内控制度的原则

募集资金的计划与审批

募集资金开户制度

募集资金使用制度
募集资金管理制度
第六节 对外承诺的内部控制
对外承诺内控包含的事项
对外承诺的组织管理
对外承诺的一致性
第七节 金融衍生品交易的内部控制
金融衍生产品交易的管理
金融衍生产品交易的内控内容
第八节 风险的内部控制
风险包括的内容
风险类型的划分
处置程序
第四章 信息披露及报告制度
第一节 信息披露的内容
信息披露的内容
信息披露的内部管理
内部控制自我评估报告的形成
内部控制自我评估报告包含的内容
第二节 内部控制的检查监督机制
内部控制的检查监督机制
保密机制
第五章 内控部门的设立和运作
第一节 内控部门的设立及岗位职责
内控部门的设立和运作
内控管理部门主要工作职责
内部控制的检查监督
内控问题的处置程序
内部评价报告的编制和评估
内控报告的提交和披露
内控文件的档案管理
第二节 内控审计委员会的设立及工作职责
内控审计委员会的设立和运作
审计委员会的主要职责
第六章 附则(略)

2010年3月19日修订《年报信息披露重大差错责任追究制度》。为了提高公司的规范运作水平,增强信息披露的真实性、准确性、完整性和及时性,提高年报信息披露的质量和透明度,根据有关法律法规的规定以及证券监督管理部门的相关要求,修订《年报信息披露重大差错责任追究制度》,本制度所指重大差错是指足以影响年报使用人对公司财务状况、经营成果和现金流量以及年报的其他内容做出正确判断的重大差错，包括但不限于年报内容不真实、不准确、不完整和虚假记载、误导性陈述或者重大遗漏。本制度所指责任追究制度是指年报信息披露工作中有关人员不履行或者不正确履行职责、义务或其他个人原因，对公司造成重大经济损失或造成不良社会影响时的追究与处理制度。

2011年11月30日修订《关联交易制度》。为了规范公司的关联交易，保证公司与各关联人所发生的关联交易的合法性、公允性、合理性；为了保证公司各项业务通过必要的关联交易顺利地开展，保障股东和公司的合法权益，依据《公司法》、《公司章程》监管部门和其他有关法律、法规的规定，修订《关联交易制度》。

2011年11月30日制定《公司募集资金管理制度》。为规范公司募集资金管理，提高募集资金的使用效率，根据《公司法》、《证券法》、《首次公开发行股票并上市管理办法》、《上市公司证券发行管理办法》、《深圳证券交易所股票上市规则》、《深圳证券交易所主板上市公司规范运作指引》等法律法规和规范性文件以及《公司章程》，结合公司实际情况，制定《公司募集资金管理制度》。本制度所称募集资金是指公司通过公开发行证券（包括首次公开发行股票、配股、增发、发行可转换公司债券、分离交易的可转换公司债券、权证等）以及非公开发行证券向投资者募集并用于特定用途的资金。

2012年3月16日公司内控体系建设项目正式启动。2012年3月16日公司召开了内控体系建设项目启动会议。公司总经理陈林、常务副总经理沈月英、副总经理叶照贯，金蝶软件（中国）有限公司助理总裁赵亮，公司内控体系建设项目主要成员及项目组人员参加了会议。常务副总经理沈月英主持了会议。副总经理叶照贯介绍了内控体系建设背景及前期工作。审计部主任、内控体系建设项目办公室主任哈凤琴介绍了内控体系建设组织机构、工作职责及考核办法。总经理陈林在会上指出，启动内控体系建设项目既是上级监管部门的要求，也是公司自身发展的需要。公司是典型的外向型企业，随着国际经济发展的大环境日趋复杂，公司发展的不稳定性、不确定性在增加，企业经营风险在不断扩大。因此，我们要通过内控体系建设，不断加强风险管控能力，提前规避风险。他强调，要以公司内控体系建设为契机，不断完善公司管理体系，规范管理制度，切实提高公司内部控制和风险管理水平。各有关部门要高度重视，精心组织，扎实有效地抓好落实，确保各项工作有序推进。金蝶软件（中国）有限公司助理总裁赵亮对内控体系建设有关知识进行了讲解培训。

2012年3月23日制定《内幕信息知情人登记管理制度》。为规范公司的内幕信息管理，加强内幕信息保密工作，维护信息披露的公平原则，根据《中华人民共和国证券法》、《上市公司信息披露管理办法》、《关于上市公司建立内幕信息知情人登记管理制度的规定》等有关法律、法规和《公司章程》的有关规定，制定《内幕信息知情人登记管理制度》。

2012年3月23日公司制订《内部控制规范实施工作方案》。公司2012年3月23日五届十三次董事会审议通过《内部控制规范实施工作方案》，具体内容如下：

1. 公司内部控制规范实施工作组织机构及职责

为确保公司内部控制规范体系建设工作的顺利开展，根据《企业内部控制基本规范》、《企业内部控制配套指引》及相关要求，公司成立了以董事长任组长的内部控制规范实施工作领导小组和以总经理任组长的内部控制规范实施工作小组及内部控制规范办公室，审计部作为内控规范的牵头部门，联合公司各职能部门、各子、分公司协同开展组织内控建设和自我评价。公司将严格内部控制考核机制，确保内部控制规范工作的落实。

2. 公司内部控制体系建设目标

（1）全面梳理公司业务流程、建立公司制度框架、查找风险点、制定防范措施，切实推动管理工作，提高管控水平；

（2）通过对流程的梳理和流程图的制定促进公司的业务、制度流程化、显性化，提高决策、办公效率，全面提升公司管理水平；

（3）编制公司内部控制手册，使管理规范、运行流畅、风险可控、信息对称，保证内部控制体系有效运行；

（4）建立公司内部控制评价改进机制，保证工作全面有效贯彻执行，并实现内控工作与时俱进，适应企业发展和外部环境变化需要。

3. 公司内部控制体系建设工作计划

工作阶段	主要工作
内控项目准备阶段 2012 年 3 月 30 日前完成	· 搜集资料
	· 内控项目启动会
	· 内控基础培训
	· 高层访谈调研
	· 中层访谈调研
	· 编制内控体系建设实施方案
内控体系建设阶段 2012 年 4 月 10 日前完成	· 建立内控管理组织体系
	· 建立内控管理运作机制
	· 建立内控管理信息沟通机制
内控项目实施阶段 2012 年 5 月 31 日前完成	· 流程梳理
	· 风险辨识、评估与应对
	· 缺陷确认与整改
内控项目报告编制阶段 2012 年 6 月 30 日前完成	· 编制内部控制手册
	· 编制内部控制评价手册

4. 公司内部控制自我评价工作计划

（1）编制自我评价工作计划，确定纳入自我评价范围的公司及子公司的业务流程，确定评价工作的具体时间表和人员分工；

（2）确定内部控制缺陷的评价标准，按定性标准和定量标准作参照比对分析。按缺陷的大小分一般缺陷、重要缺陷和重大缺陷；

（3）组织实施自我评价工作，编制内控评价工作底稿；

（4）对发现的缺陷进行评价，编制缺陷评价汇总表，同时提出整改建议，编制整改任务单；

（5）根据内部控制自我评价工作编制内部控制自我评价报告。

（6）按照要求披露内部控制自我评价报告。

5. 公司内部控制审计工作计划

（1）聘请内部控制审计会计师事务所；

（2）按照要求披露内部控制审计报告。

2012年6月27日公司组织《内控手册》应用培训。2012年6月27日，公司召开会议，内控体系建设项目组进行了《内控手册》、《内控评价手册》应用培训。公司经营班子成员，各职能部门负责人、子分公司负责人及业务骨干参加了此次培训。金蝶公司项目经理孙丽丽对内控体系建设的意义、在企业推行的必要性做了介绍，并对公司内控体系建设项目进展情况做了汇报。自3月5日内控项目正式开展工作以来，经过了调研访谈，各部门职能、职责、制度和流程的梳理，流程图绘制，风险识别与分析，风险评估，重大风险与应对方案的制订等工作，建立了公司《内控手册》和《内部控制评价手册》。孙丽丽对《内控手册》的使用方法做了详细的说明，她强调："为了不让《内控手册》和《内部控制评价手册》束之高阁，首先公司高层要重视，各个部门要认真配合，能不能长期有效实施关键是要有决心。"培训结束后，公司总经理、党委书记陈林对内控体系建设项目组近四个月的工作给予充分肯定。他说，针对目前业务开展状况，公司开展内控体系建设很有必要。各部门、各子分公司一定要克服各种各样的困难，认真按照内控要求开展好相关工作，确保内控体系建设工作得到切实有效的推行。

讨论题：

1. 宁夏东方钽业股份有限公司内部控制制度包含哪些内容？
2. 宁夏东方钽业股份有限公司内部控制制度的完善经历了哪些阶段？
3. 本案例给你的启示是什么？

第十四章

创　新

知识目标

了解：企业创新的重要作用；创新进行管理的必要性；Felix Janszen 对创新的阐述；技术创新的特点和决定因素；知识的形成、获取与开发和创意形成过程

理解和掌握：创新的内涵；技术创新的含义；技术创新的分类；管理创新的含义和特点；管理模式的创新；制度创新及现代公司整理结构；创新体系的构成；创新管理的发展历程；全面创新管理

技能目标

掌握：技术创新的分类；管理模式的创新；制度创新及现代公司整理结构；创新体系的构成；全面创新管理

引导案例

德力西电气推出 2012 年度重磅新品"新纪元系列"

中国德力西控股集团有限公司创办于 1984 年，是一个集资本营运、品牌营运、产业营运为一体的大型集团，注册资本 15 亿元。2012 年集团公司员工达 2 万余人，综合实力入围中国企业 500 强，位居中国民营企业 500 强前列。主要产业有电气制造、LED 光电、能源矿业、综合物流、PE 投资等。主要下属企业有温州、上海、杭州三地的德力西电气制造基地，鑫德国际矿业集团有限公司，德力西新疆投资集团有限公司，德力西集团再生资源物流有限公司，南充、南阳德美奥翔置业有限公司，德信丰益资本管理中心（有限合伙）等。德力西集团二十多年来一直是我国电气行业的龙头企业，拥有温州低压输配电和工业自动化控制电气、杭州自动化仪器仪表和家居电气、上海高压电器和成套设备三大生产基地，下属企业 70 多家。

自从公司成立以来，德力西高度重视科技创新，不断为客户提供优质产品和服务，走出了一条科技兴业的创新发展之路。德力西不仅成立了博士后科研工作站、电气研究院，还拥有全

国同行业生产企业首家国家企业技术中心。德力西把技术创新作为转型升级的突破口，科研实力不断增强，下属4家企业被认定为“高新技术企业”，有效专利总数达354项，获得3项国家科技进步奖。电气产品应用于“神舟”载人航天工程、“嫦娥”探月工程、北斗导航卫星系统，为航天事业作出贡献。

2012年8月德力西电气公司正式推出其年度重磅新品“新纪元系列”，成为德力西电气最新一代产品，“新纪元系列”包括：CDB9微型断路器系列、CDW9空气断路器系列和CDM9塑壳断路器系列。

CDB9采用全球统一的高标准质量体系，凭借卓越的安全性和可靠性在同级产品中极具竞争优势，代表了德力西电气微型断路器的典范。

CDW9依托领先的技术优势开创了电气时代的新纪元，将使用户体验更加灵活、安全、简便和高效。

CDM9是面向未来趋势的智能化新品，在塑壳断路器领域具有明显竞争优势，其安全保障覆盖了隔离保护、电动机保护、配电保护和漏电保护。

中国低压电气的发展需要更多的创新和突破，“新纪元系列”的成功研发和投放市场得益于德力西电气整合全球资源、重视科技创新以及长期的研发和试验检测，使我国低压电气的发展上了一个新台阶。“新纪元系列”服务于公商建筑、民用住宅、电力、OEM与工业能源等多领域，巩固了作为全球中档低压电气产品领军企业的地位。

第一节　创新的内涵和作用

一、创新的内涵

创新不仅是管理的永恒主题，更是社会进步的永恒主题，人类社会的发展史就是一部不断创新的历史，创新一般是指人们在改造自然和社会的实践中，以新的思想和科学技术为指导，不断改进生产方法、生产工具和生产条件，创造出不同于过去的新方法、新手段和新事物，提高劳动效率和经济效益，从而达到组织各项目的的社会实践活动。对企业而言，创新意味着组织为了适应环境的动态变化，创造出新产品、新工艺、新市场、新组织、新流程、新制度、新专利和新的管理方法的一系列社会实践活动。从技术进步过程来看，创新是发明的第一次商业应用，发现和发明虽然不属于创新的范畴，但发现和发明如果和商业活动成功地进行结合，则可以转化为创新，因此，发现和发明是创新的重要知识来源和智力基础。

最早提出创新概念的美籍奥地利经济学家约瑟夫·熊彼特（Joseph Schumpeter）认为，创新就是建立一种新的生产函数，即实现生产要素和生产条件的新组合并引入生产体系。他同时列举了创新的五种存在形式：(1)引入一种新产品；(2)采用新技术或新生产方法；(3)开辟新的市场；(4)获得原材料或半成品的新供应来源；(5)实行新的生产组织形式。创新的实质在于技术和商业的成功结合。

创新是管理的一项重要职能，创新不同于维持，但创新的成果需要维持，要维持组织的竞争优势就需要持续的创新。维持是按照组织通过创新所发现的既定路径、运用通过创新所得出的有效方法和手段，保证组织活动能够按照创新出的技术路径和相匹配的商业方法顺利进行以及组织发展的稳定性和可持续性。如果是对旧的秩序进行维持，则组织就会逐渐衰亡。创新则是组织在动荡的环境中,为了生存和发展所进行的思想解放和锐意进取,通过技术创新、管理创新和制度创新适应环境和改造环境,通过采取各种有效的创新措施和方法,包括进行新产品、新技术、新工艺和新市场的创新活动,使组织充满生机和活力以及可持续发展能力。

创新的紧迫性和必要性来自两个方面:一方面是组织外部环境的动态变化。组织以及组织内的各个子系统均是一个开放系统,不仅各个子系统相互之间是开放的,子系统与外部环境之间也不断进行着人、财、物、能量以及信息的交换活动。组织之所以能够在动态环境中生存和发展,在于组织能够为市场、为社会作出贡献,能够满足社会成员以及消费者的不断提高的各种需求,组织在满足自身需求的同时,也承担了社会责任和义务。组织为了证明自己存在的价值,就必须不断地为市场和社会提供产品或服务,同时,为了满足自身的再生产和扩大再生产的需要,就必须从社会环境中获得各种所需要的资源进行有效率的利用。如果组织能够通过创新活动对资源进行合理配置,能够不断地进行新产品或新服务研发,为社会提供有价值、有效率和有效益的产出或服务,且这些产出或服务又远远大于组织从社会索取的资源,则组织就充满了旺盛的生机活力和生命力。在现代经济社会中,由于知识经济、网络经济、电子商务和全球经济一体化的到来,以及组织环境中的政治环境、经济环境、自然资源环境、技术环境、市场环境、法律环境、人口环境、生态和文化环境等因素在发生着深刻的变化,特别是科学技术的日新月异、消费者需求的快速变化,组织必须做出快速反应,及时对产品、技术、流程、制度和管理进行创新,才能适应动态变化的外部环境,否则,不创新就死亡。另一方面是组织的内部环境也在发生着变化,组织外部环境的变化必然会对组织的内部环境产生影响,人是社会性的动物,外部环境中的新思想、新观念、新行为必然会对组织中的员工产生各种影响,从而影响员工的思想观念和行为方式,最终影响到组织对外部环境的反应速度和适应能力,因此,组织必须根据内部环境的动态变化,及时进行管理创新和制度创新,只有这样才能不断地与时俱进,保持组织的高效率和对环境的适应能力。组织只有根据内外环境的变化特征进行不断地创新,才能够同时适应外部环境和内部环境的变化,组织才能够实现可持续发展。

二、企业创新的重要作用

21 世纪的世界经济已经进入到一个崭新的历史时期,创新是所有国家和社会进步的标志,是国家及社会进步和发展的根本动力,企业是社会创新的主体,在全球经济一体化所导致的动荡复杂的环境中,只有作为社会经济细胞的企业不断进行持续的创新,才会有整个社会的创新、进步和发展。

20 世纪 80 年代以前,企业面临的技术环境和市场环境基本上是一个可以预测的相对稳定的环境,竞争主要是在一个国家内的地区和局部或某几个国家之间进行,世界范围的产业内竞争较少发生,企业通过专业化分工以较低的价格和较高的效率大量制造标准化产品(或服务)同竞争对手展开竞争。20 世纪 80 年代以后,世界范围内的技术变革和创新使得国家边界和产业规则等维持组织环境稳定的因素逐渐弱化,企业之间的竞争由线性的、静态的和稳定的态势转变为动态的非线性态势,产品升级换代逐渐加快,新材料、新产品、新工艺、新技术层出不穷,消费者的消费行为和需求偏好变化加快,产品的生命周期越来越短,绿色经营、贸易壁垒、低碳创新、技术的跳跃式创新、兼并和联盟、知识经济、信息密集、电子商务和全球竞争已经成为 21 世纪企业所面临环境的主要特点。

1. 创新是企业应对动荡复杂环境的根本手段

面对复杂动荡的外部环境,企业唯一的出路只有创新,无数企业的惨痛教训揭示了一条市场真理:不创新就死亡。企业可以通过运用新技术、新材料、新原理研发新产品(或服务);变革原有的生产和服务流程;进入新的市场或重新细分市场;创设新的符合市场需求的组织单元,最大限度地提高顾客价值,使新产品(或服务)能更好地满足消费者的需求,提高顾客满意度和顾客忠诚度;通过扩大业务领域增加企业的现金流。企业通过率先实施创新战略可以迅速提高原有产品(或服务)的品质,或率先进入某一个市场并在该市场上获得先发优势和领先优势,从而树立品牌优势并最大限度地决定了该市场的技术标准、市场规模和产品价格。

2. 通过产品(或服务)技术工艺的创新,降低成本、提高效率

行业处于生命周期的不同阶段,其技术工艺的发展水平也呈现出不同特点,在行业诞生的初期,产品生产工艺往往效率不高、设计及运行充满弹性、往往采用通用设备、工艺创新的成本较低、较容易进行升级换代;当行业处于生命周期的中部时,产品生产工艺基本处于刚性、部分工序较易出现"自动化孤岛"、在关键工序上出现了某些变化、工艺创新成本处于中等水平;在行业处于成熟期时,往往采用专用设备和自动化、生产工艺效率高、设备设计处于刚性、工艺创新的成本较高。企业可以根据每个阶段的特点,改进产品和工艺设计,最大限度地节约原材料及能源消耗,通过实现自动化减少劳动力和劳动时间,缩短生产周期,降低成本、提高效率。

3. 创新是全方位提高企业能力的根本方式

企业的每一种经营行为和方式的产生都要受一定的思想观念的支配,在知识经济和网络经济时代,企业可以通过不断的观念创新并付诸经营行为,抓住和把握市场机会;企业维持和扩大市场份额的最现实选择就是进行持续的技术创新,技术创新是技术进步的核心,通过将新的技术思想首次商业化,研发出新产品(或服务)或生产中实际使用的新工艺,它能迅速地提升企业的能力;没有一种产品可以保持永久生命力,企业要生存和发展就必须进行持续的产品创新,企业的活力之源在于不断有新产品问世,这对保持企业能力有极其重要的战略意义;企业要生存和发展就必须在市场中站稳脚跟,因此,主动适应市场并开拓新市场对企业具有重要的战略意义,尤其是主动创造市场和引导市场对企业获得和提高核心能力及动态能力具有深远的影响;企业成功的产品创新离不开营销渠道的创新、促销方法的创新等市场营销手段的创新,它对成功的树立品牌形象,获得顾客的认可和支持具有重要作用,对提升企业能力具有重要意义;管理创新是企业发展的基石,在日益动荡复杂的环境面前,管理创新已经成为组织驾驭市场获得可持续发展的必要条件,是提高企业能力的基础和保证;企业的生存发展乃至永葆青春与制度创新密切相关,制度创新是提高企业能力的保障。

4. 创新是提高企业核心竞争力和一般竞争力的根本途径

在动荡复杂的外部环境中,企业要成功地击败竞争对手就必须拥有相对竞争优势,它是企业核心竞争力和一般竞争力的来源所在,随着时间的推移,企业的原有核心竞争力和一般竞争力会逐渐老化和衰变,只有不断地对技术、工艺、产品、流程、制度、营销和管理进行创新,才能使核心竞争力和一般竞争力与时俱进,与动荡复杂的外部环境相匹配,如果没有创新,企业核心竞争力和一般竞争力将逐渐变得刚性和没有相对优势,企业的生命活力将逐渐枯竭。

5. 创新可以帮助企业获得关联效应

一旦企业在产品、服务和市场等某一方面获得成功的创新后，企业的其他相关产品、服务和市场也将在一定程度上获得益处，例如，海尔电冰箱业务成功后带动了海尔的其他产品的销售（如洗衣机、空调、电冰箱和热水器等）。但成功的关联效应主要表现在成功产品或业务的关联产品或业务上。

6. 创新能够帮助企业获得战略优势

创新是企业战略优势的不竭源泉，一般来说企业可以通过研发和生产高新颖性的产品或服务、研发高新颖性的工艺流程、研发高度复杂性的技术、知识产权的法律保护（例如专利）、增加产品或服务竞争性因素的内容、抓住时机、研发通用平台设计、改写标准、流程重组、跨市场要素重组、联合创新和其他创新等使组织获得竞争优势。表 14－1 描述了各种创新机制及所获得的战略优势。

表 14－1　创新赢得战略优势

机制	战略优势	案例
研发和生产高新颖性的产品或服务	为消费者提供全新的产品或服务	3.5 寸软盘、数码相机、DVD、网络游戏、网上书店
研发高度复杂性的技术	使用竞争对手无法比拟的技术高效率地为消费者提供产品或服务	高性能的飞机引擎制造工艺、高性能的汽车引擎制造工艺、青岛海尔不要洗衣粉的洗衣机的制造工艺
研发高新颖性的工艺流程	帮助企业以更快的速度、更低的成本、更短的生产周期或更加定制化的服务方式为顾客提供产品或服务	Pilkington 公司的平板玻璃制造工艺、网上银行、武汉钢铁集团公司硅钢片制造工艺
增加产品或服务竞争性因素的内容	增加了竞争性因素的内容，例如由原来产品价格的竞争转变为价格＋质量的竞争，或更进一步地转变为价格＋质量＋选择性的竞争	日本汽车制造商在推出新车型之前都会系统地将竞争重心从价格转移到质量，再到灵活性和选择性，再到缩短生产周期，且并不是对上述因素进行折中而是加以综合考虑
知识产权的法律保护（例如专利）	通过专利等法律保护手段为顾客提供竞争对手不能提供的产品或服务，除非竞争者愿意支付许可费	华为公司受专利保护的各种通信产品、比亚迪电动汽车
抓住时机	可获得两种战略优势：①先发优势，即抓住时机率先研发新产品并率先推向市场，从而成为市场领导者；②快速跟进优势，有时为了规避先发风险，可在总结先发者失误经验后迅速推出后续产品	比亚迪电动汽车在零排放电动汽车行业抓住了先发优势、亚马逊和雅虎也都在各自领域具有先发优势；掌上电脑吸取了苹果公司失败的 Newton 产品中的理念和设计而获得了成功
研发通用平台设计	通过研发通用平台设计，可以支持各代产品或不同版本的产品	Intel 和 AMD 有各不相同的微处理器家族、有 40 年历史的波音 737 的设计仍能满足不同用户的要求

续表

机制	战略优势	案例
改写标准	通过研发全新产品或工艺流程淘汰原有产品,从而改写了原有行业标准	华为公司通过技术研发已改写了多项标准,截至目前,华为公司已成为148个标准组织的成员单位,更通过卓越的贡献成为IEEE,IETF,CCSA,ATIS,BBF,ETSI,OMA,WiMA-XForum等重要标准组织的理事会成员。
流程重组	通过建立更有效的虚拟经营、外包、网络和协调方式,对组织流程的各个部分进行重组,降低成本和提高效率	华为以市场管理、集成产品开发(IPD)、集成供应链(ISC)和客户关系管理(CRM)为主干流程,辅以财务、人力资源(HAY)等变革项目,全面展开了公司业务流程变革
跨市场要素重组	针对不同市场,对组织的既有要素进行重新组合,使要素组合效用最大化	完美多用途清洁剂在各类家居洗涤、农作物病害防治和施肥、畜牧业和养殖业的广谱抗菌
联合创新	组织与其他相关组织在某一领域共同组建创新联盟	海尔和爱立信联合开发蓝牙网络家电
其他机制	积极寻找其他的创新机制使组织获得战略优势	Napster公司通过编写软件使音乐爱好者通过互联网交换自己爱听的乐曲

资料来源:乔 · 蒂德(Joe Tidd),约翰 · 贝赞特(John Bessant).《创新管理——技术变革、市场变革和组织变革的整合》(第四版). 陈劲译. 中国人民大学出版社,2012.

三、Felix Janszen 对创新的阐述

Felix Janszen 认为,创新就是将新技术、新应用、新市场或新市场细分以及新组织形式或新管理方法等新生事物进行商业化的过程。Felix Janszen 认为,创新包括了四个方面的因素:T——技术;A——应用;M——市场细分或客户群体;O——组织。

企业根据自己的技术、应用(以新产品、新服务或新工艺等形式表现)、市场或市场细分以及组织形式就可以对自身进行定位,企业的TAMO这四个方面的组合就形成了创新舞台,图14-1中的创新轨迹曲线反映了TAMO这四个方面的不同创新组合,创新轨迹曲线也反映了组织的创新过程。

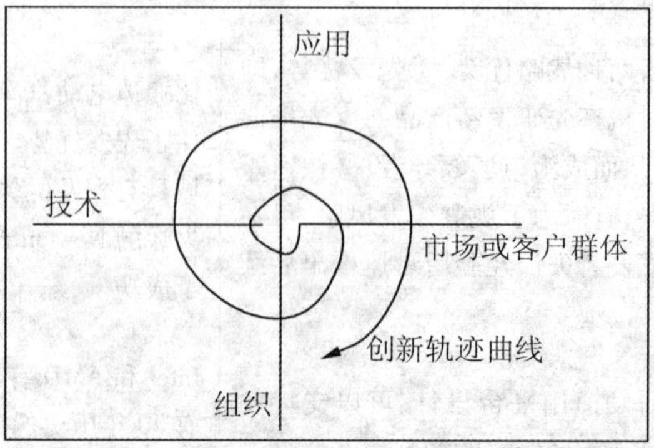

图14-1 创新舞台

资料来源:Felix Janszen. 管理创新[M]. 雷华,马乐为译. 云南大学出版社,2002.

第二节　创新的内容

1912 年，美籍奥地利经济学家熊彼得在《经济发展理论》中首次提出了创新这一经济学概念。继熊彼得之后，学术界在发展创新理论的过程中又将创新区分为技术创新、管理创新和制度创新三种类型。

一、技术创新

（一）技术创新的含义

技术创新是指生产技术的创新，包括开发新技术，或者将现有的技术进行应用创新，其成果通过商品的形式得以表现，最终通过市场销售实现其价值。它是把一种或若干种新设想（新概念）发展到实践和成功应用的阶段，或者将一个从新产品或新工艺的设想提出到市场应用的完整过程，其实质就是将技术转换成为商品。实际上，技术创新就是新技术思想的成功商业化，商业化是指将新技术思想转化为具有现实市场消费行为的新产品或生产中企业能够接受并实际使用的新工艺，一般包括前期研发阶段和后期的商业化阶段。

以上是对技术创新的一般理解，但学术界对“技术”的界定、技术创新程度的界定以及技术创新商业“成功”的标准界定还存在着分歧。技术创新与技术进步和技术改造具有不同的含义，联合国经济合作与发展组织在《科技政策概要》（1988 年）中将技术进步看成是三个因素的综合过程：第一个因素是技术发明；第二个因素是技术创新，强调技术发明的商业化；第三个因素是技术扩散。技术改造是采用成熟的技术提升企业的技术水平。

（二）技术创新的特点

1. 创造性

技术创新是企业的一种创造性行为，必须对整个研发过程做全盘研究和考虑，它要求创新主体必须要有敢于突破各种传统观念的创新意识、创造性的思维能力、创造性的组织才能、洞察新技术突破点的能力、战略的眼光和决策能力、洞察未被满足的市场需求的能力，以及有敢于承担风险、除旧拓新的开拓变革精神。市场中各种因素之间存在着相互制约关系，创造性地技术研发和创造性地与市场相结合是技术创新成功的决定性因素。任何技术创新都具有一定程度的新颖性或独创性，并为人们提供了新的价值取向，它在满足或创造市场需求的同时也塑造了企业的竞争力，创造性是技术创新的显著特点。技术创新在重视市场份额的同时，还应注意这将影响各创新系统间的渗透过程，而这种系统间渗透又影响了市场份额的竞争力。

2. 效益性

再先进的创新如果没有市场需求，也是失败的和没有意义的创新。这里的效益性主要是指技术创新的经济效益。技术创新一定要将先进技术和市场需求相结合，强调从新技术开发研制到商业化应用的全过程，并以市场上满足消费者需求的实现程度和获得的商业利益作为检验创新是否成功的唯一标准。因此，企业可以通过技术创新，在满足市场需求的同时能够显著提高公司的产值和利润等经济指标，提高企业产品（或服务）的市场竞争能力和竞争优势。技术创新在重视经济效益的同时还应重视社会效益和生态效益，实现企业、社会和环境的共同发展和友好发展。

3. 非线性

技术创新的非线性是指企业的技术研发过程和商业化过程中充满了各种不确定性因素，具有不可预测性，对技术创新能否成功进行评估是一件困难的事情，许多时候我们只能在一定时间段和一定条件下进行定性评估，很难进行量化分析。对于技术创新能否取得成功的错误评估经常发生，例如，20 世纪 80 年代的录像机市场，专家们都看好技术领先的索尼公司和菲利浦公司，但最终日本 JVC 公司的产品却取得了胜利。

4. 风险性

技术创新的风险性主要是由技术创新的非线性特点决定的，由于技术创新是一种创造性的活动，包含许多事先难以预料的、不可控制的因素，创新系统内各种因素之间的相互作用也存在着非线性特点，这也导致了技术创新能否获得成功具有很强的不确定性，在技术创新初期所发生的各种小事都对事件发展的最终结果产生影响。因此要求创新者进行技术创新的过程中，既要量力而行，降低风险，又要大胆创新，独树一帜，通过科学的方法和程序来决策，在技术创新的各个阶段都要重视路径相关性原理。

5. 系统性

企业的技术创新是一个系统工程，在企业的技术创新系统中首先包括新技术的研究与开发，这一阶段必须考虑新研发的技术是否有现实市场需求或潜在市场需求，没有市场需求的新技术是时间和资金的巨大浪费；在技术创新系统中还包括商业化应用阶段，将研发的新技术与市场需求进行成功的结合，其最终成果就是有市场需求的新产品（或服务）。

6. 企业主体性

技术创新的主体是企业，21 世纪的市场是全球化竞争的市场，随着全球技术进步的加快，市场变化程度的加深，企业之间的竞争日趋激烈，企业为了适应动态变化的市场环境，必须主动在新产品的创意筛选、市场研究、新产品试制、新工艺开发以及市场营销的各个环节进行创新，技术创新融合在上述创新链条的各个环节之中，科研院所的科研成果也只有通过企业进行市场化运作，才能转化为现实的生产力。提升企业的技术创新能力，是企业提高市场竞争力的关键途径。

（三）技术创新的决定因素

根据技术创新理论的代表人物莫尔顿·卡曼和南赛·施瓦茨在 1972—1975 年间对技术创新与市场结构关系的研究成果，决定技术创新的因素有以下三个方面。

（1）竞争程度

市场上企业之间的竞争程度越激烈，企业所受到的生存和发展压力就越大，为了战胜对手，企业必须进行创新。竞争是一种优胜劣汰的机制，技术创新可以帮助企业研发新产品和新工艺、降低生产和运营成本、提高产品和服务质量以及企业的经济效益，帮助企业在残酷的市场竞争中建立相对竞争优势。在竞争程度激烈的市场环境中，企业只有不断进行渐进式创新和突破式创新，才能获得可持续竞争优势。当市场上企业之间的竞争程度较低时，企业所处的环境相对静态和稳定，生存和发展所受到的威胁也相对较小，企业创新的压力和动力也相对较小。

（2）企业规模

企业规模对企业的技术创新也有重要影响，主要从两方面影响技术创新：一方面，企业规模的大小直接影响企业技术创新的能力。规模大的企业往往已经在技术和市场两个方面积累了丰富的经验,在技术创新方面的经验和熟练度要胜于规模小的企业,在抗风险能力、技术研发人员水平、资金能力等方面一般也优于规模小的企业,一般来说,规模大的企业的技术创新能力要强于规模小的企业。另一方面,在新产品创新或新工艺创新成功后,规模大的企业有足够的营销网络、市场经验、人员和资金影响新产品或新工艺所造就的市场前景,而规模小的企业通过技术创新所开辟的市场相对要小。

(3) 垄断力量

某个或某几个企业由于在技术创新方面的先行优势可能会垄断市场,垄断程度越高,这些企业对市场的控制力就越强,其技术创新就越不容易被竞争对手模仿,其他企业就越难进入该行业,其技术创新所取得的新产品或新工艺的生命周期就越长,垄断企业通过技术创新得到的利润就能越多。卡曼和施瓦茨认为,"中等程度的竞争"即垄断竞争下的市场结构最有利于技术创新。垄断竞争的市场格局会促进两种创新,一种是企业预期可能会获得某种垄断利润而进行的垄断前景诱导式技术创新;另一种是企业担心被竞争对手模仿而进行的竞争前景推动式技术创新,这两种创新的成功实施将会促进企业实现鲍默尔的"创新常规化"。

(四) 知识的形成、获取与开发和创意形成过程

在技术创新过程中一个很重要的方面是知识的形成、获取与开发过程,另一个很重要的方面是创意的形成过程。

对于知识的形成、获取与开发过程,Felix Janszen 认为,这一过程的投入主要包括产品在样品化过程中所得到的信息和数据、各种想法、方案、模型和假设、内外部环境中的各种不确定性因素、研发团队成员的相互依赖性以及成员的知识存量、各种人力资源投入以及信息与通信等各种基础设施和工具,这一过程的产出主要包括额外的知识以及为此耗费的成本和时间。具体如图 14-2 所示。

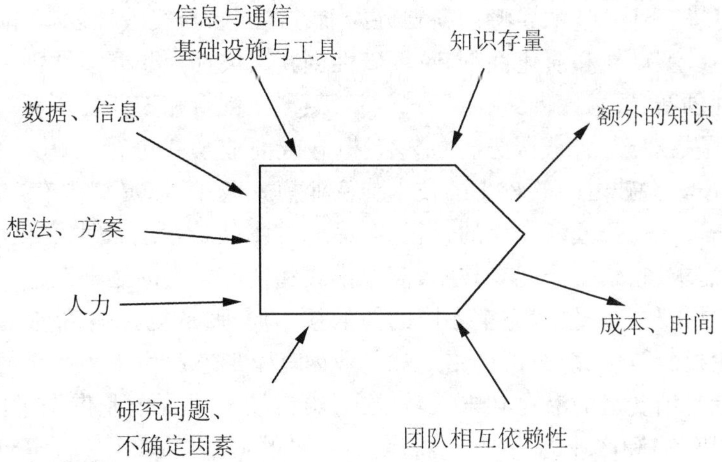

图 14-2 技术知识的形成、获取与开发利用过程

资料来源:Felix Janszen. 管理创新[M]. 雷华,马乐为译. 云南大学出版社,2002.

对于创意的形成过程,Felix Janszen 认为,这一过程的投入主要包括技术创新有关过程中

的知识积累与可认知的结果之间的相互矛盾、意想不到的各种发现、对技术和市场的趋势预测所得到的微弱信号、团队成员的技术水平和知识与方法的多样性以及知识存量、团队成员的内在动力和相互依赖性、团队成员对彼此差异的容忍性、批评的缺席、资源的配置以及头脑风暴法的使用等各种因素，整个创意过程的产出是各种假设、想法、模型和方案。创意的形成过程起始于项目的开始阶段或项目还处于模糊期时。创意的形成过程如图 14－3 所示。

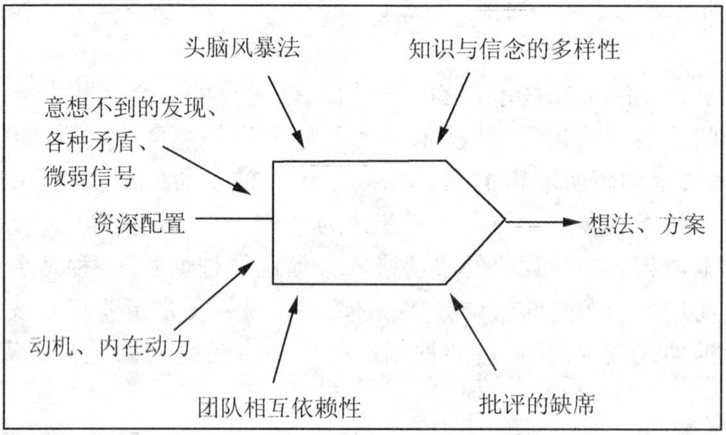

图 14－3 创意过程

资料来源：Felix Janszen. 管理创新[M]. 雷华，马乐为译. 云南大学出版社，2002.

（五）技术创新的分类

技术创新的分类有很多的标准，根据创新的对象、内容和程度的不同，可以分为渐进性创新与突破性创新、维持性创新与破坏性创新、产品创新和工艺创新以及自主创新和合作创新等方式。

1. 渐进性创新与突破性创新

根据创新程度的不同，学术界将创新划分为渐进性创新与突破性创新，渐进性创新又被称为连续性创新、传统型创新和演化性创新；突破性创新又被称为非连续性创新、跳跃式创新、变革型创新、革命性创新、根本性创新、激进式创新、颠覆性创新和破坏性创新。

渐进性创新是指对产品（或服务）的技术、概念或商业模式进行小幅度的改进，属于两个技术或两个商业模式突破之间的较小的技术或商业模式改进，以提高现有产品（或服务）或商业模式的性能，渐进是一个逐渐变化的过程，产品的技术轨迹没有发生变化，以满足主流市场上的主流顾客的需求，它是企业现有技术、商业模式和生产能力的逐渐改进。

突破性创新是指与原有技术完全不同的新的技术原理，或与原有商业模式完全不同的新的商业模式，首次投放市场、能对市场格局和行业内竞争形态产生重大影响的产品创新或商业模式创新，能够满足消费者的潜在和未来需求，它给市场上原有企业带来了巨大的难题，是未来技术、产品（或服务）和产业的基础，它将淘汰一个旧的产业或产生一个全新的商业模式，彻底改变原有市场竞争的性质、格局和基础，导致整个产业内企业的重新洗牌，并根本上决定了市场将来的竞争格局和未来技术创新格局。表 14－2 列举了历史上部分重大技术创新的发明年份、创新年份和从发明到创新的周期。

表 14-2　历史上重大技术创新举例

技术与产品	发明年份	创新年份	从发明到创新的周期(年)
日光灯	1859	1938	79
罗盘指南针	1852	1908	56
拉链	1891	1918	27
电视	1919	1941	22
喷气发动机	1929	1943	14
复印机	1937	1950	13
涡轮发动机	1934	1944	10
三级真空管	1907	1914	7
DDT	1939	1942	3
氟氯烷冷却剂	1930	1931	1

资料来源:许庆瑞．研究、发展与技术创新管理[M]. 北京:高等教育出版社,2010.

对于突破性创新,学者们分别从不同角度进行了阐述:(1)Frank Fernandez(1999)研究认为,突破性创新是促进市场上原有产品过时,全面替代现有市场上哪怕是最成功的产品的过程;(2)Richcard Leifer(2000)认为,突破性创新能够导致企业的新产品产生一系列全新的性能,或使原有性能提升 5 倍或 5 倍以上,或使产品成本大幅度削减 30% 以上;(3)Vadim Kotelnikov(2001)研究指出,突破性创新能够使产品、工艺或服务具有市场上其他企业从未有过的性能特征,或特征相似但成本和性能有大幅度改善,或创造出全新产品;(4)Lew Elias(2000)研究发现,突破性创新是使整个产业发生完全的改变,使原有产业淘汰并产生一个全新的产业。

2. 维持性创新与破坏性创新

通过深入研究磁盘驱动器等行业的兴衰过程,克里斯坦森(Christensen,1997)在《创新者的困境:当新技术导致大企业失败时》一书中首次提出了维持性创新与破坏性创新的概念,维持性创新是以主流市场上的主流消费者为目标消费群体,为了满足主流消费者对产品的良好品质需求,为主流市场提供产品的主导公司往往对产品进行渐进式的创新,有时也进行大幅提升产品性能的突破式创新;破坏性创新首先立足于低端市场,向低端市场上的低端消费群体提供价廉物美的产品,满足了低端消费群体和潜在消费者的需求,产品性能随着时间推移进行不断改进,从而会逐渐侵蚀现有主流市场的市场份额,并战胜为主流市场提供产品的原有技术先发企业,破坏性创新往往通过“技术范式”的改变使原有主导企业感到力不从心,从而弱化其核心能力。

图 14-4 比较清晰地揭示了破坏性创新的形成,左边的实线描述了现有市场的技术进步轨迹,右边的实线描述了破坏性创新的技术进步轨迹,虚线表示消费者所能够利用和吸收的性能轨迹。维持性创新往往专注于主流市场上主流消费者对产品性能的改进需求,往往采用渐进式的创新提高主流市场的产品性能,而最初专注于低端市场的破坏性创新随着时间推移,产品性能大大改进,逐渐吸引主流市场的消费者并逐渐侵蚀主流市场的市场份额,最终战胜原有主流市场上的主导企业。

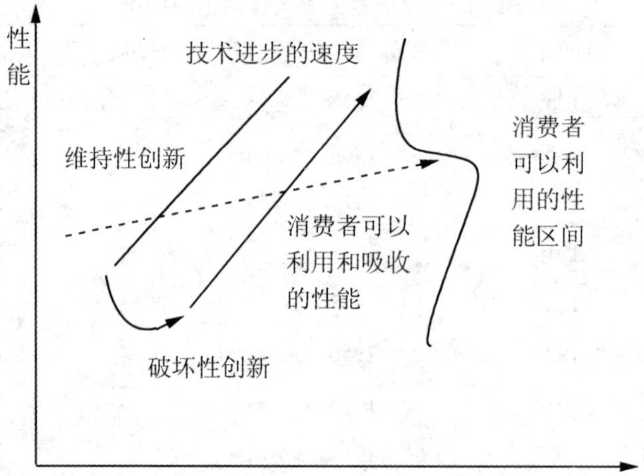

图 14－4　破坏性创新的形成

资料来源：克莱顿·M. 克里斯坦森，迈克尔·E. 雷纳.《困境与出路》[M]. 容冰译. 北京：中信出版社，2004.

克里斯坦森（Christensen）等在 2002 年又提出了破坏性创新可以通过起始于低端市场的对现行商业模式进行的破坏性创新和对新市场的破坏性创新这两种战略来实现。维持性创新、低端市场对现行商业模式的破坏性创新和新市场的破坏性创新三者之间的联系和区别如表 14－3 所示。

表 14－3　维持性创新、低端市场的破坏性创新和新市场的破坏性创新三者之间的区别

维度	维持性创新	低端破坏	新市场破坏
目标产品或服务的性能	导致该行业的主流客户最重要的产品特征的性能改进。这些改进的性质可能是渐进的或破坏的	根据主流市场低端产品的传统性能衡量标准，使用该技术制造出的产品足够好	导致“传统的”性能降低，但新的性能得到改进——通常是简单和方便
目标顾客或市场应用	主流市场上最具吸引力（例如最能获利）的顾客，他们愿意为改进的性能支付更高的价格	以要求低于主流市场低端产品性能的客户为目标	以非消费为目标：过去因缺乏资金和技术而无法购买和使用该产品的顾客
对要求的商业模式的影响（程序和成本结构）	利用现有的程序和成本结构并且更充分地利用现有的竞争优势，提高或维持利润率	使用新的经营方法或财务方法，或二者兼用——较低的毛利率和较高的资产周转率的不同组合，这个组合可以通过赢得低端市场业务所必需的折扣价格赚取诱人利润	以较低的单位价格、以最初较小单位产量销售产品的商业模式必须能够赚钱。单位产品销售毛利润率将会非常之低

资料来源：克莱顿·M. 克里斯坦森，迈克尔·E. 雷纳.《困境与出路》[M]. 容冰译. 北京：中信出版社，2004.

3. 产品创新和工艺创新

（1）产品创新

对于产品创新可以从狭义和广义两个层面进行理解，狭义的产品创新是指将新技术运用到产品的设计之中研发出新产品，或对企业原有产品进行结构、外观、技术、材质、工艺等方面的显著改进，广义的产品创新是指从创意筛选、市场研究、设计、试制、制造到成功投入市场的全部经济活动过程。在市场上，只要是消费者认为是“新”的并能从中获得“新”的体验、“新”的感受和“新”的满足的产品都是新产品，它既可以是新发明创造第一次出现的产品，又可以是对产品构成概念中的任何一个层次（例如结构、外观、性能、品质、技术特征、包装、材质、品牌和服务等）某一个方面或某几个方面的创新。产品创新在企业的持续经营和发展中扮演着重要角色，企业的产品创新是企业的生存之本和发展之源，它对企业提升竞争力和获得竞争优势发挥着举足轻重的作用。

产品创新的特征：①风险性。在产品开发过程中，需要投入大量的人力、物力和财力，每个阶段都可能要经过成百上千次的实验才可能成功，而且在产品研发过程中还有各种偶然因素和不可预测的因素在起作用，甚至当一个新产品刚刚研制成功推向市场，如果此时消费者的观念和需求偏好已经发生了变化，那么刚研发的新产品因为不能满足市场需求而被淘汰。产品创新的风险性不仅表现为技术风险，而且也表现为市场风险。②易被模仿性。企业花费大量时间和资金研发的新产品，由于产品的可模仿性和知识的可复制性，使得占有市场先机的企业最终不能获得因为研发该新产品所应得到的全部收益，尤其是服务企业所研发的新服务，由于不能受到专利的保护，很容易被竞争对手模仿。③非线性。产品创新的非线性是指企业的产品技术研发过程和商业化过程中充满了各种不确定性因素，具有不可预测性，决定产品创新的各种技术因素和市场因素互相交织在一起共同发挥作用，整个产品创新过程呈现出非线性特征。对产品创新能否成功进行评估是一件困难的事情，许多时候我们只能在一定时间段和一定条件下进行定性评估，很难进行量化分析。对于技术创新能否取得成功的错误评估经常发生。④市场性。企业花费大量资源所研发的新产品最终能否成功，完全要由市场决定，消费者的接受、认可和满意是新产品能否成功的唯一评判标准。因此企业的新产品研发活动要以市场为目标，市场对新产品的认可以及将来生命周期的长短起着决定性作用。⑤系统性。企业的新产品研发是一个系统工程，它需要营销部门、研发部门、技术部门和生产部门等诸多部门和环节的密切配合、协作和协调，同时，还需要原材料供应商、外协厂商的通力合作，有时还需要顾客的参与，其中某一个环节出了问题，新产品的研发工作可能就会搁浅。

产品创新的分类：①全新产品。是指采用最新科学技术成果所研发的产品，具有新原理、新技术、新结构和新材料等特征，这种新产品使得原有产品的技术轨迹发生了根本变化，无论对于企业还是对于市场都是第一次出现的新产品，例如，电视机、洗衣机、微波炉和计算机等都是属于全新产品的范畴。开发全新产品需要投入大量的资金，不仅要冒巨大的技术风险，有时还要冒巨大的市场风险，一旦成功可以使企业迅速获得先发优势和竞争优势。②更新换代产品。是指产品的基本原理保持不变，也即在原有产品的技术轨迹没有发生变化的情况下，部分地使用新原理、新技术、新材料和新结构，其投入远比全新产品的投入要少，开发的难度系数也远比全新产品的要小，它不仅可以显著地改进原有产品的性能和功能，而且由于能够满足主流市场上主流消费者都能感知的需求，因此，市场风险较低，能够显著地提高企业的经济效益。③改进现有产品。是指利用新的科技成果，对现有产品功能、性能，进行与技术或市场有关的改进，使之在性能上、结构上具有新的特点，使消费者得到更多的顾客价值，或使原有产品在用途上有所扩大，或采用新工艺、新设备来生产产品，或对原有产品的款式、品牌、包装、花色、外观和服务等某一方面做出改进，以满足不同消费者的不同需求，由于其难度较小，企业可以经常采用。④模仿创新产品。是指企业合法地引进或模仿其他企业的技术，并在此基础上进行改进和创新所生产的新产品，企业可以通过模仿、吸收、消化和改进发展出自己的产品系列，创出自己的品牌，由于这种创新方式省去了研发全新产品所需的大量资金和最先进技术，企业可以在短时间内迅速掌握该产品的生产方式，并在此基础上加以改进和创新。因此，许多企业经常采用这种方式进行产品创新。

(2) 工艺创新

工艺创新，又称过程创新，是指企业在运用新技术的基础上，研制和采用新的加工技术、新的工艺流程或对原有生产方法的改进，从而提高原有产品的生产效率或改进现有产品的生产方式的一系列流程和活动的总称。它可以改进产品的加工工艺、降低企业的产品成本、提高企业的产品质量、提升企业的生产效率，提高企业的经济效益。工艺创新面向企业具体加工过程中的生产技术，通过新设备的采用，新的工艺流程的使用、生产过程中管理和组织方法的改进，使企业产品的生产工艺、生产流程和过程技术发生显著的和有效的变革。

工艺创新不仅包括采用新设备和新的生产工艺流程，还包括新材料的使用，通过企业工艺加工方法的创新来生产新的产品或改进已有的产品，由于采用了新的加工方法，这样的产品用以前的厂房设备或生产方法是不能生产出来的。然而在企业的生产经营实践中，许多企业只重视新产品的研发而忽略企业工艺创新的重要性，这将导致企业的产品质量低档次、工艺消耗高水平的工艺落后和效益低下的局面，从而降低企业的技术成果吸收应用能力和企业的技术引进效益，严重的可能还会导致企业的产品创新最终不能实现，这将严重制约企业竞争力的提高，企业必须注意到工艺创新在提高已有产品和新产品的生产效率方面具有重要意义。

在企业的生产实践中，高新技术企业可以选择以产品创新为主，通过产品创新带动企业的新的生产工艺的创新，而对于传统企业则应该以工艺创新为主，通过工艺流程的创新以及新技术、新设备和新材料的使用促进企业新产品的创新。

4. 自主创新和合作创新

(1) 自主创新

自主创新对于企业获得竞争优势具有十分重要的战略意义，对于自主创新的定义，万君康(2000)指出，自主创新是“通过本国自身的学习与R&D活动，探索技术前沿，突破技术难关，研究开发具有自主知识产权的技术，形成自主开发的能力”。该定义强调自主创新是本国的自身学习和研发自主知识产权技术的行为，但没指出自主创新的主体是企业。宋河发等(2006)认为，“自主创新是指创新主体通过主动努力获得主导性创新产权，并获得主要创新收益而进行的能形成长期竞争优势的创新活动”。该定义强调通过主动努力获得主导性，也没有指出自主创新的主体是企业。郭昌欣(2005)认为，自主创新是“指以获取自主知识产权、掌握核心技术为宗旨，以我为主，发展与整合创新资源，进行创新活动，提高创新能力的科技战略方针”。该定义强调形成自主知识产权并掌握核心技术，但也没有指出自主创新的主体是企业。实际上，自主创新是以企业为中心，企业通过自身的人力、物力和财力的投入，进行技术创新中的技术、工艺、知识(主要是隐性知识)或制度等方面的关键性突破，依靠自身的技术研发队伍所进行的创新，企业是自主创新的主体。

20世纪90年代，我国学术界将自主创新归纳为三个方面的特点：(1)技术突破的内生性，强调对核心技术和主导技术必须依靠企业自身力量解决；(2)技术与市场开发的率先性，强调率先进入市场并受到专利保护；(3)知识和能力支持的内生性，强调从创意筛选、市场研究、技术研发、试制、制造直到销售这一链条中每个环节的创新都通过自身努力来实现。

之后,《国家中长期科学和技术发展规划纲要》中对自主创新进行了界定,主要包括三个方面的内容:第一,原始创新,强调企业通过自身努力获取科学发现和技术发明;第二,集成创新,强调企业在自身已有技术的基础上将多种相关技术进行有机的融合,从而形成新产品和新产业;第三,引进消化吸收再创新,强调对国外先进技术进行引进后,首先进行消化吸收,并在此基础上再进行创新。自主创新包括上述三个方面的创新,企业在重视原始创新的同时,也要重视集成创新和引进消化吸收再创新,原始创新的资源投入最大,风险最大,但取得的效益也是最大的,企业应该把原始创新、集成创新以及引进消化吸收再创新这三种自主创新方式进行有机的结合,在各种创新方式中,企业自主创新是最具有主动性和自有知识产权性的一种创新,但企业自有知识产权的获得是以企业自身的知识和能力支持以及巨大的风险承担为基础和条件的。企业在自主创新的基础上还要着力创建自有品牌。

(2) 合作创新

合作创新是通过组建技术联盟的形式,由两个或两个以上的公司、高等院校和科研单位为实现某个技术创新目标而建立的以合作各方的共同利益为前提和基础,以资源共享和优势互补为条件和纽带的一种合作伙伴关系。它有明确的合作目标、期限以及各方共同遵守的规则,可以充分利用各方的优势和资源,可以弥补企业的技术研发力量以及信息和各种资源的不足,合作创新的各个成员按照约定互相协作、共同攻关、共同进行技术创新,可以促进企业的技术学习、技术进步和知识积累。

合作创新可以优化技术联盟各个参与方的资源组合和资源结构,可以缩短技术创新的时间周期,减少企业独自创新所存在的不确定性,技术联盟各个参与方可以分摊创新成本和分散创新风险,可以有效解决单个企业独自创新时难以攻克的各种技术难题,还可以使原有竞争企业之间联合起来实现双赢。

二、管理创新

(一) 管理创新的含义

技术和管理是促进社会进步的两大车轮,管理是通过决策、计划、组织、领导、控制、指挥、激励、协调、创新等职能充分利用和协调组织的各种资源,以实现组织目标的一系列活动过程,它是实现组织有效运行的基础,决定了组织中各个系统和各个环节的运行产出和运行效率,是保证生产力中各个要素充分发挥效能的黏合剂,它能对组织中的人力、物力、财力和信息等各种有形和无形资产进行统一规划和合理配置,使组织中的各种资源最大限度地发挥效能,管理本身也是一种资源,是实现组织目标的基本保证,是组织发展的基石。

管理创新是指组织根据内外部环境的特点、组织运营的客观规律以及科技和社会的发展趋势,对现有的管理理论、管理模式和管理方法的改革和创新,以建立起新的管理方法、管理模式和更有效的资源整合和协调模式的一种有目的的能动性的实践活动,从而促进组织管理系统综合效率和效益目标的实现。

(二) 管理创新的特点

1. 管理创新能够大大提高组织效率

由于管理创新是有目的的明确的实践活动,当组织内外部环境的变化以及社会和技术的进步，使组织内资源的原有配置和配置效率已经远远不能适应环境的发展时，组织各个层次的管理者（包括组织的高层管理者、中层管理者和基层管理者）作为管理创新的主体，能够根据客观环境的变化和组织的具体状况有计划、有步骤地而不是自发性地创立一种新的更有效的资源配置、协调和整合的范式，包括新的管理理论、管理模式和管理方法的创立和使用。对管理进行创新能够促进组织的各种要素和各种资源从低效率的运行态势转变为高效率的运行态势。

2. 管理创新能够使组织能动地适应环境的变化

组织的宏观环境中，经济、政治、人文、社会、自然、法律等环境因素并不是一成不变的，宏观环境的变化会对组织的观念、思想和行为产生影响；组织的微观环境中，消费者、竞争者、原材料供应商、产品的销售商等各种微观环境因素更是经常、频繁和不断地发生着变化，微观环境的变化将对组织的新产品研发、技术创新、市场营销手段等各方面产生显著的影响。环境的变化是客观的不以人的意志为转移的，适者生存，为了适应环境的变化，组织必须调整现有的并建立新的更有效的资源整合模式，运用新思维、新方法和新技术对组织管理系统的要素组合和资源组合进行重新规划、设计、实施和评估，通过能动地适应环境以使组织获得尽可能多的竞争优势和综合效益。

3. 管理创新是企业获得竞争优势的关键

20 世纪初美国创立了泰勒科学管理理论，这种管理创新成果在企业界迅速推广，帮助美国企业快速成长，国家经济快速发展并超过了英国；第二次世界大战后，美国企业不仅创立了 TQM，而且使 TQM 向组织结构重构方向转变，实现了“第二次管理革命”；20 世纪 70 年代以后，日本依靠“管理发展”和“技术引进”创造了经济发展奇迹；改革开放后我国的海尔、联想、华为等一大批企业依靠管理创新迅速发展壮大，在行业内树立了竞争优势。

4. 管理创新是组织发展的永恒主题

管理学家杜拉克曾经指出，管理存在于千差万别的各种各样的组织机构之中，是现代各种组织的特殊器官，这种特殊器官的高效和成功运行决定着组织的高效、成功、生存和发展。组织的环境并不是静态和线性的，而是动态、发展和变化的，这决定了组织必须在各种环境状况下进行管理创新、与时俱进，才能跟上时代的脚步，才能适应环境的变化和发展，墨守成规和只能导致组织的衰竭和死亡。

（三）管理模式的创新

1. 扁平化组织

传统的金字塔形的组织结构是以亚当·思密的劳动分工理论和泰勒的科学管理理论组建的，这种组织结构按照专业分工、作业标准、工序分解和职能划分形成了具有多个管理层次的直线职能制组织结构，这种组织结构与技术和市场的缓慢变化、企业之间竞争强度较弱和大量生产方式相适应。然而，随着市场环境和科技水平的快速发展，产品生命周期日益缩短、消费者需求日益多样化、信息技术快速发展、企业之间的竞争日益激烈、企业决策的复杂程度日益提高，使得原有的金字塔形的组织结构在上下级之间的沟通和组织部门之间的沟通由于效率低下越来越不适应动荡复杂的环境要求。在这种情况下一种崭新的管理模式创新——扁平化组织结构随即产生并得到了广泛的应用。

扁平化组织结构是指为了适应动荡复杂的外部环境，组织内部增加管理幅度、减少管理层次、精简职能机构，通过组织内部快速、高效的信息传递和决策对环境做出灵活、快速和准确的响应。扁平化组织结构是一种横向的网络结构，它实行组织部门高度分权和组织规模小型化，员工加强自主管理，极大地增强了组织对外部环境的响应速度，降低了组织的运营成本和协调成本。

2. 虚拟经营

虚拟经营是指企业在快速变化的环境中为了降低成本，只保留组织中最核心、最关键的部门和功能，而将非关键部门和功能外包给其他企业，即将非关键部门和功能虚拟化。参与虚拟经营的企业可以各自发挥自己的优势，充分利用各自的资源，从而解决了在技术和市场快速变化的环境下企业难以独自依靠自身力量研发新产品和新技术、生产系列化和多样化的产品。例如美国的耐克鞋自己不设工厂，而将生产任务外包给劳动力资源丰富且廉价的国家，自己只从事技术创新、新产品研发和市场营销等方面的核心业务。

虚拟经营方式没有各个成员企业共同设立的总部和固定的组织机构，它打破了传统的组织结构形式，将一些独立的有共同目标的企业自愿结合成松散性的企业联盟，有利于成员企业之间知识共享、成本分摊、技术攻关、节约资源、资金融通和实现规模经济，从而在激烈的市场竞争中获得竞争优势。虚拟经营主要有策略联盟、虚拟生产和虚拟销售网络等基本形式。

3. 计算机集成制造系统(CIMS)

1974 年，美国的约瑟夫·哈林顿博士针对企业之间的激烈竞争提出了计算机集成制造系统这一全新的企业生产模式。现代市场上消费者的需求呈现出个性化和多样化特点，原有的大规模生产方式已经不能适应市场需求的变化，逐渐被多品种和小批量生产方式所取代，快速生产能力和生产柔性已经成为企业获得竞争优势的重要因素，计算机集成制造系统比较好地适应了这种市场变化，成为了企业的主要发展方向和未来生产模式。

计算机集成制造系统是以企业的产品为核心，在产品的设计、制造、质量管理以及决策中，利用计算机辅助技术和现代管理方法，优化设计、降低成本、提高质量和加快上市速度，从而获得市场竞争优势。

CIMS 属于高科技密集型技术、大型一体化管理系统，它将企业的技术信息、管理信息和物流集成为一个整体并在组织内进行信息共享。

4. 柔性化管理

在 20 世纪 80 年代以前，技术变化和消费者的需求偏好相对比较稳定和可预测，企业的生产方式往往倾向于大规模生产，较少根据消费者需求的个性化差异进行多品种和小批量生产，生产系统缺乏弹性和灵活性，即柔性；我国在那时正处于计划经济时代，企业生产的产品由国家统购包销，企业只重视生产而忽略市场和销售，倾向于稳定少变的标准计划和少品种大批量的均衡生产，企业的生产和运营处于“刚性”管理阶段。

随着全球一体化进程的加快，科技高速发展、消费者的需求日益多样化、企业之间的竞争日趋激烈，采用计算机集成制造系统、成组技术和柔性制造系统等生产方式的企业显著增强了市场适应能力和对环境的响应能力。柔性化管理是指对于消费者快速多变的需求偏好具有快速响应能力以及对于组织内部各种生产要素和资源发生变化的及时适应能力。它包括建立组织系统的柔性和生产系统的柔性，强调组织内从产品研发、设计、试制、生产到营销所有环节的管理应协调一致，通过职能和灵活的柔性化管理快速应对组织内出现的各种变化以及快速响应市场上消费者的需求变化。

5. 危机管理

危机管理起源于美国并日益受到世界其他各国的高度重视,组织陷入危机状况往往表现为企业的内外部环境突然发生改变,这种改变具有随机性和不可预测性,组织作出反应和处理的时间十分紧迫,危机将威胁到组织的生存和发展。新加坡航空公司时刻以消费者的抱怨为改进目标,由于成功地施行了危机管理使得该航空公司的盈利居于世界航空公司之首,王安电脑公司由于忽略危机管理而导致企业倒闭。

危机管理可以分为危机爆发前的预防管理和危机爆发后的应急善后管理两个部分,在危机的预防管理时期组织一定要防患于未然,时刻警惕危机的前兆和蛛丝马迹,及早采取预防措施;在危机发生后,要迅速隔离危机,实施危机应急预备方案,在危机处理过程中一定要随机应变和临危不惧。

三、制度创新

(一) 企业制度和企业制度创新

所谓制度是指一定历史条件下国家宏观层面的经济、政治和文化等各种体系以及微观层面的组织规章制度和办事规程,国家宏观层面的制度属于基本制度,决定了企业的方向和目标;微观层面的制度属于比较具体的各项管理工作制度。制度提供了人们相互影响的框架,约束着团体和个人行为。企业制度从基本制度的角度看,属于经济方面的制度,是指在一定的社会经济条件下,企业这一特定范围内的各种正式和非正式的规则的集合,它对企业的性质、责任、权力和地位以及相互关系的规范和准则作出了具体规定,表明的是一种经济关系,属于上层建筑的范畴。我国的企业制度具有社会主义初级阶段的特征,公有制是主体,非公有制是重要组成部分,以按劳分配为主、多种分配形式并存。

企业制度是由社会经济制度决定的,在计划经济体制下我国的企业制度表现为"一大二公"、所有制单一、法制不健全、实行"工厂制企业制度"、经营方式单一以及责权利不明晰等特征,这造成了资源配置不合理、重复建设、"大锅饭"盛行、技术进步缓慢、成本高、效益低,企业没有经营自主权和独立的经济利益。党的十一届三中全会的召开,为了增强企业活力,首先进行了扩权让利和利润分成的改革,国家颁布了《关于国营企业实行利润留成的规定》和《关于扩大国营工业企业经营管理自主权的若干决定》等一系列政策支持文件,企业开始向相对独立的经济实体转变;在党的十二届三中全会上确定了企业的所有权和经营权适当分离、政企职责分开以及企业是相对独立的商品生产者和经营者的政策,推行企业承包责任制,实行"包死基数、确保上交、超收多留、歉收自补"的方法,对增强企业活力发挥了积极作用,但承包制度仍然没有突破原有的传统管理体制框架;1991 年国家又明确提出要转换国有企业经营机制,规定了国有企业 14 个方面的自主权,把国企真正推向市场,但实施效果仍然不理想,其原因主要在于产权关系不明晰、企业难以真正承担经营责任、政企职责不分、企业难以自主经营、产权条块分割、资源配置不畅、经营行为受到干扰、公平竞争难以实现、企业产权主体单一、利益驱动力被弱化,由于上述企业制度的缺陷导致了企业很难真正有活力;1993 年 11 月党的十四届三中全会通过了《关于建立社会主义市场经济体制的决定》,明确了进行制度创新,建立产权清晰、自负盈亏、政企分开和管理科学的现代企业制度,实行了出资者所有权与企业法人财产权相分离的企业产权制度、以公司制为主的企业组织制度、以规范的法人治理结构创新企业领导制度、科学而又能随形式变化的企业内部管理制度，充分反映企业资产负债和经营情况并保障企业所有者权益的企业财务会计制度，这些企业制度的改革措施真正使企业成为了市场主体，对搞活国有企业起到了实质性的作用。

（二）现代公司治理结构

公司治理结构是指公司作为独立的法人，由股东大会、董事会、监事会和高层经理班子四个方面所组成的组织架构，明确规定了公司各个参与方的责任和权力分配，明确了公司进行决策时所应遵循的规则和程序，明确了公司的目标设置程序、结构以及对公司的日常经营进行监督控制的方式和手段，以保证公司的正常运转。公司治理结构是公司制改革的核心，也是企业制度创新的主要形式。

股东大会：公司的最高权力机关，分为例行年会和特别会议。我国《公司法》规定了股东大会的权利包括决定公司的经营方针和投资计划、决定公司董事和监事等主要人员的任免、决定公司发行债券、修改公司章程八个方面的权力。

董事会：由股东大会选出的代表全体股东利益的常设权力机构，主要职责包括：执行股东大会决议，拟订公司投资计划和经营计划，拟订公司年度财务预决算方案、利润分配方案、公司合并分立方案、债券发行方案，任免公司经理，决定公司内部机构设置五个方面的职责。

高层经理班子：公司决议的执行机构，负责公司的日常经营活动。主要职责包括：执行董事会的决议、主持公司的日常管理工作、拟定公司内部机构设置方案、主持实施公司年度经营计划四个方面的职责。

监事会：由股东代表所组成，主要对董事和高层经理班子的经营行为进行日常监督，董事、公司财务主管和高层经理班子成员不得担任监事。

四者之间的关系表现为，股东大会与董事会之间是信任与托管关系、董事会与高层经理班子之间是委托代理关系、监事会对公司董事和高层经理班子的日常监督和制衡关系。

第三节　创新管理

一、对创新进行管理的必要性

创新是在以往工作的基础上采用新的技术、新的方法、新的流程、新的产品、新的组织形式或新的管理制度，在某种意义上来说是对过去的某种程度上的否定，无论是技术层面的创新，还是管理层面的创新，以及制度层面的创新都需要冒一定程度的风险，创新往往是一个复杂的系统工程，是在未知中探索未曾出现过的新思路和新方法，其中某一个环节出了问题，整个创新活动可能就会失败，因此，创新过程往往充满了各种不确定性。

创新过程中可能会遇到市场风险，尽管现代企业在创新之前一般都会进行详细的市场调研，然而消费者的消费需求往往是变化的，尤其是在21世纪的今天，新技术变革和发展越来越快，产品生命周期越来越短，消费者的个性化需求越来越普遍，随着互联网和电子商务的快速发展，消费者与厂商之间关于商品或服务的信息不对称程度越来越小，消费者能用较小成本获得自己所需要的各种商品或服务信息，随着现代生活节奏的加快以及消费观念的快速变化，市场的变幻莫测越来越充分地体现了出来，另外，企业在进行市场研究时的市场研究执行品质如何？也在一定程度上决定了企业在创新过程中所承受的市场风险的大小。创新在许多时候是对旧的组织体系的否定，通过创新以实现组织体系某种“创造性破坏”，而这种“创造性破坏”

能否达到事先预期效果，往往也具有不确定性，因此，创新过程中会遇到组织风险。创新过程需要大量的资源投入，在创新过程中由于各种不确定性因素的存在，往往会遇到资源投入不能按时、按质和按量到位，因此，创新会面临着各种资源风险，例如资金的不能按时到位或到位后未能取得相应回报，组织往往面临着财务风险。创新过程需要组织各个环节、各个部门和各个层面进行充分协调，在组织创新体系中的任何一个环节出现差错都可能导致整个创新活动前功尽弃或毁于一旦，因此，创新会面临着创新体系中的各种系统风险。

创新过程中还可能会遇到各种障碍，由于各种内外部环境因素的干扰和制约，组织如果未能及时发现和解决，创新活动就可能会受到影响。第一，创新可能会受到资源约束，没有合格的人才、足够的物资条件以及充足的资金作为创新的基础，创新将无法进行，实践中经常会遇到资源不足的情况，尤其是资金不足的问题。第二，创新过程中组织层面所面临的障碍，在现代大型组织中等级森严的多层次金字塔结构和官僚主义作风往往制约了组织的创新和活力，在这种过于强调控制的组织结构中各种创新思想和创新活动往往会被官僚主义作风扼杀掉；创新过程中组织层面的障碍还在于许多组织缺乏长远的创新规划，很多组织的创新往往被一时的冲动和热情所带动，并且为短期效应所左右，缺乏长远的创新战略规划；创新过程中组织层面的障碍还表现在组织对创新缺乏全面的认识，许多组织只重视技术创新和产品创新、忽略管理创新和制度创新，只重视渐进式创新而忽略突破式创新，实际上组织的创新是一个系统工程，组织在某个方面的创新成功往往需要组织在其他方面进行配套的创新，才能使创新成果得到巩固和延续。第三，创新过程中个体层面所面临的障碍，主要表现在思维障碍、情感障碍和沟通障碍。思维障碍是指创新者思想故步自封、保守僵化，或为思维定势所困扰；情感障碍是指创新者的不良情绪感觉，如害怕失败给自己带来"难堪"，而不愿意主动表达自己的想法，害怕自己丧失在组织中的竞争优势而不愿与别人共享自己的隐性知识；沟通障碍是指组织中自发的创新者往往是那些不善交流闷头干活的员工，他们有了好的想法时由于与上级和其他部门存在着沟通障碍，常常使好的点子和想法得不到组织的支持而流产，从而使组织错失创新机会。

创新过程中可能会遇到的市场风险和创新过程中可能会遇到的各种障碍常常使组织的创新活动遭遇失败，因此，组织必须对创新活动加强管理。

二、构建创新体系

组织中各种创新活动的成功开展往往需要组织中各个部门、各个环节以及组织的各个层面的共同参与、互相配合和相互协调，创新是一种集体活动，是各个环节互相协作共同作用的结果，构建组织的创新体系对组织的创新活动具有十分重要的意义。

（一）创新主体

创新主体包括组织中的每一个员工。组织所面临的市场环境动荡不定，行业技术变化日益频繁，组织间的竞争强度越来越高，在这种错综复杂的内外环境中组织要想生存和发展，不能仅仅对产品和工艺进行创新，而必须对包括技术、工艺、管理、组织、制度、流程和文化在内的每一个方面、每一个环节、每一个部门和每一个层面进行创新，现代组织的创新往往是全方位的创新，因此，组织的创新主体不能仅仅局限于与新产品研发和新技术研发有关的人员，而应该是组织中的每一个员工。

（二）创新动力

任何创新都需要有动力，组织的创新体系需要有动力源，组织创新的动力主要来源于三个方面:第一、组织所面临的残酷的竞争压力和生存压力是组织创新最主要的动力,当组织面对危机时,摆脱危机的求生欲望促使组织进行变革和创新,创新是战胜竞争对手和发展壮大的唯一手段。第二、组织发展壮大和做大做强的强烈欲望是组织内在的创新动力,在组织初创时每个组织都有做大做强的强烈欲望,这促使组织尽可能地利用资源和机会进行创新,但随着时间的推移、组织规模的壮大以及其他种种原因,许多组织失去了进一步壮大的欲望,创新也逐渐变少和被动,只有少数目标远大的组织才会保持持续主动的创新。第三、组织新上任领导的创新冲动,组织新上任的领导者为了打开局面、树立形象,往往有主动追求创新的冲动和欲望,这有利于组织的创新,但这种创新冲动往往不会持久。

(三)创新的资源体系

组织的创新体系离不开各种资源,包括人员、资金、时间、信息、试验设备、场地和试验材料等等,各种创新活动都需要有专项资金进行支持,创新的资源体系是组织开展创新活动的基础,俗话说"巧妇难为无米之炊",许多组织在开展创新活动的过程中不是缺少资金就是缺少人才或者是缺少信息等资源,说明这些组织的创新资源体系构建还存在许多问题,不能满足组织创新活动的开展。

(四)创新思维与技巧

组织创新活动的开展需要创新人员具有创新思维与技巧,需要创新人员打破常规思维方式进行逆向思维、发散思维和聚焦思维。逆向思维是将人们思维方式和思维路径进行反方向思考,发散思维是将人们的思维活动由一点向多点和多面进行自由联想,聚焦思维是将人们思考的问题聚焦于某一点,对该问题进行多角度、多层面的审视和探索。创新离不开这三种思维方式的独立或结合使用,从而产生某个创意的灵感。在实践中,人们总结出了联想创新法、列举创新法、组合创新法、设问创新法和类比创新法等创新思维技巧。

(五)创新的协同机制

组织的创新活动不是由某个人或某个小团体与世隔绝孤立进行的,往往是由多个部门、多个环节和多个层面共同协作通过集体的智慧和力量完成的,创新是一个系统工程,需要参与创新的各个环节和各个部门共同建立高效率和高质量的协同机制,从而减少创新成本、缩短创新时间、提高创新质量和创新效率。组织在进行创新时往往围绕一个项目将各相关部门资源整合起来进行协同创新,其中有关键环节和部门,在构建组织创新的协同机制时必须以关键环节和部门为核心。

(六)创新项目的评估

组织在某个方面进行创新时可能会有许多创意(例如新产品创新),对这些创意必须进行严格筛选,主要是从技术方面和经济方面进行可行性论证,对有前景的创意还要进行市场研究,这些过程往往由组织的创新决策委员会负责进行,组织创新项目的评估过程如图 14-5 所示。

(七)创新成果的应用与推广

组织通过耗费资源和艰辛努力后所取得的创新成果应该及时应用与推广,例如组织所研发的新产品应该及时转化为商品,并形成产能,否则创新成果束之高阁将会导致前期的资源耗费和努力付诸东流。创新成果的应用与推广是组织创新体系中的重要一环,组织必须有储备资源或融资渠道以备创新成果的应用与推广。

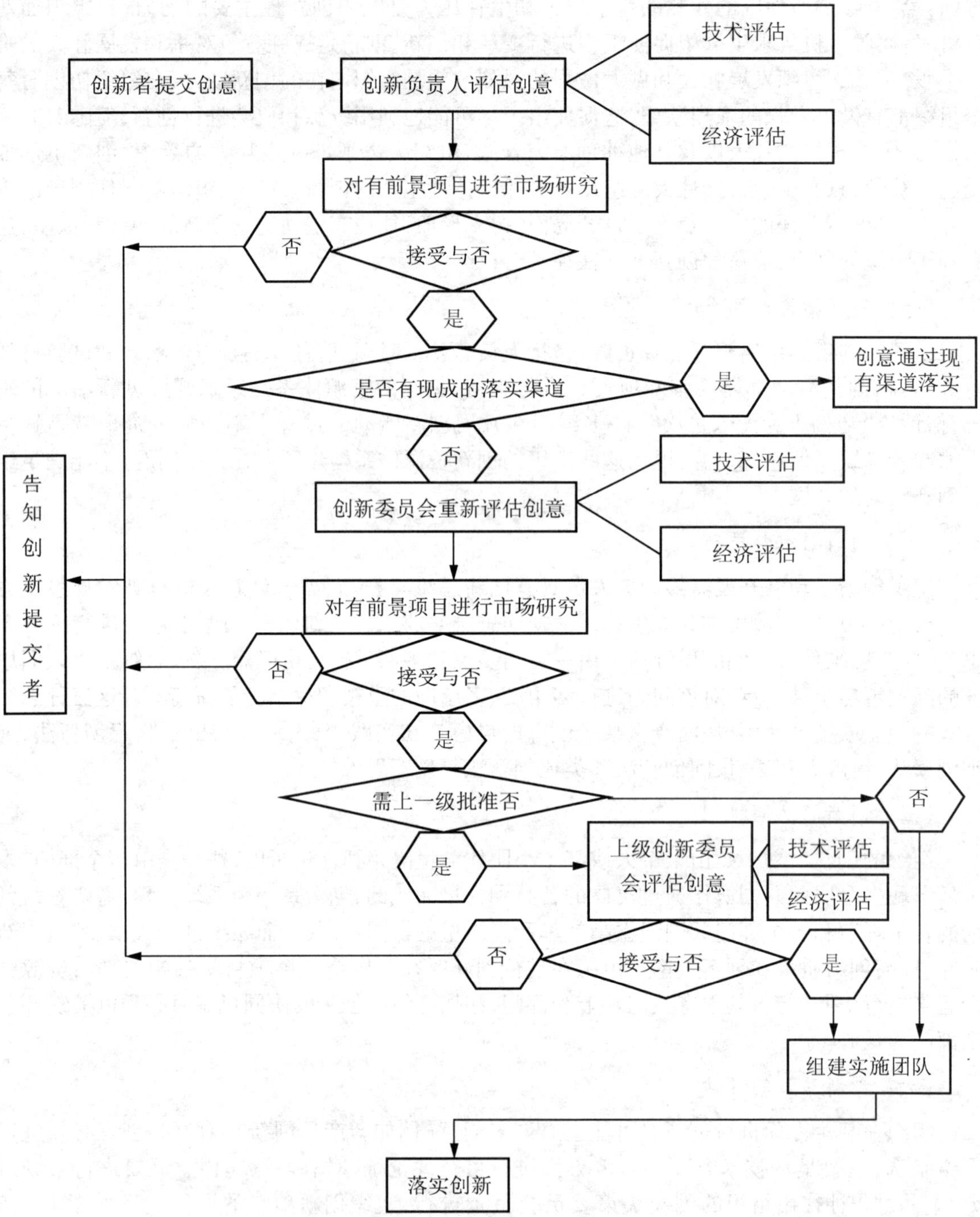

图 14－5　创新决策流程图

资料来源:董静.《企业创新的制度设计》. 上海财经出版社,2004.

(八) 创新的制度保障

组织开展各项创新活动必须有计划、有目的地进行,组织必须通过创新制度的建立为创新活动保驾护航、提供保障,例如创新的决策制度、创新的资源分配制度、创新的协作制度、创新的组织制度、创新的评价与奖励制度、创新的激励制度、创新的上市准备与推出制度等等。组织创新制度的建立可以避免创新活动的随意性、无序性和盲目性。

三、创新管理的类型

乔·蒂德(Joe Tidd)和约翰·贝赞特(John Bessant)将组织的创新管理概括为两种类型,即连续型创新管理和非连续型创新管理。连续型创新管理又称为稳定状态型创新管理,是指组织在不背离原有技术轨迹的情况下,对原有产品/服务或工艺流程所进行的改良式的或渐进式的创新管理。连续型创新管理往往发生在组织的环境处于较稳定时期,基于"我们应该将该做的事做得更好"这一理念,在组织已经建立起来的相对封闭的环境中,按照行业中的"游戏规则"对产品/服务或工艺流程在明确的"创新空间"里进行渐进式创新,"创新空间"的明确性源于"游戏规则"的建立及对组织所产生的约束作用,"游戏规则"涉及组织所处的宏观环境(例如,政治和经济环境等)、微观环境(例如,市场需求环境、竞争者行为、市场竞争激烈程度等)和技术环境(例如,行业技术进步状况、技术进步速度、技术变革的可能性等)。为了增加创新成功的可能性,连续型创新管理强调从以往的研究及市场经验中进行学习,以往的研究及实践经验为组织积累起了大量的知识,这种创新管理类型往往发生在已经取得成功的大公司中。

非连续型创新管理又称为非稳定状态型创新管理,是指组织偏离了原有的技术轨迹,对产品/服务或工艺流程所进行的变革性的或突破式的创新管理。非连续型创新管理往往发生在组织的环境处于剧烈动荡时期或小公司中,小公司以及处于动荡环境中的大公司为了生存往往会突破原有的技术轨迹和经验框架对产品/服务或工艺流程实施突破式创新,这将导致原有行业进行重新洗牌,颠覆了原有的"游戏规则"并产生新的"游戏规则"。非连续型创新管理所需资源投入以及所承担的风险都较连续型创新管理要大,需要组织容忍失败和不确定性,需要组织运用探索式学习以发现新的技术或市场模式。创新管理的两种类型如表 14-4 所示。

表 14-4 创新管理的两种类型

	类型一:连续型创新管理	类型二:非连续型创新管理
创新管理的模式阐述(组织认知和理解世界的方式)	· 通过累积效应所建立的行业"游戏规则",所有竞争者都要遵守 · 存在着特定的搜寻、管理和处理路径,拥有可选择的环境及技术轨迹,所有这些限定了各个游戏参与主体的创新空间 · 战略方向存在着高度的路径依赖性	· 行业中不存在清晰的"游戏规则",事先也无法进行预测,随着时间的推移和创新的发展,"游戏规则"逐渐显现 · 组织需要高度容忍未来的不确定性和模糊性,存在着多个平行的可能发展轨迹 · 通过开放、模糊和可选择的环境限定了创新空间 · 战略方向存在着高度的路径非依赖性

续表

	类型一:连续型创新管理	类型二:非连续型创新管理
组织战略决策的制定方式	· 运用组织决策制定程序,在风险管理的基础上分配组织资源,组织的风险管理方法应与上述游戏规则相适应(例如是否符合组织战略?是否与组织的现有能力相匹配?) · 风险被限定在创新空间的范围内 · 组织间的政治联盟对维持当前局势发挥着重要意义	· 由于缺乏清晰的路径,组织需要冒很大风险,在创新初期可快速作出较不重要的决策而非重要承诺 · 重视多种尝试,失败频率较高,强调快速学习,高度容忍失败,用有限承诺来管理风险,对冒风险的创业者有重要影响
组织的运行和操作惯例	· 组织在一系列操作惯例和镶嵌其中的与"游戏规则"相关的结构/程序下运营,例如对项目的门径管理监控和审核 · 按照既定路径搜寻,在研发中使用市场研究等工具和技术,假设探索的空间为已知——搜寻并选择环境 · 通过以发展密切而牢固的关系为基础,建立网络以支持创新(如允许用户参与和供应商合作关系的建立等等)	· 对运营惯例实行开放式管理,对研发管理中出现的问题进行研究和解决 · 对研发项目实行前期模糊式管理,宽松的战略审查及多种研究方法的并行实施 · 强调探索式学习,关注高频率的失败并从中学习 · 强调对组织外部环境的搜寻,将环境中的微弱信号及变化趋势作为警示 · 建立多种人群关系,重点观众那些联系较弱的关系
可能出现的创新方式	· 渐进式创新	· 突破式创新

资料来源:乔·蒂德(Joe Tidd),约翰·贝赞特(John Bessant).《创新管理——技术变革、市场变革和组织变革的整合》(第四版).陈劲译.中国人民大学出版社,2012.

四、创新的阶段性管理

(一)戴维·川菲尔德(David Tranfield)等学者将创新管理的过程划分为识别发现阶段、选择实现阶段和培养支持阶段等三个阶段。

1. 识别发现阶段

主要围绕组织的内外部环境进行搜索和研究,扫描组织的内部环境(例如产品状况、技术状况、流程状况、研发状况等)和外部环境(消费者需求变化趋势、竞争对手动向、行业技术变化状况、政策管制状况、供应链发展动向、最新科技成果等),搜集能够为组织带来潜在创新的信号,将有潜在市场价值的重要信息进行处理。组织的市场部门、研发部门、售后服务部门等单位在这一阶段将发挥重要作用。对各种渠道反馈回来的信息进行分析并发现机遇,包括弥补现有产品或服务所存在的缺损环节以及其他新的机遇,明确创新的切入点和创新方向。识别发现阶段包括搜寻、捕捉和阐释三个过程。

(1) 搜寻:寻找有潜在市场价值的项目;对组织内外部现实环境进行扫描;对组织未来环境进行扫描。

(2) 捕捉:捕捉有潜在市场价值的创新信号;将捕捉到的有价值的创新信号在组织内部进行共享。

(3) 阐释:将捕捉到的有用知识进行概念界定;制定创新战略计划(包括项目可行性架构和详细运营计划)。

2. 选择实现阶段

在识别发现阶段的基础上,选择那些有市场前景的创新信号或机遇进行创新,并成功地实施创新。创新的结果可能会产生新的产品或服务、新的流程、新的技术等,从而在组织内形成了一个新的流程或方法,这一阶段着重强调要在有市场前景的创新信号或机遇中选择那些组织将会投入资源的项目或活动。选择实现阶段包括情境化和运用两个过程。

(1) 情境化:将所阐释的有潜在价值的知识实现于组织的特定情境之下;制定组织的内外部资源计划;构建产品/服务原型并通过市场研究完善概念;进行包括生产工艺设计和质量检查等活动在内的早期跨部门协调设计。

(2) 运用:组建项目团队;制定项目计划周期;按照计划实施项目并结合内外部环境变化修正计划和项目;新产品/服务的发布准备及实施。

3. 培养支持阶段

是在选择实现阶段的基础上,通过对成功实现的项目提供资源,进行开发,使其成为最终的产品/服务或流程,组织可以通过研发进行相应的创新,也可以通过技术转移获取,最终完成整个项目活动的创新。这一阶段将形成技术上正式的成熟的编码知识,同时还会涉及与外界联系中所需的隐性知识;这一阶段还包括对前面阶段成功与失败的反思后如何更好地改进管理并从中获取相关知识,从而为下一个创新周期提供了条件。培养支持阶段包括评价、支持和再创新三个过程。

(1) 评价:评价有潜在价值的知识的运用效能;项目实施后的全面评价;收集市场上各类顾客的反馈信息;对成功或失败的经验进行学习。

(2) 支持:收集各方面反馈信息;将经评价后证明有用的知识持续运用下去;采用渐进式方法解决创新过程中出现的问题并纠正其中所发生的错误。

(3) 再创新:将有效的经验和知识再次运用于其他创新;为下一个新的创新周期准备知识;再次捕捉有潜在价值的创新机会进入下一个创新周期循环。

(二) 美国3M公司的创新管理

以创新享誉世界的美国3M公司将创新管理的过程划分为涂鸦式创新阶段、设计式创新阶段和指导式创新阶段等三个阶段。

1. 涂鸦式创新阶段

这是创新的早期阶段,创新需要宽松的环境和具有创新精神的组织氛围,创新具有分散性、宽容失败性、自主性、自由发挥性和多样性等特点。创新的支持因素主要包括良好的实验平台、自愿参与、对失败的容忍、非正式合同、只有15%的规则、对个人创意和行为的认可等方面,创新的制约因素主要包括具体试验、同事的反应、主管人员或中层管理者的判断、实验室及个人的预算等方面。

2. 设计式创新阶段

这是创新的中期阶段，在创新的早期阶段中有一些项目引起了部门领导的兴趣和重视，如果项目的预算以及实施能够在本部门允许的范围内进行，则会在本部门内进行设计并付诸实施，这一阶段实际上是对项目的初步筛选。该阶段创新的支持因素主要包括跨部门组织系统协调机制的建立、企业主管在研发过程中的不定期关注、营销计划的制订等方面，创新的制约因素主要包括部门管理层的评估和高管层的审查、部门预算、试探性研究和环境的协调等方面。

3. 指导式创新阶段

在设计式创新阶段中有些项目虽然得到了部门领导的重视，但由于部门预算所限以及项目的实施需要组织各个部门的通力配合，这些带有全局性质且需要多部门协调完成的重点项目便进入了指导式创新阶段。这一阶段需要制定整体性的项目创新计划，包括设计、试制、预算制定、人员配备、生产流程设计等，以及对项目实施进程的全程监控。该阶段创新的支持因素主要包括制造专家的支持、研发和制造过程中的追加投入、供应链的设计和管理、研发和制造过程中的重点账目管理、营销计划的制订等方面，创新的制约因素主要包括组织最高管理层的关注点转移、战略策划时的重视程度、组织对新项目设定的各项指标（各种财务指标和市场指标）、组织的成本控制计划、新项目市场销售额占全部销售额的比重、对项目失败的承受能力等方面。

五、创新管理的发展历程

在20世纪80年代以前，企业的创新注重个体/单个创新，例如产品创新、技术创新和管理创新等，各项创新之间割裂开来、单独进行；20世纪80年代以后，逐渐出现了组合创新，到20世纪末期又出现了集成创新和系统创新理论；进入21世纪后，我国学者许庆瑞等又提出了全面创新管理理论。概括起来，创新管理的发展历程经历了传统创新管理（个体、单个创新管理）、组合/集成创新管理、系统创新管理和全面创新管理等四个阶段。

（一）传统创新管理（个体、单个创新管理）

这一阶段的理论基础植根于熊彼特的创新动力理论以及后来出现的“企业家动力论”理论，突出表现为经典机械观，主要研究各个单项或个体创新过程、单项或个体创新活动中的各要素、单项或个体创新成功的因素和动力，是一种内源式的创新管理，创新的影响要素和创新结果之间是一种线性关系。

（二）组合/集成创新管理

这一阶段的理论基础植根于非线性科学和复杂性理论，从传统创新管理阶段只研究单一的创新系统构件转变为研究创新系统要素之间的关系。许庆瑞等学者研究发现，组合创新包含了重大创新与渐进创新的协调、产品创新与工艺创新的协调、技术创新与组织文化创新的协调、创新的显性效益和隐性效益的协调以及企业内部独立创新与外部组织合作创新的协调等五个方面。20世纪末又出现了集成创新，强调对现有各个创新要素之间的创造性整合，充分反映了创新过程的动态化和综合化。

（三）系统创新管理

熊彼特的创新理论实际上已经包含有系统观的雏形，但直到20世纪末才出现真正意义上的系统创新管理理论，这一阶段的理论基础植根于生态系统观和复杂性理论，从以前的创新线性思维模式彻底转变为基于系统观的创新思维模式，注重研究创新系统内部各个子系统间的匹配、互动和协调，充分反映了创新过程中基于系统观的系统集成与网络运行。

（四）全面创新管理

全面创新管理是我国许庆瑞等学者基于创新进化论、复杂性理论和创新退化论的基础上提出的第四代创新管理理论。创新退化是创新活动中普遍存在的现象，其中确定性退化是指创新过程中消耗的成本大于创新为企业带来的贡献，这种创新退化可以通过市场及时识别出来；另一种创新退化是不确定性退化，在短时间内难以识别，从而给企业造成较大危害。创新退化其本质上在于创新过程中考虑的影响因素太少。

全面创新管理包含全要素协同创新、全员创新和全时空创新三个方面的含义，全要素协同创新是指在创新的系统过程中，包括技术、组织、市场、制度、文化和战略在内的所有创新要素的协同创新，即实现所有技术和非技术要素在内的所有要素的协同创新；全要素协同创新离不开全员创新和全时空创新，全员创新是指在创新的过程中由原来的只有技术人员和研发人员参与创新转变为所有部门和所有员工人人都参与创新；全时空创新包括全时创新和全空间创新两个方面，全时创新是指每一天中的每个小时都在进行创新，即24/7时时创新（每周七天、每天24小时都在进行创新），例如海尔和爱立信合作开发蓝牙网络家电的过程中利用时差实现了全球24小时接力创新。全空间创新是指在创新的过程中最大限度地利用和整合全球资源，实现包括全价值链创新和全流程创新等在内的处处创新。全面创新管理模式如图14－6所示。

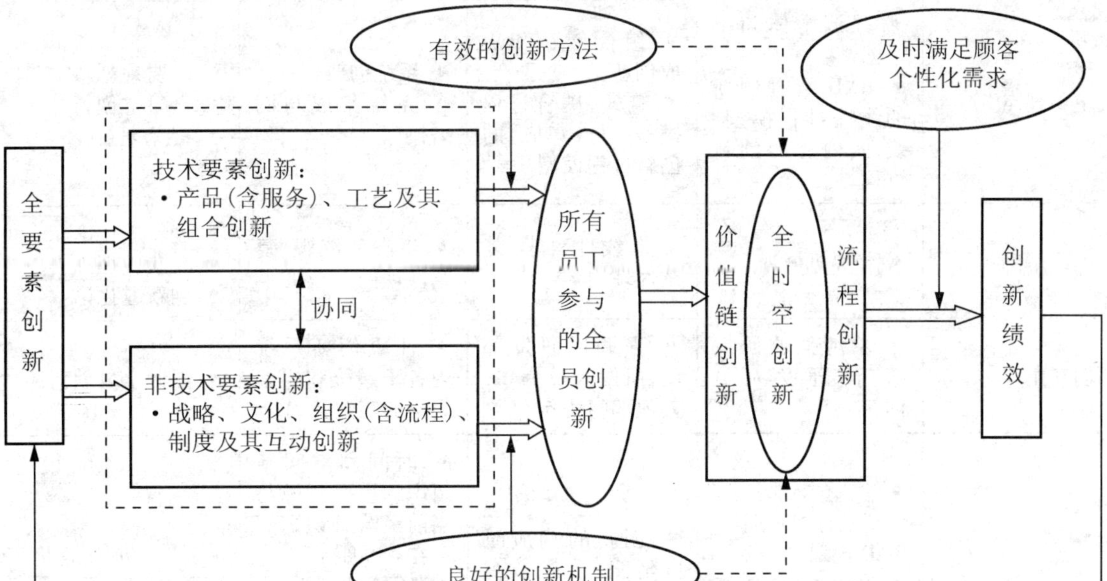

图14－6　全面创新管理模式示意图

资料来源：谢章澍，许庆瑞．论全面创新管理发展及模式[J]．科研管理，2004，25（4）：70－76.

全面创新管理中全要素协同创新、全员创新和全时空创新三个方面的关系表现为，全要素协同创新是全面创新管理(TIM)的创新内容,全时空创新是全面创新管理(TIM)的创新形式,全员创新是全面创新管理(TIM)的创新主体。三者之间的关系如图 14－7 所示。

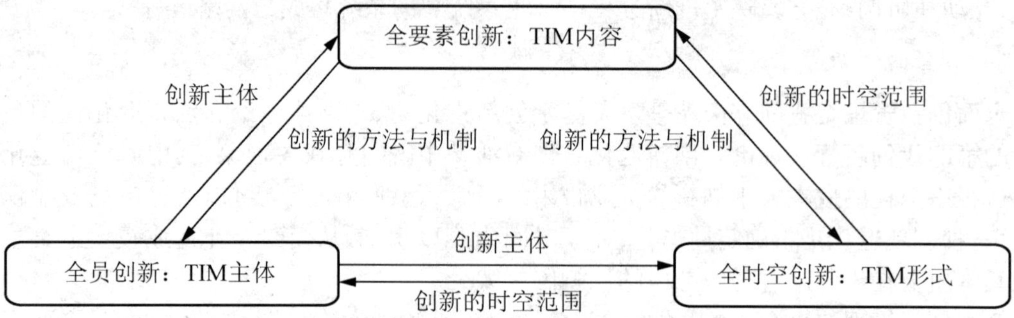

图 14－7 TIM 的理论框架

资料来源:许庆瑞,谢章澍,杨志蓉．全面创新管理(TIM):以战略为主导的创新管理新范式[J]．研究与发展管理,2004,16(6):1－8.

全面创新管理与传统创新管理、组合/集成创新管理和系统创新管理在主要观点、理论基础、创新主体、创新退化、创新内容与创新要素、创新空间范围、产品/工艺创新的协调、创新效益评价、创新的战略性以及与核心能力的关系等方面的比较如表 14－5 所示。

表 14－5 全面创新管理与传统创新管理、组合/集成创新管理和系统创新管理的异同

	传统创新管理(个体、单个创新管理)	组合/集成创新管理	系统创新管理	全面创新管理
主要观点	• 强调个体和单个创新 • R&D 管理创新的线性过程模型,线性、内源的创新过程	• 组合创新和集成创新 • 链式、耦合过程模型并行(集成)的创新过程模型	• 系统创新, • 系统集成与网络模型	• 全要素创新 • 全时空创新 • 全员创新
理论基础	• 经典机械观	• 非线性科学、复杂性理论	• 生态系统观、复杂性理论	• 创新进化论 • 复杂性理论 • 创新退化论
创新主体	• 单纯强调研发部门、研发人员创新	• 强调以研发部门、研发人员为主,其他部门协作	• 注重创新系统内各子系统和要素之间的匹配互动	• 强调全员创新
创新退化	• 注重技术渐进创新及忽视长期 R&D 规划 • 创新的成功和失败很难归因于单因素、R&D 多并不等于成功的新产品多	• 创新的响应时间延长 • 创新的成本效益性下降	• 时间和空间是组织的重要资源与当前经营意识之间存在着差距 • 环境快速变化与企业决策相对集中的矛盾 • 创新受多因素影响与企业线性思维的矛盾	• 尽管创新退化不可避免,但通过全面创新管理可以大大降低创新退化

续表

	传统创新管理(个体、单个创新管理)	组合/集成创新管理	系统创新管理	全面创新管理
创新内容与创新要素	• 注重个体和单个创新 • 突出技术创新,忽略其他创新	• 注重组合创新 • 重视集成创新	• 注重创新系统内各子系统和要素之间的匹配和互动	• 注重各创新要素组合与协同 • 突出全面创新
创新空间范围	• 企业内部,强调自力更生,对合作创新认识不足	• 企业内部为主,独立与合作创新相互补充	• 整合企业内外部资源作为创新系统,独立与合作创新相互补充	• 注重整合全球资源进行创新
产品/工艺创新的协调	• 单纯强调产品创新的重要性	• 强调产品创新与工艺创新的协调	• 强调产品创新与工艺创新及其他系统构件的协调	• 强调产品创新、工艺创新及其他要素的协调
创新效益评价	• 创新效益评价局限于显性创新效益	• 均衡地考虑显性和隐性创新效益	• 均衡地考虑显性和隐性创新效益	• 均衡地考虑显性和隐性创新效益
创新的战略性	• 不明显	• 服从经营战略	• 在系统层面注重创新的战略性	• 以战略为导向,同时又重视创新与战略的互动
与核心能力的关系	• 忽略创新与核心能力间的互动	• 重视创新与培育核心能力的关系	• 重视创新与培育核心能力一体化	• 以培育核心能力和新价值创造为核心

资料来源:刘国丹. 论企业创新管理的最新发展[J]. 当代经济,2010(18):8-9;许庆瑞,梁欣如,郑刚. 企业创新管理基本范式的发展与全面创新管理(TIM)的必然性——基于创新退化视角[J]. 中国地质大学学报(社会科学版),2004,4(5):14-18.

本章提要

1. 创新一般是指人们在改造自然和社会的实践中,以新的思想和科学技术为指导,不断地改进生产方法、生产工具和生产条件,创造出不同于过去的新方法、新手段和新事物,提高劳动效率和经济效益,从而达到组织各项目的的社会实践活动。对企业而言,创新意味着组织为了适应环境的动态变化,创造出新产品、新工艺、新市场、新组织、新流程、新制度、新专利和新的管理方法的一系列社会实践活动。

2. 企业创新的重要作用表现在创新是企业应对动荡复杂环境的根本手段;通过产品(或服务)技术工艺的创新,降低成本、提高效率;创新是全方位提高企业能力的根本方式;创新是提高企业核心竞争力和一般竞争力的根本途径;创新可以帮助企业获得关联效应。

3. 技术创新,是指生产技术的创新,包括开发新技术,或者将现有的技术进行应用创新,其成果通过商品的形式得以表现,最终通过市场销售实现其价值。技术创新具有创造性、效益性、非线性、风险性、系统性和企业主体性等特点。技术创新的决定因素主要有竞争程度、企业规模和垄断力量等。技术创新的分类有很多的标准,根据创新的对象、内容和程度的不同,可以分为渐进性创新与突破性创新、维持性创新与破坏性创新、产品创新和工艺创新以及自主创新和合作创新等方式。

4. 管理创新是指组织根据内外部环境的特点、组织运营的客观规律以及科技和社会的发展趋势，对现有的管理理论、管理模式和管理方法的改革和创新，以建立起新的管理方法、管理模式和更有效的资源整合和协调模式的一种有目的的能动性的实践活动，从而促进组织管理系统综合效率和效益目标的实现。管理创新能够大大提高组织效率；管理创新能够使组织能动地适应环境的变化；管理创新是企业获得竞争优势的关键；管理创新是组织发展的永恒主题。管理模式的创新主要有扁平化组织、虚拟经营、计算机集成制造系统（CIMS）、柔性化管理和危机管理等。

5. 所谓制度是指一定历史条件下国家宏观层面的经济、政治和文化等各种体系以及微观层面的组织规章制度和办事规程，国家宏观层面的制度属于基本制度，决定了企业的方向和目标；微观层面的制度属于比较具体的各项管理工作制度。公司治理结构是指公司作为独立的法人，由股东大会、董事会、监事会和高层经理班子四个方面所组成的组织架构，明确规定了公司各个参与方的责任和权力分配，明确了公司进行决策时所应遵循的规则和程序，明确了公司的目标设置程序、结构以及对公司的日常经营进行监督控制的方式和手段，以保证公司的正常运转。公司治理结构是公司制改革的核心，也是企业制度创新的主要形式。

6. 创新过程中可能会遇到的市场风险和创新过程中可能会遇到的各种障碍常常使组织的创新活动遭遇失败，因此，组织必须对创新活动加强管理。组织创新体系的构建主要包括创新主体、创新动力、创新的资源体系、创新思维与技巧、创新的协同机制、创新项目的评估、创新成果的应用与推广、创新的制度保障八个方面的内容。创新管理的发展历程经历了传统创新管理（个体、单个创新管理）、组合/集成创新管理、系统创新管理和全面创新管理四个阶段。全面创新管理包含全要素协同创新、全员创新和全时空创新三个方面的含义。全要素协同创新是全面创新管理（TIM）的创新内容，全时空创新是全面创新管理（TIM）的创新形式，全员创新是全面创新管理（TIM）的创新主体。

复习思考题

1. 创新的含义是什么？
2. 企业创新的重要作用是什么？
3. 简要说明 Felix Janszen 对创新的阐述。
4. 技术创新的含义和特点是什么？
5. 技术创新的决定因素有哪些？
6. 根据创新的对象、内容和程度的不同，技术创新有哪些种类？各个种类的含义是什么？
7. 管理创新的含义是什么？有哪些特点？
8. 制度创新的含义是什么？
9. 现代公司治理结构的含义是什么？
10. 为什么要对创新进行管理？
11. 组织的创新体系由哪些方面构成？
12. 创新管理的发展历程是什么？
13. 全面创新管理的含义是什么？

案例讨论 浙大网新打造物联网领域的创新引擎

浙大网新是一家在以潘云鹤院士提出的“打造软件与网络业航母”为远景目标，依托浙江大学综合应用学科优势组建的高科技企业。自2001年6月创建以来，公司业务快速增长，已成为国内最大的IT服务提供商和服务外包商之一，公司在北京、上海、杭州、东京、纽约等地拥有一流的软件开发和交付基地，分支机构遍布全球33个城市，截至2011年12月，公司的年营业收入已达到58.73亿元，员工总人数已达到4700人。2012年8月3日，在一年一度的全球服务百强评选中，浙大网新作为国内最大的IT应用服务提供商和主要的软件外包商之一，成功入选“2012全球服务100强”。

网新创新研究院是浙大网新集团发展“技术竞争力”的推进引擎，是打造涵盖核心技术研发，前瞻性产品、服务创新、新业务孵化与新产业投资等职能领域的创新基地。产品与技术创新对浙大网新的发展有着至关重要的影响，网新创新研究院的目标是要通过创新实现产业化，浙大网新下属企业浙江网新智能技术有限公司正是以技术对接市场的产业化公司，两年来，网新智能以创新、开拓、进取为企业核心理念，努力利用自身在物联网领域基础技术的优势和产品创新，打造创新牵引引擎和产业化前沿阵地，对网新创新研究院的产业化做出了成功尝试。它们在高速列车智能化领域取得了突破性进展，正在向重载运输、地铁、高速公路、港航船舶、石油开采、城市智能管理、智能电网变电/充电、科技地产智慧园区等方向稳步拓展。

网新智能的产品和技术是以信息化为主导，以工业化为载体，要由专业化团队才能来完成这样的任务，所以技术创新在网新智能技术公司体现的非常充分。公司研发的产品从知识产权角度来说，拥有完全自主知识产权，并且保持了技术层次的完整，即从硬件的底层、软件的底层，到器件、机械结构、应用层的信息处理等，全部都由自己的专业技术人员来完成创新开发。除此之外，研发的管理、产品的开发流程全部吸取现在国际上公认的最佳实践，同时遵循国际化认证的规范、标准的流程，实现了内部分工的边界与责任清晰明确，同时，在项目管理和产品的开发过程中特别注重智能化、自动化，他们一边做产品，一边做一些必要的工具化的软件，包括代码阶段、代码检查都是用自己开发的自动工具来校验，一旦出现错误，这些工具会自动通知相对应的人哪些地方出现错误，使之及时进行改正，整个体系的运转非常顺畅，这就使得他们能不断把新技术输入进去，极大提高了工作效率，使得研发出来的产品在时间和质量上都能和客户要求的预期差距不断缩小。

创新就是要满足客户的需求，而对客户的需求的把握，实际上还要看一些技术大趋势，然后利用物联网技术把信息化的技术融合进去为客户提供服务，这样才会有意义。例如，与浙江大学共同进行的智能化列车项目的技术研发，就是要满足中国对高速列车智能安全的需求。他们已经研发准备装车试验的产品是系列化的产品装备，包括感知网络网元设备、直接面对车下严酷环境的数据采集处理设备、工业级手持阅读器、工业级电子标签、智能传感器、车载数据中心（在研），产品系列里面都是自己开发的管理软件，能够把所有的设备管在一起。所有设备的软件研发工作量都是非常大的，每个产品都是软硬件聚合体，集合了各类不同的技术，所以每个产品的研发过程非常繁琐复杂的，改动一点就要研发流程重新走过，非常严格。这套智能化产品有两个亮点：第一个亮点是整套技术完全属于自己，并且这套技术在国际上也是最新的，当公司把这套技术介绍给IBM和美国一家大型公司时，对方认为技术概念非常超前，技术方向也符合技术潮流，不仅在中国未来的智能铁路上，国外也有这方面的技术需求；第二个亮点是这套技术也为进一步了解国外的列车技术奠定了一个基础。列装这套技术，就可以掌握列车在行进中实时状态的变化数据，那么列车整车制造商，如国内的三大主机厂，就会很容易了解到哪部分容易产生问题，可以避免很多进口设备的安全隐患问题，会对中国高速列车技术实现完全国产化具有非常大的帮助。智能技术公司的骨干员工都是十年以上的开发经验，所以大家对开发的历程、过程中面对的困难，应该主动承担起什么事情非常默契，研发完成后他们把这套技术拿到国家授权的检测机构去进行测试，最后都能通过最高的 x 级要求。

要成为一个有影响的大公司，一定要有过硬的产品和技术，才能赢得别人的尊重。在技术指标要求非常高的情况下，每一个阶段都要进行非常艰辛的、不屈不挠的坚持，才能做到成功，他们依靠紧密的团队合作完成了技术研发，以后还会不断有优秀的专业产品出现作为创新的源泉。网新智能技术公司现在非常注重对软件著作权、专利的保护，聘请了专业的知识产权专家帮他们一起分析，现在他们研发的产品已经申请了商标和专利，2011 年一年就出了 8 个面向智能列车的专利，其中有 6 个发明专利，一个实用新型，一个外观，另外还有 7 个软件著作权。在经过市场的检验之后，相信网新智能技术一定会给网新带来更大更高的

荣誉。

2012 年对网新智能来讲尤其重要，因为由 2011 年纯粹的产品技术驱动，过渡到了产品技术和市场的双轮驱动的模式，这样可以使得产品技术的研发更加有效，并通过合作伙伴的反馈来进行调整，加上他们对技术和产品的理解，提供客户最终真正需要的产品。但正如事物的正反两面一样，双轮驱动带来的麻烦事情也多了，不同的人看问题的层次和角度也不同了，这对网新原有的管理体制也是一种冲击，这种创新的冲击会体现在思想观念上、管理上、业务上，甚至会打破过去的边界，最终形成一种新的模式，为网新的发展带来质的飞跃。网新智能 2012 年要把列车智能化产品推到工厂进行装车试验，并且在和智能化和物联网相关的各个领域去做些市场试点，和合作伙伴共同完成一些行业方案，比如智能电网信息化、智能交通、高速公路对车辆的管理对路的监控、对基础设施的检测管理、智能港口船舶管理等；另外他们正在网新开发的双城国际大楼做一套整体的楼宇商业管理整体解决方案，把门禁、各种资产如图书、物料、笔记本、仪器仪表，和照度、气体、环境、人员以及停车位、车辆都用物联网技术的 inTrack 系统管起来，彻底解决靠人来分散管理的信息分散、混乱、不可相互利用等问题，使管理者一目了然地对所有相关信息进行判断，对大厦的人、财、物实现科学有效的管理。目前这套解决方案即将应用到双城国际的七个楼层，争取使双城国际大厦成为现代高科技的智能大厦。

对于有关创新的技术交流，浙大网新高层认为，无论网新科技也好、众合机电也好、网新集团公司也好，整个网新体系能否有这样一个交流的机制，内部之间多进行一些技术对接，大家把自己拥有的技术和产品都展现出来，网新智能欢迎大家去看一看，看他们能帮大家做什么，或者大家能够帮他们做什么，与内部和外部建立互动联系，能够更加有效的理顺与市场和客户接触的渠道，希望通过这样的互动能够真正实现网新整个体系的协同创新。

讨论题：

1. 浙大网新在物联网领域的创新有哪些优势？

2. 为什么网新智能要由 2011 年纯粹的产品技术驱动模式过渡到 2012 年的产品技术和市场的双轮驱动模式？

3. 这个案例给你带来了哪些启示？

参 考 文 献

[1] Ikujiro Nonaka, *The knowledge—Creating Company: How Japanese Companies Create the Dynamies of Innovation.* Oxford University Press, 1995.

[2] Alberto Carneiro. The role of intelligent resoureces in knowledge management. *Joumal of Knowledge Management*, Vol. 5, No. 4, 2001, p. 366.

[3] Birgit Verworn. Industry as the knowledge base: the way Asians integrate knowledge from academic, industrial, and public sectors. International. *Journal of Technology Management*, 2006, Vol34, No3 – 4, 379 – 389.

[4] Wilf Greenwood. Harnessing Individual Brilliance for Team Creation The Six C of the Knowledge Supply Chain. 1998, June. http://www. brint. com

[5] Karl Wiig. *Knowledge Management: An Introduction. Proceeding of IAKE Second Annual International Confrence.* 1990.

[6] Daniel E, O, Leary. Using AI in knowledge management: Knowledge bases and ontologies. *IEEE Intelligent Systems*, 1998, 13(3): 34 – 39.

[7] Sahlman, W A.. *Some thoughts on business plan: The entrepreneurial venture.* NY: HBS Publication, 1999, 247 – 254.

[8] Alexander Ardichvili, Richard Cardozo and Sourav Ray, A theory of entrepreneurial opportunity identification and development . *Journal of Business Venturing* , 2003, 18(1): 112.

[9] Gartner, W. B.. who is an Entrepreneur? Is the Wrong Question. *Entrepreneurship theory and practice.* 1989, Summer, 47 – 68.

[10] Timmons , J. *New Venture Creation* . Chicago : Irwin , 1994. p. 307.

[11] Gnyawali D. R. & D. Fogel. Environments for Entrepreneurship Development. *Entrepreneur – ship Theory and Practices*, 1994, 18(4): 43 – 62.

[12] Lindsay N J. Craig J. A Framework for Understanding Opportunity Recognition: Entrepreneurs versus Private Equity Financiers. *Journal of Private Equity.* 2002(6): 13 – 24.

[13] A. Aridichvili et al . A theory of entrepreneurial opportunity identification and development [J]. *Journal of Business Venturing*, 2003(18): 105 – 123.

[14] Peteraf, M. A. The cornerstones of competitive advantage: a resource – based view[J]. *Strategic Management Journal*, 1993, 14(3): 179 – 191.

[15] Simon, D. G. , Hitt, M. A. , Ireland, R. D. Managing Firm Resources in Dynamic Environments to Create Value: Looking Inside the Black Box. *Academy of Management Review*, 2007, 32(1): 273 – 292.

[16] Dzinkowski R. The Measurement and Management of Intellectual Capital: An Introduction[J]. *Management Accounting*, 2000, 78(2): 32 – 36.

[17] Penrose, E. T. *The Theory of the Growth of the Firm.* New York: M. E. Sharpe, Inc. White Plains, 1959.

[18] Teece, D. J. , Pisano, G. , Shuen, A. Dynamic capabilities and strategic management. *Strategic Management Journal*, 1997, 18(7): 509 – 533.

[19] Stephen P. Robbins and Mary Coultar. *Management* (*seventh edition*). New Jersey: Prentice Hall Inc., 2001.

[20] Michael Hammer and James Champy. *Reengineering the Corporation*. New York: Harper Business, 1993.

[21] Wernerfelt, B. A resource－based view of the firm. *Strategic Management Journal*, 1984, 5(2): 171－180.

[22] Warren R. Plunkett and Raymond F. Attner, *Management: Meeting and Exceeding Customer Expections* (*sixth edition*). Illinois: South－Western College Publishing, 1997.

[23] J. Barney & R. Griffin. *The Management of Organization－Strategy, Structure and Behavior*. Houghton Mifflin Co., Boston, 1992.

[24]〔美〕斯蒂芬·P. 罗宾斯．管理学．第四版．北京:中国人民大学出版社,2002.

[25] 周三多,陈传明,鲁明泓．管理学——原理与方法．第四版．上海:复旦大学出版社,2004.

[26] 崔生祥等．管理学．武汉:武汉理工大学出版社,2005.

[27] 王晓君．管理学．北京:中国人民大学出版社．2004.

[28] 哈罗德·孔茨,海因茨·韦里克．管理学．第十版．北京:经济科学出版社,1998.

[29] 王凤彬,李东,管理学．第三版．北京:中国人民大学出版社,2007.

[30] 徐国华,张德,赵平．管理学．北京:清华大学出版社,1998.

[31] 徐光华,暴丽艳．管理学——原理与应用．北京:清华大学出版社,北京交通大学出版社,2004.

[32] 加雷斯·琼斯,珍妮弗·乔治,查尔斯·希尔．当代管理学．北京:人民邮电出版社,2002.

[33] 王俊柳,邓二林．管理学教程．北京:清华大学出版社,2003.

[34] 李培煊．管理学．北京:中国铁道出版社,1999.

[35] 黄津孚．现代企业管理原理．北京:北京经济学院出版社,1997.

[36] 金玉阶．现代企业管理原理．广州:中山大学出版社,1999.

[37] 孙永正等．管理学．北京:清华大学出版社,2003.

[38] 和丕禅,张义珍．管理学原理．北京:中国农业出版社,2003.

[39] Andrew J. Dubrin. 管理学精要．北京:电子工业出版社,2003.

[40] 韩伯棠,张平淡．战略管理．北京:高等教育出版社,2004.

[41]〔美〕弗雷德·R. 戴维．战略管理．第六版．经济科学出版社,1998.

[42] 陈继祥．战略管理．第二版．上海:上海人民出版社,2008.

[43] 刘平．战略管理:流程、方法与工具．机械工业出版社,2011.

[44] 龚荒．企业战略管理:概念、方法与案例．北京:清华大学出版社,2008.

[45] 高红岩．战略管理学．北京:清华大学出版社,2007.

[46] 许庆瑞．管理学．第二版．北京:高等教育出版社,2005.

[47] 周三多．管理学:管理与方法．第四版．上海:复旦大学出版社,2003.

[48] 申光龙,袁斌．企业愿景的效用及其创建流程．预测,2004,23(3):1－6.

[49] 杜娟．企业愿景的形成过程及其价值诉求．河北大学学报(哲学社会科学版),2008,33(5):101－105.

[50] 汪克夷,刘荣,齐丽云．管理学．北京:清华大学出版社,2010.

[51] 刘汴生．管理学．北京:科学出版社,2006.

[52] 威安邦．管理学．北京:电子工业出版社,2006.

[53] 卢昌崇．管理学．大连:东北财经大学出版社,2010.

[54] 杨文士,焦叔斌,张雁,李晓光．管理学．北京:中国人民大学出版社,2009.

[55]〔美〕理查德·L. 达夫特(Richard L. Daft)．管理学．第7版．范海滨,王青译．北京:清华大学出版社,2009.

[56]〔美〕梅因茨·韦里克,哈罗德·孔茨. 马春光译. 管理学——全球化视角. 北京:经济科学出版社,2004.

[57] 丹尼尔·A. 雷恩. 管理思想的演变. 北京:中国社会科学出版社,2000 年.

[58] 彼得·德鲁克. 卓有成效的管理者. 北京:机械工业出版社,2005.

[59] H. A. 西蒙. 管理行为. 第 4 版. 北京:机械工业出版社,2004.

[60] 彼得·德鲁克. 管理:使命、责任、实务. 北京:机械工业出版社,2006.

[61] 弗兰克. 管人的智慧. 呼和浩特:内蒙古人民出版社,2003.

[62] J. P. 科特. 现代企业的领导艺术. 北京:华夏出版社,1997.

[63] 周三多,陈传明. 管理学. 北京:高等教育出版社,2000.

[64] 张德. 人力资源管理. 北京:清华大学出版社,2001.

[65] 孙泽厚,罗帆. 人力资源管理——理论与实务. 武汉:武汉理工大学出版社,2002.

[66] 赵慧军. 管理沟通. 北京:首都经济贸易大学出版社,2003.

[67] 彼得. 斯科尔特斯. 戴明领导手册. 钟汉清译. 北京:华夏出版社,2001.

[68] Stephen P. Robbins Mary Coulter. 管理学. 第 7 版. 北京:清华大学出版社,2001.

[69]〔美〕罗宾斯. 管理学. 第四版. 黄卫伟,孙建敏,王凤彬译. 北京:中国人民大学出版社,2001.

[70]〔美〕迈克尔 A. 希特. 战略管理:竞争与全球化. 第 6 版. 吕巍等译. 北京:机械工业出版社,2005.

[71] 许小虎. 基于企业能力的自我中心型战略网络研究. 浙江大学博士学位论文,2006.

[72] 张根宝. 现代质量工程. 北京:机械工业出版社,2000.

[73] 陆为民. 政府全面质量管理理论与方法研究. 天津大学博士学位论文,2006.

[74] 李福海. 企业再造论研究论纲. 四川大学学报(哲学社会科学版),1998(2):3 - 7.

[75] 常盛,施放. 对国外“企业再造”实施方法论的比较研究. 价值工程,2001(2).

[76] 傅传锐. 基于智力资本的企业价值评估研究. 厦门大学博士学位论文,2009.

[77] 彭佳,王建宇,樊治平. 浅析企业智力资本运营的过程模型. 工业工程,2005,8(1):8 - 11.

[78] 闫化海,赵武. 智力资本及其理论解释. 管理科学,2004,17(5):40 - 45.

[79] 马文超. JIT 生产对大规模生产模式的颠覆. 企业活力,2008(10):90 - 91.

[80] 傅传锐. 基于智力资本的企业价值评估研究. 厦门大学博士学位论文,2009.

[81] 银川,刘赞东. JIT 管理模式及其在我国企业的运用. 现代企业,2008(2):27 - 28.

[82] 曾凤华. 精益生产的理念及其实施手段. 机械管理开发. 2004(5):97 - 98.

[83] 时东艳,程龙生. 精益生产和 6σ 管理. 世界标准化与质量管理,2004(1):14 - 16.

[84] 付亚和,许玉林. 绩效管理. 第二版. 上海:复旦大学出版社,2010 年.

[85] 徐梦颖. 人本管理下企业对员工的激励. 中外企业家,2009(14):72

[86] 刘武成. 工程设计项目知识管理影响因子实证分析与应用研究. 中南大学博士学位论文,2009.

[87] 李昕. 略论企业人力资源规划. 人口与经济(增刊),2006 年 4 月:117 - 152.

[88] 姚源源. 对企业招聘方式中七大趋势的探讨. 经营管理者,2008(13):98.

[89] 林萍. 企业人员招聘方式浅析. 福建轻纺,2007(9):35 - 37.

[90] 罗兴武. 当代劳动关系管理理论及其发展. 国际商务——对外经济贸易大学学报,2006(3):85 - 88.

[91] 蒲德祥,冯学银. 论现代企业的人本管理. 嘉应大学学报(哲学社会科学),2003,21(5):41 - 44.

[92] 黄伟,董石桃. 论人本管理的理论架构. 湘潭师范学院学报(社会科学版),2004,26(5):158 - 160.

[93] 黄德良. 人本管理的价值内涵. 东华大学学报(社会科学版),2002,2(1):6 - 9.

[94] 戈民. 现代企业薪酬管理新探. 郑州轻工业学院学报(社会科学版),2003,4(1):48-60.

[95] 孔婧. 建立企业人力资源绩效管理体系的探讨. 现代商业,2008(2):246-247.

[96] 张庆普,李志超. 企业隐性知识的特征与管理. 经济理论与经济管理,2002(11):47-50.

[97] 苏用专. 现代制造企业知识管理的机制、模式与体系构建研究. 武汉理工大学博士学位论文,2008.

[98] 李扬,杨思群. 中小企业融资与银行. 上海:上海财经大学出版社,2001.

[99] 熊银解,王晓梅,朱永华. 现代企业管理. 武汉:武汉理工大学出版社,2006.

[100] 李志能,郁义鸿. 创业学. 上海:复旦大学出版社,2000.

[101] 刘波. 我国中小企业融资渠道的研究. 中南林学院硕士学位论文,2002.

[102] 徐磊. 基于企业网络的产业集群技术创新扩散过程模式研究. 中南大学硕士学位论文,2007.

[103] 苏毅. 上市中小公司绩效评价实证研究. 武汉科技大学硕士学位论文,2006.

[104] 宋辉. "破坏性创新"在电器制造业中的策略研究和案例分析. 西南交通大学硕士学位论文,2010.

[105] 吕亚奇. SDM公司精益生产理论应用研究. 华中科技大学硕士学位论文,2004.

[106] 陈钦虹. 个人创业发展研究——构筑直销业个人、直销企业和政府的三赢模式. 厦门大学博士学位论文,2006.

[107] 韩力争. 大学生创业自我效能感结构研究. 南京师范大学博士学位论文,2011.

[108] 谢勇. 动态价值群的协同问题:模型和方法初探. 东南大学硕士学位论文,2005.

[109] 刘培成. 发电企业绩效管理体系研究. 华北电力大学(北京)硕士学位论文,2009.

[110] 陈澜. 基于BSC的地方民政部门绩效管理系统的设计研究. 上海交通大学硕士学位论文,2008.

[111] 胡心怡. 谈中小企业成长期的融资问题. 价格月刊,2006(7):34-35.

[112] 何琪等. 从绩效考核到绩效管理:人力资源管理理念的发展. 社会科学论坛,2007(4):97-103.

[113] 何琪. 绩效管理:走出绩效考核的困境. 上海行政学院学报 2007,8(1):60-69.

[114] 廖鸣彬. 康佳集团战略管理研究,华中科技大学硕士学位论文,2001.

[115] 霍圣年等. 康佳低成本扩张战略分析. 淮南师范学院学报 2005,7(4):85-87.

[116] 胡玮玮. 知识管理战略对组织文化的适应性研究. 浙江大学博士学位论文,2009.

[117] 董保宝,葛宝山. 经典创业模型回顾与比较. 外国经济与管理,2008,30(3):19-28.

[118] 陈钦虹. 创业理论述评. 商场现代化,2006(21):25.

[119] 李钟文等主编. 硅谷优势——创新与创业精神的栖息地. 北京:人民出版社,2002.

[120] 姜真. 现代企业管理. 第1版. 北京:清华大学出版社,2007.

[121] 田超. 核心能力战略及实证研究. 复旦大学博士学位论文,2003.

[122] 安景文. 企业管理学. 第1版. 北京:中国标准出版社,2007.

[123] 陈劲. 管理学. 北京:中国人民大学出版社,2010.

[124] 焦豪. 企业动态能力绩效机制及其多层次影响要素的实证研究. 复旦大学博士学位论文,2010.

[125] 程国平,刁兆峰. 管理学原理. 武汉:武汉理工大学出版社,2006.

[126] 雷元江. 赢家:现代经营管理新智慧. 北京:中国电影出版社,2007.

[127] 曹艳秋,李政. 管理制度的缺陷. 哈尔滨:黑龙江科学技术出版社,2002.

[128] 刘玉国. 中国国有企业再造工程的模式研究. 吉林大学博士学位论文,2005.

[129] 克莱顿·M. 克里斯坦森,迈克尔·E. 雷纳. 困境与出路. 容冰译. 北京:中信出版社,2004.

[130] 许庆瑞. 研究、发展与技术创新管理. 第二版. 北京:高等教育出版社,2010.

[131] Felix Janszen. 管理创新. 雷华,马乐为译. 昆明:云南大学出版社,2002.

[132] 刘华．中航油新加坡公司内部控制案例分析．上海市经济管理干部学院学报．2008,6(3):16－20.

[133] 方刚．基于资源观的企业网络能力与创新绩效关系研究．浙江大学博士学位论文,2008.

[134] 刘国丹．论企业创新管理的最新发展．当代经济,2010(18):8－9.

[135] 许庆瑞,梁欣如,郑刚．企业创新管理基本范式的发展与全面创新管理(TIM)的必然性——基于创新退化视角．中国地质大学学报(社会科学版),2004,4(5):14－18.

[136] 许庆瑞,谢章澍,杨志蓉．全面创新管理(TIM):以战略为主导的创新管理新范式．研究与发展管理,2004,16(6):1－8.

[137] 张妙偲．国有企业文化建设的研究——以中国中化集团公司为例．天津大学硕士学位论文,2010.

[138] 凌妍安．巴陵石化公司 ERP 项目实施与企业文化整合研究．湘潭大学硕士学位论文,2008.

[139] 韩良．扬子石化企业文化建设研究．东南大学硕士学位论文,2011.

[140] 李斌云等．参照人体组织规划企业组织初探．经济师,2007(5):230－231.

[141] 佟伟．大唐国际唐山热电企业文化建设的研究．天津大学硕士学位论文,2010.

[142] 杨敏．国有企业创业型企业家传承机制研究．南开大学博士学位论文,2007.

[143] 顾桥．中小企业创业资源的理论研究．武汉理工大学博士学位论文,2003.

[144] 李长斌．成都雨禾实业投资公司项目决策分析．西南交通大学硕士学位论文,2003.

[145] 李俊杰．河北省创业导向型的财政金融政策研究．河北大学硕士学位论文,2010.

[146] 田红云．破坏性创新与我国制造业国际竞争优势的构建．上海交通大学博士学位论文,2007.

[147] 刘唐宇．中部欠发达地区农民工回乡创业影响因素研究——以江西赣州地区为例．福建农林大学博士学位论文,2010.

[148] 勾丽．产业集群背景下企业关键资源、战略能力与成长绩效的关系研究．浙江大学博士学位论文,2010.

[149] 谢章澍,许庆瑞．论全面创新管理发展及模式．科研管理．2004,25(4):70－76.

[150] 董静．企业创新的制度设计．上海:上海财经出版社,2004.

[151] 沈伟民．浙大网新:合包联姻．经理人．2011(6):50－53.

[152] 谭远发．机会型和生存型创业的影响因素及绩效比较研究——基于 GEM 数据的实证分析．西南财经大学博士学位论文．2010.

[153] 王锦青．红星化工碳酸钡产业发展战略研究．山东大学硕士学位论文,2004.

[154] 田立语．青碱公司纯碱发展战略选择．上海财经大学硕士学位论文,2005.

[155] 罗方辉．青岛碱业股份有限公司纯碱发展战略研究．南开大学硕士学位论文,2004.

[156] 余静．GT 公司市场营销策略研究．合肥工业大学硕士学位论文,2011.

[157] 顾群．现代企业战略成本管理研究．天津财经学院硕士学位论文,2004.

[158] 宋相豫．企业战略成本管理研究．贵州大学硕士学位论文,2007.

[159] 陶健．南京银行 A 市分行发展战略研究．江苏大学硕士学位论文,2011.

[160] 李林．D 公司品牌策略研究．苏州大学硕士学位论文,2011.

[161] 时莉．上海易初莲花连锁超市自有品牌发展战略研究．西安理工大学硕士学位论文,2005.

[162] 张永欣．营口港原基础工程有限公司竞争战略研究．大连理工大学硕士学位论文,2009.

[163] 张建广．山东新发药业有限责任公司发展战略研究．华北电力大学(北京)硕士学位论文,2008.

[164] 申光龙 等．企业愿景的效用及其创建流程．预测,2004,23(3):1－6.

[165] 黄德林．中国农民创业研究．北京:中国农业出版社．2008.

[166] 韦吉飞. 新形势下农民创业问题研究. 西北农林科技大学博士学位论文,2010.
[167] 蔡世馨,于晓霖. 现代生产管理. 沈阳:东北财经大学出版社,2004.
[168] 威廉·斯蒂文森. 运营管理. 北京:机械工业出版社,2005.
[169] 陈荣秋,马士华. 生产与运作管理. 第二版. 北京:高等教育出版社,2005.
[170] 黄雁芳,宋克勤. 管理学教程案例集. 上海:上海财经大学出版社,2001.
[171] 安世民. 管理学案例与习题集. 北京:北京交通大学出版社,2008.
[172] 张明玉,邬文兵. 管理学习题与案例集. 北京:科学出版社,2007.

教师反馈及教辅申请表

北京大学出版社本着“教材优先、学术为本”的出版宗旨，竭诚为广大高等院校师生服务。为更有针对性地提供服务，请您认真填写以下表格并经系主任签字盖章后寄回，我们将按照您填写的联系方式免费向您提供相应教辅资料，以及在本书内容更新后及时与您联系邮寄样书等事宜。

书名		书号	978-7-301-	作者	
您的姓名				职称职务	
校/院/系					
您所讲授的课程名称					
每学期学生人数	______人_____年级			学时	
您准备何时用此书授课					
您的联系地址					
邮政编码		联系电话（必填）			
E-mail（必填）		QQ			
您对本书的建议：				系主任签字 盖章	

我们的联系方式：

北京大学出版社经济与管理图书事业部

北京市海淀区成府路 205 号，100871

联系人：徐冰

电话： 010-62767312 / 62757146

传真： 010-62556201

电子邮件：em_pup@126.com　　em@pup.cn

Q Q：5520 63295

新浪微博：@北京大学出版社经管图书

网址： http://www.pup.cn